U0421692

徽学文库

主编◎卞利

副主编◎胡中生

明清杭州徽商研究

张育滋◎著

图书在版编目(CIP)数据

明清杭州徽商研究/张育滋著. —合肥:安徽大学出版社,2016. 8
(徽学文库/卞利主编)
ISBN 978-7-5664-0880-8

Ⅰ. ①明… Ⅱ. ①张… Ⅲ. ①徽商—研究—明清时代 Ⅳ. ①F729. 48

中国版本图书馆 CIP 数据核字(2014)第 299278 号

明清杭州徽商研究
Mingqing Hangzhou Huishang Yanjiu

张育滋 著

出版发行:北京师范大学出版集团
安 徽 大 学 出 版 社
(安徽省合肥市肥西路 3 号 邮编 230039)
www. bnupg. com. cn
www. ahupress. com. cn
印　　刷:合肥远东印务有限责任公司
经　　销:全国新华书店
开　　本:170mm×240mm
印　　张:20. 25
字　　数:297 千字
版　　次:2016 年 8 月第 1 版
印　　次:2016 年 8 月第 1 次印刷
印　　数:2000 册
定　　价:52. 00 元
ISBN 978-7-5664-0880-8

策划编辑:饶　涛　鲍家全　张　锐
责任编辑:张　锐　谢　莎
责任印制:陈　如
装帧设计:张　浩　李　军
美术编辑:李　军

版权所有　侵权必究

反盗版、侵权举报电话:0551—65106311
外埠邮购电话:0551—65107716
本书如有印装质量问题,请与印制管理部联系调换。
印制管理部电话:0551—65106311

总 序

尽管“徽学”一词出现的时间较早，但是，作为一门新兴的学术和学科研究领域，“徽学”则仅有不到百年的历史。1932年，徽州乡贤、近代山水画的一代宗师黄宾虹在致徽州乡土历史文化研究学者许承尧的一封信函中第一次提出了具有学术意义上的“徽学”概念。[①]

客观地说，黄宾虹所说的“徽学”及其研究对象，实际上还仅仅指的是徽州的地方史研究，与我们今天所称的“徽学”，在学术内涵上还有一定的差别。此后，随着富有典型特征的徽州庄仆制、徽商和徽州宗族与族谱研究的不断深入，真正具有现代学术和学科意义上的“徽学”才逐渐进入人们的视野。

正如徽学的开创者和奠基人、中国社会经济史学派创始者傅衣凌先生在总结自己20世纪三四十年代对徽州庄仆制和徽商的研究时所指出的那样，他对徽州的研究并不是立足于对徽州地方史的探讨，而是通过对徽州伴当和世仆的研究，探索中国的奴隶制度史；对徽商的研究，则是基于为中国经济史研究开辟一个新天地。也就是说，徽学的研究对中国历史的意义体现为，其在充实和完善中国奴隶制度史、中国经济史以及中国社会史等领域，已经远远突破了徽州地方史的界限，而成为整体中国史研究的一部分。傅衣凌先生

① 卢辅圣、曹锦炎主编：《黄宾虹文集·书信编·与许承尧》，上海：上海书画出版社，1999年。

敏锐地预见到，“徽州研究正形成为一种专门的学问，活跃在我国的史学论坛之上”①。

然而，作为一个严格意义上的学术和学科专门研究领域，徽学的形成、发展与繁荣，主要还是借助于近百万件自宋至民国时期徽州原始契约文书的发现和研究。徽州的契约文书自 1946 年 4 月在南京首次被学者发现以来，至今已逾半个世纪。随着徽州 20 世纪 50 年代土地改革运动的展开以及 1978 年以来改革开放政策的实行，深藏于歙县、休宁、婺源、祁门、黟县和绩溪等原徽州（府）六县民间的各类原始契约文书开始被大规模地发现。据不完全统计，迄今为止，徽州原始契约文书包括卖身契、土地买卖与租佃契约、分家阄书、鱼鳞图册、赋役黄册、诉讼案卷、科举教育文书、置产簿、誊契簿、徽商账簿和日记杂钞等类型，且上起南宋，下迄民国，时间跨度近千年之久，总量约有 100 万件（册）之巨。

同祖国其他地域相继发现的原始契约文书相比，徽州契约文书具有真实性、连续性、具体性、典型性、启发性和民间性等诸多特征，而且内容丰富，类型广泛，蕴含着大量的历史信息，为我们进行宋元明清时期各种制度运行特别是明清时期历史社会实态的研究提供了丰富的资料。我们知道，敦煌文书的时间下限在北宋，徽州契约文书的上限则在南宋，正好与敦煌文书相连。如果我们把敦煌文书和徽州文书中的动产与不动产买卖和租佃文书联系起来进行考察，一部中国古代动产和不动产买卖与租佃制度及其运行史便可以完整地复原和再现出来。

正是由于徽州契约文书蕴含着如此珍贵的历史信息和丰厚的学术内涵，它的发现引起了国内外学术界的高度重视。1978 年以后，海内外学者纷纷到北京和安徽，查阅徽州契约文书，深入契约文书的发现地——徽州，进行田野调查。美国著名学者约瑟夫·麦克德谟特在对徽州原始契约文书进行全面调查后，撰文指出，徽州契约文书等原始资料是“研究中华帝国后期社会与

---

① 刘森辑译：《徽州社会经济史研究译文集·傅衣凌序》，合肥：黄山书社，1988 年。

经济史的关键”,“对中华帝国后期特别是明代社会经济史的远景描述,将在很大程度上依赖于徽州的原始资料”①。日本著名学者鹤见尚弘则认为,徽州契约文书的发现,“其意义可与曾给中国古代史带来飞速发展的殷墟出土文物和发现敦煌文书新资料相媲美,它一定会给今后中国的中世和近代史研究带来一大转折”②。臼井佐知子也强调,“包括徽州文书在内的庞大的资料的存在,使得对以往分别研究的各种课题做综合性研究成为可能……延至民国时期的连续性的资料,给我们考察前近代社会和近代社会连续不断的中国社会的特性及其变化的重要线索”③。

有学者认为,徽州文书是继甲骨文、简帛、敦煌文书和明清故宫档案之后20世纪中国历史文化的第五大发现。④ 正如甲骨文、简帛、敦煌文书和明清故宫档案的发现与研究催生了甲骨学、简帛学、敦煌学和明清档案学等学科一样,徽州文书的发现和研究,也直接促成了徽学的诞生。徽学是利用徽州契约文书,并结合其他相关文献资料进行研究的专门的学术研究领域。它以徽州社会经济史、特别是明清徽州社会经济史为研究主体,综合研究整体徽州历史文化以及徽州人的活动(含徽州本土和域外)。在历经半个多世纪的发展之后,徽学终于在20世纪80年代中期最终形成,正逐步走向成熟与繁荣。傅衣凌关于徽商、徽州庄仆制和土地买卖契约的研究,叶显恩的《明清徽州农村社会与佃仆制》,章有义的《明清徽州土地关系研究》和《近代徽州租佃关系案例研究》,张海鹏、王廷元主编的《徽商研究》等著作,都是利用契约文书进行研究所取得的成果中的佼佼者。

国学大师王国维曾经说过,“古来新学问起,大都由于新发见。有孔子壁中书出,而后有汉以来古文家之学;有赵宋古器出,而后有宋以来古器物、古文

---

① [美]约瑟夫·麦克德谟特:《徽州原始资料——研究中华帝国后期社会与经济的关键》,载《徽学通讯》,1990年第1期。

② [日]鹤见尚弘:《中国社会科学院历史研究所收藏整理徽州千年契约文书》,载《中国史研究动态》,1995年第4期。

③ [日]森正夫等编:《明清时代史的基本问题》,北京:商务印书馆,2013年。

④ 周绍泉:《从甲骨文说到雍正朱批》,载《北京日报》,1999年3月24日。

字之学”。他紧接着论及了殷墟甲骨文、敦煌及西域各地之简牍、敦煌千佛洞之六朝及唐人写本卷轴、内阁大库之书籍档案和中国境内之古外族遗文等五项发现，认为：“此等发现物，合世界学者之全力研究之”，当会产生新的学科。[①]如今，甲骨学、敦煌学、简牍学和明清档案学早已创立了各自的学科研究体系，并为学术界所广泛接受和认可。而徽学作为一门新兴学科则形成较晚，它的创立，首先得力于20世纪40年代后期以来徽州近100万件（册）原始契约文书的大规模发现；包括徽州族谱在内的9 000余种徽州典籍文献与文书契约互相参证；现存1万余处徽州地面文化遗存，更是明清以来至民国时期徽州人生产与生活的真实见证。所有这些，都构成了徽学这座大厦坚实的学术支撑。因此，以徽州社会经济史特别是明清徽州社会经济史研究为中心，整体研究徽州历史文化和徽州人在外地活动的徽学，正是建立在包括徽州契约文书在内的大量新资料发现这一基础之上的。通过对徽州文书、其他相关文献和地面文化遗存等资料的整理和分析，研究者得以综合研究明清社会实态，重新检视中国封建社会后期社会经济与文化的演变历程和发展轨迹，进而从整体上把握中国封建社会发展特征和规律。这正是徽学的学术价值之所在。

进入21世纪以来，随着教育部人文社会科学重点研究基地——安徽大学徽学研究中心的批准设立，徽学研究开始进入一个崭新的发展阶段。作为徽学基础研究、资料整理、人才培养、咨询服务的唯一一所教育部人文社会科学重点研究基地，安徽大学徽学研究中心一向重视徽学前沿领域的探讨和研究，致力于徽州文书和文献的整理与出版，致力于徽学学科的建设和人才队伍培养，致力于海内外徽学研究的交流与合作。徽州契约文书和文献的系统整理、研究与出版的全面展开，徽学理论与学科建设的有序进行，徽学专题研究成果的次第推出，特别是具有宝贵文献价值的20卷本《徽州文化全书》的整体出版，以及徽学研究国际交流与合作的繁荣，都为徽学研究向纵深领域

---

① 王国维：《王国维遗书》第五册《静庵文集续编·最近二三十年中国新发现之学问》，上海：上海古籍出版社，1983年。

拓展奠定了坚实的基础。在《徽学研究资料辑刊》《徽州文书》和《海外徽学研究丛书》等系列成果的基础上，此次隆重推出《徽学文库》，显示出了该研究机构开阔的学术视野和深远的学术见识。

本次推出的《徽学文库》，精选近年来徽学研究的最新成果。本丛书既有国家社会科学基金等国家级项目结项成果，也有教育部人文社会科学重点研究基地重大项目的最终鉴定结项成果，还有中国台湾学者的研究——它为祖国大陆的徽学研究提供了不同的视角和必要的补充。这些成果内容涵盖了徽学理论探讨和学科体系建设的成果、徽学专题研究，以及徽州文化遗存调查、保护与研究。因此，无论是就选题内容的广度和深度、作者队伍的结构与层次，还是就成果的质量及水平而言，本丛书都堪称目前徽学研究前沿领域的精品，集中代表和反映了徽学研究的现状与未来发展趋势。

徽学是20世纪一门新兴的学科和一块专门的研究领域，徽学所研究的徽州整体历史文化既是区域历史文化，又是中国传统文化的杰出代表，是"小徽州"和"大徽州"的有机结合。徽学的学科建设，不仅关系徽学的可持续发展问题，也直接涉及中国地域文化研究理论和范式的创新问题，是徽学融入全球化视野，与国际接轨、开展国际交流合作和构建徽学学科平台的重要基石。

因此，我们有理由相信，随着《徽学文库》的出版，徽学一定会在整体史和区域史研究中发挥积极作用，徽学的学科建设也势必在更加广阔的天地中得到进一步发展和提升。

是为序。

卞　利

2016年3月10日于

安徽大学徽学研究中心

目录

MULU

导　论

欲识金银气，多从黄白游。
一生痴绝处，无梦到徽州。
——（明）汤显祖

自20世纪徽学诞生以来，海内外学者通过研究考察、不断的讨论对话，将徽学研究推向高峰，使徽学成为这一时代的显学。徽学研究的起步虽然是以徽州地区一府六县的范围为中心，但随着研究的展开，徽学与史学理论相糅合，开始尝试跨学科、跨领域的整合，深化了人们对中国明清时期社会经济的整体认识。

在蓬勃发展的江南区域研究中，关于徽商与江南经济间的研究成果不少。但是，不论是从宏观角度进行综合研究，还是从微观角度进行个案探讨，以及对杭州经济、社会、文化的发展与影响方面，仅少数学者着手研究，多属零散篇章，未有一整体和全方位的讨论。有感于此，笔者试图对徽商与杭州的相关议题进行整合探讨，除了采取宏观研究——将其置于整体普遍环境下来探讨之外，也借助微观探讨——利用对个案的观察，分析有哪些现象产生，对杭州有什么影响。经由史料汇整，归纳考察明清时期的杭州在江南社会的区域特色与定位，徽商如何在杭州从事商业活动，其经营项目又涵盖哪些方面。面对徽州故里与杭州社会，徽商究竟如何处理家族发展的问题，明清时期徽商对杭州社会、经济乃至文化生活究竟有何影响,笔者希冀在前人学者研究的基础上,对上述问题进行研究和探讨。

一、徽商研究回顾

有学者认为,徽州文书是继甲骨文、简帛、敦煌文书和明清故宫档案之后20世纪中国历史文化的第五大发现。20世纪以来,随着数十万件徽州契约文书的发现与流传,中外学者相继开始综合地方文献和谱牒资料研究徽州社会经济、历史文化,并累积了丰硕的研究成果。“徽学”和“徽州学”的名称不胫而走,在学界引起广泛的关注,一些相关专著也先后问世。①

在中国明清时期社会经济发展中,徽商的出现无疑是重要的商业现象之一,其商业经营项目与活动范围遍及中国各地,影响深远,所以徽商研究有其深化的必要性。对于徽学与徽商的关联,卞利曾指出,徽学以徽州社会经济史,特别是徽州明清社会经济史为主体,综合研究整体的徽州历史文化,而且兼及徽州人在外地的活动,特别是徽商的活动。② 唐力行更直接指出,许多人都将新安理学与徽州文化等而视之,但徽州文化的特质并非是理学,而是商人文化。③ 点出徽州文化与徽商之间的关系。徽学的研究领域虽然广泛,但徽商研究始终是史学界一项重要的课题,累积了相当可观的研究成果。

徽商相关研究可追溯至20世纪四五十年代。中国经济史学家傅衣凌在《福建省研究院研究汇报》上发表《明代徽商考》一文,第一次提出“徽商”的概念,论述徽商所从事的各个行业,堪称研究徽商的第一人和奠基者;④《明清时代商人及商业资本》内的《明代徽州商人》一文,更对徽州社会有一概论性

---

① 姚邦藻主编:《徽州学概论》,北京:中国社会科学出版社,2000年。朱万曙主编:《论徽学》,合肥:安徽大学出版社,2004年。

② 卞利:《中外史学交流与徽学学科建设》,载《天津师范大学学报(社会科学版)》,2004年第2期。

③ 唐力行:《论徽州商人文化的整合》,载《安徽史学》,1993年第1期。

④ 王世华:《徽商研究:回眸与前瞻》,载《安徽师范大学学报(人文社会科学版)》,2004年第6期。

研究,并探讨徽商于各地的经营项目与其商业资本,以及对明代社会的影响。[①] 日本学者藤井宏则为日本史学界首位系统研究徽商的学者,曾于《东洋学报》发表10余万字的《新安商人的研究》[②],文中说明明末清初中国社会区域经济发展情形,考察徽商在各区域社会中的活动范围与经营行业,并对徽商商业资本累积与经营形态进行七种分类,进而讨论徽州客商如何在区域社会中从事商业活动,最后以两淮、两浙的盐商为中心探讨官商关系。以上这些学者皆从比较宏观的角度研究徽商,为中外学界贡献出具有开创性的研究成果。

自20世纪80年代开始,聚焦于明清徽商相关研究的著作纷纷问世。叶显恩对徽商资本的形成与发展过程和徽商在明清社会所扮演的角色与衰落过程皆有所探讨,之后更出版《明清徽州农村社会与佃仆制》[③]一书。该书建立在作者早年实地考察与文献研究的基础上,内容涵盖明清时期徽州自然环境、人口发展、土地制度、宗族组织、徽州商人、徽州文化、佃仆制度等各领域,实属社会经济、文化、思想的系统之作。

以张海鹏为主持者,他率领安徽师范大学历史系的明清史研究室(后一度改称徽商研究中心,现为皖南历史文化研究中心)众多学者组成一个徽商研究团队,其中张海鹏、王廷元主编的《明清徽商资料选编》[④]对相关史籍、方志、谱牒、笔记、小说、文集、契约、文书、碑刻、档案进行分类整理,是徽学研究入门者的必读之书。之后,此团队又致力于明清商帮的研究,由张海鹏、张海瀛主编的《中国十大商帮》[⑤]试图使读者对明清时期中国各地的商人活动与明清社会发展的关系有全局的认识。团队成员王廷元、唐力行、王世华、周晓光、李琳琦等参与"徽州商帮"的撰写,分别讨论徽商的兴起、兴盛、商业道德、

---

① 傅衣凌:《明清时代商人及商业资本》,台北:古风出版社,1986年,第56~106页。

② [日]藤井宏:《新安商人的研究》(一)、(二)、(三)、(四),载《东洋学报》,1953-1954年第36卷第1、2、3、4号。

③ 叶显恩:《明清徽州农村社会与佃仆制》,合肥:安徽人民出版社,1983年。

④ 张海鹏、王廷元主编:《明清徽商资料选编》,合肥:黄山书社,1985年。

⑤ 张海鹏、张海瀛主编:《中国十大商帮》,合肥:黄山书社,1993年。

经营活动的特色及徽商的衰落等五个方面的问题。而由张海鹏、王廷元主编的《徽商研究》[①]一书更是该团队基于上述研究成果的一大杰作。除成员王世华、周晓光、李琳琦外,主编又约请鲍义来、周绍泉、江怡祢、张健等撰写相关章节,分别从徽商商帮的形成与发展,徽商的资本积累,徽商在长江流域的经营活动,徽商与两淮盐业,徽商在茶、木、粮、典和棉布业中的经营活动,徽商与封建势力,徽商的"儒贾观"和商业道德,徽商资本的出路,徽商与徽州文化,徽商个案研究和徽商的衰落等十一个方面进行讨论,在大量史料研究的基础上,将宏观研究与个案研究相结合,是徽商研究领域迄今最为全面的著作。

下面从四个方面对徽商研究成果加以简要的回顾和评述。

(一)徽商的起源

徽商究竟起源于何时?这一问题在学界有不同的观点。分别为:一、东晋说。代表学者叶显恩。他认为魏晋南北朝时期南迁避乱的北方世族具有经商经验,再加上徽州地区山多田少,无法大量兼并土地,让商业资本得以抬头,所以徽商起源于东晋,在宋代得到初步发展,明朝嘉靖、隆庆至清朝乾隆末年是徽商的全盛期。[②] 李则纲认为,因为徽州粮食缺乏,需以土特产和外界交易,又六朝皆建都于建业(南京),大批中原人士流寓江南,促成重要城市的发展,提供徽商得以买卖的场所,此为徽商萌芽于东晋、宋、齐、梁、陈的原因。[③] 汪绍铨也持同样观点,并认为唐至五代徽商较为活跃,宋代为成长期,元末明初则有一定的发展,明嘉靖至清乾隆末年为发展黄金期。[④] 二、宋代说。傅衣凌为此说的代表学者。他认为宋代茶商拥有当时中国最大的商业资本,徽州为著名茶地,徽人为经营茶叶,即已行贾四方。[⑤] 赵华富认为徽商

① 张海鹏、王廷元主编:《徽商研究》,合肥:安徽人民出版社,北京:人民出版社,2010年。

② 叶显恩:《试论徽州商人资本的形成与发展》,载《中国史研究》,1980年第3期。

③ 李则纲:《徽商述略》,载《江淮论坛》,1982年第1期。

④ 汪绍铨:《徽商在中国商业史上的地位和作用》,载《商业经济与管理》,1985年第2期。

⑤ 傅衣凌:《明清时代商人及商业资本》,台北:古风出版社,1986年,第60页。

产生于宋代，经过几百年的发展，到明中叶进入黄金时代。[①] 刘和惠也持同样观点，但他更清楚地界定了时间，认为徽商肇始于南宋后期，发展于元末明初，形成于明代中期，盛于明嘉靖以后至清康雍时期。[②] 三、明代中叶说。此代表学者为张海鹏、王廷元。他们认为徽商形成于明成化、弘治之际到万历中叶，万历后期至清康熙初年则是徽商发展受挫期，康熙中叶至嘉庆、道光之际为徽商兴盛阶段，道光中叶至清末则是徽州商帮的衰落与解体阶段。此外，他们还对“徽商”下了定义，认为徽商是指以乡族关系为纽带所结成的徽州商人群体，而非指零散的徽州籍商人。徽州商帮形成的标志是徽人从商风气的形成与结伙经商现象的普遍产生，而徽州商帮形成的基本条件则为须有一批徽州富商构成商帮的中坚力量，且为应对日趋激烈的商业竞争，徽州商人为战胜竞争对手，有结成商帮的必要，此两个条件只有到明中叶才能具备。[③] 唐力行也持“明中叶”说，从徽商群体心理整合过程的角度提出，嘉靖三十九年(1560年)北京歙县会馆的建立，可以看作徽商成帮的标志，是徽商群体心理整合完成的标志。此为徽商建立的第一个会馆，徽商之间的彼此合作带有强烈的血缘色彩，以宗法制度维持内部关系的地域性组织形式得以确立，也意味着有着共同的价值观、归属感的徽商群体心理基本定型。嘉靖、万历年间，徽州商帮更以盐商为主体，独操商界。[④]

笔者则认为，徽商成为一个具有特定意义的名词与商帮的形成应当起自明代中叶，但不可忽略南宋迁都临安(杭州)的影响。宋王室南迁，偏安江南，促使国家政治、经济、文化中心南移，使江南经济得到充分发展。徽商把握住经济重心南移的机会，充分利用徽州与经济发达地区毗邻的优势，为徽商的发展提供了有利的历史性机遇。

---

① 赵华富:《论明清徽州社会的繁荣》，载《东南文化》，1991年第2期。

② 刘和惠:《徽商始于何时》，载《江淮论坛》，1982年第4期。

③ 唐力行:《论徽商的形成及其价值观的变革》，载《江淮论坛》，1991年第2期。

④ 唐力行:《明清以来徽州区域社会经济研究》，合肥:安徽大学出版社，1999年，第112～135页。

(二)徽商特色

徽商的特色问题,也吸引众多学者参与讨论。其一,徽商资本的形成与特色。日本学者藤井宏将徽商商业资本划分为共同资本、委托资本、婚姻资本、援助资本、遗产资本、官僚资本和劳动资本等七大类型。[①] 此七种类型除劳动资本外,几乎都与宗族脱离不了关系。陈学文除探讨徽商商业资本的形成外,还重视徽商商业资本对当时明清社会的影响。他认为,首先,徽商商业资本开始于逐渐摆脱土地之时;其次,随着徽商活动范围的扩大,资本流动的范围更加广阔;再次,徽商商业资本与产业资本或高利贷结合,典当业兴起;最后,徽商的商业资本更是带有浓厚的地域性和宗族性的特点。[②] 唐力行则指出,徽人经商的原始资本多与宗族有关,更举出史料说明徽人得到族人借贷经商的事例很多。正因为徽商在资金与人力上得到宗族的全力支持,在明中叶商品经济迅速发展后,商业资本空前活跃,徽商更将经商所得的利润源源不断地输回徽州故里,使徽州风俗被潜移默化地改变。[③]

张海鹏、王廷元则认为,徽商资本来自个人劳动的累积,同时也反映出徽州的富商大贾多出自贫下之家。转贾四方、逐时趋利则是徽商发财致富的奥秘,而囤积居奇更是徽商谋利的一种重要手段。此外,徽商也借助特权,从事亦商亦牙的经营活动,所以商、牙之间紧密的结合乃是徽商商业活动的一大特色。徽商的资本组合多在同乡族的范围内建立,此类资本组合也反过来强化他们地缘和血缘上的纽带关系,使徽商内部更加稳固。但从清朝中叶起,商业的发展逐渐打破资本组合以宗族为界限的关系,从而成为商帮解体的潜

---

① [日]藤井宏:《新安商人的研究》(三),载《东洋学报》,1954年第36卷第3号。

② 陈野(陈学文):《论徽州商业资本的形成及其特色——试以徽州一地为例来论证明清时代商业资本的作用问题》,原载《安徽史学通讯》,1958年第5期。后收入南京大学历史系中国古代史研究室编:《中国资本主义萌芽问题讨论集(续编)》,上海:三联书店,1960年,第336～357页。

③ 唐力行:《明清以来徽州区域社会经济研究》,合肥:安徽大学出版社,1999年,第4～5页。

在因素。[1] 谢永平则以中国东南城镇经济的发展来探究徽商资本的累积，认为以东南城镇为中心的大规模商品贩卖，有利于徽商买贱卖贵，获利也最为丰厚。[2]

其二，徽商的商业道德与贾而好儒的特色。贾而好儒为徽商的重要特色，此一论点深受众多学者认同。唐力行、张海鹏认为，徽商不论是为族中延师课子或自身雅好诗书，皆非单纯个人喜好与志趣，最终目的是希冀其宗族子弟能“大吾门”“亢吾宗”，进而拥有政治依附的势力。徽商用经商所得资助振兴文教，为徽州的教育、绘画、建筑、园林、医学、刻书业等提供了一定的经济支持，使徽州的文化蓬勃发展，富有地域特色。徽商经商的态度在一定程度上也受儒家思想影响，如以诚待人、以信接物、以义为利、善用人才、热心公益等，为徽商带来美誉与知名度，更因贾而好儒，宗族势力得以更加紧密结合。[3]

王廷元则进一步探究徽商与儒家伦理间的关系，认为崇尚儒家的义利观是明清时期徽商“贾而好儒”这一特色的主要表现。徽商的经营思想及其商业道德，无不受到儒家义利观的影响：徽人经商的目的不在于求利而在于谋生，谋生之意出自仁心，徽人经商坚守“先义后利”“义中取利”的道德准则，徽商因义而用财，不惜耗费大量商业利润用于“义举”等。虽然儒家义利观对徽商发展起到积极的作用，但对徽商向近代商人的演变则是不利的。[4] 方春生也持同样观点，认为“贾而好儒”虽然是徽商的一个重要特色，促使徽州成为

---

① 张海鹏、王廷元主编：《徽商研究》，合肥：安徽人民出版社，北京：人民出版社，2010年，第17～82页。王廷元：《论明清时期的徽州牙商》，载《中国社会经济史研究》，1993年第2期。

② 谢永平：《明清东南城镇经济与徽商资本的积累》，载《盐城师范学院学报（人文社会科学版）》，2006年第3期。

③ 张海鹏、王廷元主编：《徽商研究》，合肥：安徽人民出版社，北京：人民出版社，2010年，第381～421页。唐力行：《明清以来徽州区域社会经济研究》，合肥：安徽大学出版社，1999年，第87～111页。

④ 王廷元：《论徽州商人的义利观》，载《安徽师范大学学报（人文社会科学版）》，1998年第4期。

文风昌盛之地，对商业经营产生过积极影响，使徽商称雄于明清两朝，同时亦削弱、淡化了徽商的思变精神，致使徽商走向衰落。[①] 叶显恩则对儒家传统文化与徽商商业发展之间的关系进行了考察。他认为王阳明的重商思想和程朱理学的以家族为本的宗族理念，从两个方面激发了徽人的经商热情。徽商在把儒家的优秀文化传统落到实际的过程中，建立起自己的贾道和营运模式。朱、王两派儒学的影响，导致儒为名高，贾为厚利，儒贾结合，官商互济，这也是徽人发展其商业的要诀。[②]

卞利提出，良好的法制观念也是徽商致富不可或缺的因素。他们大多拥有良好的文化知识，恪守朝廷法律，特别注重商业合同的作用，讲究商誉，杜绝假冒。当个人或同乡族的利益受侵犯时，徽商更懂得利用法律维护自身合法权益，据理力争，这是同时期其他商帮所缺乏的，不可忽略。[③]

(三)徽商与宗族社会

明清时期宗族社会出现新的转变——宗族制度民众化。随着明清政策的改变，宗祠的建置者已降至平民和士人。宗族群体结构性膨胀与组织化，使得拥有上千人丁的宗族不在少数，而明清政府希望宗族成为地方基层组织，以维持社会秩序，故加强宗族的政治化和与政权间的交互作用。[④] 徽州是中国宗族制度最为发达、盛行的地区之一，宗族制度牵动着徽州人的生活。徽州丰富的契约文书、谱牒资料促进了徽州的宗族研究，中外学者在此基础上展开不同层次与方向的研究，拥有丰硕的成果，笔者在此仅就与本书研究相关的成果，作一概述。

对明代宗族问题有突出研究的常建华认为，宋以后中国社会宗族组织出现了新宗族形态，其形成与发展的一个关键特点是宗族的组织化。这与明代

---

① 方春生:《徽商的思变与“贾而好儒”》，载《安徽师范大学学报(人文社会科学版)》，2005年第4期。

② 叶显恩:《儒家传统文化与徽州商人》，载《安徽师范大学学报(人文社会科学版)》，1998年第4期。

③ 卞利:《明清徽州社会研究》，合肥:安徽大学出版社，2004年，第149～160页。

④ 冯尔康等:《中国宗族社会》，杭州:浙江人民出版社，1994年，第212～258页。

对基层社会的治理,特别是乡约的推行密切相关,可以说,宗族乡约化导致了宗族的组织化。明代是宋以后新宗族形态承上启下的重要历史时期,甚至可以说宋以后新宗族形态就是在明代形成并普及的。

嘉靖以后,明朝大规模推行乡约制度,宗族的组织化则主要采取乡约化的形式,而且相当普遍。徽州是宗族大量聚族而居的地区,地方官在徽州推行乡约时,十分明确地把宗族乡约化作为目标。明代官府与宗族在维持基层社会秩序方面产生了一定的共识,即互相依托、互相支持,促使宗族组织化,由此也就强化了官府与宗族的互动关系。明代祭祖礼制基于《大明集礼》,而《大明集礼》仿自朱熹《家礼》,这使《家礼》第一次进入国家典制,因此明代的祭祖礼制实际上是《家礼》的官方化即国家制度化。明朝政府及士大夫对朱熹《家礼》,特别是祭礼的提倡,贯穿明代,并在明中后期进一步深入民间。明代宗祠的兴建与发展,是以《家礼》的普及和士大夫的推动为背景的,实际上这也反映了明代徽州乃至全国宗祠发展的动力。

嘉靖十五年(1536 年)的家庙祭祖制度改革,允许庶民祭祀始祖,在客观上为徽州乃至全国的宗祠发展提供了普及的契机,徽州方志的记载也反映了宗族势力的突显和宗族的制度化与组织化。徽州宗族祠庙祭祖自宋元以来,特别是在明中叶发生了宗祠发展的变化,其特点是以祭祀始迁祖统宗合族。徽州的大宗祠亦称"统宗祠",特别强调统合诸支族人。此外,徽州宗祠祭祀始迁祖的兴盛,更与汪华、程灵洗的地域神崇拜有关。①

唐力行则将商人与宗族关系放在地域社会中探讨。徽州在明代后期形成以核心家庭为主、主干家庭为次,即小家庭大宗族格局,徽商在家庭—宗族结构中起了关键作用。这一结构使徽州社会更富于弹性和流动性,有利于徽商的经营活动和儒家学说的昌盛,也强化了对佃仆和妇女的压迫。而徽州与其他区域社会有共同点,就是它们都受社会整体的制约。不同点在于宗族聚居的格局使其具有特殊的应变力。在传统社会的条件下,徽州社会形成了宗

① 常建华:《明代宗族祠庙祭祖的发展——以明代地方志资料和徽州地区为中心》,收入张国刚主编:《中国社会历史评论(第二卷)》,天津:天津古籍出版社,2000 年。

族组织、文化科举和商业经营的良性互动，而此三者间宗族居于核心地位。[①]

李琳琦则从教育方面讨论徽州宗族。明清徽州宗族对教育在“亢宗”“大族”和培养子弟良好的“德行”“资性”等方面的重要作用有极其深刻的认识。积极创办各类宗族性教育机构、重视家庭早期教育和宗族蒙学教育的规范化、对宗族子弟的学业进行严格的考核并予以奖惩、慎择教师等是其兴学重教所采取的具体措施。宗族教育的经费主要来源于宗族商人的资助，而宗族的教育追求及其规范则是徽商资本与教育结合的心理媒介。[②] 周晓光认为，徽州宗族社会的重大发展是在南宋以后，尤其在明清时期，作为宗族社会典型标志的祠堂、牌坊、族产、族谱、族规大多是南宋后修建、修撰，这一现象的出现应该主要归结于朱熹及其倡导的新安理学之作用。[③]

王振忠论及徽商的社会流动及其影响时指出，徽商在经商地有部分大姓宗族的宗族成员人数超过了祖籍地的成员人数，随着户籍的迁出及在客居地的族谱和宗祠的重修、重建，这些侨寓徽商与祖籍地的联系日益松弛，徽商的土著化逐渐形成，而从祖籍地缘到新的社会圈形成的过程中，宗族血缘纽带始终起着重要的作用。[④] 周绍泉、江怡桐、张海鹏以徽商汪氏与胡氏两份阄书为例，研究徽州商人家族的遗产分割与商业经营的关系，有助于深化人们对家族组织的认识。此外，他们还对歙县芳坑江氏茶商家族经营活动及其盛衰作了个案研究，将从嘉庆、道光到清末江氏经营茶业的具体情况呈现出来。[⑤]

---

① 唐力行：《明清徽州的家庭与宗族结构》，载《历史研究》，1991 年第 1 期。唐力行：《徽州方氏与社会变迁——兼论地域社会与传统中国》，载《历史研究》，1995 年第 1 期。唐力行：《明清以来徽州区域社会经济研究》，合肥：安徽大学出版社，1999 年。

② 李琳琦：《明清徽州宗族与徽州教育发展》，载《安徽师范大学学报（人文社会科学版）》，2003 年第 5 期。

③ 周晓光：《新安理学与徽州宗族社会》，载《安徽师范大学学报（人文社会科学版）》，2001 年第 1 期，第 26～32 页。

④ 王振忠：《明清徽商与淮扬社会变迁》，上海：三联书店，1996 年，第 58～74 页。

⑤ 张海鹏、王廷元主编：《徽商研究》，合肥：安徽人民出版社，北京：人民出版社，2010 年，第 544～608 页。

日本学者井上徹以礼制与宗族实践为视角，研究宋以后宗族所形成的问题。他考察了嘉靖朝议大礼与家庙制度的改革，对依据《家礼》制定的明代家庙制度与程颐、朱熹观点间的关联进行了研究。[①] 臼井佐知子从网络分析的视角考察徽商与明清社会的互动，指出徽商网络是构筑在血缘和地域关系基础之上的，他们利用共同始祖的同一性，强化散布在各地经商族人的同宗同族关系，而徽商的地域关系，实质上只不过是血缘关系的扩大。此外，他还根据汪氏宗谱中的移居分支记载，考察了汪氏家族的迁徙与商业活动关系。[②]

韩国学者朴元熇则通过对歙县柳山方氏的考察，进行一连串的个案研究，分析歙县柳山方氏商人与宗族组织的关系，认为明代宗族组织扩大的社会经济契机和原因是人地矛盾产生祀产纠纷和乡村社会失衡，而编纂《方氏会宗统谱》和万历年间方氏将真应庙改造为统宗祠主要是由商人出资的，目的是为了强化和扩大宗族组织。[③] 旅居日本的学者熊远报利用婺源县庆源村詹氏的几种族谱，考察明清时代徽州有关祖先和父系血缘系列的再现与修改、加工过程，认为其目的是回应社会流动下秩序混乱的不安和抓住社会地位上升的机会，而动员各种社会资源和组织相互扶持的社会体系，在文献上为组织宗族乃至联合同姓，即形成比较广泛的社会网络，提供始祖、血缘等方面的合理依据。[④]

(四)徽商与区域研究

明清时期市镇经济日益兴盛，地域商人更是成为促使市镇规模扩展、繁

---

① [日]井上徹:《中国的宗族与国家礼制》，钱杭译，上海:上海书店出版社，2008年，第87～128页。

② [日]臼井佐知子:《徽商及其网络》，载《安徽史学》，1991年第4期。[日]臼井佐知子:《徽州汪氏家族的迁徙与商业活动》《徽州汪氏家族的迁徙与商业活动(完)》，载《江淮论坛》，1995年第1、2期。[日]臼井佐知子:《徽州商人的研究》，东京:汲古书院，2005年。

③ [韩]朴元熇:《从柳山方氏看明代徽州宗族组织的扩大》，载《历史研究》，1997年第1期。[韩]朴元熇:《明清时代徽州商人与宗族组织——以歙县柳山方氏为中心》，载《安徽师范大学学报(人文社会科学版)》，1999年第3期。[韩]朴元熇:《明清时代徽州的市镇与宗族——歙县岩镇和柳山方氏环岩派》，载《上海师范大学学报(哲学社会科学版)》，2005年第1期。[韩]朴元熇:《明清徽州宗族史研究》，汉城:知识产业社，2002年。

④ 熊远报:《清代徽州地域社会史研究》，东京:汲古书院，2003年，第70～110页。

荣的有力推手。徽商在明清时期堪称商界之巨擘，不仅是居民组成的一环，对于促进都市经济繁荣、社会风俗优化更有其关键性、积极性的作用。透过徽商与各地市镇的区域研究，可呈现出不同区域的社会特色与文化风尚，也成就了徽商与区域研究的价值。所以在徽商的经营领域及徽商与国内区域市场的互动与影响力方面，前人学者关注甚深。王振忠以《歙新馆鲍氏著存堂宗谱》为主要史料，研究明清时期徽州盐商在浙江的活动。① 陈学文考察徽商在浙江衢州所经营的行业，徽商如何与当地龙游商帮共谋商计，进而说明徽文化在衢州是如何适应与发展的。② 甘满堂考察徽商在福建的活动范围和经营行业，指出在明代中期徽州海寇商人还积极与福建海寇商人联手发展海上贸易，可以说徽州海商的成功得益于福建海商的大力支持，而徽商在福建的频繁活动则有力地促进了福建社会经济的发展。③ 王振忠、赵力考察徽商在南京的活动及其经营文化，进而讨论徽商贾道与游道，也指出徽商在南京构建园林并非完全追求文人士大夫的生活方式，而是受其经营方式影响。④

在讨论明清时期杭州城的发展和徽商与杭州间的互动时，陈学文⑤所作的主题研究较多。他从商业视角出发，对明清杭州城作一整体性、全方面考

---

① 王振忠:《明清浙江盐商、徽歙新馆鲍氏研究——读〈歙新馆鲍氏著存堂宗谱〉》，载《徽州社会科学》，1994年第2期。

② 陈学文:《明清时期徽商在浙江衢州》，载《史林》，2008年第4期。

③ 甘满堂:《明清时期的徽商与福建》，载《福州大学学报(哲学社会科学版)》，2002年第2期。

④ 王振忠、赵力:《明清时代南京的徽商及其经营文化》，载《浙江社会科学》，2002年第4期。

⑤ 陈学文:《明清社会经济史研究》，台北:稻禾出版社，1991年。陈学文:《明清时期商业书及商人书之研究》，台北:洪叶文化事业有限公司，1997年。陈学文:《明代杭州城市经济的发展及其特色》，载《浙江学刊》，1982年第2期。陈学文:《明清时期的杭州商业经济》，载《浙江学刊》，1988年第5期。陈学文:《明清时期杭嘉湖地区的文化生活和民俗》，载《东南文化》，1989年第6期。陈学文:《明清时期硖石、长安二市镇的社会经济结构——兼论江南米市发展的意义》，载《浙江学刊》，1992年。陈学文:《明清徽商在杭州的活动》，载《江淮论坛》，1990年第1期。陈学文:《古代杭州夜市》，载《商业经济与管理》，1982年第2期。

察，其中虽有论及徽商与杭州的关系，但所讨论的范围并非单纯以杭州府县为主体，而是广及邻近杭州府的州县，仅对杭州徽商作一概略性介绍，但却对笔者探究杭州徽商深具启发性。此外，唐力行曾在讨论商人业缘组织的兴起与特征时，略述杭州木商公所的组织结构。他以抗战前夕的杭州吴山汪王庙为个案，讨论在当时特定的历史条件下，汪氏宗族对杭州徽商的意义。[①] 范金民在讨论两淮边商、内商的分化时，揭示出杭州盐商基本上为徽州人所把持，徽商同时也对杭州的善堂有所捐献。[②] 卜永坚从盐商的角度考察黟县宏(弘)村汪氏迁徙至杭州后的发展。[③] 汪庆元则考察杭州崇文书院与徽商间的互动。[④]

在汉口方面，江丽试图从吸引徽商去汉口的原因、徽商在汉口的经营行业以及社会影响三方面，对明清时期汉口的徽商作一番考察和分析，并说明徽商对汉口的社会影响是多方面的，除促进汉口的经济繁荣和社会发展之外，更提高了汉口在国内市场的知名度。[⑤] 张小平利用《汉口丛谈》探查汉口徽商的基本特征与经营行业，进而说明这一时期的社会风尚。[⑥] 李琳琦以清代汉口紫阳书院为例，说明徽商不仅致力于徽州本土的文教事业，还纷纷在侨寓之地创办书院，以为出外从商子孙就学成名计，而汉口紫阳书院则是其中的典型，更是徽商贾而好儒的印证。从汉口紫阳书院的创建、功能及经费的经营中可以窥探明清商人书院与传统书院的不同，它是属于书院与会馆的

---

① 唐力行：《商人与中国近世社会》，台北：台湾商务印书馆，1997 年。唐力行：《从杭州的徽商看商人组织向血缘化的回归——以抗战前夕杭州汪王庙为例论国家、民间社团、商人的互动与社会变迁》，载《学术月刊》，2004 年第 5 期。

② 范金民：《明代徽州盐商盛于两淮的时间与原因》，载《安徽史学》，2004 年第 3 期。

③ 卜永坚：《盐商·盐官·宗族——以黟县弘村汪氏宗族为中心》，收入安徽大学徽学研究中心编：《徽学》(第四卷)，合肥：安徽大学出版社，2006 年。

④ 汪庆元：《明清徽商与杭州崇文书院考述》，收入安徽大学徽学研究中心编：《徽学》(第三卷)，合肥：安徽大学出版社，2004 年。

⑤ 江丽：《明清徽商与汉口》，载《安徽广播电视大学学报》，2006 年第 1 期。

⑥ 张小平：《汉口徽商与社会风尚——以〈汉口丛谈〉为例》，载《安徽史学》，2005 年第 1 期。

联合体。[1]

在上海方面，吴仁安认为明清时期上海地区的经济贸易发展以及水陆交通的便利，吸引了大批徽商到此大展鸿图，进行广泛经营。旅沪徽商以群体力量竞争确立地位，更借助政治力量发展商业。[2] 松浦章认为，以上海为中心的区域性棉布生产标准已成为新衣料的标准，而这种新衣料需求的扩大引起徽商的注意。为了更顺利地参与棉布的生产，徽商进入棉布主要交易地的上海。此外，他更以清末布业公所的负责人汪宽也为例，说明直至民国时期，徽商在上海的棉布业势力仍是不容小觑。[3]

在苏州方面，研究者有唐力行、徐茂明、张翔凤、申浩、王健、吴建华、李明等人，分别以苏州与徽州的家庭—宗族结构、妇女、教育文化、市镇、基层社会控制、基层社会保障、民俗风尚、民间信仰等对苏州与徽州在相互作用过程中异向发展的具体表现作出了比较。[4]

在淮、扬方面，何炳棣以扬州盐商为例，讨论食盐贸易的组织，同时评估盐商所得利益与财富规模，进而研究盐商的生活形态、文化表现和社会流动，其中，扬州盐商几乎以徽商为主体。[5] 范金民主要探讨徽州盐商之所以能称雄淮扬是否是受政策影响。明代中后期徽商将在其他地方其他行业中积累起来的资本转移投向了两淮盐业，且深具家族性，再加上两淮的盐业运作方式，使徽州盐商能占一席之地。[6] 李明通过对苏州、徽州、扬州三地风俗的整体考察，探讨促使风俗文化得以汇聚、释放与转化的机制，并说明士商在江南

---

① 李琳琦：《徽商与清代汉口紫阳书院——清代商人书院的个案研究》，载《清史研究》，2002年第2期。

② 吴仁安：《论明清徽商在上海地区的经营活动与历史作用》，载《大连大学学报》，1999年第5期。

③ 松浦章：《徽商汪宽也与上海棉布》，载《中国社会经济史研究》，2000年第4期。

④ 唐力行等：《苏州与徽州——16－20世纪两地互动与社会变迁的比较研究》，北京：商务印书馆，2007年。

⑤ 何炳棣：《扬州盐商：十八世纪中国商业资本的研究》，载《中国社会经济史研究》，1999年第2期。

⑥ 范金民：《明代徽州盐商盛于两淮的时间与原因》，载《安徽史学》，2004年第3期。

风俗中的主导性，深化对江南范围内大徽州的认识。[①] 王振忠则以两淮盐商为主体，首先对明代中后期盐政制度的递嬗作了考证，在此基础上探讨清代前期徽商对两淮盐务的控制；其次，对徽商以侨寓地为中心重修族谱和重建宗祠，从而由其祖籍地缘转向新的社会圈的轨迹作了比较详细的探讨，更对徽州盐商与东南盐业城镇的变迁作一区域性的观照，含扬州、淮安关厢、仪征、汉口和苏北滨海市镇等地；最后，从人文地理的角度对东南文化的变迁作一观察。[②]

二、本书基本架构

本书研究的时间跨度为明代成化年间至清代光绪年间，试图透过商业经营活动、人文生活和宗族发展，探讨明清时期徽商与杭州府之间的互动和影响。除导论和结语外，主要内容共分成五章。

第一章主要介绍明清时期杭州城的发展，以此作为研究的背景。该部分主要利用地方志、文集、时人笔记、明清小说等文献史料，透过政治、社会、经济、文化、风尚等面向来解析明清时期位于江南区域的杭州城的发展变化。首先，以建置背景来了解杭州的发展条件和历史机遇。论述独特山川形胜与优越地理区位如何让杭州在江南市镇中居于重要地位。此外，探讨杭州和与之比邻的徽州府的关联性，以及对明清徽商发展的影响。其次，尝试勾绘出明清时期杭州城的城市布局与生活面貌。探究商业活动和手工业的发展给省城带来的影响，以及杭州城居民的生活形态。最后，辅以官方档案，考察明清时期杭州城的风俗民情，以及政府对杭州城的治理。

第二章以徽商的商业经营为论述主线。首先，对自明代中叶起关于徽州人大批出外经商的众多原因加以探讨分类，进而考察徽州人如何根据子弟个人的才智背景，从实用性的角度出发为其争取最适当的职业，使子弟能够正

---

① 李明：《明清苏州、扬州、徽州三地风俗的互动互融——兼谈“苏意”、“扬气”与“徽派”》，载《史林》，2005 年第 2 期。

② 王振忠：《明清徽商与淮扬社会变迁》，上海：三联书店，1996 年。

视自己的特长转而呈现出主动经商的精神。又徽州境内水系主干新安江被称为徽商的黄金水道，无数徽商借由此条水路东下抵达杭州，杭州又为京杭大运河的起讫点，由此可通达江南各地如苏州、扬州、南京等城市，优越的转运位置和沟通河海的交通枢纽，自然被眼光敏锐的徽商所看重。由此入杭贸易或转运的人数甚多，于是便吸引各行业的徽商聚集进驻，不少徽商也因经商而居留杭州。

其次，面对瞬息万变的商业经营活动，商人以一己之力是不足以应变大规模的商业竞争的，该部分以地方志、笔记小说、族谱、征信录等史料，具体说明杭州徽商如何善用血缘关系、地缘与业缘组织，以群体的力量来参与、应对日趋激烈的商业竞争；如何获得充足的商业资本和人力资源，锻造出强大的凝聚力，从而提高徽商群体的商业竞争力。他们以最大程度的人力、物力来调节共同的利益，取得对市场需求的正确预测和判断的优势，并积极调动商帮投入更大规模和更长距离的商业经营活动中。最后，考察杭州徽商如何进行商业知识技能的传授与学徒的培训。

第三章以杭州徽商所涉足的行业作为论述主线，探讨明清时期徽商在杭州府的经营项目与发展历程。该部分在对地方志、笔记小说、族谱、征信录、会馆录等史料进行分类的基础上，指出明清徽商在杭州府的商业经营项目，进而探讨杭州徽商在官府政策的变化与商品经济的发展过程中，如何在盐业、典当业、木业、茶业、薪传行业与百姓馔食中利用徽州府和杭州府之间重要的地缘关系与区位优势来抓住经商契机，推动行业发展。以及面对激烈的商业竞争环境，杭州徽商如何从中取得优势地位，从而维持支柱性行业的相关发展。

第四章以杭州徽商的人文生活为论述主线，利用征信录、族谱、方志文献来探讨迁杭后徽商在杭州当地的文化活动和慈善贡献以及徽商宗族子弟的教育发展，并利用徽商一些宗族个案进行说明。明清时期的徽州已为人口高度迁出之地，徽人家族迁徙及人数日益增多的徽商选择客居杭州成为一股不可抵挡的趋势。首先，考察迁杭后徽商宗族子弟的教育发展以及杭州徽商如何替其族中子弟争取两浙商籍;探讨侨寓地书院建置情形与徽商在其中所扮演的角色。其次,杭州徽商在商业活动上逐渐崭露头角,经济实力日益雄厚的他们亦贾亦儒,借由读书、藏书、刻书、抄书等活动,不仅加强侨寓杭州的徽商家族彼此之间的往来,更结交地方名人雅士,交流唱和,或藏书处研讨古籍,或饮酒赋诗,或相与鉴赏藏品,又或一同西湖泛舟,寻访湖山胜景等,促使徽州藏书家族融入当地社会,活跃了侨寓地的文化生活。最后,对于侨寓地杭州的相关慈善设施,不论是杭州普济堂、新安惟善堂、新安怀仁堂,还是安徽会馆,都可在其中见到徽商急公好义的善行义举。

第五章以三个迁杭的徽州宗族为案例,探讨徽商家族迁杭的缘起与宗族的发展、迁杭后适应杭州社会的历程、杭州徽商的文化生活面貌,从中得以了解迁杭徽商如何维系与徽州故里的关联,又如何凝聚迁杭族人间的向心力与认同感,并探讨咸丰、同治年间的太平天国兵燹对杭州的破坏以及对杭州徽商的影响。

总体而言,笔者希冀借由此书,描绘和揭示明清时期杭州徽商的商业经营活动、人文生活和侨寓地的宗族发展。但碍于研究资料和自身学力的不足,无法进行全面深入的探究。期待未来能有更多相关讨论,以丰富明清时期徽州商人在杭州的各种情形的研究。

第一章 明清时期的杭州城

南宋著名诗人范成大曾在《吴郡志》中提及“天上天堂，地下苏杭”[1]，其后更转成“上有天堂，下有苏杭”此一童叟老妪皆知的俗谚，杭州遂成为人间天堂的代名词。杭州古称“钱塘”“余杭”“临安”“武林”，而“杭州”一词，初次出现于史书记载中的时间为开皇九年(589 年)，隋文帝平定南朝的陈，旋废钱塘郡，置杭州。[2] 之后虽约略有所变更，但仍统余杭、于潜、盐官、钱塘、富阳、武康六县，“而式廓增”。隋炀帝大业六年(610 年)，京杭大运河最南段的江南河工程开凿完毕，从京口(现今江苏镇江)到余杭(现今浙江杭州)，全长“八百余里，广十余丈”。[3] 这条北从涿郡，通达长安、洛阳，南至余杭的大运河，贯通了海河、黄河、淮河、长江、钱塘江五大水系，成为当时国家极为重要的交通动脉，促进了南北经济文化的交流。

杭州位于大运河最南端，无疑成为江南水运的枢纽，“川泽沃衍，有海陆

---

① (宋)范成大撰、陆振岳点校:《吴郡志》卷五十，南京:江苏古籍出版社，1999 年，第 669 页。

② (唐)魏征等撰、杨家骆主编:《新校本隋书附索引》卷三十一《地理下》，台北:鼎文书局，1980 年，第 990 页。(唐)杜佑撰、王文锦等点校:《通典》卷一百八十二《古扬州下》，北京:中华书局，1988 年，第 4829 页。

③ (宋)司马光编、(元)胡三省音注:《资治通鉴》卷一百八十一《隋纪五》，北京:古籍出版社，1956 年，第 5652 页。

之饶，珍异所聚，故商贾并辏”，[①]加快了杭州的城市发展及与其他地区的互动，城市地位也不断提升，此时已“俨然东南大都会矣”。[②] 宋室南渡后，建炎三年（1129 年），宋高宗“升杭州为临安府”，[③]绍兴八年（1138 年）“始定都于杭”，[④]南宋正式定都临安，开启杭州繁荣发展的极盛时代。元灭南宋后，元世祖改临安府为杭州，置杭州路。至元二十八年（1291 年），“改江淮行省为江浙等处行中书省，治杭州”。[⑤] 意大利威尼斯商人马可·波罗曾在他的游记中描述元帝国统治下的杭州城，形容此城为世界最富丽名贵之城，又言“城中有商贾甚众，颇富足，贸易之巨，无人能言其数”，而杭州城“所供给之快乐，世界之城无有及之者，人处其中自信为置身天堂”。[⑥]

第一节　建置发展与地理区位

明朝杭州的行政建制改路为府，“置浙江等处行中书省，治杭州府”。洪武九年（1376 年），“改行中书省为承宣布政使司”，[⑦]仍治杭州府，属浙西道，下辖九县，钱塘、仁和为附廓。清朝顺治初，大致承袭明制，置浙江等处承宣布政使司，“定杭州府，领钱塘、仁和、海宁、富阳、余杭、临安、于潜、新城、昌化

---

① （唐）魏征等撰、杨家骆主编：《新校本隋书附索引》卷三十一《地理下》，第 887 页。

② （明）陈善等修：《（万历）杭州府志》卷一《沿革》，台北：成文出版社，1983 年，第 174 页。

③ （宋）李心传：《建炎以来系年要录》卷二十五，收入《景印文渊阁四库全书》史部·编年类第 325 册，台北：台湾商务印书馆，1983 年，第 394 页。

④ （元）脱脱等撰、杨家骆主编：《宋史》卷二十九《高宗六》，台北：鼎文书局，1980 年，第 538 页。

⑤ （明）宋濂等撰、杨家骆主编：《元史》卷十六《世祖十三》，台北：鼎文书局，1981 年，第 353 页。

⑥ ［意］马可·波罗著、［法］沙海昂注、冯承钧译：《马可波罗纪行》，台北：台湾商务印书馆，2000 年，第 377、383 页。

⑦ （清）张廷玉等撰：《明史》卷四十四《地理五》，台北：台湾商务印书馆，2008 年，第 457 页。

等县九,附郭二县”。[①]

历史上经济中心多次南移,自两宋以降,中国经济重心几乎已渐移至东南地区,“自晋南渡之后,东南渐重而西北渐轻。至于宋,东南愈重而西北愈轻”。[②] 东南社会繁荣发展已深受全国的瞩目,更可说是天下财赋聚集的地区。“天下财赋多仰东南,东南财赋多出吴郡”;[③]“直隶之苏、松、常,浙江之杭、嘉、湖,计其赋税实当天下之半”;[④]“郊庙之粢盛在此,内府之珍膳在此,百僚之俸给、六军之粮饷亦在此”。[⑤] 杭州不仅是钱塘古都会,更是南宋的国都,繁华甲于东南,且为“浙右东南要区,环地数千里”,凭借优越的形势“东际海,西控震泽,北又濒于海”,“南浙江,北具区,东大海,西天目,四穿之所交会,万山之所重复”,[⑥]“北枕江淮,南极于宁,地大物众,供给当天下半”,[⑦]有“东南第一州”之美誉,使杭州成为南宋时期全国的政治、经济、文化中心,为其发展提供了许多有利的条件和机遇,奠定了杭州城市发展的基础。研究宋代江南经济的日本学者斯波义信也表示,自宋代起“确实以长安为中心的中国,西北其成长周期正趋于下降,取而代之的是以苏杭为中心的东南的上升周期已经开始”。[⑧]

---

① (清)允祹等撰:《钦定大清会典则例》卷三十一,收入《景印文渊阁四库全书》史部·政书类第620册,台北:台湾商务印书馆,1983年,第598页。

② (宋)章如愚辑:《群书考索》(续集)卷四十六《东南县邑民财》,扬州:广陵书社,2008年,第1140页。

③ (清)黄宗羲编:《明文海》卷六十八,收入《景印文渊阁四库全书》集部·总集类第1453册,台北:台湾商务印书馆,1983年,第600页。

④ (明)徐光启:《农政全书》卷十四,收入《景印文渊阁四库全书》子部·农家类第731册,台北:台湾商务印书馆,1983年,第189页。

⑤ (明)姚文灏编辑、汪家伦校注:《浙西水利书校注·今书》,北京:农业出版社,1984年,第101页。

⑥ (明)陈善等修:《(万历)杭州府志》卷十八《形胜》,台北:成文出版社,1983年,第1332~1335页。

⑦ (清)龚嘉俊修、李榕纂:《(民国)杭州府志》卷四《形势》,台北:成文出版社,1974年,第295页。

⑧ [日]斯波义信著,方健、何忠礼译:《宋代江南经济史研究》,南京:江苏人民出版社,2001年,第105页。

明清时期的杭州，在既有的历史基础之上不断地发展，但元末明初经战乱兵燹的影响，城内鼎沸，其祸尤甚。辅佐明太祖朱元璋开创明朝、维持明初安定政局、后人比为诸葛武侯的刘基，也曾作《悲杭城歌》感叹当时无情烽火带给杭州的浩劫："观音渡口天狗落，北关门外尘沙恶。健儿披发走如风，女哭男啼撼城郭。忆昔江头十五州，钱塘富庶称第一。高门画戟拥雄藩，艳舞清歌乐终日。割膻进酒皆俊郎，呵叱闲人气骄逸。一朝奔迸各西东，玉斝金杯散蓬荜。清都太微天听高，虎略龙韬缄石室。长夜风吹血腥入，吴山浙河惨萧瑟。城上阵云凝不飞，独客无声泪交溢。"[①]又杭谚中西湖有"销金锅儿"之号，"日靡金钱，靡有纪极"，[②]但宛若杭州城明珠的西湖，在元朝统治下，因不事浚湖，导致葑草蔽湖，水尽堙塞，沿湖四边淤积之处，更已渐成菱田荷荡，甚至被豪民划地占领，西湖周边的繁盛已不复以往，故于元末明初，杭州城在诸多因素影响下走入经济萧条时期，人口锐减。

明太祖朱元璋击退浙西的张士诚，兵取杭州统有东南后，杭州于元末以来的动荡得以中止，明初朝廷政局渐趋稳定；又自成化、弘治年间以后，地方官员分段疏通西湖，正德年间进行大规模的浚湖工程后，"自是西湖始复唐宋之旧"。[③] 经过一百多年的休养生息，明中叶以降，社会生产力大增，活跃的商品经济使江南市镇经济进入高速发展阶段，更直接刺激江南地区社会的繁荣发展，开启了此区的黄金盛世。

在此时代背景下，杭州城市工商业经济渐趋恢复，其间虽在嘉靖年间曾受倭寇侵扰，造成"市井委巷，有草深尺余者，城东西僻有狐兔群者"，[④]但在

---

① (明)刘基:《诚意伯文集》卷四《覆瓿集四・古诗》，上海：上海古籍出版社，1991 年，第 1225～96 页。(清)丁丙:《北郭诗帐》卷下，收入《杭州运河文献集成》第二册，杭州：杭州出版社，2009 年，第 85 页。

② (宋)周密著，李小龙、赵锐萍注:《武林旧事(插图本)》，北京：中华书局，2007 年，第 71 页。

③ (清)龚嘉俊修、李榕纂:《(民国)杭州府志》卷五十三《水利一》，台北：成文出版社，1974 年，第 1127 页。

④ (明)陈善等修:《(万历)杭州府志》卷十九《风俗》，台北：成文出版社，1983 年，第 1364 页。

万历年间便逐渐跻身中国著名城市之列，“大之而为两京、江、浙、闽、广诸省会，次之苏、松、淮、扬诸府，临清、济宁诸州，仪真、芜湖诸县，瓜洲、景德诸镇”，[①]可谓为东南一大都会。万历年间的杭州城，人口稠密，商贾辐辏，“生齿既众，贸易日多”，[②]“舟航水塞，车马陆填，百货之委，商贾贸迁，珠玉象犀，南金大贝。株儒雕题，诸藩毕萃，既庶且富”，[③]“民居栉比，鸡犬相闻，极为繁华”。[④] 万历时人陈善更直言，杭州“湖山秀丽，而冈阜川原之所襟带，鱼盐、秔稻、丝绵，百货于是乎出，民生自给，谭财赋奥区者，首屈焉”。[⑤]

杭州城的城郭规制创于隋代，但明清时期的城郭(见图 1-1)，大抵沿袭自元末至正十六年(1356 年)，张士诚占据浙西五都之后，“发松江、嘉兴、湖州、杭州民夫筑焉，昼夜并工，三月而完”，所重筑的杭州城呈南北长、东西窄的格局，“城周六千四百丈有奇，高三丈，厚视高加一丈”。[⑥] 明太祖朱元璋得杭州后，以“全城内附遂因之为省城门”，共有十个城门，“东城五门曰候潮、曰永昌、曰清泰、曰庆春、曰艮山；西城三门曰清波、曰涌金、曰钱塘；南城一门曰凤山；北城一门曰武林”[⑦]。每个城门都各有城门楼，但只有涌金门，依西湖以为外势，所以没有月城，仅建单楼。凤山、候潮、艮山、武林四门之旁各有水门。永昌门毁于清朝康熙五年(1666 年)，加以重建后遂改名为“望江门”。[⑧]

---

① (明)张涛修、谢陛纂：《(万历)歙志》卷十《货殖》，明万历三十七年刊本影印自日本尊经阁文库。

② (明)陈善等修：《(万历)杭州府志》卷十九《风俗》，台北：成文出版社，1983 年，第 1365 页。

③ (明)陈善等修：《(万历)杭州府志》卷三十三《城池》，台北：成文出版社，1983 年，第 2480 页。

④ (明)陈善等修：《(万历)杭州府志》卷十九《风俗》，台北：成文出版社，1983 年，第 1365 页。

⑤ (明)陈善等修：《(万历)杭州府志・序》，台北：成文出版社，1983 年，第 1 页。

⑥ (清)龚嘉俊修、李榕纂：《(民国)杭州府志》卷五《城池》，台北：成文出版社，1974 年，第 300 页。

⑦ (明)陈善等修：《(万历)杭州府志》卷三十三《城池》，台北：成文出版社，1983 年，第 2481 页。

⑧ (清)龚嘉俊修、李榕纂：《(民国)杭州府志》卷五《城池》，台北：成文出版社，1974 年，第 300 页。

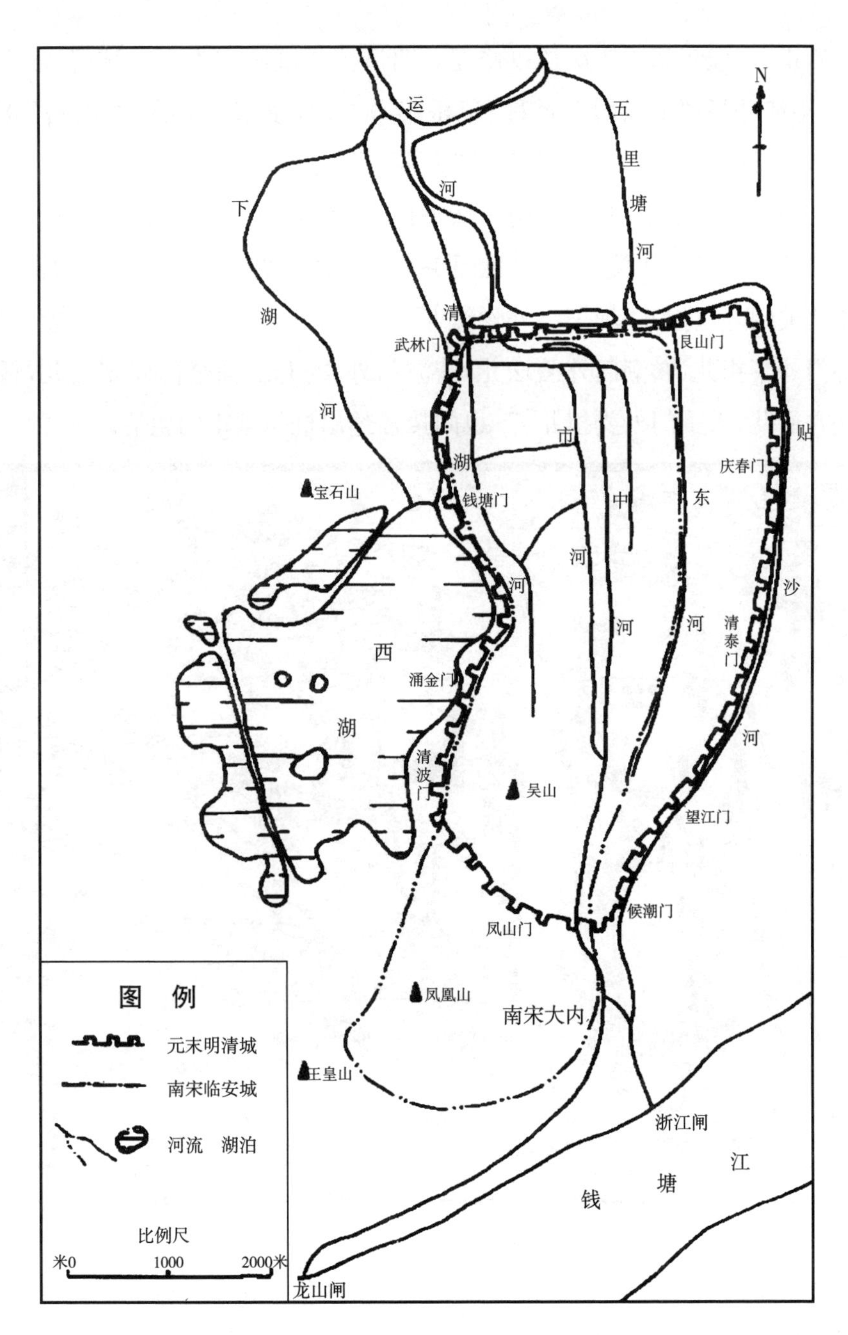

图 1-1 元末明清杭州城的城郭略图

资料来源：周峰主编：《元明清名城杭州》，浙江：杭州人民出版社，1990 年。

雍正、乾隆年间曾屡次加以修建。明清杭州城固定为十个城门，东南有候潮、望江（旧称“永昌门”，俗称“草桥门”）二门，正东为清泰门（又称“螺蛳门”），东北则为庆春（又称“菜市门”“太平门”）、艮山（又称“坝子门”）二门，南有凤山门（又称“正阳门”），西南为清波门，正西则是涌金门，西北为钱塘门，北为武林门（又称“北关门”）。（见图 1-2）杭州俗谚更点出十大城门的特色物产：“北关门外鱼担儿，坝子门外丝篮儿，正阳门外跑马儿，螺蛳门外盐担儿，草桥门外菜担儿，候潮门外酒坛儿，清波门外柴担儿，涌金门外划船儿，钱塘门外香篮儿，太平门外粪担儿。”[①]也间接描述出杭州城市的生活。

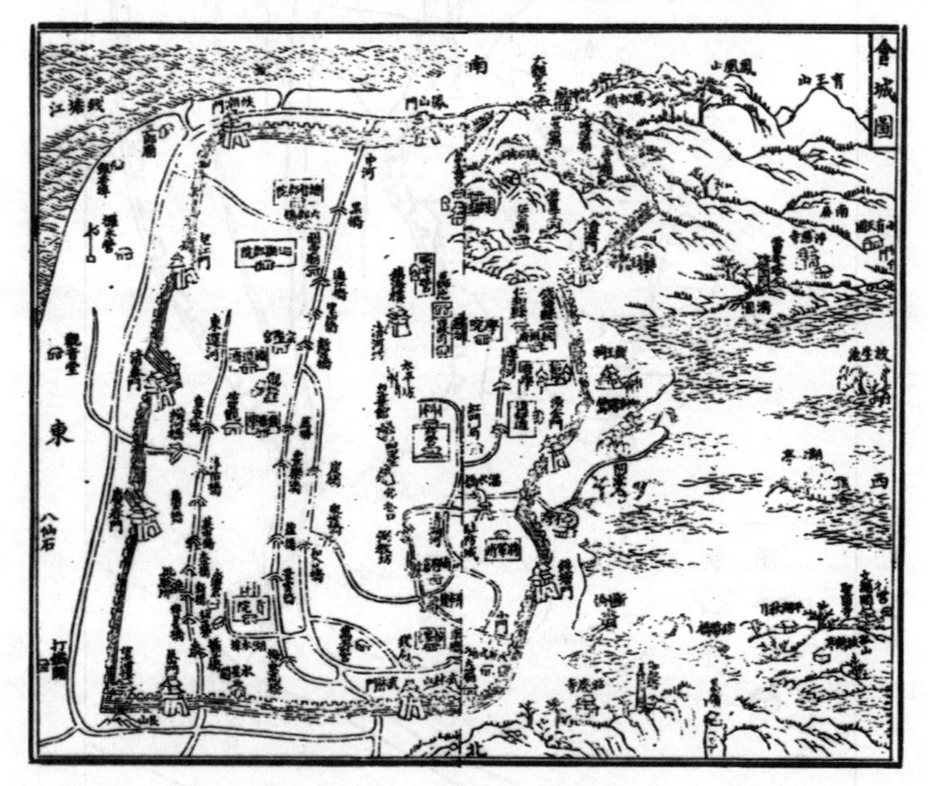

图 1-2 清代杭州会城图

资料来源：（清）龚嘉俊修、李榕纂：《（民国）杭州府志》卷二《图说》，台北：成文出版社，1974 年，第 227 页。

---

① 孙跃：《话说杭州人》，杭州：杭州出版社，2001 年，第 138～139 页。

明清时期杭州的地位虽然从南宋都城降至一省之省郡，但仍属东南奥区，其独特山川形胜与优越的地理区位，成为杭州在江南市镇中社会经济繁荣发展的重要因素。环顾宇内山川，“自京师而下，莫不以浙为首，浙以杭为首”，时更堪称吴越一都会，“内抱湖山奇伟秀丽之美，兼有居民富庶知教之风”，[①]“山川回合，城郭宏固，殷庶之积，视他郡尤盛”。[②] 杭州诸山之源属天目山系，主要分成东西二岭：一岭在于潜县北面，称“西天目”；另一岭在临安县西北，称“东天目”。天目山系绵亘杭、湖、宣、歙四州，周八百里，“西目之脉直走钱塘，包络武林，是为杭之主山”。[③] 又杭州城郭“南跨吴山，北兜武林，左带长江，右临湖曲”，[④]武林山因“去城西十二里”而俗称“西山”，“起于歙，出于睦，跨富春，控余杭，蜿蜒数百里，结局于钱塘”。[⑤] 吴山则属凤凰山，“其支山左折遂为吴山”，是杭州城南面诸多小山的总称，又诸凡杭州“祠庙合祀典者皆在其颠”。[⑥]

杭州又属钱塘江水系，钱塘江处新安江之下游，“其源发自徽州，曲折而东以入于海，故名浙江”。[⑦] 而“浙省之水，以浙江为大，杭州实受其委输”，[⑧]其流经富阳县境内，则名富春江，最后流经杭州的钱塘、仁和二县，称为钱塘江，并于海宁州入海。杭州城西又滨西湖，西湖之水源自武林山，“溪涧缕注，下有渊泉百道，汇而成湖”。杭州城又引西湖水入城“分流上、下两塘之河，钱

---

① (明)俞思冲等纂:《西湖志类钞》卷上，台北:成文出版社，1983年，第70页。

② (清)龚嘉俊修、李榕纂:《(民国)杭州府志》卷四《形势》，台北:成文出版社，1974年，第295页。

③ (清)龚嘉俊修、李榕纂:《(民国)杭州府志》卷一《图说》，台北:成文出版社，1974年，第252页。

④ (明)田汝成:《西湖游览志》，台北:成文出版社，1983年，台北:成文出版社，1974年，第44页。

⑤ (明)俞思冲等纂:《西湖志类钞》卷中，台北:成文出版社，1983年，第170页。

⑥ (清)龚嘉俊修、李榕纂:《(民国)杭州府志》卷一《图说》，台北:成文出版社，1974年，第227页。

⑦ (明)俞思冲等纂:《西湖志类钞》卷中，台北:成文出版社，1983年，第231页。

⑧ (清)龚嘉俊修、李榕纂:《(民国)杭州府志》卷一《图说》，台北:成文出版社，1974年，第230页。

塘、仁和、海宁之民，仰溉田亩，盐漕诸艘赖以转运”，[1]杭州府东北境内之田几乎皆赖其灌溉。明朝正德年间，时任知府的杨孟瑛，曾从杭州城形势至杭民生计问题来说明西湖对于杭州城的重要性和影响，若西湖堙塞“则形胜破损生殖不繁”，“运河枯涩，所谓南柴北米，官商往来，上下阻滞，而闾阎贸易，苦于担负之劳，生计亦窘”，又因上塘河滨河数千顷田地，皆赖西湖水灌溉，若西湖堙塞，“上塘之民缓急无所仰赖”。[2]

杭州城北又接有大运河，“北通苏、湖、常、秀、润等河，凡诸路纲运及商贩客舟，皆由此达于城”。[3] 不论是钱塘江的支流或人工开辟的渠道，河流水道纵横，贯穿交错成无数水网与外界相连，“商贾之所辐辏，舟航之所骈集”，[4]更促进杭州府下辖各县诸市镇的蓬勃发展。钱塘县的范村市，“南濒浙江，为富阳及严、衢通道，近年客商物货多于此居停，渐成巨镇”；朱桥市去浙江驿二十里，“行旅自越来渡江者，咸经朱桥，遂成小市”；松木场市，“在钱塘门外，吴郡女士春游进香皆泊船于此”；[5]仁和县塘栖镇“去武林关四十里，长河之水一环汇焉，东至崇德五十四里，俱一水直达”，官舫、运艘、商旅之舶，日夜不绝，成为“矻然巨镇”，[6]又因塘栖镇地界仁和与德清两县，“水南属仁和，水北属德清，长桥跨据南北，实官道舟车之冲”，且方志更言“此镇宋时所无，而今为市镇之甲，亦以运道改移，故日益繁盛”；海宁州长安镇为“商旅聚集，舟车冲突之地”，“有坝以限上下两河，商贾舟帆辐辏，昼夜喧沓”；余杭县新街市“邑人邹煜买地，开广通南渠河，四时茶、纸、薪、米诸货毕集”；浣坎镇“昔时竹木、山货乘舟运载，商贩聚而成镇，后河既湮，镇亦寻废”；新城县渌川镇“在县

---

① (清)龚嘉俊修、李榕纂：《(民国)杭州府志》卷一《图说》，台北：成文出版社，1974年，第260页。

② (明)田汝成：《西湖游览志》，台北：成文出版社，1983年，第44～46页。

③ (明)陈善等修：《(万历)杭州府志》卷二十《山川一》，台北：成文出版社，1983年，第1446页。

④ (明)俞思冲等纂：《西湖志类钞》卷中，台北：成文出版社，1983年，第233页。

⑤ (清)龚嘉俊修、李榕纂：《(民国)杭州府志》卷六《市镇》，台北：成文出版社，1974年，第317页。

⑥ (清)王同：《唐栖志》，台北：文海出版社，1974年，第1033页。

南十里,百货往来,县之水陆孔道”;昌化县栗树溪市“旧只村落数廛,今为商民聚集,舟楫出没之所”;河桥镇“为一邑水口,舟行者所必由也,烟火不下千家”;白牛桥镇“居民稠密,水陆交通,县北境宁国诸路,亦辐辏于此”。[①]

明清徽州府与杭州府相比邻,山峦迭起,支脉于两府间绵延盘踞。位于杭州府最西侧的昌化县,西北边与徽州府的绩溪县接壤,“西北八十里曰蕨岭,绩溪县界”;正西边与歙县接壤,“西七十五里曰昱岭关,为歙县界”,[②]“昱岭关西之新桥铺与徽歙接壤,面积约二千五百方里”。[③] 其中昌化县的昱岭关,因为地势险阻,“右当歙郡之口,东瞰临安之郊,南出建德之背”,[④]因而于昱岭之地设关,更凸显此处为三郡交会的要地。

自明朝中叶起,徽州弃农经商的人逐渐增多,纷纷求食于四方。但徽州处于山水萦绕之中,出走徽州不外乎是经由山路或水路,故与徽州府接壤的昌化县便为无数徽州人踏上商路的必经之道,“邑当杭歙之交,隐然为江浙岩镇”。[⑤] 昌化县城的西区,因为“经路平坦,昱岭、芦关遥遥相对峙,洞其门以通出入,实徽杭往来之孔道”,[⑥]昱岭关无疑为徽杭通衢,关上更有一石刻,刻有“江东路徽州界”六字。[⑦] 来往徽杭二府之道,除昱岭关,另有一为明天顺五年(1461 年)开凿的石路,在昌化县城西三十五里的破山湾,“南临深溪,北

---

① (清)龚嘉俊修、李榕纂:《(民国)杭州府志》卷六《市镇》,台北:成文出版社,1974 年,第 320~324 页。

② 陈培廷修、潘秉哲纂:《(民国)昌化县志》卷一《舆地·疆域》,台北:成文出版社,1974 年,第 45~46 页。

③ 陈培廷修、潘秉哲纂:《(民国)昌化县志》卷首《城区·图说》,台北:成文出版社,1974 年,第 25 页。

④ 陈培廷修、潘秉哲纂:《(民国)昌化县志》卷三《建置·铺关》,台北:成文出版社,1974 年,第 160 页。

⑤ (清)龚嘉俊修、李榕纂:《(民国)杭州府志》卷四《形势》,台北:成文出版社,1974 年,第 298 页。

⑥ 陈培廷修、潘秉哲纂:《(民国)昌化县志》卷首《城区·图说》,台北:成文出版社,1974 年,第 20 页。

⑦ 陈培廷修、潘秉哲纂:《(民国)昌化县志》卷三《建置·铺关》,台北:成文出版社,1974 年,第 159 页。

抵崖壁，计二里许，广三四尺，工费数百金”，此路为“徽杭要冲，商旅踵接”。石路未通凿之前，行路者必须先渡溪南岸，迂行数里，再复渡北岸，“冬寒病涉，或遇溪涨，尤为旅患，此路一开，无复二渡之险矣”。[①] 此文深刻道出徽商走出崇山峻岭，背井离乡经商的艰辛。

此外，发源于安徽休宁县的新安江水系，即是杭州府钱塘江水系的上游，徽商由新安江顺江而下，便能直抵杭州。虽然清代诗人黄景仁曾形容新安江“一滩复一滩，一滩高十丈。三百六十滩，新安在天上”，[②]但这却是徽商通往杭州及江浙地区经商的必经水道。与崎岖难行的山路相比，新安江的水路深受徽商青睐，徽商借由这一条黄金水道通往杭州经商，在徽商间流传的各种商业书籍中，清楚记载着许多从徽州府到杭州的水陆行程。在《一统路程图记》中黄汴记载“由休宁县至浙江”“休宁县至杭州府”的水路和“杭州府至休宁县齐云山”的山路。[③] 程春宇的《士商类要》则记有“徽州府由严州至杭州水路程”，[④]此外《水程捷要歌》更记载“一自渔梁坝，百里至街口，八十淳安县，茶园六十有，九十严州府，钓台桐庐守，潼梓关富阳，三浙垄江口，徽郡至杭州，水程六百走”，详细说明由新安江出徽州抵至杭州府沿岸的各节点位置。明清时期的杭州城已是名列全国的大都会之一，徽商处地利之便，杭州遂为其落地经商的据点之一。

以杭州为起点，通往江南和其他区域的交通路线网扩大了徽商的行贾范围。《商贾便览》中载有“福建省城进京由浙江杭州府水陆路程”“浙江省城北新关进京水陆路程”“浙江省城由绍兴府至南海水路程”“浙江杭州府由长安

---

① 陈培廷修、潘秉哲纂:《(民国)昌化县志》卷二《舆地·山川》，台北:成文出版社，1974年，第82页。

② 李圣华选注:《黄景仁诗选》，北京:人民文学出版社，2009年，第183～184页。

③ (明)黄汴纂:《一统路程图记》卷七《江南水路》、卷八《江南陆路》，见杨正泰撰:《明代驿站考》(增订本)，上海:上海古籍出版社，2006年，第273、278、285页。

④ (明)程春宇辑:《士商类要》卷一，见杨正泰撰:《明代驿站考》(增订本)，上海:上海古籍出版社，2006年，第312页。

坝至上海县水路程”等。[①]《一统路程图记》中则记有“杭州府官塘至镇江府水路”“杭州迂路由烂溪至常州府水路”“杭州府至补陀山水路”“扬州府跳船至杭州府水路”“杭州跳船至镇江水路”“北新关至缸窑瓶窑水路”“杭州府至上海县水路”“浙江至天台山雁荡山水陆路”及“杭州府由东阳县至处州府路”。[②]《士商类要》更统整出以杭州为起点至各地的水陆行程，杭州“由余杭县至齐云岩陆路”“由苏州至扬州府水路”“由江山县至福建省路”“由长安至上海县水路”“由西兴至诸暨县陆路”“由绍台二府至处州路”“至南海水路”。[③] 由此可见，杭州不仅为徽商落地经商的据点，更凭借其优越的水陆要冲位置，成为无数徽商通往各地贸易的中转城市。

第二节 工商业生活百态

在商品经济发达的江南地区，杭州与苏州并称江南两大都会，为“人物之都会，财富之奥区”。[④] 商业繁荣，商品罗列，种类繁多，各级市场分布稠密，商旅往来络绎不绝，与全国各地区都有商品贸易往来，被列为全国大都市。且杭嘉湖为平原水乡，“泽国之民，舟楫为居，百货所聚”，[⑤]明人高攀龙更赞誉杭州“城中阛阓之盛，自金陵而下，无其比已”。[⑥] 至清代，杭州仍为商品汇集之所，“杭之茶、藕粉、纺绸、杭扇、剪刀；湖之笔、绉、纱；嘉之铜炉；金之火

---

① (清)吴中孚:《商贾便览》卷八《天下水陆路程》，第2、5、24页。

② (明)黄汴纂:《一统路程图记》卷七《江南水路》，见杨正泰撰:《明代驿站考》(修订本)，上海:上海古籍出版社，2006年，第265～279页；卷八《江南陆路》，第287页。

③ (明)程春宇辑:《士商类要》卷一，见杨正泰撰:《明代驿站考》(修订本)，上海:上海古籍出版社，2006年，第315～317页。

④ (明)陈善等修:《(万历)杭州府志》卷十八《形胜》，台北:成文出版社，1983年，第1339页。

⑤ (明)王士性:《广志绎》卷四《江南诸省》，北京:中华书局，1981年，第68页。

⑥ (明)高攀龙:《武林游记》，见《丛书集成续编》第231册，台北:新文丰出版公司，1989年，第6页。

腿;台之金桔、鲞鱼,亦皆擅土宜之胜,而为四方之所珍者”。[1]

对于杭州的地理形势,明人田汝成曾以为:“东南雄藩,形势浩伟,生聚繁茂,未有若钱塘者”。[2] 作为一个工商业城市,杭州“四方商贾所集,百货充牣”,[3]杭州城内百货汇集,“各郡邑所出,则湖之丝、嘉之绢、绍之茶之酒、宁之海错、处之磁、严之漆、衢之橘、温之漆器、金之酒,皆以地得名。惟吾台少所出,然近海,海物尚多错聚,乃不能以一最佳者擅名”。[4] 水陆交通往来频繁,“互市方兴,奇巧流溢,贩脂卖浆,保尔墟集”。[5] 杭州城内外坊里街巷,“绵亘数十里,四通五达,冠盖相属”,[6]可见生活在城内外的人口繁多。随之而起的商业活动更为繁盛,“州府广阔,遇坊巷、桥门及隐僻去处,俱有铺席买卖”,[7]万户鳞栉,市声集沓。[8]

城内外各处可见众多的商业活动,各种类项的市集更是应运而生,诸如寿安坊市,俗称“官巷口”,旧名“花市街”,“郡市之盛惟此为最,百工技艺,蔬果鱼肉,百凡食用之物皆于此聚”;[9]通江桥市,位于通江桥西大街,“地近抚署,往来冲要,市易百货,麇集于此”;清河坊市,在清河坊大街,“地当四冲,百货所聚”。城西的涌金门内则有闹市,入东北的艮山门而南至太平桥东北属于东街市,“乡人贸丝咸集于此”。又在城内的荐桥东侧,有一荐桥市,“自荐

① (清)陆以湉:《冷庐杂识》卷八《土物》,北京:中华书局,1984年,第426页。

② (明)俞思冲等纂:《西湖志类钞》卷上,台北:成文出版社,1983年,第68页。

③ 《杭州府志》卷五十三《物产一》,见娄子匡编纂:《中国民俗志(第一辑)·浙江省》,台北:东方文化供应社,1970年,第1页。

④ (明)王士性:《广志绎》卷四《江南诸省》,北京:中华书局,1981年,第67页。

⑤ (清)龚嘉俊修、李榕纂:《(民国)杭州府志》卷六《市镇》,台北:成文出版社,1974年,第316页。

⑥ (明)陈善等修:《(万历)杭州府志》卷三十四《坊里》,台北:成文出版社,1983年,第1246页。

⑦ (清)龚嘉俊修、李榕纂:《(民国)杭州府志卷》七十五《风俗二》,台北:成文出版社,1974年,第1514页。

⑧ (明)高攀龙:《武林游记》,见《丛书集成续编》第231册,台北:新文丰出版公司,1989年,第6页。

⑨ (明)沈朝宣:《嘉靖仁和县志》卷一《市镇》,台北:成文出版社,1975年,第86页。

桥迤东至石牌楼,食物繁盛比于司前”。

自马坡上下街巷延及升仙、望仙二桥,为东花园市,“百货举贸于此”。而城南浙江驿前则有浙江市,位处凤山门外,“官舟估客,自闽粤江右来者道衢州,自新安来者道严州,江干上下,帆樯蚁附,廛市栉比”。[①] 北郭市又称“北关镇”,位于城北,“武林门外商贾云集”,“商贾骈集,货物辐萃,公私出纳与城中相若”,[②]而距离北郭五里处还有归锦桥市,“北有墅河米市”,为城北繁盛之区。此外,城北的湖州市,“北新关至武林门,居民稠迭,皆谓之湖州市”,因元末曾修浚下塘河为运道,故“各路商贾悉汇于此,由是市日增展,遂连两县诸市”,湖州市的范围“几周二十里”,此地又滨钱塘江岸,为“徽商登岸之所,即谓之徽州塘也”。[③] 明人王士性曾言:“北湖州市,南浙江驿,咸延袤十里,井屋鳞次,烟火数十万家。”[④]城内市集商铺绵延四十几里,“无咫尺瓯脱,若穷天罄地无不有也”,“五方辐辏,无窳不售”。[⑤] 此外,一登杭州城周边诸山,登顶环眺,“郡城正值江湖之间,委蛇曲折,左右映带,屋宇鳞次”,[⑥]繁荣的杭州城景更一览无余,“阛阓街衢红尘雾起,市声隐振漏尽犹喧”。[⑦] 如此活跃的市场贸易,都说明杭州为当时商业高度发展的城市。

明清时期的杭州除了商业发展繁盛,同时也为全国知名的手工业中心,最突出的便是成为丝织品的制造地与集散地,为江南丝织品的重要产地之一,素有“丝绸之府”的美誉,至清代更与江宁、苏州合称“江南三织造”。杭州

---

① (清)龚嘉俊修、李榕纂:《(民国)杭州府志》卷六《市镇》,台北:成文出版社,1974年,第316页。

② (明)沈朝宣:《嘉靖仁和县志》卷十四《纪遗》,台北:成文出版社,1975年,第977页。

③ (清)龚嘉俊修、李榕纂:《(民国)杭州府志》卷六《市镇》,台北:成文出版社,1974年,第317页。

④ (明)王士性:《广志绎》卷四《江南诸省》,北京:中华书局,1981年,第69页。

⑤ (明)聂心汤纂修:《(万历)钱塘县志》,台北:成文出版社,1975年,第99页。

⑥ (明)杨尔曾编:《新镌海内奇观》卷三,明万历三十八年钱塘杨氏夷白堂刊本,第14页。

⑦ (明)俞思冲等纂:《西湖志类钞》卷中,台北:成文出版社,1983年,第173页。

府所属“九县皆养蚕缫丝，岁入不赀，仁和、钱塘、海宁、余杭贸丝尤多”，[①]“余杭物产之属丝为首”，“临安妇女缫丝尤工”。[②] 杭州“桑麻遍野，茧丝绵苎之所出，四方咸取给焉”，[③]各地商贾聚集杭州采买丝绸，丝织品几乎遍布国内南北各地市场，故“杼轴之利甲于九州”。[④] 明代杭州人张瀚认为，“大都东南之利莫大于罗、绮、绢、纻，而三吴为最”。各地的商贾不远千里而来，“而求罗绮缯币者，必走浙之东也”，[⑤]反映了明代江南地区丝织品的贸易盛况。

自明朝起，杭州丝织品种类丰富，花色繁多，有绫、罗、纻、纱、绢、绸、縠等七种，“皆有花、素二色，然唯省城出者为佳”。[⑥]《浙江通志》也言杭州城“货之类曰纻、丝、罗、绸、绢、绵、缇、绣”，[⑦]其中“杭州水纬罗、嘉兴云绢、湖州丝绵，出春蚕者佳”。[⑧] 清朝丝织品的基本种类变化不大，但于种类的细部、具体工艺有不少创新，逐渐形成地方特色[⑨]，其中以西湖十景全图为内容的风景织品图，“十样西湖景，曾看上画衣，新图行殿好，试织九张机”，[⑩]更是名闻天下，后为近代杭州都锦生的丝织风景画奠定基础。乾隆时人杭世骏曾言：“吾杭饶蚕绩之利，织红工巧，转而之燕，之齐，之秦、晋，之楚、蜀、滇、黔、闽、

① (清)龚嘉俊修、李榕纂:《(民国)杭州府志》卷八十《物产三》，台北:成文出版社，1974年，第1584～1585页。

② (清)龚嘉俊修、李榕纂:《(民国)杭州府志》卷八十一《物产四》，台北:成文出版社，1974年，第1588页。

③ (明)张瀚:《松窗梦语》卷四《商贾纪》，上海:上海古籍出版社，1986年，第75页。

④ (清)杨文杰:《东城记余》卷上，收入《杭州运河文献集成》第二册，杭州:杭州出版社，2009年，第545页。

⑤ (明)张瀚:《松窗梦语》卷四《商贾纪》，上海:上海古籍出版社，1986年，第75页。

⑥ (明)陈善等修:《(万历)杭州府志》卷三十二《土产》，台北:成文出版社，1983年，第2454页。

⑦ (明)薛应旗:《(嘉靖)浙江通志》卷七十《物产》，台北:成文出版社，1983年，第2981～2982页。

⑧ (明)薛应旗:《(嘉靖)浙江通志》卷七十《物产》，台北:成文出版社，1983年，第2986页。

⑨ 周峰主编:《元明清名城杭州》，杭州:浙江人民出版社，1990年，第186页。

⑩ (清)厉鹗:《东城杂记》卷下，收入《杭州运河文献集成》第二册，杭州:杭州出版社，2009年，第471页。

粤，衣被几遍天下，而尤以吴阊为绣市。”[①]而四方商贾至杭州兴贩绸缎，“一省有一省所行之货”，[②]不仅点出杭州丝织品销售范围广至全国各地，而且多变的种类样式更能满足各省的市场需求，商贾会依其地区喜好而至杭州选购。

多数的民间丝织业作坊集中在杭州城东部，机杼之声，比户相闻。艮山门和太平门外“为机户聚集之地，所织生绌、绫、绢向例入城熟练发卖”，[③]城东成为丝织品生产专区，且赖以维生者“较他郡尤夥”，[④]“今一乡之人皆织绫锦为业”。[⑤] 专门市集更随之而起，入艮山门而南至太平桥东北为东街，东街市则是“乡人贸丝咸集”[⑥]之处。明朝万历年间，曾任吏部尚书的杭州人张瀚曾自述“即余先世，亦以机杼起”。成化末年其祖先张毅庵，放弃酿酒业，改从事丝织业，以白金一锭购入织机一张，“织诸色纻币，备极精工。每一下机，人争鬻之，计获利当五之一”，所得利润相当可观。后其家织机规模扩张二十倍，“商贾所货者，常满户外，尚不能应”，突显出当时丝织品交易活跃的情景。张瀚之家“自是家业大饶，后四祖继业，各富至数万金”。[⑦] 此外，张瀚更言“而今三吴之以机杼致富者尤众”。[⑧]

明清杭州的丝织品贸易持续繁盛，杭州城丝线制造也随庞大商机应运而

---

① (清)杭世骏:《吴阊钱江会馆记》,《明清苏州工商业碑刻集》,南京:江苏人民出版社,1981年,第19页。转引自刘兴林、范金民:《长江丝绸文化》,武汉:湖北教育出版社,2004年,第19页。

② 陈学文:《中国封建晚期的商品经济》,长沙:湖南人民出版社,1989年,第120页。

③ (清)许梦闳编纂:《北新关志》卷十六《告示》,收入《杭州运河文献集成》第一册,杭州:杭州出版社,2009年,第321页。

④ (清)杨文杰:《东城记余》卷上,收入《杭州运河文献集成》第二册,杭州:杭州出版社,2009年,第545页。

⑤ (明)沈朝宣《嘉靖仁和县志》卷七《坛庙》,台北:成文出版社,1975年,第459页。

⑥ (清)龚嘉俊修、李榕纂:《(民国)杭州府志》卷六《市镇》,台北:成文出版社,1974年,第316页。

⑦ (明)张瀚:《松窗梦语》卷四《商贾纪》,上海:上海古籍出版社,1986年,第76页。

⑧ (明)张瀚:《松窗梦语》卷六《异闻纪》,上海:上海古籍出版社,1986年,第105页。

生,“纠线为业者,十室而九”。[①] 又自后市街之太平局及下段东街等处,“有该机子织绸缎者,其经纬各丝多发女工落纺,此其中大有生意在焉”。[②] 清朝文人钱泳也记载,“机杼之盛,莫过于苏、杭,皆有机神庙”,[③]而机神庙则位于城东北隅。《杭州府志》载,“轩辕黄帝庙即机神庙”,建于雍正年间,后毁于火,乾隆年间重加兴建,但“咸丰十一年毁于乱,同治间重建”,[④]其祭祀“中楹奉黄帝像,右祔伯余,向为里民私祀之所”。[⑤] 机神庙后则为此行业会馆之所在。

除丝织业外,杭州的棉布业和锡箔制造业也具有代表性。杭州棉布多出于长安镇、硖石镇、笕桥等地,“出海宁长安、硖石等地者,视他县为多”。[⑥]“乡之男妇皆治棉布,多出笕桥一带”,[⑦]其中笕桥去杭州城东北十里,“列肆二里有奇,四近物产殷充,棉茧、药材、棉布尤所擅名,客贾多于此居积致远”。[⑧] 棉布除了销售国内之外,在对日贸易中也占有重要地位,如中国商人童华所言:“大抵日本所需,皆产自中国,如室必布席,杭之长安织也;妇女须脂粉、扇、漆诸工,须金、银箔,悉武林制造也。”[⑨]而杭州锡箔“出孩儿巷、贡院后,即万安桥西一带,造者不下万家,三鼓则万手雷动,远自京师列郡,皆取给

---

① (清)龚嘉俊修、李榕纂:《(民国)杭州府志》卷八十一《物产四》,台北:成文出版社,1974年,第1588页。

② (清)范祖述:《杭俗遗风》,台北:成文出版社,1983年,第144页。

③ (清)钱泳:《履园丛话》卷二十三《杂记上》,北京:中华书局,1979年,第622页。

④ (清)龚嘉俊修、李榕纂:《(民国)杭州府志》卷九《祠祀一》,第348页。

⑤ (清)杨文杰:《东城记余》卷上,收入《杭州运河文献集成》第二册,杭州:杭州出版社,2009年,第545页。

⑥ (清)龚嘉俊修、李榕纂:《(民国)杭州府志》卷八十一《物产四》,台北:成文出版社,1974年,第1587页。

⑦ (清)龚嘉俊修、李榕纂:《(民国)杭州府志》卷八十一《物产四》,台北:成文出版社,1974年,第1587页。

⑧ (清)翟灏辑:《艮山杂志》卷二《志地二》,收入《杭州运河文献集成》第二册,杭州:杭州出版社,2009年,第726页。

⑨ (明)姚叔祥:《见只编》卷上,台北:艺文出版社,1967年,第26页。

焉”。[①] 锡箔业之盛，范祖述则更清楚地点出“杭州之锡箔一行，不知养活几万万人”。[②]

清朝杭州扬名远播的还有所谓“五杭四昌”。“五杭”是杭扇、杭剪、杭线、杭粉与杭烟。据《杭俗遗风》载：“扇店推芳风馆为首，其余则张子元、顾升泰、朱敏时等；线店推张允升为首，其余则胡开泰、孙大森、鼎隆德一等；粉店推裘鼎聚为首，其余则关玉山、金建侯等；烟店推达昌为首，其余则陈四海、迎丰、天润、天隆、玉润等；剪刀店则推张小全(泉)一家而已。”“四昌”则是四家大南货店，即顾德昌、胡宏昌、胡日昌和冯仁昌。各种货物入杭后，要由此四昌先进货，然后才分散于各店，所以“四昌之名独步”。除此之外，杭州城中的各式商铺不胜枚举，但著名者有“黄恒有之茶业店，叶受和之茶食店，种德堂、许广和、碧苏斋之药材，抱琴、一贯之药酒，松胜全、由贤良之酒栈，李颐宾之册笔，天宝楼之首饰，王老娘之牙掁，三多之苏鞋，恒生、景丰之提庄，吴洽风之冥衣，如意斋之靴子，大树下之钉鞋，介福之绸缎，胡凤祥、刘协和、陶协兴之木器，赵开宗、园件、宝源之铜锡”。[③]

明清时期于杭州的北新关设有钞关。北新关地处京杭大运河南段，运河贯通南北，商贾络绎于市，而征收来往船只和商货的关税，遂成为明清政府的重要税收来源。北新关位于杭州城北十里的北新桥，地属仁和县芳林乡。北新关为交通要道，“四境之胜，据百物辐辏，商贾云集，千艘万轴，往回不绝”，[④]又“关控闽、粤、豫、章诸路咽喉，而百货、贝、杼轴、器用等物，舍是无途

---

① (清)龚嘉俊修、李榕纂：《(民国)杭州府志》卷八十一《物产四》，台北：成文出版社，1974 年，第 1594 页。

② (清)范祖述：《杭俗遗风》，台北：成文出版社，1983 年，第 140 页。

③ (清)范祖述：《杭俗遗风》，台北：成文出版社，1983 年，第 152～153 页。

④ (清)许梦闳编纂：《北新关志》卷二《北新关四境图说》，收入《杭州运河文献集成》第一册，杭州：杭州出版社，2009 年，第 78 页。

之从”,[①]“南通闽粤,西跨豫章,北连吴会,为往来孔道”。[②] 明初杭州设立七税课司局征收商税,未有船钞。至宣德年间始设钞关,所以北新关之设立“自明宣德四年始,成化四年废”,后于成化七年(1471 年)又复设钞关,正德以后北新关机构编入七税课司局,开始兼收商税,此后遂成定制。清朝因袭明制,于顺治二年(1645 年),“设立北关以征船料商税”。[③]

明朝中叶,全中国最重要的八大钞关其中就有七个设置在京杭大运河沿线,商旅辏集之处,由北至南依序是北京崇文门关、河西务关(清代移至天津北大关)、山东临清关、江苏淮安关、扬州关、苏州浒墅关和杭州北新关,一个例外则是江西九江关。其中临清、北新两关则兼征收船料与货税,其他各钞关仅征收船料。又北新关下更分辖六关七务,以应熙来攘往的商贾舟楫。城内商货麕集,故分设城中务,江涨务位武林门外,通北新河,水陆要冲又“遇新丝时,临安、于潜、余杭之丝,往下路者赴北新大关报出”。[④] 城北务通连艮山水门,属商货出入之地。城南务于凤山门外,南达长江,负责闽、广、江西浙东与徽州商贾事务。临平务属仁和县,务内有长安镇,而西溪务和安溪务皆于钱塘县,为通余杭、嘉、湖等商路。

武林北关“扼东南水陆之吭”,“氓稠而旅族往来如织,嗣股肱走百货者麇相接”。[⑤] 过往货物繁多,税则种类多达 16 大类,船则种类更高达 76 种。北新关的税收课额于明清两朝不断向上增长,弘治年间有 4 000 余两,嘉靖年间从 8 000 两至嘉靖二十三年(1544 年)合并商税原额计增至 30 000 余两,万

① (清)许梦闳编纂:《北新关志》卷十五《文词》,收入《杭州运河文献集成》第一册,杭州:杭州出版社,2009 年,第 244 页。

② (清)许梦闳编纂:《北新关志》卷十五《文词》,收入《杭州运河文献集成》第一册,杭州:杭州出版社,2009 年,第 251 页。

③ (清)龚嘉俊修、李榕纂:《(民国)杭州府志》卷六十四《赋税七》,台北:成文出版社,1974 年,第 1356 页。

④ (清)许梦闳编纂:《北新关志》卷七《钤辖》,收入《杭州运河文献集成》第一册,杭州:杭州出版社,2009 年,第 123~124 页。

⑤ (清)佚名:《北新关志丛钞》,收入《杭州运河文献集成》第一册,杭州:杭州出版社,2009 年,第 38 页。

历中期达 49 700 两，明末更高达 110 240 两。清初加以裁酌损益，顺治年间计 94 400 两，康熙年间略增至 107 669 两，之后“每年盈余之数渐有增加，亦民物安阜，商贾日集之征”。[①] 由此更可侧面一窥明清时期杭州商业发展的繁盛。

明清杭州的居民人口数无法具体统计，仅依初步推估，至明代万历朝杭州府的人口有 50 万余人，而清代嘉庆朝的杭州府人口虽然少于苏州与南京，估计仍有六七十万[②]。张海英则认为明清两代杭州城的人口为 20 万—40 万，但此人数不含郊区和杭州下辖其他属县的人口。[③] 在市镇数量方面，清朝中期江南市镇数量比明朝后期的数量还多得多，以杭州为例，在万历年间杭州所属市镇数约为 44 个，但到乾隆朝以倍数增长，市镇数达到 88 个。[④] 市镇的蓬勃发展，吸引了更多商人进入杭州进行贸易，而活跃的商业活动又使杭州保持长期的繁荣。又杭州属于工商业占较大比重的城市，所以市镇的兴起也和工商业的生产有直接的关联。[⑤]

从事相关工商业的人口数量在杭州城中更占有一定的比例，而“邑居丛集，华艳工巧，殆十万余家，声甲寰宇，恢然一大都会”。[⑥] 如此繁华的杭州城，商贾辐辏，“逐末者众，家鲜盖藏，朝饔夕飧率皆取给于市”，[⑦]“本地止以商贾为业，人无担石之储”。[⑧] 而方志更详细地记载了明清杭州居民这种职

---

① (清)许梦闳编纂：《北新关志》卷四《课额》，收入《杭州运河文献集成》第一册，杭州：杭州出版社，2009 年，第 106～107 页。

② 李伯重：《江南的早期工业化》，北京：社会科学文献出版社，2000 年，第 413～416 页。

③ 张海英：《明清江南商品流通与市场体系》，上海：华东师范大学出版社，2002 年，第 32 页。

④ 刘石吉：《明清时代江南市镇之数量分析》，载《思与言》，1978 年第 2 期。

⑤ 傅衣凌：《明清社会经济变迁论》，北京：中华书局，2007 年，第 341 页。

⑥ (明)俞思冲等纂：《西湖志类钞》卷中，台北：成文出版社，1983 年，第 172 页。

⑦ (清)丁丙：《北隅续录》卷下，收入《杭州运河文献集成》第二册，杭州：杭州出版社，2009 年，第 249 页。

⑧ (明)王士性：《广志绎》卷四《江南诸省》，北京：中华书局，1981 年，第 69 页。

业流动的变化,“其民四之一为商贾”[①]“杭俗之务,十农五商”,[②]又“杭民半多商贾”,以至于明朝中叶杭州城内就出现“三百六十行,各有市语,不相通用,仓猝聆之,竟不知为何等语”[③]的场景。

除杭州城内呈现出货贿山积、商贾骈集的繁荣景象外,城外市镇往来的商旅更是川流不息,离杭州城约五十里,属仁和县辖的塘栖镇(又名“唐栖镇”),更为城外一方之大镇。自明代正统七年(1442 年),从北新关以北,东至崇德县界,建造桥梁和修筑塘岸后,塘栖因得力于“水陆通行,便于漕饷”,开始成为南北往来之要道,于是“驰驿者舍临平由唐栖,而唐栖之人烟以聚,风气以开”。塘栖之地与湖州府德清县接界,所以塘栖镇水南属仁和,水北属德清,又塘栖“以官道所由,风帆梭织,其自杭而往者,至此得少休息。自嘉秀而来者,至此而泊宿”,又拜水陆辐辏位置优势所赐,“商货鳞集,临河两岸,市肆萃焉”。[④]

作为一方大镇的塘栖,其居民人口更不在少数,“居人水北约两百家,水南则数倍”,[⑤]而俞璈伯在《唐栖行序诗》中更清楚地说明“唐栖在吾杭之左,偏一大镇也。百货凑集,舟航上下,日有千百居民,稠密不数里间,烟火几有万家,家无不饶富,名族亦有十余,解句读,服青衿者已百人”,如此繁盛的景况让俞璈伯更直言“诚可立一县矣”。塘栖除具有优越的交通节点功能之外,丝织业和米粮业更吸引商人的目光,塘栖“遍地宜桑,春夏间一片绿云,几无隙地”,每到采收时季“剪声梯影,无村不然”,[⑥]出丝之多更是冠于一邑,“市

---

① (明)薛应旗:《(嘉靖)浙江通志》卷六十五《风俗》,台北:成文出版社,1983 年,第 2809 页。

② (清)龚嘉俊修、李榕纂:《(民国)杭州府志》卷六《市镇》,台北:成文出版社,1974 年,第 316 页。

③ (清)龚嘉俊修、李榕纂:《(民国)杭州府志》卷七十四《风俗一》,台北:成文出版社,1974 年,第 1371、1501 页。

④ (清)王同:《唐栖志》,台北:文海出版社,1974 年,第 13～14 页。

⑤ (清)龚嘉俊修、李榕纂:《(民国)杭州府志》卷六《市镇》,台北:成文出版社,1974 年,第 320 页。

⑥ (清)王同:《唐栖志》,台北:文海出版社,1974 年,第 20、1039 页。

帘沽旆辉映溪泽，丝缕粟米于兹为盛”。[①] 活跃于杭州的徽州商人，面对塘栖镇庞大的商机更是趋之若鹜，纷纷加入相关行业，“财货聚集，徽杭大贾视为利之渊薮，开典、顿米、贸丝、开车者，骈臻辐辏，望之莫不称为财赋之地”。[②]

明清时期的杭州城不仅拥有繁忙的商业活动，再加上湖山秀丽的西湖美景，受到无数游人的青睐，使杭州的城市生活更为丰富多元。而杭州的日间贸易也已逐渐无法满足日益扩大的各类交易需求，夜市也因此而起，出现了杭州的夜生活。其中位于城北武林门外的北关，“每至夕阳在山，则樯帆卸泊，百货登市，故市不于日中而常至夜分，且在城闉之外，无金吾之禁，篝火烛照如同白日，凡自西湖归者，多集于此，熙熙攘攘，人影杂沓，不减元宵灯市洵熙时之景象也”。[③] 驰名杭州城的北关夜市（见图 1-3）便因此而起。明人高孟升则有诗描述：“北关晚集市如林，上国流传直至今。青苎受风摇月影，绛纱笼火照青阴。楼前饮伴联游袂，湖上归人散醉襟。阛阓喧阗如昼日，禁钟未动夜将深。”[④]直至清朝，北关夜市依旧热闹，更进一步成为湖墅八景之一：“栉比居廛物价昂，北关夜市验丰穰，更深尚未人烟散，戢暴应须用驻防。”[⑤]

另一首北关夜市诗，更生动地描绘出当时多样的夜间娱乐：“地远那闻禁鼓敲，依稀风景似元宵。绮罗香泛花间市，灯火光分柳外桥。行客醉窥沽酒幔，游童笑逐卖饧箫。太平气象今犹古，伫听民间五袴谣。”[⑥]商旅纵饮言欢于酒馆，孩童追逐着卖糖人嬉笑，这种盛况并不亚于元宵节，呈现出欢愉慵懒的氛围，一派太平荣景。除城外围的北关夜市，杭州城内也有寿安坊夜市，白

---

① （清）龚嘉俊修、李榕纂：《（民国）杭州府志》，卷六《市镇》，台北：成文出版社，1974 年，第 320 页。

② （清）王同：《唐栖志》，台北：文海出版社，1974 年，第 1033 页。

③ （清）嵇曾筠等修、沈翼机等纂：《西湖志》卷三，台北：成文出版社，1983 年，第 300 页。

④ （清）于敏中：《浙程备览・杭州府》，收入《丛书集成续编》第 232 册，台北：新文丰出版公司，1989 年，第 548 页。

⑤ （清）魏标：《湖墅杂诗》卷下，收入《杭州运河文献集成》第一册，杭州：杭州出版社，2009 年，第 491 页。

⑥ （明）郎瑛撰：《七修类稿》卷三十一《钱塘十咏》，北京：中华书局，1959 年，第 480 页。（明）杨尔曾编：《新镌海内奇观》卷四，明万历三十八年钱塘杨氏夷白堂刊本，第 9 页。

天“百工技艺，蔬果鱼肉，百凡食用之物皆于此聚”，夜晚则“燃灯秉烛以货，烧鹅、煮羊、糖果、面米市食”，[①]以小吃饮食聚集为主。明朝书画家汪珂玉也曾亲身经历杭州城夜市的喧嚣沸腾，感叹摩肩接踵的盛景，“甫入城，灯火盈街，夜市如昼”。[②] 对于明朝杭州城的夜市，陈学文认为明朝北关夜市是属于以交通运输、商业、行旅为主的商业活动，是纯粹为市场交易而设的商业机制，反映出杭州城市发展的水平，因为在当时全国没有几个城市有夜市。[③]

面对这种逐末者众多的社会转变，明朝中叶，松江府华亭县人何良俊有深刻的体会，在正德以前“百姓十一在官，十九在田，盖因四民各有定业，百姓安于农亩，无有他志，官府亦驱之就农，不加烦扰，故家家丰足，人乐于为农。自四五十年来，赋税日增，徭役日重，民命不堪，遂皆迁业。昔日乡官家人亦不甚多，今去农而为乡官家人者，已十倍于前矣。昔日官府之人有限，今去农而蚕食于官府者，五倍于前矣。昔日逐末之人尚少，今去农而改业为工商者，三倍于前矣。昔日原无游手之人，今去农而游手趁食者，又十之二三矣。大抵以十分百姓言之，已六七分去农”，他不仅描述出明中叶时农业人口向外流动的情况，更提出有高达百分之六七十的农民已经改变务农的职业，转往工商业活动，从商者众。最后，他更担心如果这种农业人口继续向外流失，会造成农业生产的崩溃，“则空一里之人，奔走络绎于道路，谁复有种田之人哉”。[④] 从杭州城里里外外繁盛的工商业发展，与借由何良俊的观察，更可推知同属江南地区的杭州府，从事工商业人口的数量占有绝对大的比例，方志所言“杭民半多商贾”“其民四之一为商贾”等说法绝非空语。

---

① (清)龚嘉俊修、李榕纂:《(民国)杭州府志》卷六《市镇》，台北:成文出版社，1974 年，第 316 页。

② (明)汪珂玉:《西子湖拾翠余谈》卷中，收入《丛书集成续编》第 225 册，台北:新文丰出版公司，1989 年，第 748 页。

③ 陈学文:《明代杭州的夜市》，载《浙江学刊》，2007 年第 2 期。

④ (明)何良俊:《四友斋丛说》卷十三，北京:中华书局，1983 年，第 111～112 页。

图 1-3　北关夜市图

资料来源:(明)杨尔曾编:《新镌海内奇观》,明万历三十八年钱塘杨氏夷白堂刊本。

明清时期的杭州城无疑已发展为全国重要的工商业都市，面对繁多的城市人口，如何解决民生问题是杭州城的一大挑战。就日常生活供给而言，杭州城自宋代起，便逐步形成东菜、西水、南柴、北米的基本城市格局，至明清时期仍维持此种城市供给，于是民间俗谚仍有“东门菜，西门水，南门柴，北门米”[①]的流传。杭州城东区从艮山门至庆春门，处处皆可见菜畦，居民种植蔬菜并出售。“在庆春、艮山二门城隅之间，四面皆菜畦野沼”，[②]“佳处但从东麓望，一方新绿画春assets”。[③] 其中东城的望江门外，居民以种菜为业，并由此门进城贩卖，在民谣中更有“草桥（望江）门外菜担儿”之称。而庆春门外自宋以来皆是菜圃，于宋时更有菜市门之称，明清时期在此门附近仍有菜市。[④]清代藏书家丁丙也曾言“菜美东门米北门，门分小北菜畦邻。晚菘终逊青门种，坝过东新贩北新”，[⑤]说明城北虽然地旷，但居民却不精于种菜，武林门内或小北门，虽然也有产蔬菜，但远远不及东城庆春门外所栽植的蔬菜，可知东城外区几乎成为供给杭州城的蔬菜专业栽植区。

杭州城居民的用水多赖于涌金门外的西湖，杭州城诸河和水井多引西湖水而入。明代郡守杨孟瑛直言点出西湖对杭州的重要性：“上塘濒河田地自仁和至海宁，何止千顷皆借湖水以救亢旱。”他认为如果西湖堙塞，上塘一带的居民则无所依赖。在运河交通上，西湖之水更占有重要的角色，“若西湖占塞，则运河枯涩，所谓南柴北米，官商往来，上下阻滞，而闾阎贸易，易苦于担

① （清）龚嘉俊修、李榕纂：《（民国）杭州府志》卷五《城池》，台北：成文出版社，1974年，第300页。

② （清）厉鹗：《东城杂记》卷上，收入《杭州运河文献集成》第二册，杭州：杭州出版社，2009年，第434页。

③ （清）翟灏辑：《艮山杂志》卷一《志地一》，收入《杭州运河文献集成》第二册，杭州：杭州出版社，2009年，第628页。

④ （清）龚嘉俊修、李榕纂：《（民国）杭州府志》卷七《桥梁》，台北：成文出版社，1974年，第328页。

⑤ （清）丁丙：《北郭诗帐》卷下，收入《杭州运河文献集成》第二册，杭州：杭州出版社，2009年，第114页。

负之劳”。[①] 在明代，杭州城西区除为重要的供水区外，鱼产量更是可观，“鱼产之富岁岁不减”，[②]所以杭谚中的西水也会称为“西鱼”。

又杭州城“地广民稠，多流寓。末业务本者，鲜无仓箱蓄积之实”，“家无宿储者，十室而五”，“十室九空，民罔攸居，其积贮则已耗矣”。[③] 所以，杭州城的粮食十分仰赖外界供给，城北武林门外，拱宸桥至德胜坝一带，多为京杭运河货物的集散地，而运河“北通苏、湖、常、秀、润等河”，[④]为杭嘉湖的产粮区，往来各地的商贾客舟和米粮运输皆由河道。进入杭州城，“城内外不下数十万户、百十万口，每日街市食米除府第、官舍、宅舍、富室及诸司有该俸入外，细民所食每日城内外不下一二千石”，[⑤]而城中居民“皆仰给在北市河之米”。[⑥] 故明清于杭州城北区，最繁华一带便是墅河米市。

杭州城的米粮问题，入清后仍是朝廷所关切的问题。康熙年间，时任杭州织造的孙文成便言“浙江百姓所恃者，以种桑树养蚕为多。因此，重田者少，人之食米大半靠商人运至杭州出售，米若来多则价贱，若来少则价昂”。[⑦] 雍正年间，李卫也说：“浙省杭、嘉、湖三府，民居稠密，食口繁多，其地广种桑麻，向借外贩之米，添补接济。”[⑧]又杭州城因为地处下游，“凡江广米贩由下

---

① （明）田汝成：《西湖游览志》，台北：成文出版社，1983 年，第 45～46 页。

② （明）田汝成：《西湖游览志余》卷二十四《委巷丛谈》，台北：木铎出版社，1982 年，第 427 页。

③ （明）陈善等修：《（万历）杭州府志》卷五十《恤政》，台北：成文出版社，1983 年，第 3247 页；（明）陈善等修：《（万历）杭州府志》卷十九《风俗》，台北：成文出版社，1983 年，第 1365 页；（明）陈善等修：《（万历）杭州府志》卷三十四《坊里》，台北：成文出版社，1983 年，第 2509 页。

④ （明）沈朝宣：《嘉靖仁和县志》卷二《封畛》，台北：成文出版社，1975 年，第 161 页。

⑤ （清）龚嘉俊修、李榕纂：《（民国）杭州府志》卷七十五《风俗二》，台北：成文出版社，1974 年，第 1513 页。

⑥ （明）陈善等修：《（万历）杭州府志》卷三十三《城池》，台北：成文出版社，1983 年，第 2485 页。

⑦ 庄吉发译注：《孙文成奏折》，台北：文史哲出版社，1978 年，第 95 页。

⑧ 中国第一历史档案馆编：《雍正朝汉文朱批奏折汇编》第九册，南京：江苏古籍出版社，1989 年，第 793 页。

路抵(北新)关,只在本省附近地方发卖,无复转运他省”,[①]这是北新关与其他钞关不同的地方。城南凤山门则是由钱塘江水系运送而来的木材的必经之路,来自严陵、富春的木材多聚集在江干,再向北运入杭州城,而此供给格局在《商贾纪》中也有记载:“米资于北,薪资于南”,《广志绎》也言:“城中米珠取于湖,薪桂取于严”。[②] 于民间俗谚中也有“金江干,银湖墅”的美称,也是说杭州城南柴北米的供给,除便利杭民生活外,更因此带动周边市镇商业的蓬勃发展。清人厉鹗曾引《二老堂杂志》说明“东门绝无民居,弥望皆菜圃。西门则引湖水入城中,以小舟散给坊市。严陵、富春之柴,聚于江下,由南门而入。苏湖米,则来自北关”。[③] 所以杭州城东菜、西水(西鱼)、南柴、北米的供给布局,至明清时期仍然未有太大的改变。

第三节 地方民情与政府治理

明代中叶江南地区商品经济的蓬勃发展对江南社会风俗民情产生了巨大的影响,而江南社会风尚的转变,明清时人深有所感,“正、嘉以前,南都最为醇厚”,[④]“弘治时,世臣富;正德时,内臣富;嘉靖时,商贾富;隆万时,游侠富”。[⑤] 现今学者认为风尚的变异滥觞于成化、弘治年间,形成于正德年间,发展于嘉靖、隆庆和万历年间,[⑥]而商品经济的发达,更成为带动日常生活奢侈性消费之风兴盛的因素之一。“人情以放荡为快,世风以侈靡相高,虽逾制

① 中国第一历史档案馆编:《清代杭城御批奏折·杭州织造苏赫讷奏报停征米贩船料折》,杭州:西泠印社,2003年,第105～106页。

② (明)王士性:《广志绎》卷四《江南诸省》,北京:中华书局,1981年,第69页。

③ (清)厉鹗:《东城杂记》卷上,收入《杭州运河文献集成》第二册,杭州:杭州出版社,2009年,第449页。

④ (明)顾起元:《客座赘语》卷一,北京:中华书局,1997年,第5页。

⑤ (清)孙之騄:《二申野录》卷四,见《四库全书存目丛书》史部第56册,台南:庄严文化,1997年,第56～735页。

⑥ 张显清主编:《明代后期社会转型研究》,北京:社会科学出版社,2008年,第285页。

犯禁不知忌也”。[1]

杭州位处明清江南工商业要区，在经济、文化及社会其他各方面都产生了中心一边陲的影响，“大抵始于城市，而后及于郊外；始于衣冠之家，而后及于城市”，[2]自府城透过中小市镇，再扩散到农村地区。杭州民间“风俗自古浅薄，而钱塘为甚”，“习俗工巧，邑屋华丽，盖十余万家”，[3]“自昔吴俗，习为奢华，乐奇异，人情皆观赴焉”，[4]又因为杭俗尚靡，故民间“首饰、衣裤、器用、文轴、榱题，多用金箔涂画，岁靡不赀”。[5] 嘉靖年间，松江府人陆楫则更清楚地说明杭州城奢靡之风盛行，其原因与工商业发达、商品贸易兴盛有极大的关联：“今天下之财赋在吴、越，吴俗之奢，莫盛于苏、杭之民，有不耕寸土而口食膏粱，不操一杼而身衣文绣者，不知其几。何也？盖俗奢而逐末者众也。”[6]而方志也载杭人“厚于滋味，急于进取，善于为贾”。[7] 从杭州城社会变迁的轨迹可知，成化、弘治之际，休养教化，“民有老死不识县官者”，其纯朴之风犹可想见，但至万历年间则渐出现转变，“五十年前，杭人有积赀巨万而矮屋数椽，终身布素者；今服舍僭侈拟于王公，妇人妖艳得为后饰，甚至贱金银而争侈珠玉”。[8]

这一连番的社会风气剧烈变动在某种程度上改变了社会日常生活的面貌，而且对金钱的贪欲与盲目崇拜追逐，冲击着人们的价值判断和道德准则，

---

① (明)张瀚:《松窗梦语》卷七《风俗纪》，上海：上海古籍出版社，1986年，第123页。

② (明)归有光:《震川先生集》卷三《庄氏二子字说》，上海：上海古籍出版社，1981年，第85页。

③ (明)陈善等修:《(万历)杭州府志》卷十九《风俗》，台北：成文出版社，1983年，第1353页。

④ (明)张瀚:《松窗梦语》卷四《百工记》，上海：上海古籍出版社，1986年，第70页。

⑤ (明)陈善等修:《(万历)杭州府志》卷十九《风俗》，台北：成文出版社，1983年，第1358页。

⑥ (明)陆楫:《蒹葭堂稿》卷六《禁奢辨》，国家图书馆藏明嘉靖四十五年陆氏家刊本，第2～5页。

⑦ (明)聂心汤纂修:《(万历)钱塘县志》，台北：成文出版社，1975年，第557页。

⑧ (明)陈善等修:《(万历)杭州府志》卷十九《风俗》，台北：成文出版社，1983年，第1364～1365页。

社会上吹起的奢靡风尚，更让杭州人“遂日趋奢侈，而无底止”。[①] 又因为杭州人口从业比例中，商贾占多数，他们来自四面八方，组成复杂，虽说商业活动机会日益增多，但却也因众多商贾逐利，“利息既分，生计日薄”，在城市街衢之中，虽然铺张华丽，但实际上却“多贷客货，展转起息”。[②]

杭州百姓又因浸淫于崇奢风气之中，“耳目侈声色之好，口腹恣刍豢之味，峻宇雕墙，履丝曳缟，冠婚丧祭，宴饮酬酢，无不踵事增华”，[③]“营造宫室，至于倾赀，服食器用，竞事华美”。[④] 对于婚丧喜庆之人生大事，更是竭尽家产，侈僭无忌，竞相较量，导致“婚嫁妆奁，每逾常度”，于嫁娶间“女所重聘，男争妆奁，彼此论财，毫不为怪”。而市井小民家无恒产者，甚至也竞相仿效，“拥彩舆喧鼓，乐以相姱效”；若遇丧事“孝子锦衣肉食以侈，崇佛道，宴集宾朋为事”，[⑤]更大肆延请僧道以做斋醮。如此挥霍无度，不愿示人以弱，甚至入不敷出，借贷维生，也极欲展现出光鲜亮丽的门面，“毋论富豪贵介，纨绮相望，即贫乏者，强饰华丽，扬扬矜诩为富贵容”，[⑥]又“家才担石，已贸绮罗；积未锱铢，先营珠翠”。[⑦] 白话小说对这种浮诞虚伪的风气也多有描写：“我这杭州人其实奸狡，家中没一粒米下锅的，偏生挺着胸脯，会得装模作样，哪里晓得扯的都是空头门面。”[⑧]这种奢靡风气就连富贵之家也付出惨痛代价，

---

① （清）彭循尧修、董运昌纂：《临安县志》卷一《舆地志·风俗》，台北：成文出版社，1975年，第156页。

② （明）陈善等修：《（万历）杭州府志》卷十九《风俗》，台北：成文出版社，1983年，第1365页。

③ （清）龚嘉俊修、李榕纂：《（民国）杭州府志》卷七十四《风俗一》，台北：成文出版社，1974年，第1501页。

④ （明）陈善等修：《（万历）杭州府志》卷十九《风俗》，台北：成文出版社，1983年，第1392页。

⑤ （清）彭循尧修、董运昌纂：《临安县志》卷一《舆地志·风俗》，台北：成文出版社，1975年，第156页。

⑥ （明）张瀚：《松窗梦语》卷七《风俗纪》，上海：上海古籍出版社，1986年，第122页。

⑦ （明）顾起元：《客座赘语》卷二《民利》，北京：中华书局，1997年，第67页。

⑧ （明）金木散人：《鼓掌绝尘》花集第十三回《耍西湖喜掷泥菩萨　转荆州怒打假神仙》，上海：上海古籍出版社，1992年，第401～402页。

“虽素封之家，不出数年，立见萧索”，[①]更遑论寻常百姓之家。

除生活消费过度铺张外，人心也为之丕变，“比来名心渐炽，驰骛应求，乃士风之一变，甚或轻裘纨，绮绚外而槁中”。[②] 面对这种浮躁虚伪的风气，杭谚更云：“杭州风，一把葱，花簇簇，里头空。”“杭州风，会撮空，好和歹，立一宗。”钱塘人田汝成更直言杭州“俗喜作伪，以邀利目前，不顾身后。如酒搀灰、鸡塞沙、鹅羊吹气、鱼肉贯水、织作刷油粉”。[③] 又杭民喜欢编创隐语，“三百六十行，各有市语，不相通用，仓猝聆之，竟不知为何等语”，[④]一未留神，极易受骗，此皆说明杭州城这种弄虚作假的风气和以不正当方式牟利的商业手法。

杭州百姓“事佛为最勤”，[⑤]十分热衷宗教活动，不法之徒往往借此进行诱骗。故对杭州而言，“省城敝俗最易惑人者，僧尼为甚”。在杭州南北两山间，庵院数以千计，其中真正有心学道者，仅千百分之一。僧尼们大多利用百姓虔诚的宗教信仰，簧鼓杭州百姓上山礼拜，但是“为奸为盗，藏身其间者什九也”。为杜绝杭州城妇女为此受到伤害，地方长官屡次禁止妇女上庙烧香，更认为这些作奸犯科之流辈，“往来聚散，绝不畏忌，诚伤风败俗之尤者”，对于杭州地方的风俗秩序是一大危害。对此官员更提出具体的管理事项，“祛僧于境外，而尼姑则省令家属收养，庵院召人佃买”，希望借此能够端正地方风俗，安定杭州百姓的人心，“以正人心，挽颓俗，端有望于司风化者”。[⑥]

---

① (清)龚嘉俊修、李榕纂:《(民国)杭州府志》卷七十四《风俗一》，台北:成文出版社，1974年，第1501页。

② (清)张吉安等修、朱文藻等纂:《余杭县志》卷三十七《风俗》，台北:成文出版社，1970年，第537页。

③ (明)田汝成:《西湖游览志余》卷二十五《委巷丛谈》，台北:木铎出版社，1982年，第448页。

④ (明)陈善等修:《(万历)杭州府志》卷十九《风俗》，台北:成文出版社，1983年，第1370～1371页。

⑤ (清)龚嘉俊修、李榕纂:《(民国)杭州府志》卷七十四《风俗一》，台北:成文出版社，1974年，第1499页。

⑥ (明)陈善等修:《(万历)杭州府志》卷十九《风俗》，台北:成文出版社，1983年，第1366页。

除杭州省城外，下辖诸县中类似假借宗教而骗色劫财的事件也时有所闻。余杭县就曾发生假师姑事件而轰动乡里，有一妖僧圆晓“穿耳缠足，装饰为假师姑”，到余杭县利用百姓对宗教的虔诚，舌灿莲花“哄诱念佛妇人，淫媾甚多”，除市井小民受害外，“虽富贵之家不免其污”。其后假师姑圆晓东窗事发，被送县衙审问，但却行贿后被释，殆“按察吴公擒之，尽发其奸，丑声满邑”。政府为维护礼教风俗，端正视听，“乃号令通衢，致之死刑”，[①]将妖僧圆晓处以极刑。

自明朝中后期起，江南地区城镇规模不断扩大，人口数也快速增长，秩序管理便成为地方政府一大挑战。杭州城地方风俗民情的管理，更是清朝政府的重点工作。康熙年间圣祖初定天下，鼎革后国家百废待举，圣祖选择轻徭薄赋、与民休养生息的国家政策，对于朝廷官员也多有叮嘱：“从来与民休息，道在不扰，与其多一事不如省一事，朕观前代君臣每多好大喜功，劳民伤财，紊乱旧章，虚耗元气，上下讧嚣，民生日蹙，深可为鉴。”[②]向浙江地方官员更清楚地传达治理之道：“军民贵安和，文武须联属，息忿可无争，守分在忍辱，日使讼庭闲，愚民免械梏，奢侈尤当惩，繁华莫恣欲，俭乃保其富，素履各敦笃，惟令教化兴，益见闾阎足，诸吏宜勉之，期归淳朴俗。”[③]希冀地方政府除多谨慎，勿无端扰民外，更需多着墨于端正社会风俗。

至雍正年间，世宗宵旰勤劳，励精图治，更承袭康熙朝以“正人心，端风俗”为地方治理首务。通过世宗的上谕内容，可清楚得知当时含杭州府在内的浙江一地之民情，地方乡绅把持官府，“浙江绅士刁悍浇漓，以强凌弱，相习成风。如汪景祺、查嗣庭肆行讪谤，目无国法；又如陈世侃，偶因私怨，遂将平

---

① (明)田艺衡：《留青日札》卷二十七《假师姑》，上海：上海古籍出版社，1985年，第885～886页。

② (清)章梫纂：《康熙政要》卷一《君道》，台北：华文书局，1969年，第33页。

③ (清)龚嘉俊修、李榕纂：《(民国)杭州府志》卷首之一《宸章》，台北：成文出版社，1974年，第25页。

民嘱托巡抚黄叔琳立毙杖下”。[①] 所以，世宗命时任浙江巡抚的李卫加以整饬：“应惩奏者即行惩奏，应惩治者即行惩治，务使陋习尽除，以正人心，以端风俗，以除小民之隐忧。”[②]

世宗对于地方官员的任命也十分谨慎，虽然州县官的品秩在地方官系中位阶偏低，但却属于直接面对百姓的一线官员，所以州县官对于一地的地方行政扮演着极为重要的角色，“没有他们，地方行政就会停滞”。[③] 而关于州县官的职责，《清史稿》有一概括性的说明：“知县掌一县治理，决讼断辟，劝农赈贫，讨猾除奸，兴养立教，凡贡士、读法、养老、祀神，靡所不综。”[④]所以世宗认为：“杭州府及海宁县二缺，必得刚方廉正之员，方克胜任。”此后更屡颁化导训诫之旨，认为浙江有汪景祺、查嗣庭之流，肆行讪谤，毫无忌惮，可见“浙省风俗浇漓，甚于他省”，更引用科考策问“浙省敝俗，颇喜争讼，或本属细故而张大其词，或仅有影响，凿空妄作，刁风未革，积习日深”[⑤]等语，再次申明浙江一地的风俗难以化导。故世宗在浙江省设立观风整俗使，负责对浙江的民风进行治理，“专遣一官前往浙江省，问风俗，稽察奸伪，应劝导者劝导之，应惩治者惩治之，应交地方官审结者即交地方官审结，应参奏提问者即参奏提问，务使绅衿、士庶有所儆戒，尽除浮薄嚣凌之习，归于谨浓”。[⑥]

---

① (清)允禄等奉敕编:《世宗宪皇帝上谕内阁》卷四十九，见《景印文渊阁四库全书》史部第414册，雍正四年十月，第8页。

② (清)允禄等奉敕编:《世宗宪皇帝上谕内阁》卷四十九，见《景印文渊阁四库全书》史部第414册，雍正四年十月，第9页。

③ 瞿同祖著、范忠信等译:《清代地方政府》第二章《州县官》，北京:法律出版社，2003年，第29页。

④ 赵尔巽等:《清史稿》卷一百一十六《志九十一·职官三》，北京:中华书局，1977年，第3356页。

⑤ (清)允禄等奉敕编:《世宗宪皇帝上谕内阁》卷四十九，见《景印文渊阁四库全书》史部第414册，雍正四年十月，第9页。

⑥ (清)允禄等奉敕编:《世宗宪皇帝上谕内阁》卷四十九，见《景印文渊阁四库全书》史部第414册，雍正四年十月，第10页。

清朝的地方人才聘用制度，于雍正朝前未有制度化的规范。[①] 雍正六年(1728年)，金铁于广西布政使任内向雍正皇帝呈了一份《奏陈任用州县官员管见折》，讨论人地相宜的州县官员派任办法："窃为郅隆之治，莫先于用人；亲民之官，莫切于州县。因地制宜，于民社始有实效。""遍察通省中，条分缕析，尽求人缺之相宜也。伏查州县要缺之必需贤员者共有四等，一地当孔道者为冲，一政务纷纭者为繁，一赋多哺欠者为疲，一民刁俗悍命盗案多者为难"。[②] 此一建议随即获得雍正皇帝的大加赞赏，而金铁所提出这一套冲疲繁难的制度化方法，"地方之简要不同，人才之优黜各异，必人地相宜，方于吏治、民生均有裨益"，[③]虽然当时吏部研议四年后才建构出一套完整明确的办法，但后来便成为清朝官方勘定缺分的行政定制标准。而杭州府于此标准下则被评为"冲繁难"，所领辖的九县为"钱塘冲繁难、仁和冲繁难、海宁繁疲难、富阳冲繁、余杭繁难、临安简、于潜简、新城简、昌化简"。[④]

雍正年间，浙江巡抚李卫因任职于杭州，故对于杭州许多民情有深入了解。李卫认为，杭州府城"乃水陆通衢，城郭宽广，居民稠密，自北关至江头联络三十余里，旗汉杂处，匪类易于隐藏"，"窃盗逃犯之打诈扒儿手，白日撞之鼠偷各分地方，为害不一"。[⑤] 在对世宗的奏折之中，屡屡可见他对杭州陋俗的奏报："浙省事冗，赋烦、民刁、俗悍，动则钱粮挂误，命盗参然。"[⑥]"浙江财

① 瞿同祖著、范忠信等译：《清代地方政府》第二章《州县官》，北京：法律出版社，2003年，第29页。

② 中国第一历史档案馆编：《雍正朝汉文朱批奏折汇编》第十一册，南京：江苏古籍出版社，1989年，第951～952页。

③ 清代实录馆纂修：《清实录・世宗宪皇帝实录》卷一百一十三，北京：中华书局，1986年，第510页。

④ (清)龚嘉俊修、李榕纂：《(民国)杭州府志》卷三《建置》，台北：成文出版社，1974年，第286页。

⑤ 《宫中档雍正朝奏折》第六辑，台北：台湾"故宫博物院故宫文献编辑委员会"，1973年，第400页。

⑥ 中国第一历史档案馆编：《雍正朝汉文朱批奏折汇编》第七册，南京：江苏古籍出版社，1989年，第812页。

赋重地，山海要区，人情刁险，讼狱繁多。”[①]“浙省民风刁健，狱讼滋多，繁杂不一。”[②]“浙江事务繁剧，人情诈伪，实倍他省。”[③]“浙江民刁事繁，别无他项”[④]，又“杭城五方杂处，奸宄滋多”，[⑤]更喜聚众闹事，“仁、钱二县遂分为六起，动则打街罢市”，[⑥]毫无忌惮。又据李卫的观察得知，在杭州府下辖九县中，以省城、海宁二处“人情轻浮，好事健讼，不安本分，悬虚掉谎，刻薄妄诞”。[⑦]

李卫除向皇帝反映地方民情外，更从地方事务的角度出发，考察朝廷所派任的杭州地方官员适任与否，并有所建言：“新任仁和县知县纪逯宜，全是书生气息，与仁和繁剧之地，甚不相宜。”[⑧]世宗所派任的观风整俗使王国栋，在导正地方民情事务上持正面的看法。

面对此复杂棘手、奸良不一的地区，李卫遂与当时杭州将军鄂密达、观风整俗使王国栋，共同查禁各种违背善良风俗之事，执行政务。面对世宗的圣谕及条奏各款，李卫更与王国栋共同将之刊刻，并于各州县内张贴分发，以便让省内百姓知晓世宗化民成俗之意，但又恐大字告示，篇幅甚长，乡村僻隘之处，无地可以张贴，百姓不能遍悉，“复照劝谕文之式刊刷小字短幅者，数十道

---

① 中国第一历史档案馆编：《雍正朝汉文朱批奏折汇编》第十册，南京：江苏古籍出版社，1989年，第799页。

② 中国第一历史档案馆编：《雍正朝汉文朱批奏折汇编》第十册，南京：江苏古籍出版社，1989年，第806页。

③ 中国第一历史档案馆编：《雍正朝汉文朱批奏折汇编》第十册，南京：江苏古籍出版社，1989年，第934页。

④ 中国第一历史档案馆编：《雍正朝汉文朱批奏折汇编》第十二册，南京：江苏古籍出版社，1989年，第395页。

⑤ 中国第一历史档案馆编：《雍正朝汉文朱批奏折汇编》第十二册，南京：江苏古籍出版社，1989年，第682页。

⑥ 中国第一历史档案馆编：《雍正朝汉文朱批奏折汇编》第七册，南京：江苏古籍出版社，1989年，第812页。

⑦ 《宫中档雍正朝奏折》第七辑，台北：台湾“故宫博物院故宫文献编辑委员会”，1973年，第52页。

⑧ 中国第一历史档案馆编：《雍正朝汉文朱批奏折汇编》第九册，南京：江苏古籍出版社，1989年，第118页。

分发”。[①] 此外，面对杭州城“阿呆”也有应对之策，“俗称杭城人名曰阿呆，即欲为恶，有始无终，其性畏法，而不怀德。故虽属浇漓，尚易惩治”。[②]

明清杭州城另一项陋习，便是妄听讹言。杭州城俗谚中，外方人嘲笑杭州人则曰“杭州风”，明朝钱塘人田汝成曾指出，杭俗流于虚妄荒诞，“轻誉而苟毁，道听途说，无复裁量，如某所有异物，某家有怪事，某人有丑行，一人倡之，百人和之，身质其疑，皎若目睹，譬之风焉。起无头而过无影，不可踪迹”。[③] 又杭州城此一听信谣言歪风，于隆庆二年(1568 年)初八、九日间发生的事件即为十分典型的案例：

> 民间讹言朝廷点选绣女，自湖州而来。人家女子七八岁已上，二十岁已下，无不婚嫁。不及择配，东送西迎，街市接踵，势如抄夺。甚则畏官府禁之，黑夜潜行，唯恐失晓。歌笑哭泣之声，喧嚷达旦，千里鼎沸，无问大小长幼，美恶贫富，以出门得偶郎为大幸。虽山谷村落之僻，士夫诗礼之家，亦皆不免。时遇一大将官抵北关，放炮三声，民间愈慌，惊走曰：朝使太监至矣。仓忙激变，几至于乱，至十三日，上司出榜严禁，尤不能止，真人间之大变也。

由此便知谣言于杭州城中散播速度之快，短短五日之内不分昼夜，杭州城百姓竞相走告，疲于奔命。本为婚姻大事，理应斟酌再三，却因受谣言所累，仓促之间，胡乱配对。市井小民如此，就连士大夫之家也不免其害，间有风吹草动便如惊弓之鸟，人心浮躁似如变乱。更诡异者，当谣言的真相昭揭后，此一怪相仍未能止，但不久之后便知其为谣传，“悔恨嗟叹之声，则又盈于室家，然亦无及矣”，无怪乎田艺衡直指“愚民无知摇惑此甚可笑也”。[④] 此案例凸显

---

① 中国第一历史档案馆编：《雍正朝汉文朱批奏折汇编》第九册，南京：江苏古籍出版社，1989 年，第 118 页。

② 《宫中档雍正朝奏折》第七辑，台北：台湾“故宫博物院故宫文献编辑委员会”，1973 年，第 52 页。

③ (明)田汝成：《西湖游览志余》卷二十五《委巷丛谈》，台北：木铎出版社，1982 年，第 448 页。

④ (明)田艺衡：《留青日札》卷九，上海：上海古籍出版社，1985 年，第 242～243 页。

出杭州城民间社会舆论的影响力，此一事件直至清末钱塘人丁丙仍撰诗记曰："隆庆戊辰谷日新，讹传绣女点民军。北关误听军船炮，竟夕仓皇嫁娶纷。"[①]

清代杭州城好听讹言之陋习，依然严重影响百姓生活。从浙江巡抚李卫的奏折中，也能清楚了解流传在杭州城内的谣言是如何牵动着百姓的日常生活。雍正五年(1727年)，钱塘县之安吉、定南、定北等乡居民，听有一谣言，"因向年有一知县董天眷者，曾到此乡查赈不公，被民殴打，其时上司隐匿不究。今伊芳子不知何名，闻为御史奏请，将此三乡之民进行处死，以儆顽梗等语"。正巧此时，"学臣考棚买备点名火把，而将军又从嘉兴回省"，乡民们误以为欲带兵前往捉拿，所以此三乡居民"一时惊慌，竟有连夜过江，弃业躲避者。江东一带及萧山龛山地方，见钱塘乡民有搬至彼地，唯恐连累，亦复搬移，而龛山对面即系海宁，亦闻讹言，间有挈家躲去"。其后，经官员出示晓谕开导，这些惊逃的乡民才各回生业。对类似杭州城讹言事件，李卫以为杭州的民众每好妄听讹传，信以为真，未能加以考证，又"浙人尖巧刁诈，或多大胆儿凶恶，不异其愚昧、慌张、胆怯一至此，总由性情虚浮，语言不实，好为猜疑，一骗即信"。[②]

在社会风气随着商品经济的发达而渐趋改变的江南地区，许多中国传统的礼教观念悄悄转向，特别是在奢侈性消费的冲击之下，越来越多的市井小民对于物质生活有更多的欲望，拜金主义横流，随之而来的社会陋俗弊端更是层出不穷。就中国传统陋习之一的赌博来看，大体而言明朝以前人们参与赌博带有游戏娱乐性质，但至明朝中后期起，赌博的性质发生了很大的转变，热衷赌博者已将以赢取他人钱财为最终目的，且赌风之盛、为害之烈，达到前

---

① (清)丁丙:《北郭诗帐》卷下，收入《杭州运河文献集成》第二册，杭州：杭州出版社，2009年，第108页。

② 《宫中档雍正朝奏折》第七辑，台北：台湾"故宫博物院故宫文献编辑委员会"，1973年，第667页。

所未有的程度。[①]

江南地区赌风日炽，使杭州城的赌博风俗被列为地方政府管治的重点。明朝杭州城赌博者最初仅为一些游手好闲、无所事事的人，所赌之项目“小则饮食，大则钱钞”，但世风日下，更助长赌风蔓延，富贵子弟也沉溺其中，所压的赌注“小者金银珠玉，大者田地房屋，甚至于妻妾子女，皆以出注。输去与人，亦恝然不惜”。钱塘县有一案例，一富家翁因沉溺赌博，“输其妻子，妻子乃故，家女因而缢死”，[②]最后导致这一富翁家破人亡，赌博对于百姓的危害可见一斑。

面对赌风日益兴盛，明朝政府也多搬出《大明律》予以制裁与惩罚，下从参与赌博者、开设赌坊者，上至地方官员，“凡赌博财物者，皆杖八十，摊场钱物入官。其开张赌坊之人，同罪。止据见发为坐。职官加一等”。[③] 为使法律更能与现实切合，遂于问刑条例中对于赌博的种种细节进行更详细的规定，参与赌博者的罪责细分为三类。第一等判刑最重：“凡赌博人犯，若自来不务生理，专一沿街酗酒撒泼，或曾犯诓骗窃盗，不孝不弟等项罪名，及开张赌坊者，定为第一等，问罪，枷号二个月。”第二等：“若平昔不系前项人犯，止是赌博，但有银两衣服钱物者，定为第二等，问罪，枷号一个月，各发落。”第三等为最轻刑：“若年幼无知，偶被人诱引在内者，定为第三等，照常发落。”其中对于官员更有详细规定：“其职官有犯一等二等者，奏请问罪。文官革职为民。武官革职，随舍余食粮差操。”[④]

即使如此，但赌博风气屡禁不止，士大夫者也身居其列。顾炎武曾言：“万历之末，太平无事，士大夫无所用心，间有相从赌博者。至天启中，始行马

---

① 陈江：《明代中后期的江南社会与社会生活》，上海：上海社会科学院出版社，2006年，第329页。

② （明）田艺衡：《留青日札》卷九，上海：上海古籍出版社，1985年，第158～159页。

③ （明）李东阳等奉敕撰、申明行等奉敕重修：《大明会典》卷一百七十《律例十一·刑律三》，台北：东南书报社，1963年，第2378～2379页。

④ 黄彰健编：《明代律例汇编》卷二十六《刑律九·杂犯》，台北：“中央研究院”历史语言研究所，1979年，第950页。

吊之戏，而今之朝士若江南、山东几于无人不为。""今之进士，有以不工赌博为耻者矣。"[①]而杭州地方政府在审查一件富家子弟因赌博输其婢妾的案件中，竟意外发现"连及者数十人，皆学校士子"，[②]可见赌博之风于明代杭州城未能穷治。

杭州此一陋习正是清朝统治者急欲端正的风俗。世宗曾对赌博一事深表厌恶，认为赌博最坏人品行："下等之人习此，必致聚匪作奸，放僻邪侈之事多由此起。读书居官之人必致废时误事，志气昏浊，何能立品上进，乃屡申禁饬，而此风未息，深可痛恨。"[③]又好赌之人，并不只游惰而已，"荒弃本业，荡费家资，品行日即于卑污，心术日趋于贪诈"。[④] 而杭州城内外关于赌博的案例，更是时有所闻，"所犯旗汉，影射窝赌等事，即饮食输赢，无不经衙门亲自批行，发落案卷其多"；"海宁北门外及萧山龛山地方等处，赌博数起"。[⑤] 面对这如野火燎原般的赌博风气，世宗更担忧对于地方的不良影响甚巨，"赌博之风所以盛行，父兄为之，子弟在旁见而效之；家主为之，奴仆在旁见而效之，甚至妇人女子亦沉溺其中，而不以为怪"，所以"父习之则无以训其子，主习之则无以制其奴，斗殴由此而生，争讼由此而起，盗贼由此而多，匪类由此而聚，其为人心风俗之害，诚不可以悉数也"。原先品行良好之人入其中，执迷而不悟，"且甘为下贱而不辞"。[⑥]

虽然世宗屡屡颁旨严禁，赌博恶习仍未能有效控制。除个人好赌的行为

---

① (清)顾炎武著、黄汝成集释：《日知录集释》(全校本)卷二十八《赌博》，上海：上海古籍出版社，2006 年，第 1608～1610 页。

② (明)田艺衡：《留青日札》卷九，上海：上海古籍出版社，1985 年，第 159 页。

③ (清)高宗敕撰：《清朝文献通考》卷一百九十七《刑考三・刑制三》，台北：台湾商务印书馆，1987 年，第 6616～2 页。

④ (清)嵇曾筠等修、沈翼机等纂：《浙江通志》卷一百《风俗下》，台北：华文书局，1967 年，第 1680 页。

⑤ 中国第一历史档案馆编：《雍正朝汉文朱批奏折汇编》第十册，南京：江苏古籍出版社，1989 年，第 934～935 页。

⑥ (清)嵇曾筠等修、沈翼机等纂：《浙江通志》卷一百《风俗下》，台北：华文书局，1967 年，第 1680 页。

外，主要仍是“不严赌博之具，究不能除赌博之源”，[①]“以制造赌具之尚有其人，而有司之禁约未曾尽力”，[②]所以为杜绝此恶习，“赌具之禁，更不可以不严”。对于赌具的贩卖者有严厉的惩处，“凡卖纸牌、骰子为首者，发边远充军。为从及贩卖为首者，杖一百，流二千里。为从贩卖者，杖一百，徒三年”，对于地方官员更追究其职责，“地方保甲知而不报者，杖一百。地方官失察，罚俸三月”。[③]

因此，世宗除了要求浙江巡抚李卫与担任杭州将军的鄂密达齐心协力申禁，“每逢拿获一起，审实，赏银八两”，[④]更指示地方官员均有化民成俗之责，“而乃悠悠忽忽，视为泛常，安辞溺职之咎，今特定本地方官员劝惩之法以清其源嗣，后拏获赌博，必穷究赌具之所由来，其制造赌具之家，果审明确有证据出于某县，将该县知县照溺职例革职，知府革职留任，督抚司道等官各降一级留任”。[⑤] 面对皇帝的殷切期盼，李卫于杭州城厉行查禁赌博之事，“差查拿获，痛惩并严究官役，奉行不实之咎，又刊刻小示遍行，严禁除省城外，复行令各属将，拿获起数于月终汇报司府，每季转详到臣，按其多寡，分别勤惰，奖罚是以”。[⑥] 他希冀借由各地方官吏、属将的严格取缔，能使杭州城的赌风日渐衰微，以端风俗。

明清两朝的统治者治理杭州，所面临的另一项挑战便是如何妥善地处理杭州的消防安全问题。杭州城自南宋以来多火灾。其好发火灾的因素有五：

---

① (清)高宗敕撰:《清朝文献通考》卷一百九十七《刑考三·刑制三》,台北:台湾商务印书馆,1987年,第6616－2页。

② (清)嵇曾筠等修、沈翼机等纂:《浙江通志》卷一百《风俗下》,台北:台湾商务印书馆,1987年,第1680页。

③ (清)高宗敕撰:《清朝文献通考》卷一百九十七《刑考三·刑制三》,台北:台湾商务印书馆,1987年,第6616－3页。

④ 中国第一历史档案馆编:《雍正朝汉文朱批奏折汇编》第十册,南京:江苏古籍出版社,1989年,第935页。

⑤ (清)嵇曾筠等修、沈翼机等纂:《浙江通志》卷一百《风俗下》,台北:台湾商务印书馆,1987年,第1680页。

⑥ 中国第一历史档案馆编:《雍正朝汉文朱批奏折汇编》第十册,南京:江苏古籍出版社,1989年,第934～935页。

"其一，民居稠比，灶突连绵；其二，板壁居多，砖垣特少；其三，奉佛太盛，家作佛堂，彻夜烧灯，幡幢飘引；其四，夜饮无禁，童婢酣倦，烛烬乱抛；其五，妇女娇惰，篝笼失检。"[①]对此民间小说也记载："杭州多火，从来如此，只因民居稠密，砖墙最少，壁竹最多。"[②]

明朝中后期起，各方志中屡屡可见杭州的火灾记录。成化十年（1474年）四月在杭州城大河、望仙桥北，于河东侧的蒋氏宅邸起火，"延烧镇海楼、伍公庙、海惠寺、东岳行宫、玉枢雷院，下逮宗阳宫，南至侍郎府，北至镇守府，东至巡盐察院，西至布政司，周环六七里，民居三千余家"。而进入嘉靖朝，杭州火灾的发生频率越发攀高，肆虐的范围也更广阔，百姓财产损伤较前期更严重。嘉靖二十五年（1546 年）九月，杭州南城的一场大火更波及万余家房舍，"火自熙春桥民家起，俄顷遍于四方，东南逾数里，越城飞火至永昌坝，达旦始息，烧毁官民庐舍一万余间"。[③] 时人叶权更目睹"火正盛时，各搬镇海楼下避。须臾火四路起，楼亦焚，居人走吴山。见火如流星飞过江，西兴亦起烈焰"。[④] 又三十五年（1556 年），大火"延烧数千家"。[⑤]

明朝嘉靖年间深受东南沿海倭寇所扰，明军火药的需求量大增，然炼制火药，酿成杭州城更多的公共意外。嘉靖三十一年（1552 年），杭州府管局通判厅大火，其起因和后果为"军中需火药甚急，匠人就厅辗药，辗急火起，药中仓卒不可避人，焚死者甚众，未死者皆灼肤裂体，惨不忍视"。又嘉靖三十七年（1558 年）旗纛庙大火，同为炼制火药而引发的意外。虽地方官员有心记取六年前管局通判厅意外事故的教训，特地转往旗纛庙提炼火药，"以庙高

---

① （明）田汝成：《西湖游览志余》卷二十五《委巷丛谈》，台北：木铎出版社，1982 年，第 442 页。

② （明）周清原：《西湖二集》下集卷二十四，上海：上海古籍出版社，1990 年，第 981 页。

③ （明）聂心汤纂修：《（万历）钱塘县志》，台北：成文出版社，1975 年，第 547～548 页。

④ （明）叶权：《贤博编》，北京：中华书局，1997 年，第 14 页。

⑤ （清）张廷玉等撰：《明史》卷二十九《五行二》，台北：台湾商务印书馆，2008 年，第 247 页。

敞，火不易侵也。然一药发火，群药皆燃，势不可救，庙遂煨烬，人死者什二三”。[①] 虽然未若管局通判厅死伤惨重，但仍属于一起严重的事故。除杭州城内火灾事故频繁，省城外各城镇也难逃回禄之灾。隆庆二年（1568 年）正月元旦，杭州城外北边湖市一带大火，“德胜坝火延烧民居一千余家，座船四十余只”。[②] 当时飞沙走石，天地昏黑，“钱塘湖市新马头官船火起，延烧民居二千余家，官民船舫焚者三四百只，死者四十余人”，居民的财产损失不计可数。[③]

万历年间杭州城的火患依旧持续。万历七年（1579 年）七月，“小营巷火，延烧东里、羲和、如松三里，次日方息，毁民庐千百余家”。万历二十五年（1597 年）二月，北城外湖墅大火，“忽起大风，湖市北关外、金家同口粮船上火起，烧北关官厅，延烧东西两岸，直至牙湾巷、江涨桥、混堂巷、草营巷南数千家，运船十五只，仁和县两千九百家，钱塘县一千二百家”。同年七月，又出火事，“有乌鸦衔绵絮，到处放火烧房屋四百余间”。[④] 直至明末天启年间杭州城仍火事频发，天启元年（1621 年）三月，“杭州火，延烧六千余家”；八月，“城内外延毁万余家”；二年（1622 年）五月，“旗纛庙正殿灾，火药尽焚，匠役多死者”。[⑤]

《大明律》中严格规定了对火灾责任人的处罚：“凡失火烧自己房屋者笞四十。延烧官民房屋者，笞五十。因而致伤人命者，杖一百，罪坐失火之人。若延烧宗庙及宫阙者，绞。”[⑥]“凡放火故烧自己房屋者，杖一百。若延烧官民

---

① （明）陈善等修：《（万历）杭州府志》卷七《国朝郡事纪下》，台北：成文出版社，1983 年，第 527、535～536 页。

② （明）陈善等修：《（万历）杭州府志》卷七《国朝郡事纪下》，台北：成文出版社，1983 年，第 548 页。

③ （明）田艺衡：《留青日札》卷九，上海：上海古籍出版社，1985 年，第 242 页。

④ （明）聂心汤纂修：《（万历）钱塘县志》，台北：成文出版社，1975 年，第 549～551 页。

⑤ （清）张廷玉等：《明史》卷二十九《五行二》，台北：台湾商务印书馆，2008 年，第 248 页。

⑥ 黄彰健编：《明代律例汇编》卷二十六《刑律九・杂犯》，台北：“中央研究院”历史语言研究所，1979 年，第 954 页。

房屋，及积聚之物者，杖一百，徒三年。因而盗取财物者，斩。杀伤人者，以故杀伤论。若放火故烧官民房屋，及公廨仓库，系官积聚之物者，皆斩。”[①]大明律法中明确划分了因一时不察的失火罪和蓄意纵火罪，期使百姓有所警惕。但综观明朝杭州城的火患记录，借由律法的惩戒似乎也未能有效遏止祝融之灾的发生。

清朝杭州的火患也为统治者所关注，然“杭城民患莫过火灾”。[②] 对于杭州城的百姓而言，火灾屡发，威胁其身家财产。“杭州多火灾，岁必数发，发必延数里，且有蹈火以死者”。[③] 从孙文成的奏折中，更可一窥清初杭州火灾的频繁程度。康熙五十四年(1715 年)十二月，“杭州城内仁和县所属别教坊地方，自所住商民许焕章出售油纸之铺户失火，计烧毁十户人家十二间”；“仁和县所属如松义都地方，自住民曾子文家失火，计烧毁六户人家十五间”。次年正月，“杭州粮道刘廷生衙门内家人住屋失火，共烧毁房间十三间”；六月，“杭州城内钱塘县所属地方，住在红门局外织匠谢世嘉住宅所点之灯失火，自三桥子以西居民内，民四十二户之楼房三十六间，瓦房三十九间，半为火所毁”；“杭州城内钱塘县所属地方，在太平坊后，名叫十三万厢地方，自民人华伟成之裁缝铺失火，居民内十二户民人之楼房二十间，瓦房五间，为火所毁损坏楼房三间”。康熙五十六年(1717 年)七月，“钱塘县所属地方，自正阳门外钱塘江岸，居民胡天成之烟草铺子所点之灯失火，八十三户房屋，一百三十余间为火所毁”；八月，“钱塘县所属地方，巡抚衙门前面西南角，居民花文盛所开卖酒铺子，因此屋隔间皆以劈开之竹片为壁，仇人由外面于壁上放火，焚烧房屋八十五间，共四十二户”。康熙五十九年(1720 年)二月，“杭州城内仁和县所属地方，自众安桥东北方，民居丁炳衡出售所锤打锡箔之铺子失火”；“杭州城内钱塘

---

① 黄彰健编:《明代律例汇编》卷二十六《刑律九·杂犯》，台北:“中央研究院”历史语言研究所，1979 年，第 955 页。

② 中国第一历史档案馆编:《雍正朝汉文朱批奏折汇编》第八册，南京:江苏古籍出版社，1989 年，第 866 页。

③ (清)毛奇龄:《杭州治火议》，收入《丛书集成续编》第 58 册，台北:新文丰出版公司，1989 年，第 339 页。

县所属地方,自太平坊东方,居民李显彰出售头纱葛布手巾等杂货铺失火”。[①]

清初时人毛奇龄更借由其在杭州坊巷中的调查表明,“予蹴杭之前一年,相传自盐桥至羊市纵横十余里,其为家约六万,有于死者若千人,以询居人即中年者,亦必答曰予生若干次矣;其儌幸可喜,亦必树一指曰,惭愧已一次矣。从未有云无有者”。[②] 可知杭州城频发的火灾,确实带给居民莫大的威胁。究火灾之因,浙江巡抚李卫认为“杭城素多火灾,其中因民居稠密,不自谨慎而起者固多”。[③] 毛奇龄也分析当时杭州的居住条件,以建筑材料来看,杭州城房舍“兼用竹木,自基壂以致梁楄、栋柱、櫋楣,无非木也。而且以木为墙障,以竹为瓦荐,壁夹凡户牖之间,牖用棂楄以笆护,墉以篱层层里饰,非竹则木”,又杭州城百姓“皆编竹为壁,久则干燥易于发火,又有用板壁者。夫竹木皆酿火之具,而周回无墙垣之隔,宜乎比屋延烧,势不可止,此事理之必然”。[④]

又因“杭州寸金地,阛阓稠密,竹木占地少,而砖则占地多也”,所以“市廛鬻阓,多接飞檐,桥梁巷门,每通复阁,鳞排栉比,了无罅隙”。在城市中,居民的生计侩贩营业,“多以炊煮蒸熬、熏焙烧炙为生计。而贫民昼苦趁逐,往多夜作,诸凡治机丝,煅金锡,皆通夕不寐”,且杭俗“大抵箕笼、厝火、竹檠点灯,暑则燃蚊烟,寒则烘草,荐无非硝炭”,又“俗尚释老,合乡礼、斗联棚、诵经、焚香、烧烛,沿宵累旦”,故让杭州“满城灯火,百万家烟爨,原足比沃,焦之山象,郁攸之穴,而且上下四旁无非竹木,既已埋身在烈坑中矣”。除上述因素外,更重要的是杭州人多赁屋而居,屋非己有,且屋内值钱之物不多,“以故不关

---

① 庄吉发译注:《孙文成奏折》,台北:文史哲出版社,1978年,第75~76、80~81、91、93、99页。

② (清)毛奇龄:《杭州治火议》,收入《丛书集成续编》第58册,台北:新文丰出版公司,1989年,第339页。

③ 中国第一历史档案馆编:《雍正朝汉文朱批奏折汇编》第十二册,南京:江苏古籍出版社,1989年,第252~253页。

④ (清)毛奇龄:《杭州治火议》,收入《丛书集成续编》第58册,台北:新文丰出版公司,1989年,第349页。

痛痒，而间有住已屋者，又往往因循忽之”。[1]“居民铺户，偶不经心，即招其灾，延烧大偏缘”。[2] 杭州城百姓不论是租屋而居，或是自居于家宅者，在用火方面不够谨慎小心，也是导致杭州城屡发火灾之因。

此外，杭州城内更有不法之徒，暗中纠党，施行“抢火”。他们大多选择在市集热闹聚集处，或富饶之家，“潜行放火，沿烧乘伊仓惶搬移之际，混入劫掠，沿路打夺”。[3] 地方政府面对杭州城屡发的火灾，采取严法来约束杭州居民，“严火罚，从来起火之家，名曰火头，其罚甚重。今既设徇令，则必查其起火者为何牌何户……虽罪不致死，然必重创之，以惩其后来”。[4] 此外，又以强盗罪罚与之相较，“立斩之罪，莫严于强盗。然盗却止于一家，而不致搜括无疑。若放火凶徒，所害人户不可限量，而房屋家资，顷刻化为灰烬，寸草不留，且常有烧死人命之惨。穷凶极恶，较诸强盗……向有放火恶风之处于通衢，地方大书罪犯，是由晓谕通知，即行正法”。[5]

为使杭州城居民远离火患，政府更设有徇火令：“先立三十家牌，以牌中各户轮流为首。每首值十日，每日早晚则值者至各家呼曰请查火，挨各家查家一遍，答曰‘查讫’，然后至第二家亦如之。”[6]且杭州各里均有火兵，“或以庙名为衔，或以地名为衔，置备水龙一架或二架，其余水桶、吊桶、铜锣、行号、大纛旗、各小旗、梯子、挠钩、刀锯、斧凿、扛索、灯笼、号衣、号帽等项，以救火灾，每起四五十人至百余人不等，均系搭彩匠、泥水木匠以及各行之强有力

---

① （清）毛奇龄：《杭州治火议》，收入《丛书集成续编》第 58 册，台北：新文丰出版公司，1989 年，第 340～343 页。

② （清）无名氏：《杭俗怡情碎锦》《官民救灾》，台北：成文出版社，1983 年，第 23 页。

③ 中国第一历史档案馆编：《雍正朝汉文朱批奏折汇编》第十二册，南京：江苏古籍出版社，1989 年，第 252～253 页。

④ （清）毛奇龄：《杭州治火议》，收入《丛书集成续编》第 58 册，台北：新文丰出版公司，1989 年，第 344 页。

⑤ 中国第一历史档案馆编：《雍正朝汉文朱批奏折汇编》第十二册，南京：江苏古籍出版社，1989 年，第 252～253 页。

⑥ （清）毛奇龄：《杭州治火议》，收入《丛书集成续编》第 58 册，台北：新文丰出版公司，1989 年，第 343 页。

者”。杭州城救火组织内“为之号帽，翻棉如法师帽，蓝色号衣，蓝布背心，前后白图书写某衔，有司龙、司苗、司筹、司烛、运水、上高、救柩等名”，若遇城内火灾“虽五里、十里之遥，只须一刻之间，无不毕集”，又“司龙者管龙，司苗者立于龙上，认明方向，把苗施放。司筹者每人给筹一根，以凭给钱。司烛者若在夜间，每人均有高杆灯笼一管，灯上号写所司何事，日间小旗一面亦然，故一望而知之也。灯笼、铁丝、白纸、黑字、大小旗帜均蓝色白字，大纛各旗两旁，亦挂灯笼一对。如运水者，以筛锣为号，上高者有梯子、挠钩等器，以备拆屋。救柩者，有大索、木扛，上下各假，何止数百十起，其用力之踊跃，诚有奋不顾身之势”。[①] 可知清代杭州城地方官员，面对杭州城由来已久且十分棘手的火患问题，软硬兼施，除了以严法重罚，更劝导百姓参与互助组织，利用民间的救火力量，以减少杭州城的灾害损失。

---

① (清)范祖述:《杭俗遗风》，台北:成文出版社，1983年，第59～61页。

第二章 杭州与徽州

——徽商的商业经营

江南地区在明清时期堪称全国经济高度发展之地，这为徽商提供了一个偌大的施展舞台，徽商凭借优越的地理位置，抓住历史时机，纵横驰骋于江南市场，成为江南社会发展中一股不可或缺的重要力量。“富室之称雄者，江南则推新安，江北则推山右”，[①]徽商与晋商同执商界之牛耳，成为明清时期雄霸中国南北的两大商业势力。徽州商人的兴起及其和江南区域的互动，成为中国近世社会经济史研究领域引人瞩目的课题。

与其他地区商人相较而言，徽商普遍拥有较高的文化素养，在变幻莫测的商业活动中，他们善于向族中子弟传授从商经验，长于分析形势并作出最有利的判断。这是本章将要重点论述的问题。

---

① (明)谢肇淛:《五杂组》卷四《地部二》，台北:新兴书局，1971年，第312页。

第一节 发展契机与经商推力

一、徽州原乡的穷困与窘迫

自明朝成化、弘治之际，徽州商人中逐渐出现外出经商热潮，他们的足迹踏遍全国名都大邑、孤村僻壤。只要有利可图，甚至于“遐而边陲，险而海岛”，[①]皆可发现徽州商人的身影。徽州所处之地山多田少，“八山一水一分田”正是此处的最佳写照。东有大鄣山之固，西有浙岭之塞，南有江滩之险，北有黄山之厄，群山环抱，峰峦叠翠。徽州的多山使之与外界隔绝，俨然为一世外桃源，曾经是徽州强宗大族躲避战乱、繁衍生息地。“新安僻居山溪中，土地小狭，民人众。世不中兵革，故其齿日益繁，地瘠薄，不给于耕”，[②]又“今新安多大族，而其在山谷之间，无平原旷野可为耕田”。[③]

但也因为徽州多山封闭的地理环境，迫使无数徽人不得不出外经商求生。“山多田少”“土瘠民贫”的描述于明清方志和文集中俯拾即是，“徽州界万山之中，地狭人稠，耕获三不瞻一”，[④]“土田依原麓，田瘠确，所产至薄”。[⑤]而徽州的水文、土壤性质，对于欲“以本为业”的徽民而言更是艰难的挑战，“高山湍悍，少潴蓄，寡泽而易枯。十日不雨，则仰天而呼。骤雨过，山涨暴

---

① (清)廖腾煃修、汪晋征等纂:《(康熙)休宁县志》卷一《舆地志・风俗》,台北:成文出版社,1970年,第239页。

② (明)谢肇淛:《五杂俎》卷四《地部二》,台北:新兴书局,1971年,第331页。

③ (明)归有光:《震川先生集》卷十三《白庵程翁八十寿序》,台北:源流出版社,1983年,第318～319页。

④ (清)方崇鼎、何应松等纂修:《(嘉庆)休宁县志》卷一《风俗》,台北:成文出版社,1985年,第165页。

⑤ (明)汪尚宁纂修:《(嘉靖)徽州府志》卷八《食货志・岁役》,台北:成文出版社,1985年,第805页。

出，粪壤之苗又荡然枯矣”。[①] 徽民将能垦之田层累向上，形成十余级的梯田，但实际可耕地面积却少之又少。徽州府下辖的六县皆面临着土地生产力不足的窘境，“农人终岁勤劬，亩收不给”，[②]投入农业生产的劳动力多于其他地区，但生产所得不及他郡之半，农家事倍功半，致使“健者多远出为商贾”。[③]

居处万山环绕之间，人多地少，除不利于农业生产供给外，徽民的生活空间也很局促，“居室地不能敞，惟寝与楼耳”。[④] 谢肇淛指出，徽州地区“多楼上架楼，未尝有无楼之屋也。讨一室之居，可抵二三室，而犹无尺寸隙地”。[⑤] 在人地失衡的关系下，徽州人的可耕地多辟成梯田，住屋修筑多争取向上使用的空间，但当地所产粮食与物产皆不足以供给与日俱增的徽州人口，所以“百货皆仰于外”。[⑥] 为满足生活基本需求，无数徽民踏上离乡谋生之途。

面对恶劣的生存环境，明朝中叶起，徽州弃农经商的现象日益增多，徽人以贾代耕，竞相外出就食于四方，乃势之使然，为了生存不得不为之，“郡邑处万山，如鼠在穴，土瘠田狭，能以生业着其地者，什不获一。苟无家食，则可立而视其死，其势不得不散而求食于四方，于是乎移民而出，非生而善贾也”，[⑦]

---

① (清)丁廷楗修、赵吉士纂:《(康熙)徽州府志》卷二《风俗》，台北:成文出版社，1975年，第440页。

② (清)吴甸华等原修、吴子珏等续修:《黟县志》卷三《风俗》，台北:成文出版社，1983年，第235页。

③ 石国柱等修、许承尧纂:《(民国)歙县志》卷一《舆地志・风土》，台北:成文出版社，1975年，第148页。

④ (清)吴甸华等原修、吴子珏等续修:《黟县志》卷三《风俗》，台北:成文出版社，1983年，第237页。

⑤ (明)谢肇淛:《五杂俎》卷四《地部二》，台北:新兴书局，1971年，第332页。

⑥ (清)丁廷楗修、赵吉士纂:《(康熙)徽州府志》卷八《蠲赈》，台北:成文出版社，1975年，第1223页。

⑦ (清)丁廷楗修、赵吉士纂:《(康熙)徽州府志》卷八《蠲赈》，台北:成文出版社，1975年，第1221页。

所以徽州风俗“人十三在邑，十七在天下”，[①]“商则本乡者少，而走外乡者多”。[②]

徽州人大批出外经商求食的原因众多，方志和文集中皆归因于地狭人众、山多田少、土地贫瘠等地理环境因素。万历《歙志》更综合自然和生存环境，指出徽民不能不贾之因，乃是“时也，势也，亦情也”，也指出徽商经商的范围。“太史公之时，江淮以南，地广人稀，食土之毛，人足自给，无事贾也。乃今邑之人之众，几于汉一大郡，所产谷粟不能供百分之一，安得不出而餬其口于四方也。谚语以贾为生意，不贾则无生，奈何不亟亟也。以贾为生，则何必子皮其人而后为贾哉。人人皆欲有生，人人不可无贾矣。故邑之贾，岂惟如上所称大都会者皆有之，即山陬海壖，孤村僻壤，亦不无吾邑之人，但云大贾则必聚都会耳”。[③]

但同属贫瘠山乡，不利农耕生产，放眼全国应不仅仅只有徽州这一区域，那为何徽商得以纵横明清商界数百年，徽商子弟得以代代出走原乡行贾四方？仅以穷困的自然因素作为理由似乎略显薄弱。当然我们不可否认原乡以本为业所遭遇的困窘，的确是徽人经商的动机，但赋役的繁重亦是不可忽略的因素。

农业生产力的供给不足，本已让徽人转输于他郡“无常业而多商贾”，[④]反过来，富名享誉宇内的徽商又使徽州“贾虚名而受实祸”。[⑤] 明朝嘉靖年间以来，政府“益以不时之派，一岁之中征求极至”，徽商扬名在外，却使徽州赋役较他郡更加繁重，导致徽人生活更加艰苦，“田价日低，而本富日少”。[⑥] 商

① （明）王世贞：《弇州山人四部稿》卷六十一《赠程君五十叙》，台北：伟文图书出版社，1976年，第3016～3017页。

② （明）张涛、谢陛纂修：《（万历）歙志》卷五《风土三》。

③ （明）张涛修、谢陛纂：《（万历）歙志》卷十《货殖四》。（藏于安徽大学徽学研究中心特藏室）

④ （清）洪玉图：《歙问》，收入《丛书集成续编》史地类第224册，台北：新文丰出版公司，1989年，第420页。

⑤ （明）张涛、谢陛纂修：《（万历）歙志》卷五《风土四》。

⑥ （明）张涛、谢陛纂修：《（万历）歙志》卷五《风土三》。

贾虽然有多余的资金，却很少用来购置农地，农地仍旧为农民所垦殖，对于政府每年加诸的繁赋重役，“商贾有税粮者尚能支之，农民骚苦矣”，[①]致使越来越多的徽人为了维持生活，不再将务农视为第一等生业。对此歙人洪玉图直言，除山多田少的地理因素外，政府又“重之以徭役，欲不能安矣，又安能不以货殖为恒产乎”，[②]充分说明过重的赋役也是促进徽人踏上离乡经商之路的重要因素。

二、重商风气的形成——出贾既多

明朝成化、弘治到嘉靖、万历朝长达百余年的时间里，社会经济发生剧烈的变化，特别是江南地区都市人口数量不断增加，中小型市镇也雨后春笋般兴起，带动着区域社会的繁荣发展。农业和手工业内部的各种分工，让农村的居民拥有更多的机会将农产品置于市场机制下获取更高的利润，也促进了生产的专业化经营和地域性分工。商品转输交易的需求，区域市场不断地扩大，更有利于商人的兴起。此外，明清两朝政府对于国家税收制度的变更，大量白银流入中国成为通用货币等诸多历史因素的结合，为徽商提供了跃上明清商界舞台的契机。

顾炎武对于徽州社会在百余年间的转变有深刻认识，徽商弃农就贾的现象，自正德末、嘉靖初就可见其端倪，结伙经商的氛围渐出现于徽州社会，至嘉靖末、隆庆年间已是极为普遍。顾氏描述道：

> （弘治）于时家给人足，居则有室，佃则有田……妇人纺绩，男子桑蓬，臧获服劳，比邻敦睦。……寻至正德末、嘉靖初，则稍异矣。出贾既多，土田不重，操资交捷，起落不常。……迨至嘉靖末、隆庆间，则尤异矣。末富居多，本富尽少，富者愈富，贫者愈贫，起者独

---

① （明）汪尚宁纂修：《（嘉靖）徽州府志》卷八《食货志》，台北：成文出版社，1985年，第206页。

② （清）洪玉图：《歙问》，收入《丛书集成续编》史地类第224册，台北：新文丰出版公司，1989年，第420页。

雄，落者辟易。[①]

徽州迥异于传统以农业为生的社会风尚，出现了“徽民寄命于商”[②]的现象。徽人“业贾者什七八”，[③]在前仆后继出外经商的行列中，不仅限于生计艰窘的一般百姓，就连大家族士大夫也加入了。明人唐顺之就说：“新安土硗狭，田畜少，人庶贾而食，即阀阅家不惮为贾。”[④]归有光也指出：“虽士大夫之家，皆以畜贾游于四方。”[⑤]徽州的强宗大族其先祖大部分皆属中原衣冠，多数具有士大夫和仕宦的身份，宗族子弟在家学的熏陶下，自然而然接受传统儒家教育的洗礼。宋元之后，朱熹思想风靡全徽州，“读朱子之书，服朱子之教，秉朱子之礼”，徽州人的生活言行率以朱熹思想为其规范。宗族子弟浸淫在“程朱阙里”“东南邹鲁”的环境中，几乎人人皆习举子业，在十年寒窗的苦读之下，最高的目标便是能金榜题名、光宗耀祖，但能够顺利通过科举进入官场仕途的人毕竟为数不多。面对僧多粥少的情形，许多徽商宗族子弟在现实生活的压力之下，被迫选择弃儒就贾。

徽人因为年幼失亲和家道中落，为维持最基本的生活不得不弃举子业，从商谋生，这样的资料不胜枚举。婺源人王宜桂“因家贫亲老，弃儒服贾”；[⑥]曹志君则因受父丧的冲击“哀毁骨立，遂弃举子业，经理家事”；[⑦]鲍曾榑本有远志，“欲以科目自奋”，[⑧]但迫于家业，也选择就贾；休宁人汪錞则因父丧“家

① (明)顾炎武：《天下郡国利病书》第9册《凤宁徽》，台北：台湾商务印书馆，1966年，第76页。

② (清)方崇鼎、何应松等纂修：《(嘉庆)休宁县志》卷一《风俗》，台北：成文出版社，1985年，第165页。

③ (明)汪道昆：《太函集》卷十七《阜成篇》，合肥：黄山书社，2004年，第372页。

④ (明)唐顺之：《荆川先生文集》卷十五《程少君行状》，台北：台湾商务印书馆，1979年，第316页。

⑤ (明)归有光：《震川先生集》卷十三《白庵程翁八十寿序》，台北：源流出版社，1983年，第318～319页。

⑥ 张海鹏、王廷元主编：《明清徽商资料选编》，合肥：黄山书社，1985年，第455页。

⑦ 《富春曹氏宗谱》卷一《思赞公行略》。(藏于上海图书馆家谱收藏室)

⑧ (清)鲍存良等编纂：《歙新馆鲍氏著存堂宗谱》卷二《家传》，第43上页。(藏于上海图书馆家谱收藏室)

中落，弃儒服贾，走四方”；[①]歙县江舜年也因亲老家贫“弃儒服贾，以为供养”；[②]曹琹因早年失怙，迫于家计“弃儒业，而师端木氏”；[③]歙县人吴荣运自幼习儒，父丧后生计无望，便承其父业就贾；叶天赐也受家贫之累而行贾；[④]曹煦廷虽然自负有远志，但“计岁入只足给馆粥，度支之费缺”，[⑤]不得已也效法端木氏；曹学熙则是在父母双亡之后，为了维持家计“弃笔砚，学端木之术”。[⑥]

在科场屡次不得志而弃儒就贾之例也时而有之。黟县宏村汪元台虽然雅嗜书史，但屡试不中，便一肩扛起家务，锐意进取；[⑦]曹承宗则“久困棘闱，旋与二三昆玉理家政”；[⑧]潘云凤自幼即业儒，但“困于童子试，因弃青箱，讲管鲍经营事”；[⑨]金廷佐则“屡试不售，困于场屋”而弃儒就贾；[⑩]吴钠“棘闱屡踬”便绝意名场，而选择总持家里事务；[⑪]黄筏“屡秋试不售”而贩木于湖南；[⑫]余国极“以监生应试不售，而于两淮业盐”。[⑬]

也有遵从父嘱以弃儒就贾的例子。曹志尧因父母年岁日高，“遂承命分任家事”；曹清楙虽然年纪尚幼但业儒有才，读书数行并下，但到十六岁时“遵

---

① 张海鹏、王廷元主编：《明清徽商资料选编》，合肥：黄山书社，1985年，第460页。

② 张海鹏、王廷元主编：《明清徽商资料选编》，合肥：黄山书社，1985年，第476页。

③ 《富春曹氏宗谱》卷一《表兄南熏公序》。（藏于上海图书馆家谱收藏室）

④ 石国柱等修、许承尧纂：《（民国）歙县志》卷九《人物·义行》，第1500页。

⑤ 《富春曹氏宗谱》卷一《曹君养和先生传》。（藏于上海图书馆家谱收藏室）

⑥ 《富春曹氏宗谱》卷一《岳父焕文公暨岳母赵孺人合传》。（藏于上海图书馆家谱收藏室）

⑦ （清）汪曾立纂修：《平阳汪氏九十一世支谱》卷上《志》，清同治六年刻本，第10下页。（清）汪曾立纂修：《汪氏小宗谱》卷五《传略》，光绪六年刻本，第2上页。（藏于台湾“故宫博物院”）

⑧ 《富春曹氏宗谱》卷一《圻封公传》。（藏于上海图书馆家谱收藏室）

⑨ 《东安潘氏宗谱》卷五《云甫公暨德配吴太儒人合传》。（藏于上海图书馆家谱收藏室）

⑩ 《休宁金氏宗谱·家传四》。（藏于上海图书馆家谱收藏室）

⑪ 张海鹏、王廷元主编：《明清徽商资料选编》，合肥：黄山书社，1985年，第460页。

⑫ 张海鹏、王廷元主编：《明清徽商资料选编》，合肥：黄山书社，1985年，第465页。

⑬ 张海鹏、王廷元主编：《明清徽商资料选编》，合肥：黄山书社，1985年，第466页。

太翁敬庵公命，弃举子业”，襄理家政；[①]吴德美及长则奉父命“辞塾师行贾”；[②]潘图南虽年幼便受业于家塾，但“父命之贾”，遂弃举业；汪起凤年少即喜好读书，其后“从父四峰公命，以儒服贾”；[③]杨杞年少时即显颖异，过目即能记忆，曾经被称为“奇童”，但“长遵父命，以儒服事贾”，经营于吴楚之间；[④]汪熙臣年少聪颖，喜好读书，但及长至十四岁，便跟随其父从事盐策，遂弃举子业。[⑤]

为综理家族内部事务，部分宗族子弟也选择弃儒行贾。潘志英年少即有良才，及长则通经艺，但后来“因分心家务，更兼擅岐黄”，[⑥]决定放弃考取科名之路；盐商子弟鲍雯本以举业为志向，但先世业鹾，公事与私事间“如猬毛，不得以脱儒冠”；[⑦]曹灿书虽习举子业但屡蹶棘闱，后更因为“与仲弟析居，而事亦如猬毛而起”，便决定弃举业而接理家政；[⑧]潘德怀则因其父年事已高，便委以家政，但家族内不论里外大小事务，皆赖以排难解纷，日不暇给，“遂废举子业，以功名付之儿辈，己则不复留心翰墨”；[⑨]潘聘仪幼时好读书习举业，但后来因为分家之故，“经理家政，一切束之高阁”。[⑩]

除劳费心力在处理家族内部事务外，一些人体恤父兄经营的艰辛，也选择加入经商的行列之中。金人麒因为“父质弱，好义，不问生理，弟妹众稚”，

---

① 《富春曹氏宗谱》卷一《岳父益斋公传》。（藏于上海图书馆家谱收藏室）

② 张海鹏、王廷元主编:《明清徽商资料选编》，合肥：黄山书社，1985 年，第 442 页。

③ 张海鹏、王廷元主编:《明清徽商资料选编》，合肥：黄山书社，1985 年，第 454 页。

④ 张海鹏、王廷元主编:《明清徽商资料选编》第 1417 条，合肥：黄山书社，1985 年，第 466 页。

⑤ （清）汪纯粹纂修:《弘村汪氏家谱》卷二十一《事实》，清乾隆十三年刻本，第 110 页。（藏于安徽大学徽学研究中心特藏室）

⑥ 《东安潘氏宗谱》卷五《士超公传》。（藏于上海图书馆家谱收藏室）

⑦ （清）鲍存良等编纂:《歙新馆鲍氏著存堂宗谱》卷二《家传》，第 21 上页。（藏于上海图书馆家谱收藏室）

⑧ 《富春曹氏宗谱》卷一《亲翁映青公传》。（藏于上海图书馆家谱收藏室）

⑨ 《富桐潘氏宗谱》《外舅邑庠生潘竹林先生传》。（藏于上海图书馆家谱收藏室）

⑩ 《富桐潘氏宗谱》《叔岳太学生潘聘仪公传》。（藏于上海图书馆家谱收藏室）

唯恐兄长独自经商过劳，即长遂弃儒而贾；[①]潘承镛十四岁后“悯父劳瘁，代肩家政”，便舍诗书而业商贾。[②] 此外，在同家族中也出现业儒和行贾不同路线的分配，曹承荣年二十岁时“即蜚声黉序，一时称文坛飞将”，备受时人期待，但曹承荣却以父兄皆以读书为业，家业无人打理，“不能复守书仓矣”，遂弃举子业而接理家政；[③]曹清杲则“兄以名列胶庠，正宜力学，以图寸进”，认为兄弟间应儒贾并进，便不再复守书仓，弃举子业，勷理家政。[④]

在读书的过程中，个人拥有突出的经商才能，同样也成为弃儒行贾的因素之一。查景“有经济才，自是争迎者恐后”，为此，查景则不复习举业；[⑤]曹炜廷十四岁后便受父亲嘱咐前往吴会间收债，收债之际却能“收人以为能”，父便委托其家政，于是便“束书不应试”；曹曰采虽熟读诗书，但其财务管理能力更受重视，十六岁时便遵父命“弃举子业，懋迁于金衢各郡”。[⑥] 基于弃儒就贾的众多因素，越来越多的徽州宗族子弟，不论是出自本意，还是迫不得已，皆加入徽商四处行贾的行列中。[⑦]

明朝中叶起徽州地区“出贾既多”已经成为普遍的趋势，业儒和行贾已经成为徽州人谋生的主要出路。最具代表性的便是徽州黟县西递村“笃敬堂”厅堂中的一副楹联——“读书好，营商好，效好便好；创业难，守成难，知难不难”，是清代胡氏徽商对于后世子孙在儒、贾路线之间选择的指导，还强调了获得“效益”的结果，对于如何取得效益的方法则是次要的。换句话说，不论

---

① 《休宁金氏宗谱》《家传四》。（藏于上海图书馆家谱收藏室）

② 《富桐潘氏宗谱》《姻翁潘成生府君传》。（藏于上海图书馆家谱收藏室）

③ 《富春曹氏宗谱》卷一《锡川公传》。（藏于上海图书馆家谱收藏室）

④ 《富春曹氏宗谱》卷一《岳父东垣公序》。（藏于上海图书馆家谱收藏室）

⑤ 《海宁查氏宗谱》卷十《志状》，第 38 上页。（藏于上海图书馆家谱收藏室）

⑥ 《富春曹氏宗谱》卷一《悦斋君传》。（藏于上海图书馆家谱收藏室）

⑦ 徽州宗族子弟弃儒经商的原因众多。王世华认为明清时期的徽州虽然弃儒从贾不乏其人，但并不表示他们不重视儒业，主要是因为“家遭变故，无以为生”“家少兄弟，代父服贾”和“屡蹶科场，仕途无望”等因素。最后认为绝大多数是迫不得已，而非为己愿，虽然被迫弃儒行贾的宗族子弟居多，但亦不可忽略也有主动选择经商的人。见王世华：《“左儒右贾”辨——明清徽州社会风尚的考察》，载《安徽师范大学学报（人文社会科学版）》，1991 年第 1 期。

宗族子弟是选择业儒抑或行贾，必须发挥自己最杰出的才能，为个人及宗族谋取最大的效益。

若选择业儒，却屡困于场屋，或仕途受挫而无法位居要津，那读书便不是最好的出路；反之，若选择经商，能利用有限的资本获取最大的资产，营商就是最好的选择。迥异于传统"士农工商"以商为末的价值观，徽州人选择正视个人才智背景，从实用性的角度出发去争取最适当的职业。

当大批徽州人跨越地域的限制外出经商，而以徽商之名著称于中国的商业舞台时，正是明朝社会经济突飞猛进剧烈变动的时期。自明朝中叶以降，商品经济的比重不断加大，而商品经济的高度发达促进了家庭手工业的发展、手工业内部的分工和农作物的商品化，行业之间的商业化与连锁关系更加密切。商品交易需求量的增加和市场腹地的扩大，使商人的足迹遍及全国，而徽商的经营活动范围尤广，"南则吴越，中则荆楚，北则燕都"，[①]"虽滇、黔、闽、粤、秦、燕、晋、豫贸迁无不至焉，淮、浙、楚、汉又其迩焉者矣"。[②] 俗谚中所谓"钻天洞庭遍地徽"[③]更是徽商行贾范围的最佳脚注。

三、黄金水道与商业活动——四大主干行业

随着工商业的繁荣、市镇数量与规模的不断扩大，中国东南地区被明清的统治者视为国家经济要区，徽州享有地近之便，无数徽州人投入资本与心力，东南地区成为徽商世代苦心经营的区域，特别是长江流域的转运贸易更是徽商独霸天下。沿长江一带的大小市镇就成为徽商的麇集之处，一向有"无徽不成镇"的谚语流传，而他们的经营活动不仅促进了长江流域的商品经济发展，而且带动了沿江周边城市的繁荣，与此同时，徽商自身也获得了为数可观的利润，逐渐积累起傲人的财富资本，其对徽商群体的发展具有重要的

---

① 傅衣凌：《明清时代商人及商业资本》，新店：谷风出版社，1986 年，第 80 页。

② 石国柱等修、许承尧纂：《（民国）歙县志》卷一《舆地志 · 风土》，台北：成文出版社，1975 年，第 149 页。

③ （明）冯梦龙：《醒世恒言》卷七《钱秀才错占凤凰俦》，台北：三民书局，2007 年，第 131 页。

帮助。[①]

明清时期社会商品经济渐趋繁盛，各行业间的交流也越趋频繁，行业内的细节分工也有显著的发展。江南地区[②]勃然兴起众多以商业和手工业为主的专业市镇，所以“大贾必踞都会”，而称得上都会的“则大之而为两京、江、浙、闽、广诸省，次之而为苏、松、淮、扬诸府”。[③] 这些城市不单是全国商业的中心，而且是手工业的中心、国内贸易的中心。又明中叶以后徽州商人日趋增多，而繁荣的江南市镇自然也成为徽商的逐利之所。

对于徽商而言，徽州多山的环境使其通过陆路外出经商成为一大挑战，但徽州与杭州之间拥有一条重要且驰名的“徽杭古道”，两地仅隔一天目山，古道西起安徽绩溪县渔川村，东至浙江临安市浙基田村，是联系徽杭之间重要的纽带。相对于陆路交通而言，徽州通往境外的水路更受商人的青睐。徽州境内水系主干新安江流域被称为徽商依赖的“黄金水道”，其他商人进入徽州或从饶州鄱、浮，或从浙省杭、严等地，皆与徽州壤地毗邻，利用新安江水路，溪流一线，商舟如叶，鱼贯尾衔，昼夜往来，川流不息。[④] 又沿新安江东下，下游即属钱塘江流域，无数徽商借由此条水路抵达杭州，杭州又为大运河的起讫点，由此更可转进江南各地，如苏州、扬州、南京等城市。杭州优越的转运位置和沟通河海的交通枢纽，徽商们自然不会忽略。杭州所属湖州市的钱塘江滨为多数徽商登岸之所，因此得名“徽州塘”的称号。[⑤] 徽商由此入杭

---

① 张海鹏、王廷元主编：《徽商研究》，合肥：安徽人民出版社，北京：人民出版社，2010年，第83页。

② 李伯重：《简论“江南地区”的界定》，载《中国社会经济史研究》1991年第1期。江南地区，以李伯重的界定区域，指明清的八府一州，包括今南京、镇江、常州、太仓、苏州、上海（松江）、杭州、嘉兴、湖州。

③ （明）张涛修、谢陛纂：《（万历）歙志》卷十《货殖二》。（藏于安徽大学徽学研究中心特藏室）

④ （清）方崇鼎、何应松等纂修：《（嘉庆）休宁县志》卷一《风俗》，台北：成文出版社，1985年，第165页。

⑤ （清）龚嘉俊修，李榕纂：《（民国）杭州府志》卷六《市镇》，台北：成文出版社，1974年，第317页。

贸易或转运的人口为数甚多，于是便吸引各行业的徽商聚集进驻，不少徽商也因经商而居留杭州。

明清时期杭州为一大城市。“杭于二浙为大州，物货丛居，行商往来”，[①]“商贾财货之聚，为列郡雄”，[②]“民物殷富”，[③]又居环太湖流域，“左带长江，右临湖曲”，[④]处江湖夹抱之间，“形势浩伟，生聚繁茂”，[⑤]属于中国东南江海重藩之区。据其位置优势，“枕带江海，远引瓯闽，近控吴越，商贾之所辐辏，舟航之所骈集”，[⑥]“有海陆之饶，珍异所聚，故商贾并凑”，[⑦]更与苏州并称江南两大都会，为“人物之都会，财富之奥区”。[⑧] 杭州所属的钱塘江水系为新安江下游地带，杭州城内有西湖水，北接大运河，大小河流流走于城内外，形成无数水道与外界相连，更促进杭州城内外诸市镇的经济发展。

从事经商的人口多，选择经营的行业项目更是不胜枚举。杭州是居处江南的大城市之一，市场需求相当可观，只要有利可图，举凡食、衣、住、行一切相关行业徽商皆涉足其间。近人陈去病曾言：“徽郡商业，盐、茶、木、质铺四者为大宗。茶叶六县皆产，木则婺源为盛，质铺几遍郡国，而盐商咸萃于淮

---

① (明)陈善等修：《(万历)杭州府志》卷七十四《风俗一》，台北：成文出版社，1983年，第1499页。

② 《(成化)杭州府志》，卷首夏时正序，转引自陈学文：《明清社会经济史研究》，台北：稻香出版社，1991年，第196页。

③ (清)龚嘉俊修、李榕纂：《(民国)杭州府志》卷四《形势》，台北：成文出版社，1974年，第293页。

④ (明)陈善等修：《(万历)杭州府志》卷十八《形胜》，台北：成文出版社，1983年，第1339页。

⑤ (明)陈善等修：《(万历)杭州府志》卷十八《形胜》，台北：成文出版社，1983年，第1340页。

⑥ (明)田汝成：《西湖游览志》卷二十四《浙江胜迹》，上海：上海古籍出版社，1980年，第285页。

⑦ (明)陈善等修：《(万历)杭州府志》卷七十四《风俗一》，台北：成文出版社，1983年，第1499页。

⑧ (明)陈善等修：《(万历)杭州府志》卷十八《形胜》，台北：成文出版社，1983年，第1339页。

浙。”[①]徽州方志亦谓“邑中商业以盐、典、茶、木为主”，[②]明确记载盐业、典当业、茶业、木业这四大行业为徽商众多经营行业中的四大重点项目。

四大行业为徽商撑起傲视明清商界的支柱，徽商为之投入了大量的资本和心血。这四种经营规模较大的行业牵动着徽商在明清时期的发展态势，也带动着其他行业的发展。徽商中四大行业行商坐贾遍及全国各地，相互帮衬发展，其中不乏财力雄厚的大商人。他们不仅结合为商帮组织，更因为在各行业中的活跃经营，使他们拥有相当重要的地位。杭州作为江南工商业发达和商品资源聚集的重要城市之一，商业竞争日趋白热化，在此情况下，杭州徽商依然在各自经营的行业中表现得极为亮眼，就连商场上竞争对手之一的龙游商人也承认，规模稍大的行业经营皆被徽州人占领。[③]

第二节　商业活动关系网络

一、宗族组织

自明朝中后期起，随着商品经济的多元化发展，商业竞争日趋激烈，如何在众多行业中占有一席之地成为商人的一大挑战。徽商外出经商往往选择投靠当地的同族亲友，彼此间相互提携，待得利后再将剩余的资金寄回原乡奉养家人。无数徽商子弟依循相似的模式，他们“先贫后富，缘其地发祥，因挈属不返”，[④]在客居地经商人数如滚雪球般越来越多，进而形成大小规模不一的经营模式。明末知名学者休宁人金声，对徽商此种经商历程，总结说：“夫两邑人以业贾，故挈其亲戚知交而与共事，以故一家得业，不独一家食焉

① 陈去病：《五石脂》，南京：江苏古籍出版社，1999 年，第 326 页。

② 石国柱等修、许承尧纂：《（民国）歙县志》卷一《舆地志 · 风土》，台北：成文出版社，1975 年，第 157 页。

③ 张海鹏、王廷元主编：《明清徽商资料选编》，合肥：黄山书社，1985 年，第 215 页。

④ 许承尧：《歙事闲谭》卷十八《歙风俗礼教考》，合肥：黄山书社，2001 年，第 606 页。

而已。其大者能活千家、百家，下亦至数十家、数家。”[①]

面对瞬息万变的经营活动，商人以一己薄弱之力不足以应变大规模的商业竞争，所以宗族组织在商业经营中便扮演着越来越重要的作用。唐力行曾对明清徽州家庭和宗族作了深入研究。他指出在商品经济的影响下，徽州逐渐走向小家庭—大宗族的结构。同居共财的家庭模式不断出现裂变，析财分居不仅可以减缓家庭内部的矛盾，更利于商业经营。兄弟分居析财后，可以选择独立经营或合资经营，同时将兄弟和族人间的子弟关系，转变成为商业伙伴或是老板和伙计间的关系，从而避免了大家庭中劳役和利益分配不均的现象，于宗族内部也能最大限度调动人的积极性。[②]

小家庭势单力薄，在与人打交道的过程中，往往处于弱势地位，因此需要一种能连结同姓同族的组织，依靠这个组织，可以协调亲族间的关系，加强彼此联系，互相帮助，进而团结合作，以形成一股对外的强大势力，使自己免于受他族轻侮乃至迫害，从而获得一个较安全而稳定的生活模式。[③] 徽商的商业经营与宗族势力息息相关，族中子弟为了生活而麇集在一起经商，图谋长远的发展。宗族组织不仅使徽商在商业资本和人力资源方面获得极大的后盾支持，还透过宗族势力进行商业竞争，建立贸易垄断，管理从商伙计和投靠政治政权。[④] 徽人经商首重盐业便为最典型的例子。盐商自开中折色法实施后逐渐兴起，凭借对于两淮、两浙商路的熟悉和位置的优越性，无数徽商子弟先后从事盐业经营，规模范围不断扩大，“邑之以盐策祭酒而甲于天下者，初则有黄氏，后则汪氏、吴氏，相递而起，皆由数十万以汰百万者”。[⑤] 通过方

---

① （明）金声：《金太史集》卷四《与歙令君书》，收入《故宫珍本丛刊》第529册，海口：海南出版社，2000年，第82页。

② 唐力行等：《苏州与徽州——16～20世纪两地互动与社会变迁的比较研究》，北京：商务印书馆，2007年，第53～68页。

③ 陈江：《明代中后期的江南社会与社会生活》，上海：上海社会科学院出版社，2006年，第69～70页。

④ 唐力行：《商人与中国近世社会》，台北：台湾商务印书馆，1997年，第76～91页。

⑤ （明）张涛、谢陛纂修：《（万历）歙志》卷十《货殖五》。

志的记载即可清楚发现，综理盐业者几乎皆来自某几个特定姓氏的宗族。

明末纲盐制的改革，更使徽商取得食盐销售的专卖权。纲盐制依据纲册为窝本，只有登录在纲册上的商人，每年按纲册行新引，并在政府指定地区销售食盐，否则无法从事盐业买卖。总商也称纲商，他们被政府赋予对一般盐商进行监督管理的权力。为了避免买卖纠纷与恶性竞争，由总商总编，依次轮流销售，同时也肩负盐商的盐课和各种杂费的缴纳。而围绕着总商的盐商们，几乎都是总商的宗族成员。自纲盐法的推行，一直持续到清朝道光中期改行票盐法为止，在这一长时间内，盐商们通过与政治势力的结合，获得食盐运销的权利以进行财富的累积，而这种专卖权的身份一旦取得，便可以长时间拥有。这种世袭的食盐贸易专卖特权，促使大批的徽商携家带眷、攀亲带故地投身于两淮、两浙的盐业市场，他们联合宗族势力进行区域性的商业垄断，取得资金和人力方面的优势，盐业成为徽商的支柱行业。

处于徽州商帮商业经营最基层的是各个商号，商号之上有总号。徽商初入商场时，营业规模较小，且多为父子、兄弟和叔侄间亲族合伙，但当事业有了一定规模后便无法仅凭个人或合伙者之力进行管理。为维持正常营运，需要招募聘用更多的帮手进入他们的事业体系中，当然这些帮手几乎都是徽商的宗族亲友。不论是从宗族家规还是祖先遗训里，皆可发现提携族中子弟的叮嘱，“族中子弟不能读书，又无田可耕，势不得不从事商贾，族众或提携之，或从他亲友处推荐之，令有恒业，可以糊口”；[①]“业无所就，令习治生理财”；[②]“至廿岁以后，能读书者读书，不能读书者，管生意、管家务皆是紧要之事”。[③]

商号中的管理阶层一般可以分为商人、代理人、副手、掌计和店伙学徒。商人便是出资者本人，也称为“东主”“东家”。代理人是受东主委托管理商号

---

① (清)吴翟辑撰:《茗洲吴氏家典》卷一《家规八十条》,合肥:黄山书社,2006 年,第 17 页。

② (清)吴翟辑撰:《茗洲吴氏家典》卷一《家规八十条》,合肥:黄山书社,2006 年,第 20 页。

③ (清)汪曾立纂修:《汪氏小宗谱》卷四《遗训》,光绪六年刻本,第二十上页。(藏于台北“故宫博物院”)

的人，类似经理人。副手是代理人的助手，负责管理掌计并肩负起与上层管理者之间的协调工作，同时也负责收集所有与营商相关的信息以及联络官府等事务。掌计则为各店铺的管理人员，负责出纳、销售、采购等相关业务。最后则是商铺里的伙计、雇工和学徒。[①] 徽商管理层级中的人员多来自宗族内部，受宗族组织血缘亲疏关系的影响。

在徽商从事的众多行业中，最能清楚体现出这种管理层级的当属典当业。徽商经营的典当业中人事组织和职务分配划分得甚为严格详细。从事徽州典当业的管理者众多，协助当铺日常营业的辅助和内务人员可以分成执事、司楼、正钱等和级别较低的学徒，此外还有厨房正灶和更夫等。人员的地位和待遇依其所分担的职责，层次分明：

> 执事八千四百、司楼七千、正钱饰五千、副钱饰三千。头柜三千二百、二柜三千、三柜三千、四柜三千、五柜二千八百。正现票二千二百、副写票两千、清票二千、捐包四人各两千。大学生一千四百、二学生一千二百、三学生一千、四五学生各八百、六七学生各七百、八九学生各六百、十学生五百、十一以下学生各四百。初进学生试用周年开俸四百。厨房正灶二千、副灶一千八。更夫一千五百，茶行一千五百。[②]

根据清朝杭州徽商所纂之《典业须知》[③]内所载，杭州典业人事分工，内部人员依其职能和称谓大致可分成四类。第一类为管理经理层级，总揽全权，称“执事者”和“司楼”。执事者又称为“大伙”，为一典中的核心人物，典内大小事物皆为其所管，东主多择老成持重、光明磊落之人担任此职。执事者

---

① 唐力行：《明清以来徽州区域社会经济研究》，合肥：安徽大学出版社，1999 年，第14～15 页。

② 《典业杂志·在同兴典规章十条中薪俸》，手抄本藏于安徽师范大学图书馆，转引自梅树平：《〈典业杂志〉的文献价值》，载《宿州教育学院学报》，2010 年第 1 期。

③ 杨联升辑：《典业须知》，载《食货月刊》复刊，1974 年第 1 卷第 4 期。《杭州典当业》，载政协杭州市委文史资料工作委员会编：《杭州文史资料》（第五辑），1985 年，第 159～161 页。

不仅为一典人员的表率,更需要立法严明使全典人员信服。司楼又称“二伙”,主要分管各类部门,尚可增设三伙和四伙。对于此职位者,东主多择老成练达、见多识广、有为者掌管。他们身负总理收货专司之责,是众多学生之领袖,做事平稳,不按自己喜怒而为,每日所收当之大宗衣件皮货均须检阅是否得当值,不可任听前柜,若有不值者,须削本或对前柜提出警告。对典内各学生于晚饭后,将逐日事件仔细教导,对于学生常规也多所拘管,每日得上楼巡察数次。各典内当属此二种职缺为大。执事者、司楼皆由东主亲自聘请,聘后也须设宴款待,宴前还专备请帖,赠送厚礼,以示尊重和信任。

第二类为典铺前柜人员,负责站柜收纳当品,称为“朝奉”。朝奉通常分为头、二、三、四柜,共四人,另可设帮柜一人。头柜属于前柜之大缺,为其他柜友的首领,东主多择眼色高和见识广者掌领。面对当物价值多寡须有所衡量,其一言定价,不容增减,若有不肖之徒寻衅滋扰或遇口角争端,皆照应言语平和,一切以全典大局为重。同柜诸友则以照顾生意为重,当物大小皆为生意,不可拣肥择精。身处当典柜台,是非所在,若不如外人当客之意,口角争端,在所难免,但仍戒血气之勇,若遇经官,不仅连累东主花费银钱,亦使同事不安。另有设帮柜一人,每天早起开大门,随同前柜站柜协助,负责写当票。当朝奉另谋他业时,东主亦须摆酒相送,以留后情。

第三类为保管人员,负责一柜的账务、出纳、文书和保管,通称“包房”。通常设三至四人,其中择一为包房头。另外还设有挂牌一人,专门负责当品编号,按物品挂上木牌为标记。其中卷包先生又称“二伙”,掌管储藏衣物、绸布、毛皮、铜锡器皿等当品重地,主要负责查点件数和货色是否相值,并学习练眼色,判定真假,以备上柜之用。对于各当品皆须细心保存处理,以免受潮发霉、虫咬鼠窃,造成东主之亏折。凡学徒进典按例要拜二伙为师,受二伙指挥。管首饰的先生又称“三伙”,负责掌管金银、首饰、珠宝和玉器等珍品,这些当品皆有专属当房收藏。如三伙不在,就由包房头亲自管理或指派最亲信的学徒看管。其责首要是鉴识珠宝、玉器等之真假,当值是否得宜,每件当品需逐一详细鉴识,恐前柜友遗漏疏失,若发现假当则立即通知柜友,以提防下次受害。管钱先生又称“四伙”，四伙负责经管全典的银钱经济出纳，故又称“内账”，先记账后发钱，为其管理之法，出入稽查，量入为出，谨慎用度，避免奢靡。若四伙不在，则须由三伙代理。此外，部分规模较大之典，还设有副楼和副事之二缺。此类职位属中缺之职，负责帮忙照管各大小事。副楼负责相互照应，上楼寻对象、晒皮货和出货等相关事情。副事则在内相帮，照应各事，看守银钱账房。

第四类则属学徒。徽商对于人才的职业培训相当重视，往往将族中子弟送往同宗族亲友的店内当学徒，以进行有系统的商业教育。学徒时间一般以三年为期限，期满留用或另就别业。择人而任，通常为商业上是否成功的重要条件，徽商仍以宗族子弟为首要信赖对象，故典业中的学徒几乎皆从东主、执事者、司楼、包房头和二伙等族中亲友子侄中物色，其用意在于培养接班人。学徒通常十几岁便进店学习，其后论资而提升，依序学习升级：先到包房管包，随之上柜写票，后升为站柜。从学徒一路升到头柜朝奉，往往历经数十年的学习，故经验丰富，甚少出现重大失误。

四类之外尚设有厨房上灶和打更司务。厨房内除正灶外，通常另设有副灶一人，负责全典的三餐事宜。打更司务主职在于夜间照应门户，巡查各房灯火，收更迟到和打盹睡觉均为忌讳，日间睡以中饭为度，即行起来协助典内打杂做事。此类职位者皆由执事者和司楼协商选用。

当徽商面对日益激烈的商业竞争时，他们无论到何地经商，首先便是借助同宗族的关系网络来帮助自己起家发展，待事业有成自然而然又会成为族中亲友子弟所欲依靠的对象。对外，徽商在各行业中善用宗族势力进行区域性垄断，便于同其他商帮一同展开商业竞争。对内则透过宗族血缘网络，获得稳定、充足的商业资本和人力资源，发展出强大的凝聚力，提高了徽商本身的商业竞争力。确如唐力行所言，借助宗族血缘组织参与商业竞争，是中国近世商人的一个显著特征。①

---

① 唐力行：《商人与中国近世社会》，台北：台湾商务印书馆，1997年，第91页。

二、地缘和业缘组织——以杭州徽商木业公所为例

杭州城南出候潮门外，南至钱塘江边，沿塘岸东自秋涛宫起，西讫闸口止，即所谓“十里江塘”。[①] 借钱塘江与运河之利，江边舟楫如织，货运繁盛，十里江塘因为沙面开阔，成为杭州地区木材最理想的集中堆放点，更因为水陆畅通，吞吐便利，遂形成江干的木材市场和各省木商聚集之处。以木材贸易作为支柱性行业的徽州商人，自然也涉足其中。关于杭州的徽州木商在木材贸易的收购、运输和销售等相关方面的内容，于前文已多有论述。而当徽州木商历经千辛万苦，长途运木至杭州，除了需要面对越来越多来自各帮木商的利益竞争和商业纠纷外，还要与官府交涉事务。徽州木商为维护商业利益和增强自身商业竞争的能力，遂成立了徽商木业公所。

在杭州的徽商木业公所，虽属业缘组织，但仍兼有地缘组织的特征，其公所成员仅限于经营木材业的徽州同乡，代表着皖南六县的木商组织，由乾隆朝婺源商人江扬言所建立。位于杭州候潮门外的徽国文公祠，即为杭州木业徽商的同业组织——徽商木业公所的所在地。后来江扬言之子江来喜又在江干购置沙地，“上至闸口，下至秋涛宫，共计 3 690 余亩”，供徽州木商堆放木材和储货交易之用，其他省份的木商不可过问和使用。此举对于在杭州经营木业的徽商而言十分重要，“无公所，事无以叙，无沙地，排无以安”。[②]

候潮门外，上至闸口，下至秋涛宫，共计 3 690 余亩的沙地，本意在于使徽州木商运木至杭时，木排得以“堆贮、拆卸、挖塘、抵关抽验供课，以免飘失”，但却与杭州当地百姓掀起沙地归属权的纠纷。乾隆四十九年（1784年），徽州木商向地方政府投诉，称当地百姓擅自占据沙地加以开垦，阻碍南关课木：“沙地俱被民人报佃筑垦，阻碍课木，环吁迅赐禁垦，商课两益。”公所随即提起诉讼官司，以确认此块数千亩钱江沙地的归属权。

---

① 陈瑞芝口述：《杭州木材业的内幕》，收入浙江省政协文史资料委员会编：《浙江文史集粹·经济卷》（下册），杭州：浙江人民出版社，1996 年，第 133 页。

② 《徽商公所征信录·序》，第 1 上页。

乾隆五十五年(1790年),徽州木商终于获得沙地归属权的胜诉。自闸口至秋涛宫沿钱塘江一带的沙地,为木商起运木排必经之路,“虽经留有车路,终于运木有碍,所有堆木逼近江边,设遇水势泛溢,不无漂没之虞。并恐地界毗连,仍致损田禾,日后复多争端,是此处沙地全为关木堆贮之要路。今以百余两之地粮竞误数万金之关税,核计课额增减悬殊,自应统归木商全行管理。所有新升课银,即令该商永远承纳,照额推收过户”。[①] 从此案判中明确可见,政府因为数万金的关税利益而给予木商最有利的判决,但也不忘将百余两的地粮转由木商缴纳。

此外,对于钱塘江千亩沙地的归属和使用权力,政府也一并详细地予以说明,虽然沙地归属木商,但商人不可私自使用,“复行租取各种,以及建盖房舍等情,虽取拢簰堆木之便,并能普济各商起运诸货之需。该处续有沙涨亦不许人开垦,永远勒石遵行,庶与关政有益而于升粮无缺矣”,[②]“钱江一带沙地,永归木商取便堆木,通运各货,永不复升垦种盖造房屋,纵有新涨水沙,亦不许报升垦种。如有牙脚人等搭造柴场牛舍,许木商指名具控,以凭严拿”。[③] 透过此案例可以清楚了解沙地对于木商的重要性,木排的堆放储存、起货转运和验关交易等都以沙地为场所来运作,而木商在取得沙地的过程中,势必会与地方势力有所冲突,若不成立行业组织,单凭一己之力无法顺利解决这些争端。

徽州木商除了要解决钱塘江边的沙地问题外,尚需应对木排运送途中可能会遭遇的灾害。徽商于冬季砍木,候至来年五六月梅雨季节来临、江水高涨时,再利用新安江运送木材顺势东下直至杭州,沿途木材被水冲坏,遭近畔村民捡拾捞取,木商再备价赎回以酬其劳之事,时常有之。但光绪二十八年(1902年)春夏二季,木商所运之木排在歙、休二县“河中冲散甚多,近河村坊捞获漂木者,董等往取,因被土棍从中把持,措不与赎,将木截改藏匿,前向理

① 《徽商公所征信录》,第5上页。
② 《徽商公所征信录》,第6上页。
③ 《徽商公所征信录》,第8上页。

阻，持械逞凶”。[①] 为减少木商身家财产的损失，木商公所的董事们欲前去备价赎回，无奈却被当地土棍从中把持勒索，更持械逞凶。木业公所遂呈请歙、休二县的地方政府，以公权力介入处理纠纷。

光绪二十八年(1902 年)歙县正堂特地为此颁发“徽河取树告示”，给示谕禁中清楚揭示：“沿河各保居民诸色人等一体知悉，嗣后倘有水冲木植漂至各村河边，随时代为捞取收存，听候木商照章备价取赎，惟不得居奇勒索，亦不准将木截裁藏匿。如敢故违，一经察觉或被告发，定即提案，从严惩办，勿谓言之不预也。”[②]同时也再次重申同治十年(1871 年)浙江府所批定的坏木取赎价格：“正木每根酬英洋三分，尖木每根酬英洋一分。”[③]如此对于受灾害的木商，不至于身家尽归乌有，对于近河地区捞取被水冲坏木材的居民而言，亦不无裨益。

光绪二十九年(1903 年)休宁县正堂在其所发布的给示晓谕中，对于木商长途运送木材的劳苦则有更详细的描述：“徽木一货，在山办做，山险难搬。由河开行，河险难放。千山万水，经年累月，逢卡捐厘，运到浙江。山河之水易涨易退，长则洪水骤至，退则石壁干滩，每多搁在河中不在开放，一被水冲及分漂去，木本折耗，虚苦难言，事常有之。”[④]面对木业公所的呈请，歙、休二县地方政府为体商艰，颁发告示，利用官府权力重申坏木取赎价格，以保商本而杜争端，使木业商人得以在长途贩运的过程中顺利营运。

而当徽商将木排长途运至杭州，于江干售出后，必须由钱塘江外转运至杭州城内河，后分销各地。但杭州狭隘的内河，致使徽商转运木排时与其他行业的船只时有纠纷。面对徽商运木于内河通行阻滞的问题，木商公所董事向官府提出呈请具诉，认为“狭隘内河即非运木之日，亦有阻滞之时。每逢开载日期，木排不能实时撑放者，皆由货船拦截前。如能让开河路一条，则排可

① 《徽商公所征信录》，第 21 页。
② 《徽商公所征信录》，第 19 下页。
③ 《徽商公所征信录》，第 19 上页。
④ 《徽商公所征信录》，第 20 下页。

通行，凡排通行后，一往无回，船则交错无休，是排有碍于船者不过一日、两日，而船有碍于排者时常如是”。[①] 更直指木业同为国课大宗，必求两无所碍，方为尽善。

地方官府为处理内河的航运纠纷，首先对于木排开载转运的日期和规格皆有所规定，客路木排“定例按三、六、九拕装，通以十二场为限”，城中、城隅各木行及零星小贩木排“定每月逢一、逢八日，日期拕装不可以客路木排同日拥挤”，又内河运行的木排必须扎挟长式，“不准扎成阔排，免至一路碰撞阻滞”，且省城中木行运货到埠，应随时起办不准久停。其次，规定货船与木排的航行方向以船东木西为主，“凡运木日期，货船不得拦截横行，并不准轻船重载及中途逗留斜泊致碍水道”，又“南星桥下东首横河二条，系木排进抽分厂咽喉要到繁往来船只，不准在该处停留，庶免阻塞”。[②] 然为避免航运纠纷迭起，官府虽已订立章程，仍不断晓谕申禁，船东木西，各分各界“不准船排交错。倘船只向西，咎在船户；木排向东，咎在排夫。嗣后水道东西倘或混淆，严查提究”。[③]

此外，章程中也提及若遇潮汛极险之时，“有浮泊外江之木，无处堆仓者，木商资本所关一面，禀报本分府派役督令人夫，应准破拕入内河以避潮险”。[④] 此举无疑是使木排拕运又多了一项保障，木商在杭州的经营活动也愈加顺畅。

徽州木商在杭州经营木业，除了上述在木排长途运输、转运路线和选择堆放地点的过程中劳费心力外，在内河装排运输所需坝夫、排夫之间的雇佣纠纷也是木商要面临的问题。当木商将销售木材由外江拕入内河时，即需要雇用坝夫为之拕塘，杭州城南望江门外的永昌坝，为当时拕塘入河的重要出入口。永昌坝每日拕塘出排木材数有 120 甲，若遇无水之时也会雇人将木材

---

① 《徽商公所征信录》，第 22 上页。

② 《徽商公所征信录》，第 13 页。

③ 《徽商公所征信录》，第 16 上页。

④ 《徽商公所征信录》，第 13 上页。

一同拽出,按常年惯例总以不能少于此数。但“近来永昌坝每日出排不过数十甲,无水之时非特不肯添雇人手,而且坝夫远近旁观,一甲不出”,坝夫头儿以消极的罢工方式向各木商要挟,把持勒索。虽官府早前在内河章程中即有明规,“永昌坝运木责成坝夫头多派人夫,不准少有停积,如遇货旺之时,不准借端刁难,致干提究”,[①]坝夫头儿却置若罔闻。木材销售不耐如此蹉跎,致使木商不堪其扰,再次通过官府期请解决。光绪二十八年(1902 年)督理浙江杭州盐粮水利总巡分府的晓谕申禁事规条中,重申严令“坝夫头把持勒索,惯成积习其目无法纪,实勘痛恨。嗣后该坝夫头倘不知改悔,仍有前向情弊,立即扭送或禀候锁提,候讯明属实即送县管押,将该坝夫头另行更换,以昭惩儆”。[②]

当外江之木拕入内河时,尚需要雇用排夫装运。将拕入木材随装随撑,不至阻碍水道。这些排夫多集居在望江门外,拉帮结派各有领头者,称为“装排头儿”。[③] 对于木排运输,他们在水上操作均有特长,又熟悉下河水道,雇主则需按日依照定额给酬。为取得更丰厚的报酬,排夫在内河往往将木排停滞不撑,阻滞河道,且一经诘责,便推诿给行家,托称因木价未清,欲扣留候价,不便放行等。此外,排夫更与坝夫联为一气,怠工延迟,“喜于坝底前排停积,后排停止不能先行,任意嬉游,遂成锢习”。面对木材内河装排的种种陋习,官府也同样严令申明,嗣后“小贩木排如果木价未清,不准拕下塘河,既以下河即当驱逐,迅速撑行不得借端停滞。倘若故违先提排夫讯责”,“排夫倘与坝夫头通同设计木排搁滞,查出一并提讯。或排夫于半途逗留,任催罔应,立即扭送。候讯明属实重惩治,一并送县管押。准许卖客另雇排夫撑运,庶几挽回把持积弊。”[④]

《徽商公所征信录》“代收沙粮、木捕”的总目表中有同义兴、同茂兴、江同

① 《徽商公所征信录》,第 14 上页。

② 《徽商公所征信录》,第 16 下页。

③ 陈瑞芝:《杭州木材业的内幕》,收入浙江省政协文史资料委员会编:《浙江文史集粹·经济卷》(下册),杭州:浙江人民出版社,1996 年,第 159 页。

④ 《徽商公所征信录》,第 17 上页。

和、德昌隆、巽记、同懋、吴同大、裕大、同利兴、隆记、同日升、同福兴和生记等13个代表木行金钱收支往来的细目账册，共登记347条账目，捐款木客多达215家。其中的124家由27种姓氏的木客所组成（见表2-1），以汪、詹两姓为多，占木客总家数的35%，其余的91家则以商号的形式登记。由此可知，徽州木商在杭州木材市场中投资经营的人数众多，但同时也侧面显示在杭州经营木业的徽商家族，以汪、詹、程、王四姓为大宗。

表2-1 《徽商公所征信录》"代收沙粮、木捕"姓氏总目表

木客姓氏	汪	詹	程、王	江	吴	洪	张	胡、朱、周、戴	方、贾、宋、姚	查、庄、曹、叶、徐、谢、余、罗、韩、邱、许
所占家数	23	20	各14	7	6	5	4	各3	各2	各1

朱熹为明清徽州的精神象征，"我新安为朱子桑梓之邦，则宜读朱子之书，服朱子之教，秉朱子之礼，以邹鲁之风自持，而以邹鲁之风传之若子孙"。[①] 徽国公朱熹的言行思想几乎成为徽商经商乃至宗族治理的圭臬，深深影响着徽州人，理所当然也就成为他们共同祭祀的对象。杭州的徽商木业公所同时也是徽国文公祠，公所的凡例规定："每年九月十五日乃先贤朱子生辰，公所当办香烛贡献，虔诚礼拜。"[②]综此可知，徽商木业公所虽属一业缘组织，兼具有地缘组织特征，但徽商聚族而生的传统观念仍呈现在杭州木材业中，故木业公所也具有浓厚的血缘宗族特色。

对于木商公所董事一职的选用办法和职权，《徽商公所征信录》的《凡例》中皆有明文规定。董事的品格言行为第一要务，选举董事"必择人品端方，先具知单，各书可字为定"。董事的任期则是三年一换，以防日久生变，"三年期满，董事先行邀集众商，交明账据，洁身而退。如人品端方，账目清晰，众商力求续理者听"。故董事为三年一选，若"人品端方，账目清晰"，获公所众商支援者得连选连任。

公所的经费收入以沙粮和木捕之捐为两大主要来源，"山客沙粮捐向章

---

① （清）吴翟辑撰：《茗洲吴氏家典·序》，合肥：黄山书社，2006年，第3页。
② 《徽商公所征信录》，第1上页。

树价每百洋三钱柒分伍厘，木捕捐每百洋壹钱”，由各木行扣除各自营收开销后，必须“递年如数交进公所，以敷公用，毋得照前拖欠”。[①] 每年正月初六日则定为缴纳之日，各木行将上年代收山客沙粮、木捕捐清单交入公所，以便核对，公所则须备酒席以款待各木行。而掌管公所的开销收支则是董事会的重要职责，每年五月下旬开始，董事便在各木商中延请善书算者，经多人审计查明后，誊清刊行征信录。

每年六月初一，为公所的常年大会。众商咸集，“各宜于朱子神前焚香礼拜”，[②]然后董事会照例向大会报告所内会务，查核众账，然后评论是非。每年大会公所皆备盛席款待，各木商除了可以清楚了解公所的会务，增进凝聚力之外，木商间还借此得以交换行情和联系情谊。

除以掌管公所开销收支外，管理木捕和沙粮查数之人也为各董事的职责所在。沙粮查数之人，“由董事另托，必须逐日查明，毋得遗漏”，木捕则“必须日夜巡查，倘有偷懒嬉游，有名无实，由董事辞出，得钱卖放者议罚”。而各董事的薪水，皆有定额，每年不得透支。公所另设有“董事轿金”，当董事们为公所正事进衙赴会，与官府交涉时，得以开支请款，“无谓酬应，各董事毋得开支公所”。若遇木商间有纷争等事，“董事秉公排解，毋得怀私袒护”，“木帮有事托排解，当遣舆相请”。而修理公所支出达“洋拾元上者，各匠工价必要邀集众商同议，毋得一人揽权，开支过分”，需添置购买物件，董事会必与众行商酌议，可省宜省，不得过度浪费，且公所内所置各件必须注册存所，以备后查。公所每年的开销收支，“倘有多余，则存庄生殖”。[③]

对于同乡、族木商的慈善、救灾等义举，公所也不遗余力地积极参与设置，以期使木商拥有更妥善的保障。每年十月初一，公所内便会举行盂兰会以赈孤魂，又规定“山客捐助旅榇厝所，向章树价每百洋壹钱伍分。由各木行抽除交进惟善堂收用，毋得短少”。若遇木材运输旺季，杭州外江又逢大潮，

---

① 《徽商公所征信录》，第 2 下页。

② 《徽商公所征信录》，第 1 下页。

③ 《徽商公所征信录》，第 2 上～3 下页。

木商所运之木排未能及时在官府规定三、六、九日挖装开载时,为免木排冲散漂泊江心,公所可为此发放"救灾筹"。杭州盐粮水利总巡分府给予公所自行发放"救灾筹"之权,公所平日自行随时查看情形,"若风狂潮涌,即发此筹以救之",协助受灾木商将木排挖运入河避难,如木排过多,"内河不能尽容,必须租地暂时起岸堆积,随行陆续扎排,分运庶于水道无碍"。公所尚需一面发筹救灾,一面向分府署禀报备案,"限三日缴筹,过期议罚,不得借口于忽忙,迟至次日补禀"。[①]

徽商木业公所的成立,是为了确保徽商在杭州的木材经营得以正常顺利地开展。借由前文所述得知,徽商面对木材自原产区长途运输过程、木排抵杭后的堆放地点、杭州城内河装排转运路线和雇佣纠纷等种种问题,以董事会为代表,通过公所一致团结对外,实现了维护自身商业利益和扩增行业竞争能力的目的。这些公所董事多捐有功名,[②]因此便于与官府交涉,从而取得对木商更有利的判决。对内,公所借由董事会解决众木商间的内部纠纷,加强宗族、乡族间的凝聚力,也让他们的地域结合更加牢固。总之,在明清时期商品经济高度发展之下,行会、公所等业缘组织的产生是极为重要的,他们集合最大程度的人力、物力来调节共同的利益,对市场需求进行正确的预测和判断,并积极调动商帮投入到更大规模和更长距离的商业经营活动中。[③]

---

① 《徽商公所征信录》,第17下~18上页。

② 《徽商公所征信录》,第18上页。载有光绪二十八年木商公所董事名单,五品衔浙江补用知县余家鼎、江苏候补通判许钺、江苏候补知县江仁组、指分浙江知县江家瑞和补用知县戴茂椿等。

③ 唐力行:《商人与中国近世社会》,北京:商务印书馆,2003年,第98~99页。徽州木商在杭州的相关经营活动,亦可参考唐力行:《商人与中国近世社会》,北京:商务印书馆,2003年,第98~107页;《明清以来徽州区域社会经济研究》,合肥:安徽大学出版社,1999年,第174~189页;《明清徽州木商考》,载《学术界》,1991年第2期。

第三节　商业知识与学徒传承

一、徽商与商书

明朝中叶起，在商品经济的推波助澜之下，社会呈现出经济多元化发展和区域市镇蓬勃兴起的景象。传统农村从以往自给自足，逐渐转向以市场需求为导向的生产方式，在比较利益原则的影响下，农民选择对自己较有利的经济作物进行大量种植销售，或兼营各项手工副业，促使区域农产品生产迈向专业化轨道，与之相应而起的便是各地工商业市镇蓬勃兴起。这些星罗棋布的专业市镇发挥着商品集散的作用，大小不一的城市和市镇彼此间相互依存发展，不仅加强了区域市场间的经济分工与合作，也促使区域市场和全国市场间的整合，进而形成一个有机的商业网络。

在区域市场经济分工网络中，长途贸易成为相当重要的获利方式，而明清徽商在经商的过程中，也将出外贩运列为其首要的经商方式，[①]“良贾急趣利而善逐时，非转毂四方不可”。[②] 又随着商业贸易的兴盛，较之以往，不论是行商还是坐贾，都对商业经营管理的知识需求量大增，各种商业类书籍便应运而生。它们满足经商的实际需要，归结出各种商业知识和行商经验，以期能帮助商人预防或解决在经商过程中所遇到的难题。

《一统路程图记》一书于隆庆四年(1570年)由徽商黄汴纂写而成。作者黄汴于序文中提及：“余家徽郡万山之中，不通行旅，不谙图籍，土狭人稠，业多为商。”他弱冠时随父兄长途经商，“是年，河冰彻底，乃就陆行，自兖至徐，归心迫切，前路渺茫，苦于询问，乃惕然兴感，恐天下之人如余之厄于歧路者

① (明)张涛、谢升纂修：《(万历)歙志》卷十《货殖四》：“一曰走贩，即太史公之所谓周流者也；二曰团积，即太史公之所谓废著者也；三曰开张，即太史公之所谓陈椽者也；四曰质剂，即太史公之所谓子母钱者也；五曰回易，即太史公之所谓以所多易所鲜者也。”

② (明)汪道昆：《太函集》卷十四《潘次公夫妇九十寿序》，合肥：黄山书社，2004年，第299页。

多也”。他亲身经历过当遭逢阻难之时无人可问、无书可查的迷茫困境，为免商旅重蹈覆辙，遂穷其毕生经商见闻，汇整所集之路程图引，考察异同，反复校勘，撰写成书，于是“道路之远近，山川之险夷，即风波盗贼之有无，靡不洞其纤悉，九州岛地域在指掌间矣”。[①] 苏州人吴岫于此书的后序中强调《一统路程图记》对商旅的实用性：“商贾得之，可知风俗利害。入境知禁，涉方审直，万里在一目之中，大为天下利益，实世有用之书”。[②]

《士商类要》一书由同为徽州商人的程春宇于天启六年(1626年)编辑而成。从歙人方一桂为之所作的序言中可知，作者程春宇甫成童而服贾，“车尘马迹，几遍中原，故土俗之淳漓，山河之险易，舟车辐辏之处，货物生殖之区，皆其目中所阅历。至于天文、世代、古迹、遗墟，又悉心推测访求，或得诸故老之传闻，或按残篇之纪载，旁搜广摭，不啻若铁网取珊瑚，靡所漏佚”。[③] 长年外出经商的所见所闻和搜罗访求而来的事闻，为他积累了许多丰富的编辑素材，遂于晚年取其生平所睹记，汇编为《士商类要》一书。

就明清各类商书的内容来看，大体可以分为三种类型：第一类是专门记载各地水陆路程的图记，如《一统路程图记》可为其代表；第二类是专门记载为商之道和经商经验的商书，如《新刻天下四民便览三台万用正宗·商旅门》和《商贾便览》可为其代表；第三类则是汇集前面二类，兼有商业路线和经商规范，如《士商类要》可为其代表。[④] 随着明清商书得以公开出版，示知世人，不仅反映出当时社会经商、行商风气之盛以及社会对商业的普遍认可，还说明这一时期的商人已开始重视商业知识的累积和传播，并对子弟生徒进行商

---

① (明)黄汴：《一统路程图记》，收入杨正泰：《明代驿站考》(增订本)，上海：上海古籍出版社，2006年，第199页。

② (明)黄汴：《一统路程图记》，收入杨正泰：《明代驿站考》(增订本)，上海：上海古籍出版社，2006年，第292页。

③ (明)程春宇辑：《士商类要》，收入杨正泰：《明代驿站考》(增订本)，上海：上海古籍出版社，2006年，第299页。

④ 张海英：《明清社会变迁与商人意识形态——以明清商书为中心》，见《复旦史学集刊》第一辑《古代中国：传统与变革》，上海：复旦大学出版社，2005年，第145～165页。杨正泰：《明代驿站考》(增订本)，上海：上海古籍出版社，2006年，第296页。

贾职业的教育。[①]

徽商重视并极力普及商业知识、技能教育。在以长途贸易为主的经商活动中,商人必须掌握全国水陆交通路线。熟悉各省水陆路程,使徽商在商品运输过程中往往事半功倍,从而减少运输成本和时间。占候四时风云、选择交通工具、雇用船只脚夫、码头买卖、关税要阙和辨认牙行经纪等经验,也是商人必备之技能,可以降低在行旅中遭遇天灾人祸的风险。区域市场经济背景下,各省商品流通渠道和市场分布知识更是行商之关键,透过商书得以知晓各省节气物产,识别商品的好坏优劣,了解市场商情,审时度势,把握时机,从而为商业经营提供决策支持。

这些商书关于坐贾开铺方面,店铺的选址区位、位置地价和建筑规模等都有所说明,甚至对因人授事、量能论俸、固守本业、量入制出等经营管理章法也多有说明。此外,经商须具备的基本技能如货币鉴别、度量衡法、应酬书信和算法口诀等皆详细编写,以便商贾查找练习。[②] 这些以经商实际需求编写而成的商书,使经商的知识和经验得以积累传承,更成为对后辈子弟进行商业教育的最佳模板。[③]

在徽商所经营的盐、典、茶、木四大支柱性行业中,典当业商人大多以休宁人居多,"治典者亦惟休称能,凡典肆无不有休人者,以专业易精也",[④]这不仅显示从事典当业的商人有明显的地域性倾向或家族世代经营的特色,更说明并非单单挟有巨资即能开典,尚须具备各种专业知识与经验方可胜任。

---

① 张海英:《从商书看清代商业知识的传授——以〈生意世事初阶〉、〈贸易须知〉、〈生意经络〉的印刊变化为个案》,收入故宫博物院、国家清史编纂委员编:《故宫博物院八十华诞暨国际清史学术研讨会论文集》,北京:紫禁城出版社,2006 年,第 356～361 页。

② (清)吴中孚:《商贾便览》,六集八卷本。

③ 陈学文:《明清时期商业书及商人书之研究》,台北:洪叶文化事业有限公司,1997 年。李琳琦:《明清徽州商业社会中的教育特色》,载《华东师范大学学报》(教育科学版),2003 年第 1 期。

④ 许承尧:《歙事闲谭》卷十八《歙风俗礼教考》,合肥:黄山书社,2001 年,第 603 页。

二、徽商的学徒教育——清代杭州典当业

徽州当地俗谚有云:“前世不修,生在徽州,十三四岁,往外一丢。”“中人之家,子弟踰十龄辄学贾于外。”“童子垂髫有离父母,从乡人走数千里外自营生活。”[①]徽州子弟小小年纪即踏上离乡背井之路,走出家乡去当学徒,去接受各种磨炼,学习做生意。身为安徽绩溪人的近代学者胡适,也曾提及“我们徽州人通常在十一二三岁时便到城市里去学生意,最初多半是在自家长辈或亲戚的店铺里当学徒”。[②] 徽州人在能独当一面正式经商之前,大多经历了一个作为学徒培训的学习阶段。

在学徒子弟的品格养成、商业伦理的教导和专业知识的训练等教育方面,徽商更是不遗余力。以“生意之中为上顶”[③]的典当业为例,学习如何“识货”是从事典当业必备的条件。来自四面八方的当物种类繁多,上自达官贵人的朝衣蟒袍、文武补服,下至平民百姓的裙袄裤褂,甚至是各类日用杂货、地方土产、皮货织品、珠宝玉器、金银首饰、名人字画和古玩礼器等。面对琳琅满目的典当对象,重在“看物之真假,辨物之时古,评物之高低,知物之土产地道成全制造”,[④]必须把握其产地、特征、规格、质量、时价和成色等,然后作出准确的判断。这实非易事,非经专业训练,不是见多识广,是断然不能胜任的。[⑤] 就连典业中人也直言“谋一典业,大非容易,真如登天之难”。[⑥]

---

① (清)刘汝骥:《陶甓公牍》卷十二《法制》,见《官箴书集成》第十册,合肥:黄山书社,1997年,第579、592页。

② 胡适口述、唐德刚译注:《胡适口述自传》,台北:远流出版公司,2010年,第22页。

③ 在一部徽州商业启蒙读物《日平常》中有言:“开典当,真个稳,获得利兮容得本,估值当去无账赊,生意之中为上顶”。王振忠:《徽州社会文化史探微:新发现的16~20世纪民间档案文书研究》,上海:上海社会科学院出版社,2002年,第344~345页。王振忠:《徽州人编纂的一部商业启蒙书——〈日平常〉抄本》,载《史学月刊》,2002年第2期。

④ 齐思整理:《当行杂记》,收入中国社会科学院近代史研究所近代史资料编辑室编:《近代史资料》(总71号),北京:中国社会科学出版社,1988年,第88页。

⑤ 范金民、夏维中:《明清徽州典商述略》,收入安徽大学徽学研究中心编:《徽学》(第二卷),合肥:安徽大学出版社,2002年,第133页。

⑥ 杨联升辑:《典业须知》,载《食货月刊复刊》,1974年第1卷第4期,第232页。

徽商典业教育中，除了师徒之间的口授心传外，就经营典当业的专业抄本来看，大致上可分成两种类型：一类是专门记载典当业务中技术层面的专业知识和具体操作的著作；另一类则是既包括经营典业的专业知识，也涉及典铺经营管理的综合性著作。[①] 在《中国古代当铺鉴定秘籍》和《近代史资料(总71号)》所收录刊载之书中，除《当谱集·当行论说》《当行杂记·当行论》和《典务必要·幼学须知》少部分提及当铺管理和学徒教育外，其余皆属技术方面的专业知识教育(见表2-2)。[②] 综合性著作中，则以《典业须知》为代表，其作者为徽州人，出身典业世家，曾于南京开设典铺，晚年应友人之邀协办杭州新安惟善堂事务，为江南一带徽州典当业界的耆宿。关于清代徽州典当业运作的记载，该书可谓是最系统且内容丰富的一份商业抄本。[③]

---

① 王振忠：《清代江南徽州典当商的经营文化——哈佛燕京图书馆所藏典当秘籍四种研究》，载刘东主编：《中国学术》(第25辑)，北京：商务印书馆，2009年，第60～100页。郑小娟、周宇：《15—18世纪的徽州典当商人》，天津：天津古籍出版社，2010年，第169页。

② 《当谱集》《成家宝书》《当谱》《论皮衣粗细毛法》《定论珍珠价品宝石沆头》，收入国家图书馆汇编：《中国古代当铺鉴定秘籍》(清钞本)，北京：全国图书馆文献缩微复制中心，2001年。齐思整理：《当行杂记》，丁红整理：《典务必要》，收入中国社会科学院近代史研究所近代史资料编辑室编：《近代史资料》(总71号)，北京：中国社会科学出版社，1988年。

③ 作者生平经历据《典业须知》所载可推知。《典业须知录序》言："吾家习典业，至予数传矣。自愧碌碌庸才，虚延岁月。兹承友人，邀办惟善堂事，于身闲静坐时，追思往昔，寡过未能，欲盖前愆，思补乏术。因拟典业糟蹋情由，汇成一册，以劝将来。不敢自以为是，质诸同人，佥以为可，并愿堂中助资刊印，分送各典，使习业后辈，人人案头，藏置一本，得暇熟玩，或当有观感兴起者，则此册未始无小补云尔。"该序下有"浙江新安惟善堂识"，见第231页。作者又描述"金陵为繁华之地，近日学生习气，专以好吃好穿为务，银钱不知艰难"，见第238页。于行文中也提及"我新安一府六邑""吾乡风俗""吾乡俗语"等字句，见第231～232页。范金民、夏维中：《明清徽州典商述略》，收入安徽大学徽学研究中心编：《徽学》(第二卷)，合肥：安徽大学出版社，2002年，第134页。王振忠：《清代江南徽州典当商的经营文化——哈佛燕京图书馆所藏典当秘籍四种研究》，载刘东主编：《中国学术》(第25辑)，北京：商务印书馆，2009年，第60～100页。

表 2-2 典业相关用书抄本文献内容总览表

抄本书名	记载类目
《当谱集》	自序、当行论说、每张之数、每件用皮数、布数、皮类、古磁有五大窑、普天下四大洲所出之物、论珠规格、看镀金规类、看洋钱规各类、看金规式、银色异名、辨银名色等类、断银程色歌、宝石类、玉器类、论绣蟒袍朝元类、布帛等类、素缎类、珊瑚佛头价银、玛瑙数、看铜锡类、土产于洋哩。
《成家宝书》	皮货细毛各色、金银铜铁钢锡铅之出处、羽毛广类、看皮臊地道规则、珠石评论规则、各省绸缎、看锡规则、绸缎出处、宝石广类。
《当谱》	珠石评论、绸缎出处、毡绒毾羽毛等物、皮张价目、皮货细毛地道规则、皮货细毛各色锡铅亦有次第、金银铜铁锡铅之出处、玉器规则名色、各省府州县镇市所出之物、羽毛广类、木类。
《论皮衣粗细毛法》	狐类、貂类、豹类、鼠类、兔类、獐子、羽毛、红铜、锡、衣料用皮、金器。
《定论珍珠价品宝石沆头》	精式、湖珠名、宝石名附、蕃石、珠宝论、宝石论、珠总论、珍玩品藻。
《当行杂记》	当行论、看衣规则、四大名州所出之物、论绣蟒袍花衣类、绸缎纱罗摩绫类、分别形容地道类、西藏土产、做衣服皮尺寸数、看金规则类、看珠规则类、看宝石规则、看铜锡类、看磁器规则、看字画谱、各省绸缎花样别名。
《典务必要》	幼学须知、珠论、珠价总目、宝石论、看各色宝石之法、论首饰毡绒字画书籍、布货皮货、绸绢。

徽典中的学徒又被称为“学生”。除了技术层面的专业知识教育外，徽典对于学徒子弟的培养也可从《典业须知》中窥知，它分别以敦品、保名、勤务、节用、务实、远虑、虚怀、防误、炼技、细心、惜福、扼要、体仁、防弊、择交、贻福、达观、知足等项目作为学徒子弟品格养成的规范，又罗列典业规则、位置职分和守戒要务等用以说明商业伦理的重要性。

徽典中的习业学生，通常选自与典铺东主同宗族的子弟，意在培养学生成为生意上的得力助手，甚至是下一任的接班管理者。在择人问题上，徽商自然以宗族子弟为首要的信赖对象，“人情綦厚，乡谊尤敦，因亲带友，培植义笃，蹈规循矩，取信场面。兼之酌定三年一归，平日并无作辍，人之所取，盖因此也。所以学生带出习业，荐亦甚易。用者亦贪喜其幼龄远出，婚娶始归，刻苦勤劳，尽心于事，人因是益见重矣”。[①] 通过宗族乡里的相互引荐，学生的人品道德也有了最基本的保证，其始得以进入典铺学习生意。又因其年纪尚轻即为习业学生，性情未定之时，择良师随事教导规矩以成方圆。

正因为如此，学生在典铺中习业的过程，其一言一行不仅仅关乎个人前途成败，也关系着父母与引荐者的名声和信用。故在《典业须知》中不断强调“保名”对于习业学生的重要性，认为人生在世，要能替父母争气，“立志成人，必要事事谨慎，饮食起居皆要有节。凡有益于身心者，则敏勉为之；无益于身心者，则痛戒不为”。[②] 又揭示做人应当要懂得饮水思源，“当初荐生意之时，何等情面？承朋友之情，极力保举，方有今日，该如何报德之处，亦当铭感不忘，断不可温饱而忘其初。倘再有亏空、犯典规之事，累及经手，丢工夫，赔银钱说话，此皆称所作所为，于心何忍？即成狗彘不若也”。进一步提醒学生要常怀感激之情，且端正自身的言行举止，此乃“颜面攸关，不可不察，慎之慎之”。而《典内竹枝词》也提醒学生要爱惜自身的声誉，“诸公莫自误声名，有坏声名人便轻。高不成来低不就，将来难以自为情”。[③]

除了以道德规范对习业学生进行劝诫外，更从亲情的角度出发，通过正反两方面的例子反复强调学生个人的表现关乎家庭的声誉：

> 还思弱岁告别之时，为父母者，无限离愁，依依难舍，此情此状，不堪描摹。即至音问传来，枝栖安适，高堂悬念，乃得稍舒。父母爱子之心，子可一日忘乎？为子者须时时以亲望子之心为心，守家教，顺师长，睦同班。遇事勤苦稳重，气宽量大，肯吃亏就是便宜，肯巴结就是本事，视一事如己事，是自始至终，清清楚楚，不用人烦心，久之人固加重，自家亦造出本领。

一旦学有所成，不仅让父母倍感欣慰，于亲朋戚党之间有所扬名，成家立室也

---

① 杨联升辑：《典业须知》，载《食货月刊复刊》，1974 年第 1 卷第 4 期，第 231～232 页。

② 杨联升辑：《典业须知》，载《食货月刊复刊》，1974 年第 1 卷第 4 期，第 238 页。

③ 杨联升辑：《典业须知》，载《食货月刊复刊》，1974 年第 1 卷第 4 期，第 242 页、第 243 页。

得以选择佳偶,“及归家之日,倚闾者欢欣而迎,亲友亦来探望,一时各各答拜,恭敬非常,实为父母增光者也”。

反之,若不肯习好,不安于本分,“不知谋业之难,得一枝栖非易,自己以为家中衣食丰足,不在乎此。一朝失业归家,父母赧然不容,势必投奔戚好,究复谁怜?”出外谋得典业学生资格不易,有业不学好,失业归乡,家门难进。之后若想再回头学习典业,至时则已无人可为引荐。至于能痛改前非者,“凑或积资本,开设滚当,架人局,开设小押;其次小贩肩挑,强糊其口,甚有改悔,恶习渐长,朽木难雕,家声玷尽矣”。对此,《典业须知》的作者也作了一番感慨:“呜呼!此皆人子也,落地之时,爱如掌上之珠,望其长大成人,出人之上,谁料至此不肖乎?愿尔后生习业,精益求精,万勿半途而废,免卖回乡之名,以玷辱慰父母也,斯为孝子矣。”希望习业的学生,人人都要学好,“自己多少荣耀,父母多少光辉,荣辱两途,宜早醒悟”。[①]

对于习业学生的品格教育和从事典当业的守戒要务,徽商更不断地殷切教诲。“凡为学生初选店口,习学生理,务须勤俭为本,不司懒惰”,[②]学生习业,即是要以勤为根本,谆嘱六字“勤、谨、康、俭、谦、和”中,也以“勤”为首,“勤则有功,做事须同人前,不可偷懒”,[③]勤怠奢俭是考察一个学生贤良与否的标准。“晨起先于他人,闲暇无事,检点各件,是谓能勤”,清晨起床不必人呼喊,洒扫环境,整理铺内断纸废绳,增添砚水,备笔磨墨,安置对象摆放有所次第,有章法可循,便于他人取用也不妨碍手脚。各事完毕后在柜内等候开门。

徽商唯恐学生轻忽勤劳这一根本准则,《典业须知》在出外谋生当须遵守的五戒中,便以戒懒惰为其中之一。如果自甘懒惰,遇事后退,然将怠惰渐深,不肯学习正事,更甚者失守典规,终误大事,“则一生成为废材,到老不成

① 杨联升辑:《典业须知》,载《食货月刊复刊》,1974年第1卷第4期,第232页。

② 丁红整理:《典务必要》,收入中国社会科学院近代史研究所近代史资料编辑室编:《近代史资料》(总71号),北京:中国社会科学出版社,1988年,第42页。

③ 杨联升辑:《典业须知》,载《食货月刊复刊》,1974年第1卷第4期,第237~238页。

器,晚矣”,更提醒习业学生时时保有勤俭之心,“进典甚难,安知出典之甚易哉?”①

在受业的过程中,学生对于典中前辈要诚心敬意,虚心请教,又典业欲学习的专业知识众多,铺内资历辈分的工作伦理甚受重视,“凡做学生则典中自执事以次,皆系尔之前辈,行坐起居,以师礼待之”,若能存有一片恭敬之心,前辈自然不藏私而倾囊相授。学得本领之后,终身受用无穷,“人偷不去,人骗不去。无论有祖业无祖业,只要自己有本领,将来就可立身扬名”。② 对学生而言,虚心请教他人此乃便宜之事,“将他人历练应验之事,教尔将来遇事处断,一事临头,胸中早已闻见。如此取巧,若不习学在心,年幼之人何由知道。不问古往今来以及时事,日识日广,有益于心身者,皆要留心”。③

学习专业知识和经商技能,是习业学生学习的根本目的。典业学生除了掌握上述关于典当之物的鉴别方法外,“算盘书字银洋,件件要精,五者缺一,吃亏非小”。据《典业须知》描述,“典中大门,宜晚饭九点钟即行上锁”,白天闲暇之时和在生意收门到睡觉之前的时间,皆为授业学生提高自己基本技能的时段。白天开门营业,即开始学习见票寻货,“若起落人后,一事未理,典长见之,必加斥责”。此外在柜上收下银洋,“抹净盖印,必先学看,辨其色面花纹之正否,听其声音之好否,真假之别,认真习学,自然看出而益精矣”。学生在闲暇之余,就要学习卷包,先从学习单件卷起,以后再渐渐加增,此皆分内应学之事,纵使非分内所做,也要留心于他事,习学在心,“做一行即要学一行,总之学得本领,件件皆能,此即生意人之饭碗也”。④

“收门以后有余闲,纵有余闲莫要玩。学算学书皆有益,勿教提笔向人

---

① 杨联升辑:《典业须知》,载《食货月刊复刊》,1974年第1卷第4期,第233页、第238页。

② 杨联升辑:《典业须知》,载《食货月刊复刊》,1974年第1卷第4期,第238页。

③ 丁红整理:《典务必要》,收入中国社会科学院近代史研究所近代史资料编辑室编:《近代史资料》(总71号),北京:中国社会科学出版社,1988年,第45页。

④ 杨联升辑:《典业须知》,载《食货月刊复刊》,1974年第1卷第4期,第241页。

难”，[①]晚饭之后要先学习草字，“学得能写，将来缺升写账，我之胆即不怯也”，写字之法，必须笔笔送到，不可粗心草率，“先要平心正气，然后照帖式描摹，轻重得宜，方圆有格。如心不耐烦，即可歇歇再写，总宜用心。或清晨写字，方得精神。如早晚得暇，亦可习学，以多写有益，所谓字无百日工，系叫人多写，不致虚度也”。[②] 至于算盘为从业根本，“晚间暇时，再将算盘请前辈指教，须要自己用心”，需耐心苦练至精熟，不可间断。当算盘、草字皆熟时，再学习正字，铺中往来书札，遣词用字、往来应答亦要学在心上，“将来书信来往，总要自己而学，何能转托他人。况字乃人之外表，总要有规矩，飞舞猖狂，不成字体，旁人见之，口虽不言，而心中有议论也”。[③]

培养书算学写等基本技能，不仅是经商所需，也可作为修身养性之用，“至日中本分要事干毕，或观正书，或阅阴骘文、典业须知、应酬尺牍等书，或学字临帖，或照医书修炼膏丹，以行方便，不独能渐学出本事，亦修身养性之基也”。[④] 总之，习业学生在苦练基本技能之时，要不惮劳不畏苦，先人而起，后人而睡，“他人推懒，我偏去做灯下铺笔学习书算或看正经书本，或学书真字，或问人字眼，求人讲说学习”。[⑤]《典业须知》还劝诫学生在习业过程中如不加紧苦练，半途而废，以致失业闲居困守，“别样生意，又不能做，本业又难觅，缩头狼狈，呼救无门，皆前不肯学所至也。必须将本业各件，习学理熟，能上柜做生意，方算学成。若半瓶醋之中班，一朝歇手，苦不堪言矣”。[⑥]

关于习业学生的生活常规，也可从《典业须知》中略知一二。首先关乎金钱往来，若遇有委任之事，交付经管，务必谨慎小心，不可妄为。“与人银钱往

---

① 杨联升辑:《典业须知》,载《食货月刊复刊》,1974 年第 1 卷第 4 期,第 243 页。

② 丁红整理:《典务必要》,收入中国社会科学院近代史研究所近代史资料编辑室编:《近代史资料》(总 71 号),北京:中国社会科学出版社,1988 年,第 46 页。

③ 杨联升辑:《典业须知》,载《食货月刊复刊》,1974 年第 1 卷第 4 期,第 235 页、第 241 页。

④ 杨联升辑:《典业须知》,载《食货月刊复刊》,1974 年第 1 卷第 4 期,第 233 页。

⑤ 《当谱集》,收入国家图书馆汇编:《中国古代当铺鉴定秘籍》(清钞本),北京:全国图书馆文献缩微复制中心,2001 年,第 42 页。

⑥ 杨联升辑:《典业须知》,载《食货月刊复刊》,1974 年第 1 卷第 4 期,第 241 页。

来，丝毫厘忽，不能苟且。做学生薪资是尔应分之钱，此外皆是人家之钱。凭他累百盈千，尔不过为他经手，一毫不能苟且”，[①]传递银洋，须要当时过数，恐有差错，切勿随意。出入账目则要登载明白，所做之事可在账中细注，免后思量，遇有前辈查问，即一目了然，以免使人疑心。平日与外人往来，“银钱票据不得私用典号，一经查出，追悔无辞”。如遇家中大事急需用者，可与执事商量暂借济用，陆续归还均无不可，“若以私自挪用，无人过付，即谓之亏空也”。[②]

对于学生私人的银钱使用也多有约束，典中的习业学生一经补用之后，即有出息，“按月才能起俸金”，薪俸为每月发放，随着资历辈分和职位的变化而有所增长，“一事精通百事能，岁金渐渐可加增。果然勤谨无差错，不待多年即可升”。[③] 但顾及学生年幼无知，又整日在典业银钱丛堆中，丰衣足食，无法体会银钱来之不易，便规定学生每人须立有一本账簿，逐日登记银钱出入，以备月终检查，主要用意是防止学生“养成骄心，衣食求美，弃旧爱新，种种蹧蹋，势所不免，不得不慎”。学生每月都要拨出银钱，交由管楼先生，记账收管，“该要添置衣履，亦当告知管楼先生，应办者再办，不急需者，不得乱用”。[④] 又教导学生不可随意挥霍金钱，倘若有一千为收入，支出仅可用七百，严格把持用度，“日计不足，月计有余，后日创基立业，门楣大振，未可量也”。[⑤]

其次，对习业学生在典铺的往来出入，也加以约束，“先生即是管楼人，指教严明最认真。莫要自轻常打骂，诸凡事情要留神”。[⑥] 面对杭州城繁荣多变、竞趋奢华和赌风炽烈的风气，年纪尚小的习业学生，正处于心性未定的阶

---

① 杨联升辑：《典业须知》，载《食货月刊复刊》，1974 年第 1 卷第 4 期，第 238 页。

② 杨联升辑：《典业须知》，载《食货月刊复刊》，1974 年第 1 卷第 4 期，第 242 页。

③ 杨联升辑：《典业须知》，载《食货月刊复刊》，1974 年第 1 卷第 4 期，第 243 页。

④ 杨联升辑：《典业须知》，载《食货月刊复刊》，1974 年第 1 卷第 4 期，第 233 页、第 242 页。

⑤ 杨联升辑：《典业须知》，载《食货月刊复刊》，1974 年第 1 卷第 4 期，第 233 页。

⑥ 杨联升辑：《典业须知》，载《食货月刊复刊》，1974 年第 1 卷第 4 期，第 243 页。

段，易受外界事物吸引，为免沾染浮夸、纨绔恶习，故《典业须知》出外谋生当守的五戒中，其中之一便是要戒嬉游。学生平时无故不可出门闲荡，以荒正事，更不可结伴同游，倘有正事待办要出行，则必须知会典内前辈，事毕早归。或家有要事，“须告明管楼先生，告假半日或一日，须着司务送去，伊家中着人送来，不得私自单走”；或身体小恙，欲出门求诊，“亦须与司务同去同来。不得逗留他事”。此外，更严格规定学生不可轻入茶坊、酒肆，不准沾花柳，“如其查出，即行辞解”。无故嬉游，不仅荒废正事、耗费钱财，更会放荡心性，如此荒荡是为君子所不齿。[①] 饮食方面则多有节制，其中特别提醒学生酒不可多饮，多则乱性，大凡“胆大妄为，以及下流之事，每从酒后做出。酒后最宜谨慎，其语言不可乱发，亦不可浮谈，不可戏谑，不可谈人之短，不可尖言利语，不可占人便宜，不可谈人闺阃暧昧之事，不可使人心恨，不可谈人是非”。[②] 更甚若遇佳节，“每桌发酒四斤，不准多添”，严禁赌具，就算是“正月初间，亦不准赌钱”。

最后，在待人接物、应对进退的处事方法上，也多给予教诲。出外谋生当守五戒中的“戒性情”“戒好胜”，谆嘱六字中也强调“和”的重要性，此皆在提醒学生为人性情要温柔，待人和气则事事可讨便宜，别人亦肯与你相交，受益匪浅。所谓“伸手不打笑脸人”，与人往来言谈举止，如果柔声下气，人即使有怨于你，见你满脸和气，那人心里纵有嫌猜，也可冰消瓦解。“和则外侮不来，和者无乖戾之心”，举凡好勇斗狠之事，有伤身体，皆不可为，言语间更不可好胜争强，纵然一时得意，但最终容易吃亏。在前柜协助生意时，则要宽厚待人，“见妇女勿轻戏言，遇童儿更要周到”，来典乡人若是乡间路途遥远“取赎少带钱文，为数无几，红熟紫钱，何方帮用，自留买物，未见大亏。再或缺少数

---

① 杨联升辑：《典业须知》，载《食货月刊复刊》，1974 年第 1 卷第 4 期，第 232 页、第 238 页、第 241～242 页。

② 丁红整理：《典务必要》，收入中国社会科学院近代史研究所近代史资料编辑室编：《近代史资料》（总 71 号），北京：中国社会科学出版社，1988 年，第 43 页。

文，周全处亦是方便。在我所亏无几，省人周折，都是善事”。[①]

典铺中供奉的是关圣帝君，用来提示后人不忘“忠义”二字。“食人之禄，忠人之事”，平日要认真学习典业本业，存心忠厚，替东家报效出力，“屡见吃当饭者，孙曾数代，谨事一东”。对待同事则须明大义，“痛痒相关，疾病相顾，亲如昆弟，始终如一，可保永好”，[②]彼此共事要以和为贵，欲争执如能让一言，不逞口舌之能，即可相安无事。务必诚实待人，不可使用心术，“如自己先怀诡谲，以为得计，人不能知，自称神妙，不但自有报应昭彰，过后亦必为人识破”，欺人一时，尔后却丧尽自己一生的名节。[③]

根据《典业须知》《典务必要》等这类由徽典前辈亲自编写的抄本，我们不仅可以看出清代徽州典业的经营管理模式和商业知识传承之法，更可从侧面一窥杭州徽典的营商过程。《典业须知》一书的作者更希望惟善堂能够协助刊印，“分送各典，使习业后辈，人人案头，藏置一本，得暇熟玩”。[④] 而对于典业生意的起落历程，该书作者也提出一番精彩的譬喻，以期后辈子弟得以铭记：

> 凡人处得意之境，就要想到失意之时。譬如戏场上没有敲不歇之锣鼓，没有穿得尽之衣冠。有生旦，有净丑，有热闹就有凄凉。净丑就是生旦的对头，凄凉就是热闹的结果。仕途上最多净丑，官海中易得凄凉。通达事理之人，须要在热闹之中，收锣鼓罢，不可到凄凉境上，解带除冠。这几句逆耳之言，不可不记在心上，铭记为望。[⑤]

---

① 杨联升辑:《典业须知》，载《食货月刊复刊》，1974 年第 1 卷第 4 期，第 236 页、第 238 页。

② 杨联升辑:《典业须知》，载《食货月刊复刊》，1974 年第 1 卷第 4 期，第 234 页、第 242 页。

③ 丁红整理:《典务必要》，收入中国社会科学院近代史研究所近代史资料编辑室编:《近代史资料》(总 71 号)，北京：中国社会科学出版社，1988 年，第 44 页。

④ 杨联升辑:《典业须知》，载《食货月刊复刊》，1974 年第 1 卷第 4 期，第 231 页。

⑤ 杨联升辑:《典业须知》，载《食货月刊复刊》，1974 年第 1 卷第 4 期，第 237 页。

第三章　杭州徽商所涉足的行业

明清时期，徽州商人在中国商业史上维持了三百多年辉煌鼎盛时期。他们成群结帮，足迹几乎遍及天下，在全国各地结成广阔的有机商业网。盐、典、茶、木四大行业成为撑起明清徽商商业的主要支柱。位于江南大都会区的杭州城，商业繁荣，各级市场分布稠密，各省商人往来不绝，与全国各地拥有密切的商品贸易供需关系。面对激烈的商业竞争环境，杭州徽商究竟如何从中取得优势地位并维持支柱性行业的发展，这是本章将要重点论述的问题。

第一节　明清盐政与两浙徽州盐商

盐课的税收在明清两朝的国家赋税中占有相当大的比例，而在徽商经营的众多行业中，盐业位居首位。盐商不仅成为明清徽商的中坚力量，更是国家财政收入的主要来源。明清时期全国最主要的盐场大部分集中在沿海地区，而食盐的营运范围与贩卖利润除涉及两淮地区之外，两浙地区不容小觑，徽商则为淮浙一带经营盐业的主力军。食盐作为一种自然资源，是人类生活饮食的必需品，它不仅和社会生活关系密切，更牵动着国家的经济动脉，因此中国历代政府对盐的生产和运销等方面，进行了严格的管控。

明清时期盐的经销买卖属于国家的专卖范围。明初政府整顿了紊乱的盐政，食盐的产销过程国家皆涉足其中，首先在政府管理的盐场中生产，再由盐商运送到政府指定的区域贩卖。为了筹备边储，奖励盐引给愿意运输粮食到边地的商人，给予商人专卖食盐的权利，这种召商输粮于边而与之贩盐许可的办法，称为“开中法”。当时客商输粮于边地，依照纳粮数而给予商人可支盐数，换取盐引，再回到由政府指定的盐场支盐，往指定地区销售。盐引可以视为当时盐粮之间的一种转兑券，直接规定了盐粮两者之间的实物交换比率，而不以货币作为计量的标准，避免了北宋时期商人通过货币作价哄抬粮价的弊端。①

伴随开中法出现的是明人所言的“商屯”，“明初，募盐商于各边开中，谓之商屯”。② 其后，盐商为方便向政府交粮，省去输粮入边的庞大耗费，便广泛招募人民于边地垦荒种植，“自出财力，自招游民，自垦边地，自艺菽粟，自筑墩台，自立堡伍，岁时屡丰，菽粟屡盈”。③ 就地取粮，不仅为盐商自身换得贩盐之利，也充实明初边地的军粮储备，最终达到官商两利的局面，即所谓“盐法边计，相辅而行”。④ 又因为开中法的实行，出现于各地的商屯，对明初社会稳定发挥了重要作用，“商人自募民塞下，得粟以输边，有偿盐之利，无运粟之苦，便一。流亡之民，因商召募，得力作而食其利，便二。兵卒就地受粟，无和籴之扰，无侵渔之弊，便三。不烦转运，如坐得刍粮，以佐军兴，又国家所称为”。⑤ 说明实行开中法和商屯之后，盐商不必再苦恼如何转输粮食于边地，同时也引导社会上更多的人力投入垦种工作，利国利民。

---

① 李明明、吴慧：《中国盐法史》，台北：文津出版社，1997年，第199页。

② （清）张廷玉等撰、杨家骆主编：《新校本明史并附编六种》卷七十七《食货一・田制》，台北：鼎文书局，1980年，第1885页。

③ （明）陈子龙等选辑：《明经世文编》卷一百八十六《霍文敏公文集二・哈密疏》，北京：中华书局，1962年，第1913—2页。

④ （清）张廷玉等撰、杨家骆主编：《新校本明史并附编六种》卷八十《食货四・盐法》，台北：鼎文书局，1980年，第1935页。

⑤ （明）陈子龙等选辑：《明经世文编》卷四百三十一《刘文节公集・盐政考》，北京：中华书局，1962年，第4718—1页。

明初开中法的成功，得到明人高度肯定。明朝后期曾任首辅的叶向高，提及明初盐政修明和边政之修，以为国初转粟给引的政策，使“贾人子以积粟为利，各自设堡伍，募众督耕，畚锸盛于戈矛，墩堠密于亭障，军民错居，守望相助，屯田之兴于斯为盛”。[①] 万历时期的大学士李廷机对于盐政更直言：“盐政固边计也，盐政之通塞，边计之虚实也。”[②]

但从区域商人的利益角度来看，开中纳粮，转输边塞主要的得利者大多是在沿边商屯的商人，特别是拥有邻近边境优势的山陕商人。开中制度甫实施，他们于北方边境就地屯田，凭借着地利之便，较其他区域商人而言更加活跃。输粮边塞对于徽州商人来说，路途过于遥远，费时事烦，不得不面临边地风俗民情与徽州迥异的情况，碍于种种劣势，徽州盐商在明初虽有零星的发展，但仍未成大气候，究其整体表现确实略逊于占有地域优势的山陕商人。

虽然明初的开中法堪称善政，但若从商业资本的角度来看却出现了不利的影响。开中法规定商人必须以粮易盐，也就是依照“商品—商品—货币”的程序来经营，而非正常的“货币—商品—货币”过程，盐商为了获取盐引，必须兼营农业，就地生产粮食上缴，如此不但妨碍资本的周转，也使商人无法全力经营盐业，特别对远离边地的徽商更加不便。[③] 另外，政府除了常办的盐课之外更增加许多盐引，以支撑政府的支出。但盐引的发行、盐产量和销售市场三者的供需失衡，造成盐引的壅滞与溢额。此一现象于永乐中期起便已出现端倪，竟有“商人有自永乐中候支盐，祖孙相代不得者”[④]的事情。常年守支的等待，再加上制度上规定盐引必须通过政府，让商人无法和生产者有直

---

① (明)陈子龙等选辑：《明经世文编》卷四百六十一《苍霞正续集·屯政考》，北京：中华书局，1962年，第5060—2页。

② (明)陈子龙等选辑：《明经世文编》卷四百六十《李文节公文集·盐政考》，北京：中华书局，1962年，第5044—1页。

③ 张海鹏、王廷元主编：《徽商研究》，合肥：安徽人民出版社，北京：人民出版社，2010年，第48页。

④ (清)张廷玉等撰、杨家骆主编：《新校本明史并附编六种》卷八十《食货四·盐法》，台北：鼎文书局，1980年，第1937页。

接的互动以谋得更大的商业利润。

虽然如此，丰厚的盐利仍受权贵豪强的觊觎，按明制，举凡四品以上官员家人不可与民争利，但至永乐年间“时勋贵武臣多令子弟家人行商中盐，为官民害”。[①] 迨成化年间更有富人吕铭等托势奏请盐引，户部尚书马昂不能执正，“盐法之坏自此始”，于是“势豪多搀中，商人既失利”。[②] 私盐私卖的情况也日趋严重，愈到开中法政策的后期，朝廷愈难管控这类现象。“盐禁愈严，富室愈横”，“法愈严，则利愈大，顽民见利而不见法”。[③] 参与私盐贩卖者非富即贵，巡盐官吏畏其势而不敢擒拿，利其饵遂不予以盘查。所谓“缉私”，只是缉小不缉大、缉贫不缉富而已，导致开中法日渐败坏。综观此期，开中法存在着不少不利于商人的因素，经营盐业尚未成为当时徽人竞相趋附的热门行业。[④]

随着开中法弊端增多，日益败坏，明朝的盐业制度出现了一大转折。至孝宗弘治年间，政府改行开中折色制，户部尚书叶淇主持改革。将原先商人必须输粮边地才可获得的盐引，改成商人可以在盐场直接向盐运司纳银即可取得盐引从事盐业贸易。“商人赴边纳粮价少，而有远涉之虞，在运司纳银价多，而得易办之利”。[⑤] 此外，提高盐引价格，“每引输银三四钱有差，视国初中米直加倍”。叶淇的盐法改革不仅使明政府的财政收入大增，“太仓银累至百余万”，[⑥]更让商人不必再为守支所苦，可以及时支盐。改革利于官又便于

---

① (清)张廷玉等撰、杨家骆主编:《新校本明史并附编六种》卷一百五十《李庆传》，台北:鼎文书局，1980年，第4161页。

② (清)张廷玉等撰、杨家骆主编:《新校本明史并附编六种》卷八十《食货四・盐法》，台北:鼎文书局，1980年，第1938页。

③ (明)陈子龙等选辑:《明经世文编》卷一百八十七《霍文敏公文集三・盐政疏》，北京:中华书局，1962年，第1923—1页。

④ 李明明、吴慧:《中国盐法史》，台北:文津出版社，1997年，第212页。张海鹏、王廷元主编:《徽商研究》，合肥:安徽人民出版社，北京:人民出版社，2010年，第49页。

⑤ (清)李卫纂修:《敕修两浙盐法志》卷三《沿革》，台北:台湾学生书局，1966年，第522页。

⑥ (清)张廷玉等撰、杨家骆主编:《新校本明史并附编六种》卷八十《食货四・盐法》，台北:鼎文书局，1980年，第1939页。

商，给徽商经营盐业大开方便之门。运司纳银开中之法改变了当时盐业贸易的结构，让盐商不得不移居各盐场的中心之地，成为盐商内徙淮浙的契机。[①]

扬州和杭州分别是两淮盐场和两浙盐场的盐运司所在地，两城市皆毗临京杭大运河，徽商乘新安江水利之便，纷纷进入这两区域贩盐。虽然山陕商人也奔赴东南地区企图争食盐利大饼，然因远离本乡，力不从心，消耗了实力。徽商凭借着对两淮、两浙商路与风土民情的熟悉，取得胜于其他省份商人的优势，这吸引了许多徽商投身盐业经营，除了用来糊口之外，也开始财货的累积。不少人逐渐成为盐商的主干。明中叶以后，有方志载，“邑之以盐策祭酒而甲于天下者，初则有黄氏，后则汪氏、吴氏，相递而起，皆由数十万以汰百万者”。[②] 日本学者藤井宏也认为，明中期形成的运司纳银开中之法，是徽商雄飞中国商业界所不可或缺的前提条件。[③]

明中叶的盐法改革施行半个世纪后，到了晚明盐引积滞严重，明朝政府不得不再次对盐法进行疏理改革。万历四十五年（1617 年）起开始实施由当时担任两淮盐法疏理道的袁世振所拟定的纲法，其纲法的原则是“正行见引，附销积引，以疏通之”，[④]以疏导壅滞为首要目标。也就是说，根据盐院所持有的红字簿内商人数据，将原先分散的盐商编成商纲，“挨资顺序，刊定一册”，分成十纲，以“圣、德、超、千、古、皇、风、扇、九、围”编为册号，据估计历年积引约有 200 万道，而每一纲内的盐商拥有约 20 万张旧盐引，且已经向政府缴纳过余盐银，所以朝廷每年以一纲行旧引，九纲行新引。行旧引者“止于收旧引本息，而不令有新引拖累之苦”；“行新引者止于速新引超掣，而更不贻旧

① ［日］藤井宏：《明代盐商的考察——边商、内商、水商的研究》，收入《徽州社会经济史研究译文集》，合肥：黄山书社，1988 年，第 244～346 页。曹永宪：《明代徽州盐商的移居与商籍》，载《中国社会经济史研究》，2002 年第 1 期。

② （明）张涛、谢陛纂修：《（万历）歙志》卷十《货殖五》。

③ ［日］藤井宏著，傅衣凌、黄焕宗译：《新安商人的研究》，收入《徽商研究论文集》，合肥：安徽人民出版社，1985 年，第 169～170 页。

④ （清）张廷玉等撰、杨家骆主编：《新校本明史并附编六种》卷八十《食货四・盐法》，台北：鼎文书局，1980 年，第 1939 页。

引套搭之害，两不相涉，各得其利”。[1]

纲法的改革使朝廷逐渐疏散壅积的盐引，将食盐的专卖权赋予特许商人，让他们有食盐的专卖权。制定好的十字纲册内，“自今刊定以后，即留与众商永永百年。据为商本，每年照册上旧数，派行新引。其册上无名者，又谁得钻入而与之争骛哉”?[2] 亦即商人据纲册为窝本，只有登记在纲册上的商人，才能依照册上登记的旧盐量来购买新盐，并在政府指定的地区进行买卖，册上未登记的商人便被排除在外。

明末的盐法改革，由食盐官专卖制转变成盐商专卖制的新形式，具有划时代的意义。其后清朝主要盐区的盐制基本都承袭了晚明的盐商专卖制，政府不付工本费，不收商品，在法理上成为“卖盐的主人”，宣布商品专卖。[3] 这些经过政府特许并可以世代相传的商人，利用他们所取得食盐运销的权利进行财富的累积，所以盐商这种专卖权的身份一旦取得，便可以长时间的拥有，不受时间的限制，世业化是纲法制度最主要的特点。[4] 纲法的推行，一直持续到清朝道光中期改行票法为止。在这一长段时间内，两淮、两浙地区的食盐贸易专卖特权多为徽商持有，政府给予明确的合法地位，促使大批的徽商携家带眷、攀亲带故地投身其中，盐业的经商收益更成为徽商经商行业中的第一大支柱。明人汪道昆也曾清楚地点出：“吾乡贾者，首者鱼盐，次布帛，贩缯则中贾耳。”[5]

浙江沿海地区是全国主要的产盐区之一，为两浙盐场所在地，是继明清两淮盐场之外贩运范围最广之地。而“盐策之行自两淮外，无广于浙者，东迤

---

① (明)陈子龙等选辑：《明经世文编》卷四百七十七《纲册凡例》，北京：中华书局，1962年，第5246—2页。

② (明)陈子龙等选辑：《明经世文编》卷四百七十七《纲册凡例》，北京：中华书局，1962年，第5247—1页。

③ 李明明、吴慧：《中国盐法史》，台北：文津出版社，1997年，第254页。

④ 孙晋浩：《关于纲盐制度的一点看法》，载《盐业史研究》，2009年2期，第47页。

⑤ (明)汪道昆：《太函集》卷五十四《明故处士溪阳吴长公墓志铭》，合肥：黄山书社，2004年，第1143页。

海，北距扬子江，西尽歙、信之域，南暨瓯、闽之交，所食者皆浙盐也”。[①] 两浙督转运盐使司设在杭州，杭州聚集了大批盐商及其家族，事业繁盛。据笔者所搜罗的资料来看，杭州徽商之中参与经营人数比例最大且最重要的经营项目便是盐业。

从《两浙盐法志》和方志的记载中可以见到为数众多的杭州业盐的徽州商人身影：休宁人吴敏惠“业鹾来杭”；[②]休宁人汪宏“业鹾迁杭”；[③]黟县人汪肇衍“业鹾居杭”；歙县人程肇都“父业鹾，入籍钱塘”；[④]歙县人鲍经纶“业鹾，寄籍钱塘”；[⑤]歙县人朱嗣初“业鹾两浙…子旦字畅伯钱邑庠生”；[⑥]歙县人汪廷光“祖业鹾，遂居杭”；[⑦]歙县人汪文魁“寓钱塘…子孙相继业鹾”；[⑧]歙县人吴克成补仁邑庠生“有干济，才于鹾政”；[⑨]徽人许光禄“用盐策贾武林”；[⑩]徽人吴汝拙，其父“贩缯起博平”，后“其贾盐策，三岁一更，则又徙钱塘”；[⑪]休宁

---

① (清)李卫纂修：《敕修两浙盐法志》卷一《疆域》，台北：台湾学生书局，1966 年，第 105～106 页。

② (清)李卫纂修：《敕修两浙盐法志》卷十五《人物》，台北：台湾学生书局，1966 年，第 1797 页。

③ (清)李卫纂修：《敕修两浙盐法志》卷十五《人物》，台北：台湾学生书局，1966 年，第 1821 页。

④ (清)李卫纂修：《敕修两浙盐法志》卷十五《人物》，台北：台湾学生书局，1966 年，第 1812～1813 页。

⑤ (清)李卫纂修：《敕修两浙盐法志》卷十五《人物》，台北：台湾学生书局，1966 年，第 1799 页。

⑥ (清)李卫纂修：《敕修两浙盐法志》卷十五《人物》，台北：台湾学生书局，1966 年，第 1825 页。

⑦ (清)李卫纂修：《敕修两浙盐法志》卷十五《人物》，台北：台湾学生书局，1966 年，第 1807 页。

⑧ (清)李卫纂修：《敕修两浙盐法志》卷十五《人物》，台北：台湾学生书局，1966 年，第 1828 页。

⑨ (清)李卫纂修：《敕修两浙盐法志》卷十五《人物》，台北：台湾学生书局，1966 年，第 1820 页。

⑩ (明)李维桢：《大泌山房集》卷六十九《许光禄家传》，收入刘俊文等主编：《四库全书存目丛书》集部第 152 册，台南：庄严文化事业有限公司，1997 年，第 8 页。

⑪ (明)汪道昆：《太函集》卷三十六《吴汝拙传》，合肥：黄山书社，2004 年，第 788 页。

人朱性“以盐策客武林”；[①]叶廷珪为人豪爽，有干局，业盐策于两浙；[②]叶尔章弱冠即偕其妻程安人至杭，创业鹾策；[③]叶建中“业盐策以供孝养”；[④]叶仲芳性豪迈慕义，受其伯父器重“指示箕裘鹾业，同兄静我竭力两浙”；[⑤]汪道昆的叔父也跟从汪道昆之父“贾盐策，由甄括徙武林”，[⑥]其另一先叔，既冠，“则之武林，并从王父贾盐策”。[⑦]

在杭经营盐业的徽商中，也有精通盐政贸易而受倚重者：汪廷俊“以业盐侨寓钱塘，晓达鹾政，为台使所倚重”；[⑧]程长公“居贾则以主计擅场，盐策使数立长公为诸贾人祭酒”；[⑨]叶士佩个性耿介，“在浙三承鹾纲，急公裕课，为当事所倚重”；[⑩]汪道昆之父则是名重一时，部使者察视盐策，必定会与他相互斟酌事宜，“有司籍名，遂以公为盐策祭酒”；[⑪]吴长公则是携千金徙浙，为盐策祭酒；[⑫]钟洪公之父九皋公业盐，“诸贾引以为重，凡出入唯所决计。即部使者召之画便宜，盖什九以广交而赴公”，后来九皋公逝世，钟洪公接替其父“明习盐法中得失利害，一如其父。于是诸贾更置长复推公”；[⑬]鲍简锡承

---

① (明)汪道昆:《太函集》卷二十八《朱介夫传》,合肥:黄山书社,2004年,第612页。

② 叶希明纂修:《新州叶氏家乘》,民国十二年杭州重修,第13页。(藏于上海图书馆家谱收藏室)

③ 叶希明纂修:《新州叶氏家乘》,民国十二年杭州重修,第123页。

④ 叶希明纂修:《新州叶氏家乘》,民国十二年杭州重修,第172页。

⑤ 叶希明纂修:《新州叶氏家乘》,民国十二年杭州重修,第97页。

⑥ (明)汪道昆:《太函集》卷三十九《再从叔十六府君传》,合肥:黄山书社,2004年,第850页。

⑦ (明)汪道昆:《太函集》卷四十四《先叔考罗山府君传》,合肥:黄山书社,2004年,第942页。

⑧ (清)吴甸华等原修、吴子珏等续修:《黟县志》卷七《尚义》,第919页。

⑨ (明)汪道昆:《太函集》卷三十二《程长公传》,合肥:黄山书社,2004年,第695页。

⑩ 叶希明纂修:《新州叶氏家乘》,民国十二年杭州重修,第130页。(藏于上海图书馆家谱收藏室)

⑪ (明)汪道昆:《太函集》卷四十三《先大父状》,合肥:黄山书社,2004年,第919页。

⑫ (明)汪道昆:《太函集》卷五十四《明故处士溪阳吴长公墓志铭》,合肥:黄山书社,2004年,第1144页。

⑬ 张海鹏、王廷元主编:《明清徽商资料选编》,合肥:黄山书社,1985年,第131页。

其父先业，于武林专治盐策，参佐谋划，分担其父之劳，其后父老告归，便独当一面，"视鹾诸宪，总理盐法，诸道皆引为知己"。[①]

因业浙盐而渐使家境宽裕者更是不乏其人。章献钰"偕母舅白都公，运盐于武林，家稍裕"；[②]江玉琦少年时家贫，30岁后业浙盐家境渐转小康，其子国镛也为钱塘商籍廪生；[③]江终慕经商之初从兄客居钱塘，服下贾，但后来辞其兄，"北贾青齐梁宋，业日起，归而治盐策钱塘"；[④]汪道昆也说其家族在曾祖父以上都是以力田为生业，但从其父开始经营盐业，大伯父也"罢北贾，与大父俱，相与起瓯括，徙武林，业骎骎起"，[⑤]叔父原本跟着大伯父贾于瓯括，后来"徙钱塘，登上贾"[⑥]；鲍峻"业浙鹾，家渐裕"[⑦]；钟洪公之父九皋公，明末时家道中落，遂弃所居，"持千金客钱塘，复起盐策"。[⑧]

也有弃儒从商者，明末鲍雯自从父亲逝世家道中落，本来期望以功名自奋却不得志，鲍雯先世业盐于两浙，"至是额引告滞，公私逋负如猬毛"，不得以脱儒冠，"往武林运策，以为门户计"；[⑨]鲍立然弱冠失怙，"弃举子业，与兄业鹾于杭"；[⑩]鲍简锡虽然自幼聪隽善读书，但其父观其可以承继先业，便"挈之游武林"，于是弃举业而专治盐策；[⑪]程长公初始学而为儒，但其父有疾，

① (清)鲍存良等编纂:《歙县新馆鲍氏著存堂宗谱》卷二《家传》,第26页。

② 张海鹏、王廷元主编:《明清徽商资料选编》,合肥:黄山书社,1985年,第152页。

③ (清)谢永泰等修、清程鸿诏等纂:《黟县三志》卷七《人物志·尚义》,台北:成文出版社,1970年,第129页。

④ 张海鹏、王廷元主编:《明清徽商资料选编》,合肥:黄山书社,1985年,第134页。

⑤ (明)汪道昆:《太函集》卷三十九《世叔十一府君传》,合肥:黄山书社,2004年,第847页。

⑥ (明)汪道昆:《太函集》卷四十三《从叔母吴孺人状》,合肥:黄山书社,2004年,第927页。

⑦ (清)张佩芳修、刘大櫆纂:《(乾隆)歙县志》卷十三《人物·义行》,台北:成文出版社,1975年,第972页。

⑧ 张海鹏、王廷元主编:《明清徽商资料选编》,合肥:黄山书社,1985年,第131页。

⑨ (清)鲍存良等编纂:《歙县新馆鲍氏著存堂宗谱》卷二《家传》,第22页。

⑩ 张海鹏、王廷元主编:《明清徽商资料选编》,合肥:黄山书社,1985年,第144页。

⑪ (清)鲍存良等编纂:《歙县新馆鲍氏著存堂宗谱》卷二《家传》,第26页。

"命处士当户，乃从父受贾，以盐策贾吴越间"；[①]吴观均年十二补钱塘诸生，后因屡困场屋，"遂弃举子业，业鹾"；[②]清初叶邻芳自其父逝世后，因为"家世业鹾，父所营建，一切缵承其志"，且因为浙盐"多浮费派敛无已"，邻芳请于官，力为减除，指不胜屈，同业赖之；[③]叶洪五因为世业盐策，盛清时"弃儒从世务"，因为其在杭业盐之时，为人义理，处事果达，"榷使者视若左右手，诸同业亦倚公为重"。[④]

梳理史料可以发现，徽州盐商在两浙地区的发展与盐业制度的变革息息相关。两浙督转运盐使司所在的杭州城有许多徽州盐商个体乃至家族的贸易活动。在新州叶氏家族的记载中更清楚地说明，叶氏族人在明朝景泰年间便已在两浙业盐策，其间虽然"经几度沧桑，祖业不绝者如缕，惟新州僻处岩壑，而浙盐枢纽又在杭郡"，并认为杭州湖山秀丽适合居住，于是族中之人前后迁杭者指不胜屈。[⑤] 宏村汪氏家族的族人则是在明朝万历年间迁居杭州投入浙盐的经营行列之中，贸易对象除一般商人和百姓外，更与官方有所往来。因业盐甚有心得，建立起丰厚的基业，且家族中有成员任职于盐政衙门，对于其家族进行盐业买卖多有帮助。此外，在汪氏宗族的《宗人录》中，即有9位成员，这清楚地说明其先世是因为经营盐业而移居杭州，盐业可以说是汪氏族人在杭州的主业之一。[⑥] 新馆鲍氏家族中也有许多支派的成员以业

---

① （明）汪道昆：《太函集》卷四十七《明故处士程长公孺人方氏合葬墓志铭》，合肥：黄山书社，2004年，第990页。

② （清）李卫纂修：《敕修两浙盐法志》卷十五《人物》，台北：台湾学生书局，1966年，第1823页。

③ 叶希明纂修：《新州叶氏家乘》，民国十二年杭州重修，第218页。

④ 叶希明纂修：《新州叶氏家乘》，民国十二年杭州重修，第265页。

⑤ 叶希明纂修：《新州叶氏家乘》，民国十二年杭州重修，第7页。

⑥ 戴振声、汪濂编：《吴山汪王庙志略续编》，收入《西湖文献集成》第二十五册，杭州：杭州出版社，2004年，第1005～1026页。卜永坚：《盐商·盐官·宗族——以黟县弘村汪氏宗族为中心》，收入安徽大学徽学研究中心编：《徽学》（第四卷），合肥：安徽大学出版社，2006年，第113～122页。唐力行：《从杭州的徽商看商人组织向血缘化的回归——以抗战前夕杭州汪王庙为例论国家、民间社团、商人的互动与社会变迁》，载《学术月刊》，2004年第5期。张育滋：《明清时期的杭州徽商——以黟县宏村迁杭汪氏为例》，载《史耘》，2010年第14期。

浙盐为务而迁居杭州府。此外,也有研究指出,[1]《嘉庆两浙盐法志》商籍中记载的35名著名客籍盐商,其中就有28名来自徽州,占80%。盐商在杭州聚集的贺衙弄有"徽州弄"之称,因为其地"滨大河而近盐桥,有徽州盐商居此"。[2]

第二节 明清典当业与杭州徽典

典当业是徽州商人重要的商业领域,出现了"无徽不典"的说法,让徽典几乎成为当时不少地方典当业的代名词,相较于其他商帮徽商取得了更加杰出的成就。

典当业是人类最古老的行业之一,在近代中国金融机构出现之前,典当业在社会上扮演着十分重要的角色。所谓"典当",即收取别人之动产作为抵押借贷,以谋取高利。旧时,在各城镇中有以开设典当为业的商铺,俗称"当铺",历史上也有质库、质肆、解库、长生库、典库、典铺等不同的称呼。[3] 一般来说,典当是指将财物作为当物质押给当铺,取得相应的当金,在一定的期限内归还当金,缴纳利息,并赎回当物的有息借贷之经济行为。换句话说,当人们手头拮据或急需金钱调度之时,将自己具有一定价值的财产交付当铺作为债权的担保物,换取一定数量的现金。典当的本质便是以物换钱,典当客和当铺主一为债务人、一为债权人,双方之间并非信用贷款而是质押贷款的关系。获得资金多寡的主要依据并非典当客的信用程度,而是质押物品的价值大小。在典当期间,当铺业主有义务照管并保证典当客所典之物的安全,当期届满之时,归返当物并获取贷款的利息和相关费用,业主通常也拥有相当的收益。但若典当客既不赎当也不续当即成为死当,当铺主则有处分该当物

---

① 陈剑峰、陈国灿:《明清时期浙北杭嘉湖市镇的徽商》,载《安徽师范大学学报(人文社会科学版)》,2003年第2期。

② 钟毓龙:《说杭州》(增订本),杭州:浙江人民出版社,1983年,第248页。

③ 李鹏年、刘子扬、陈锵仪编著:《清代六部成语词典》,天津:天津人民出版社,1990年,第94页。

的权力。

中国传统社会里，典当业主要通过抵押放款业务获取相当之利润，被视为高利贷的一种。而高利贷基本上有两大种类，一为信用贷款，另一种为抵押贷款，典当业属于后者。从借贷的条件来看，高利贷的抵押贷款一般用土地、房屋、牲畜、人口和物品抵押，典当贷款的抵押品一般必须是动产，如衣服、首饰之类。而偿还的方式，高利贷可分为借钱还钱、借谷还谷、借钱还谷或者是借谷还钱和用劳力抵偿，典当则一般是用借钱还钱之法。①

中国典当业的起源与流变，现今较为大家所接受应该是"初见萌芽于两汉，肇始于南朝寺库，入俗于唐五代市井，立行于南北两宋，兴盛于明清两代，衰落于清末民初"。② 由于商品货币经济的发达，作为高利贷形式之一的典当行业在明清时期开始步入高峰。作为著名地域性商帮的徽州商人，更是经营典当业的个中翘楚，典当业更为徽商众多行业中的代表性行业。而在明清数百年间，典当业之所以达到空前的繁盛，离不开时代背景的推波助澜。

明朝建立之初，为了避免重蹈覆辙，汲取前朝亡国的相关教训，明太祖朱元璋端肃政风，对朝廷官员在典当行为的规范上明文规定，"凡公侯、内外文武官四品以上官，不得放债"。③ 对于违禁取利方面，在大明律法中更详尽明白地指出，"凡私放钱债及典当财物，每月取利并不得过三分。年月虽多，不过一本一利，违者笞四十，以余利计赃，重者坐赃论罪止，杖一百"。④ 对于负有监察临视责任的官吏，在举放钱债和典当行为上更有严格规定，"若监临官吏，于所部内举放钱债、典当财物者，杖八十。违禁取利，以余利计赃，重者依

---

① 罗炳绵:《近代中国典当业的社会意义及其类别与税捐》,载《"中央研究院"近代史研究所集刊》,第 7 辑,第 131 页。

② 曲彦斌:《中国典当学》,石家庄:河北人民出版社,2002 年,第 34 页。

③ (明)董伦等修、解缙等重修、胡广等复奉敕修、黄彰健校勘:《明英宗实录》卷六十六正统五年夏四月乙未条,台北:"中央研究院"历史语言研究所,1984 年,第 1277 页。

④ (明)舒化等撰:《新刻御颁新例三台明律招判正宗》卷四《违禁取例》,台北:汉学研究中心,1990 年,第 12 下页。

不枉法论，并追余利给主”[①]。

在明初的文献中很少见到皇室贵族和官宦与民争利、竞开质库的记载，也就是说，中国典当业在明朝发展到了一个非官商化、非寺院化的民间商业化阶段，与唐宋时期甚至之后清朝的截然不同，这成为明朝典当业一个十分鲜明的断代性对比。[②] 明朝政府的相关规定，虽然在政治法律层面上禁止官当出现，但这却恰好为当时商人投资典当业开启了一扇方便之门。在原本就极为盛行的地域性商帮和地域性商业资本运作之下，晋、闽、徽等地商人群体逐渐在典当业中成为各地域的经营东主，其中徽州典商的分布和影响更为人所知。

清朝的典当业不再以商业资本为主要经营者，政府官员和皇室贵族又回到典当行业中角逐争利，若依其经营主和资金来源，则可分成三大类，即皇当、官当、民当。但这三大类典当商号也不是固定不变的，他们之间也会有所流动和渗透，随着变化或资金流转，当铺的所有权亦时有变更，更甚者官当中有民股，民当中有官资，并非皆是截然分开的。[③] 而官当又再一次盛行，与朝廷推行生息银两制度有着密切关系。

生息银两制度又可以称为“滋生本银”，为清朝的一种独有制度，设立之因顾名思义便是为了要“生息”。由朝廷拨出一笔专门款项作为基金，交给内务府或八旗各省衙门管理运用，并以其滋生出利息，朝廷再将利息所得分配利用。利息的用途和产生方法无所不有，概括地说主要分成四种：其一是发商生息，发给盐业和当业等商人承领，定期交付朝廷利息；其二是直接任用官佐、杂役开设当铺、钱铺、布店和杂货店等铺店获取收益；其三是购买土地，收取地租；其四则是购买或建设房屋，收取房租。[④] 换言之，利用本金滚利又不耗本，不论是滚利的过程或生息以后拨款分配，这对当时朝廷的统治和财政

---

① （明）舒化等撰：《新刻御颁新例三台明律招判正宗》卷四《违禁取例》，台北：汉学研究中心，1990年，第12下页。

② 曲彦斌：《中国典当史》，沈阳：沈阳出版社，2007年，第60页。

③ 韦庆远：《明清史辨析》，北京：中国社会科学出版社，1989年，第73～74页。

④ 刘秋根：《中国典当制度史》，上海：上海古籍出版社，1995年，第20页。

上的收入，都是有利的。

以雍正一朝的银两运用为例，据统计，在发商生息部分款项中，纯粹开设官营典当或是投资当铺交由典当生息的本银，估计占已知生息本银总额的38.68%，加上部分投资典当及其他事业的37.43%，保守地估计，投资在典当业的资本应该占总数的45%—50%。由于盐业和典当业是承领生息银两最多的行业，所以发典生息和发盐生息在清代文献中多处可见，而发商生息对于典当业发展的刺激无疑具有促进作用。[①]

经营典当业在清朝因为有皇帝的推动，上行下效，一时间大小官吏群起仿效，热衷于投资开当蓄财。乾隆十八年(1753年)全国共有当铺18 075间，嘉庆十七年(1812年)各地当铺总数则多达23 139间。[②] 既然皇当、官当如此兴盛，民当自然乐于跟风，各地典业在资本总额、当铺规模和类型上都发展到了高峰。

虽然明清两朝开设当铺的东主身份因为朝廷政策的不同，由民当独盛到皇、官、民当多头并举，但在政治层面上，朝廷政策对于典当业来说，始终是利多于弊的。

此外，明清商品经济的繁盛，特别是白银的货币化对于典当业和徽商的发展也起了关键性的作用。

明朝初期，太祖朱元璋仿效元朝的纸币制度，发行印制大明宝钞和其流通的政策，但宝钞日益泛滥贬值，又民间仍然重钱轻钞，促使太祖在洪武二十七年(1394年)下诏，禁用铜钱，限令为期半个月内，“凡军民商贾所有铜钱悉送赴官，敢有私自行使及埋藏弃毁者，罪之”。[③] 朝廷将收回之铜钱全数归官，并依照其数量兑换成宝钞，不许再用铜钱。但是禁令似乎未达成效，民间

---

① 潘敏德：《中国近代典当业之研究(1644～1937)》，台北：台北师范大学历史研究所，1985年，第46页。

② 罗炳绵：《近代中国典当业的社会意义及其类别与税捐》，载《“中央研究院”近代史研究所集刊》第7辑，第149页。

③ (清)顾炎武：《日知录之余》卷二《禁用铜钱》，收入《续修四库全书》子部·杂家类·1144，上海：上海古籍出版社，2002年，第595页。

商业贸易仍以金银流通。为了维护钞法的施行，朱元璋便于洪武三十年(1397年)再度颁布禁令，禁止民间用金银交易，但杭州诸郡“商贾不论货物贵贱，一以金银定价”。[①]

随着海外贸易的发展和白银大量流入中国，再加上商品经济的蓬勃发展，社会上对于贵金属货币的需求越发强烈，尽管朝廷屡屡下禁令，作为非法货币的白银，在民间市场使用的现象并未停止。英宗即位后，承袭宣德朝周忱在南直隶一带用金花银来折抵米麦等实物田赋的做法，并推广到南方各粮产区、各省。于正统元年(1436年)，在“南畿、浙江、江西、湖广、福建、广东、广西米麦共四百余万石，折银百万余两，入内承运库，谓之金花银”。当时米麦和白银的折价是一石比二钱五分。又令“自起运兑军外，粮四石收银一两解京，以为永例”。[②] 所以税粮折银的金花银制度在正统元年(1436年)开始实施，“而以米银钱当钞，弛用银之禁。朝野率皆用银，其小者乃用钱，惟折官俸用钞，钞壅不行”。[③] 朝廷对于原本管制白银流通范围的政策开始松绑，由征收实物钱钞转而开始征收白银。

成化年间，朝廷各种税赋可以折银的范围越发广泛，“凡诸课程，始收钞，间折收米，已而收钱钞半，后乃折收银”。到嘉靖初年，“是时钞久不行，钱亦大壅，益专用银矣”。税赋折银基本上成为定制，且不断加速促使白银货币化的发展，而在朝廷财政的收入和支出上，白银的使用比重逐渐增大。隆庆元年(1567年)，穆宗又下令：“凡买卖货物，值银一钱以上者，银钱兼使；一钱以下者，止许用钱。”[④]这个诏令几乎可以视作明朝建立银本位货币体系的证

---

① (清)顾炎武:《日知录之余》卷二《禁金银》，收入《续修四库全书》子部·杂家类·1144，上海:上海古籍出版社，2002年，第595页。

② (清)张廷玉等撰、杨家骆主编:《新校本明史并附编六种》卷七十八《食货二·赋役》，台北:鼎文书局，1980年，第1896页。

③ (清)张廷玉等撰、杨家骆主编:《新校本明史并附编六种》卷八十一《食货五·钱钞》，台北:鼎文书局，1980年，第1964页。

④ (明)李东阳等奉敕撰、申明行等奉敕重修:《大明会典》卷三十一《库藏二·钱法》，收入《续修四库全书》史部·政书类·789，第558页。

明。在白银货币化客观现实下明确“银钱兼使”的法令，这是明朝首次以法权形式肯定了白银为合法货币，而且是用法权形式把白银作为主要的货币形态固定了下来。[①]

白银货币化明确的完成阶段是在万历年间由张居正向全国推行的“一条鞭法”，将田赋、力役和各种税课合并成一条，赋税合一，“皆计亩征银折办于官”。此项改革不仅呼应当时社会的发展趋势，让赋税制度更为合理化，传统的人身依附关系有了松动，推动了商品经济的发展，且明确规定税收以白银为主，让白银的流通拥有律法上的依据。这使整个国家社会唯银是用，白银渗透到每个人的日常生活中。值得注意的是，白银货币化的过程是由自下而上的趋势转而为自上而下全面展开的，在明朝成化、弘治以后，上下两条线交织并行，主要是从民间社会开始，并逐渐得到国家事实上的认可后，开始向全国展开。[②]

白银由非法走到合法，成为社会流通的主要货币，让中国首次出现银本位的制度。白银货币化之后，银两的使用更加肆无忌惮，白银成为政府和民间社会各种行业都需要的货币，日常生活也因而与市场经济联系更加紧密。白银流通量很大，“虽穷乡亦有银秤”。[③] 万历年间曾任给事中的郝静也提出他的观点，认为现今“海内行钱，唯北地一隅，自大江以南强半用银，即北地唯民间贸易而官帑出纳仍用银，则钱之所行无几耳”。[④] 当白银被流通使用得越广泛，人们在现实生活中对于白银的了解便越深，“凡贸易，金太贵而不便小用，且耗日多而产日少；米与钱贱而不便大用，钱近实而易伪易杂，米不能

---

① 陈昆：《宝钞崩坏、白银需求与海外白银流入——对明代白银货币化的考察》，载《南京审计学院学报》，2011 年第 2 期。

② 万明主编：《晚明社会变迁：问题与研究》，北京：商务印书馆，2005 年，第 143～216 页。

③ （清）顾炎武：《天下郡国利病书》原编第二十六册《福建》，收入《续修四库全书》史部·地理类·597，第 303 页。

④ （清）孙承泽：《春明梦余录》卷四十七《工部二·铸钱则例》，收入《景印文渊阁四库全书》子部·杂家类·174，台北：台湾商务印书馆，1983 年，第 885 页。

久，钞太虚而亦复有浥烂，是以白金之为币长也”。[①] 白银的优势在于容易携带、不易变质、容易分割和方便储藏，且货币价值也比较稳定。所以于明朝中叶起，随着跨区域的市场贸易量激增，各种商品交易的往来频繁，手中握有大量白银的商人，便活跃于全国的商业活动中。徽商即为其代表性商帮，累积着为数可观的商业资本，经营当铺成为徽商新的谋利渠道。

在多方有利的因素下，明清的徽州典商掌握了重要的发展契机，在大江南北各地的典铺中皆可见到徽州商人的身影。地方志中记载徽州人“行贾四方，恃子钱为恒产”。[②] 徽州典商势力扩张，“质铺几遍郡国”。[③] 明朝天启年间，户科给事中周汝漠曾在奏疏中说：“典铺之分征有难易，盖冲（都）大邑，铺多而本饶，即百千亦不为厉，僻壤下县，徽商裹足，数金犹难取盈。”[④]至少说明在明朝末叶，由于典铺课税的难易程度不同，在繁荣都会区的铺面因为密集度高、资本充足，典税的征收较易；但如果就连徽商都不愿去设铺的穷乡僻壤处，朝廷想征税的话就更有难度了。由此亦可知，地方典铺税收的难易度是以徽商设铺与否为一参考准则的。

在众多徽州典商之中，以休宁人管理经营典铺的专业能力最强，“典商大多休宁人，歙则杂商五，盐商三，典仅二焉。治典者亦唯休称能，凡典肆无不有休人者，以专业易精也”。[⑤] 在以贾起家、积财巨万的徽州典商里，以程姓和汪姓两姓的经营人数为最多，“以重利权子母，持筹幄算，锱铢必较”。[⑥] 清代婺源商人汪拱干也以经营放债取款为业，除了本人致富外，“诸子亦能自经营，家家丰裕，传其孙曾”，后代子孙亦得以此富贵。此外“今大江南北开质库

① （明）王世贞：《弇州史料后集》卷三十七《钞法》，收入《四库禁毁书丛刊》史部 50，北京：北京出版社，2000 年，第 25 页。

② （清）王让等纂修：《（道光）祁门县志》卷五，台北：成文出版社，1981 年，第 194～195 页。

③ 陈去病：《五石脂》，南京：江苏古籍出版社，1999 年，第 326 页。

④ （明）董伦等修、解缙等重修、胡广等复奉敕修、黄彰健校勘：《明熹宗实录》卷五十七天启五年三月壬申条，第 2647 页。

⑤ 许承尧：《歙事闲谭》卷十八《歙风俗礼教考》，合肥：黄山书社，2001 年，第 1603 页。

⑥ 谢国桢选编：《明代社会经济史料选编》，福州：福建人民出版社，2004 年，第 30 页。

或木商、布商，汪姓最多，大半皆其后人，当为本朝货殖之冠”。[①] 以休宁的商山吴氏一族为例来看，自明朝中叶起，“家多素封，所殖业，皆以典质权子母”，“几几乎殆十世不失”。[②] 可见经营典业的人数之多，其中不乏世世代代传承的家族。

杭州城为江南数一数二的大城市，商品经济的发达自然给徽州典商设铺开典提供了更多的机会。杭州府城内外的典当业中，徽商投资开设者比例十分高，徽商“广开当铺，纵蓄少艾，遂为杭州富人”。[③] 徽商王福奴“善生殖，商游吴浙”；[④]黄谊“转谷于温、于杭及汴、扬都会之区，盐与子钱并举”；[⑤]姚姓徽商“初贩茶于西口关东，续创典于杭州新城”；[⑥]“红顶商人”胡光墉“有银号一，典二十有九”。[⑦]

此外，当杭州城遇到外力威胁破坏时，杭州徽典的势力能发挥重要作用。明朝嘉靖年间，倭寇猖獗，屡次侵扰杭州府，居民和商旅生命财产安全饱受威胁，当时负责抗倭的官员徽州绩溪人胡宗宪“委山阴卫巡儆关外。尉急，自计贼势张，安能以空拳抵恶虎之喙”，便号召杭州的徽典捐钱出力，募兵买马，牛酒犒劳，“椎牛酒，悉召城外居民市户，及新安之贾于质库者，皆其乡人也。醵金募土（士）兵可数百人，劳以酒食，具为约申令之。众酒酣乘兴，扬兵出，突

---

① 谢国桢选编：《明代社会经济史料选编》，福州：福建人民出版社，2004 年，第 32～33 页。又此条资料转引自（清）钱泳：《登楼杂记》。再者，依《明清徽商资料选编》482 条：“汪拱干，字象坤，（清婺源）段萃人。”推知文中的时间应为清代中期。

② （明）金声：《金太史集》卷七《寿吴亲母金孺人序》，收入故宫博物院编：《故宫珍本丛刊》集部第 529 册，海口：海南出版社，2001 年，第 160 页。

③ （明）钱希言：《狯园》第七卷《影响》，收入《四库全书存目丛书》子部 · 小说家类 · 247，台南：庄严文化事业有限公司，1995 年，第 617 页。

④ 张海鹏、王廷元主编：《明清徽商资料选编》第 465 条《歙县泽富王氏宗谱》卷一，合肥：黄山书社，1985 年，第 163 页。

⑤ 张海鹏、王廷元主编：《明清徽商资料选编》第 233 条《歙县潭渡黄氏族谱》卷九《黄东泉处士行状》，合肥：黄山书社，1985 年，第 75～76 页。

⑥ 《乾隆姚氏分家阄书》，转引自杨国桢：《明清土地契约文书研究》，北京：人民出版社，1988 年，第 230 页。

⑦ （清）刘体仁：《异辞录》卷二，收入《中国野史集成》第 50 册，成都：巴蜀书社，1993 年，第 664 页。

遇倭，直前，薄其垒。倭骤出不意，小却，我兵贾勇大奋，倭各鸟窜散”。[①] 最后，在官、民、商三方势力的合作下，一举击溃倭寇，成功保卫了杭州城居民的生命与财产安全。

杭州城武林门外的塘栖镇，又名唐栖镇，在明朝因江南运河改道和道路修筑，日益繁盛，“水陆通行，便于漕饷，而唐栖始为南北往来孔道，于是驰驿者舍临平由唐栖，而唐栖之人烟以聚，风气以开”。[②] 因为受惠于交通要塞，水陆通衢之地，塘栖吸引各地商贾齐聚，发展至清朝乾隆年间更成为“市镇之甲”。[③] 镇内横跨京杭大运河的通济桥，是现今保存在大运河上规模最大的七孔薄墩联拱石桥。由通济桥碑记中可知，“唐栖去浙城不五舍，其地襟带江湖，接引瓯越，萦络吴会，使传之经行，商贾之走集，徒旅之往来，既以会道之冲，而凑津途之要。又其大溪中横，旷岸并睨。市区氓椽鳞次栉比，北乡左右，越墟出贩者，晨驰夕骛，肩摩迹累”，[④]反映出通济桥对沟通南北往来的重要性。

面对经济如此繁盛、地理位置如此优越的一方大镇，“财货聚集，徽杭大贾视为利之渊薮，开典、顿米、贸丝、开车者，骈臻辐辏，望之莫不称为财赋之地”。[⑤] 杭州徽商采取多元化经营策略，不仅开设典当业将徽典的势力植入此大镇，也兼营粮行（米粮业）和丝织工厂（丝织业），展现出徽典雄厚的资金实力。范金民据此认为徽商不拘泥于一业，与时逐利，数业并举，以追求最大的商业利润，成为徽州典商行业经营上的一个显著特征。[⑥] 但是杭州人对于

---

① （明）丁元荐：《西山日记》卷上《才略》，收入《续修四库全书》子部·杂家类·1172，第296页。

② （清）王同：《唐栖志》卷一《图说》，台北：文海出版社，1974年，第13～14页。

③ （清）郑沄修、邵晋涵纂：《（乾隆）杭州府志》卷五《市镇》，收入《续修四库全书》史部·地理类·701，第236页。

④ （清）王同：《唐栖志》卷三《桥梁·德清陈霆撰唐栖镇通济桥碑记》，台北：文海出版社，1974年，第99～100页。

⑤ （清）王同：《唐栖志》卷十八《纪风俗》，台北：文海出版社，1974年，第1033页。

⑥ 范金民、夏维中：《明清徽州典商述略》，收入安徽大学徽学研究中心编：《徽学》（第二卷），合肥：安徽大学出版社，2002年，第135页。

徽商在杭州开典设铺的行为提出异议，认为“贫者生业已尽，去为人仆，富家鬻产，十室而九，由是四境之利归于当铺”。[①] 认为富商坐享厚利，杭州居民屡受灾难。

而“徽州朝奉”一词，随着徽商经营的踪迹扩至全国各地。朝奉本来是徽州方言对富人和经商者的称呼，后延伸成为对徽商经营典当业者的称谓，“徽州朝奉”逐渐成为当铺掌柜的代名词。

后人对“朝奉”一词的由来多有讨论。清代休宁出身的学者赵吉士认为：“宋时有朝奉郎之官。太祖初定，徽民迎之者，皆自称曰朝奉。太祖曰：多劳汝朝奉的。至今休歙犹沿其称。”[②]这说明宋代已有朝奉的官名。徽州出身的清代黟县学者俞正燮也曾言：“徽州人称朝奉，读书人多笑之。按《宋史・职官制九》云，朝奉郎员外，则朝奉即员外阶。《夷坚志》称富人为员外，言赐爵，不在正员。古有赐复，有赐爵。朝奉者，赐爵阶也。”虽然是在宋朝的正额之外，朝奉得以被朝廷赐爵阶，也含有富人之意。此外，俞正燮也以为徽州人多延续自唐宋时期的旧家大族，“朝奉”“孺人”属于古语用法仍未改变，非徽州地区者所不知。他引用方回的《桐江集》中“呼予老朝奉者”诗，再次说明宋代已使用朝奉的称谓。[③]

清朝学者梁章钜在《称谓录》中对于朝奉的说明，甚为完整清晰：

> 《宋史・职官志》：朝奉大夫从六品；朝奉郎正七品。吕种玉《言鲭》：徽俗称富翁为朝奉，亦有出，汉有奉朝请，无定员，本不为官位。东京罢省，三公、外戚、皇室、诸侯、多奉朝请者，逢朝会请召而已，退之、东坡并用之，盖如俗称郎中、员外、司务、舍人、待诏之类。翟灏《通俗编》：《史记・货殖传》秦皇令乌氏倮比封君，以时与列臣朝请，

① (明)陈善等修：《(万历)杭州府志》卷十九《风俗》，台北：成文出版社，1983 年，第 1367 页。

② (清)赵吉士：《寄园寄所寄》卷十一《泛叶寄》，合肥：黄山书社，2008 年，第 881 页。

③ (清)俞正燮：《癸巳存稿》卷四《朝奉》，收入《续修四库全书》子部・杂家类・1159，第 681～682 页。

朝请之制，秦已有之。今徽贾假此称谓，虽属窃冒官阶，要亦慕乌倮之为货殖雄也。方回《桐江集》，村路有呼予老朝奉者，作诗云，谁忽呼予老朝奉？须知不是赝称呼。徽、严间之习为此称久矣。案在宋为官，今为掌质库之称。[①]

由此可知，朝奉为旧时官制之一，而在徽州俗称中将富有人士称为“朝奉”。此外更以翟灏《通俗编》说明徽州商人为了表达对著名的商业奇才乌氏倮的敬仰，遂以“朝奉”自称，但随着明清徽商典当事业的扩展，“朝奉”即成为徽商典当业经营者的代名词。清代时人程趾祥直言“近来业典当者最多徽人，其掌柜者则谓之‘朝奉’”。[②]

近代知名学者胡适先生在他的自传中也对徽州朝奉提出解释：

徽州人另一项大生意便是当铺，当铺也就是早年的一种银行。通常社会上所流行的“徽州朝奉”一词，原是专指当铺里的朝奉来说的，到后来就泛指一切徽州士绅和商人了。“朝奉”的原意本含有尊敬的意思，表示一个人勤俭刻苦，但有时也具有刻薄等批判的含意，表示一个商人，别的不管，只顾赚钱。[③]

综上所述，徽州商人之所以能执明清典当业之牛耳，可能因为单一典的资本额雄厚，也有可能一人拥有数个典至数十典。[④] 首先，徽州商人抓住了历史契机，中国典当业发展到明朝出现了一个非官商化、非寺院化的民间商业化阶段；其次，就政治层面而言，国家政策的转变对于典当业来说始终是利多于弊；再次，明清时期白银货币化和商品经济的繁荣更对徽商和典当业的

① （清）梁章钜：《称谓录》卷二十八《朝奉》，收入《续修四库全书》子部·类书类·1253，第588～589页。

② （清）程趾祥：《此中人语》卷三《张先生》，收入《笔记小说大观》第6册，台北：新兴书局，1973年，第4页。

③ 胡适口述、唐德刚译注：《胡适口述自传》，台北：远流出版社，2010年，第23页。

④ 范金民、夏维中：《明清徽州典商述略》，收入安徽大学徽学研究中心编：《徽学》（第二卷），第132页。

发展具有推波助澜的关键性作用。于此三者之外，恐怕更不能忽视徽商背后宗族组织的力量。

一、黟县宏村汪氏

杭州典商中徽商宗族的兴起与发展，兹根据《汪氏小宗谱》《汪氏振绮堂宗谱》和《平阳汪氏九十一世支谱》，以黟县宏村迁杭汪氏为例，说明宗族如何在迁居地杭州稳定根基与扩展典业的势力。

黟县宏村汪氏，其先祖于北宋时期由歙县唐模迁居黟县北乡的祁墅，后遇南宋建炎变乱，再迁徙至宏村定居，渐发展成为望族。[①] 明朝万历年间，宏村汪氏所属世系二房周晟公下支第八十二世汪元台，因业盐于浙，便偕其妻叶氏举家迁往杭州。[②] 于前述盐业类别的徽商相同，汪氏族人皆致力于浙盐的经营，"利广而用繁，且日与官为市"，贸易对象广泛，除一般平民百姓之外，也与官方交易，获利甚丰，汪元台后更偕其两子汪宗缙、汪宗绅共同业盐，家业丕振。[③]

其后传至汪元台之孙第八十四世汪时英，原本致力于业盐的汪氏，家业出现一大转折。[④] 汪时英为汪宗绅次子，年少时习举子业，与其兄如珍同入

---

① (清)汪曾立纂修:《汪氏小宗谱·凡例》，光绪六年刻本，第2上页，载"仁雅公始迁黟邑祖""宋处士橗先公者重始迁黟北祖也"。汪大燮等辑:《汪氏振绮堂宗谱》卷一《世系》，第3下页;卷三《志乘》，第1上页。

② (清)汪曾立纂修:《平阳汪氏九十一世支谱·凡例》，第1上页，载"明处士文宇公者重始迁杭祖"。

③ (清)汪曾立纂修:《平阳汪氏九十一世支谱》卷上《传略》，第23上页。

④ 在卜永坚对宏村汪氏的研究中，以同属迁杭汪氏第八十四世成员之一汪兆璋(肇璋)为研究中心。汪兆璋初任两淮泰州分司的运判，后转升广东盐课提举司。虽然卜永坚认为由于史料方面的局限，无法确知汪兆璋及其叔伯兄弟之间是否有就盐业问题进行联系和协商，但家族中有人任职于盐政衙门，至少会对家族成员进行盐业买卖有所帮助。见卜永坚:《盐商·盐官·宗族——以黟县弘村汪氏宗族为中心》，收入安徽大学徽学研究中心编:《徽学》(第四卷)，第113～122页。但他却忽略家族中同样自第八十四世成员之一的汪时英开始，选择从盐业转进经营典当业的情形。

钱塘县学,遂移籍杭州。[①] 其后时英稍长,至康熙年间仍承袭先业,经营盐业,家居处世仍遵从祖意,勤俭持家,"以约不以侈,以勤不以怠"。[②] 但经营浙盐日久,有感于经理盐业日用费繁,惟恐其后子孙渐习奢侈之气,便"以盐务习气重,遂弃盐而以当业资生"。[③] 原本经营盐业的汪氏家族,迁杭后发展至康熙朝,第八十四世汪时英便挟先祖业盐所得之丰厚底业,大举转进杭州的典当业。

汪时英育有四子,依序为汪镇、汪浚、汪标、汪焕。汪镇本为汪时英的长子,后因长房汪如珍早逝无后,汪镇便承嗣长房。汪镇自幼聪慧,天赋异禀,"未弱冠补诸生",然未往举业发展,盖汪时英其他三子皆早逝,汪镇"析义利,临事会如斩乱丝,盘错无以杂",汪时英遂带领汪镇在身边以承袭典业,"遇事必呼以为助"。[④] 传至第八十七世的汪光豫,已是汪氏元台家族迁杭后第六代孙,经过百余年的努力,"历代勤俭积累,颇以富著,有关、汪、孙、赵之称"。[⑤] 盛清时期汪氏家族已跻身杭州商界四大富室之列,原本以贩盐而迁居杭州的汪氏一族,因盐业获利得以积存家产,康熙年间转营典当业,同样获得傲人成绩,使家族资产再创高峰。

典当业自康熙年间起遂成为汪氏传袭的家业,迁杭后又历经百年繁衍,子息分支甚多,清中叶传至八十九世汪汝瑮与汪璐,二人更竭力于典当业的经营。汪汝瑮少时习举子业,曾有经世之志,但家族内外大小倚为家督,"始辍举子业,专修门内之事"。又汪璐也曾补博士生弟子员,但家巨事百,遂与汪汝瑮一同投入典当业,"擘画之余,贿不玷精"。[⑥]

汪氏家族因人口剧增,至嘉庆年间时家用日繁,子孙析产后财富不断减少。以汪璐之子汪诚为例,家资已不及十万,而汪诚育有六子,大环境虽不利

---

① (清)汪曾立纂修:《汪氏小宗谱》卷四《记》,光绪六年刻本,第 3 上页。
② (清)汪曾立纂修:《汪氏小宗谱》卷五《传略》,光绪六年刻本,第 4 上页。
③ 汪诒年纂辑:《汪穰卿先生传记》,北京:中华书局,2007 年,第 13 页。
④ 汪大燮等辑:《汪氏振绮堂宗谱》卷三《志乘》,第 17 上页。
⑤ 汪诒年纂辑:《汪穰卿先生传记》,北京:中华书局,2007 年,第 13 页。
⑥ 汪大燮等辑:《汪氏振绮堂宗谱》卷三《志乘》,第 19 下、20 下页。

典当业的经营，但汪诚仍坚守以此为传世家业，尝嘱其子说："我们人家除开当外别无一事可做，但我识见卓定，无人向我引诱。汝年轻心活，必有人向汝引诱，或诱汝做别样生意，说得天花乱坠；或诱汝囤何物，说得赚钱数倍。此等说话，断断不可理他。"[①]汪诚辞世前，家产积累增至四十万。

汪诚长子汪远孙承接父业，坚守遗训，"内办婚嫁，外接宾友"，踏实经营，使家产再度累积，"富名大著"，赢得"汪百万"之美名。后传至第九十二世时，子孙倍增，"资产以分而见少，计彼时每房所得产业不过数万"。家族拥有的两处当业中，临平当业受盗匪所劫，损失本金与赔款不计其数，对汪氏家族更是雪上加霜。文泰当业则受韩姓管事所蒙蔽，长久经营已将当本亏蚀，致使汪氏家族的景况大不如前。[②] 咸丰年间，杭州城遭受太平天国两次兵燹，族人或罹难或四处逃散，对于汪氏家族更是致命一击。

就经营典当业的商业资本条件而言，相较于其他行业，徽商若欲投身典当业，势必持有一定且为数不小的资本额度，故徽商通常在商业活动中累积了一定的财富后，利用经商的利润盈余转营典当业。徽州典当业的起步在很大程度上寄生于其他行业。[③] 黟县宏村迁杭汪氏汪元台这一家族便是一典型案例。汪氏最初因经营盐业之需而迁居杭州，后经由子孙的努力，汪氏一族由原先的客居转而入籍杭州，于康熙年间汪家第八十四世汪时英起将其父祖经营浙盐所得利润，转化为投资经营杭州典当业的雄厚资本，致使汪家名列杭州"四大富室"之一。

二、歙县瀹潭方氏

通过明朝徽州人方承训所撰之《复初集》记载，可略知歙县瀹潭方氏一族（附录一）于开封、杭州等地的经商概况，了解徽商家族如何以血缘为中心发

---

① 汪大燮等辑：《汪氏振绮堂宗谱》卷四《遗训》，第 20 上页。

② 汪诒年纂辑：《汪穰卿先生传记》，北京：中华书局，2007 年，第 15、17 页。

③ 范金民、夏维中：《明清徽州典商述略》，收入安徽大学徽学研究中心编：《徽学》（第二卷），第 129～138 页。郑小娟、周宇：《"蓄水"、"反哺"和"信息终端"——略论徽典对明清徽商集团发展壮大的三个基本功能》，载《安徽大学学报（哲学社会科学版）》，2009 年第 1 期。

展商业网络，及与杭州典当行业的互动情状。[1] 歙县瀹潭方氏先祖遭逢靖康之变，始祖方子华自瀹川井坞徙居歙县瀹潭北涯。[2] 明朝成化到嘉靖年间，方承训的从伯祖——方廷珂和方廷贵两兄弟外出经商，为瀹潭方氏宗族发展的重要转折点。[3] 他们出生在务农家庭，廷珂幼年即精算数，成年后"持单钱小试贾，即能蕃息子钱"。初试小笔生意的成功，激励他出贾于吴、越、淮、汴等地的想法。最初苦无本金，便"称贷五十金出贾"，经商过程不甚顺利，多次获利甚微，"称贷如初，又复子钱鲜少，不利贾。又复归称贷，辄不利，辄称贷，盖十余载往矣"。虽然经商屡屡受挫，廷珂仍坚持不懈，认为巨富恒晚成，良贾不始利，遂反复称贷出贾，终于在中年发家致富，"年四十余，复称贷百金往贾，辄贾辄力。不三年，发家数百金"。发家后，他不再游移各地买卖，却依然复称贷百金，致力出贾于汴上，六十多岁时已成为家财万金的巨贾，"不数年，发家千金；又不数年，饶盈万金"。[4] 其经商所累积的资产，堪称歙南首屈一指的富有之家，"雄资冠邑之南，及邑西称巨富者不公过也"，[5]可与歙西一带的富商巨贾并驾齐驱。

其弟廷贵成年后，追随廷珂脚步出贾淳安，"淳安长者俱与公交"。虽然如此，他却未在淳安久待，将在淳安经商所得之利润转贾于吴、越和汴上。五十岁后便回归瀹潭，不再远贾，"计与锱铢利市，已老白首，犹然无宁日"[6]。

---

① 此处讨论内容仅就(明)方承训:《复初集》收入《四库全书存目丛书》集部・别集类・187－188 中所载瀹潭方氏出贾开封，从而显现出家族血缘间相互提携的过程与方氏家族在杭州的经商概况。对瀹潭方氏一族有其他层面的讨论，可参考谢欣:《〈复初集〉徽商现象研究》，载《安徽广播电视大学学报》，2009 年第 1 期。谢欣:《论〈复初集〉的徽州地域文学色彩》，载《黄山学院学报》，2009 年第 1 期。王振忠:《徽州社会文化史探微:新发现的 16－20 世纪民间档案文书研究》，第 20～92 页。

② (明)方承训:《复初集》卷二十二《寿从叔景宜翁七十序》，第 96 页。

③ (明)方承训:《复初集》卷二十七《从伯祖寿官廷贵公二孺人合葬墓志铭》，第 140 页载"公嘉靖戊午岁卒，享年八十有九"。

④ (明)方承训:《复初集》卷三十一《从伯祖廷珂公传》，第 179～180 页。

⑤ (明)方承训:《复初集》卷三十一《从伯义士起公传》，第 186 页。

⑥ (明)方承训:《复初集》卷二十七《从伯祖寿官廷贵公二孺人合葬墓志铭》，第 139～140 页。

世代务农的瀹潭方氏族人中，方廷珂和方廷贵两兄弟为最早外出经商者，他们经商致富的成功经验，为族人开启新的谋生思路，吸引着为数不少的族众竞相走上出外经商的道路。其中方廷珂扮演了相当重要的角色，对于族中欲从事经商的子弟，皆有提携，不遗余力，“凡族中子姓稍习贾者，悉携汴上偕贾，携济几百家，悉起家千金”。此外，对于贫困的族人也多伸以援手，每年夏秋之际，“以母钱贷族邻贫乏”，逮冬之时仅收回母钱而不计较利息，年年如此，利济全族。①

生活在嘉靖到万历年间的方承训，②对于自己的家世也多有记载。自高祖谦童公、曾祖社员公、祖父聪公皆以力田务农为其本业，但至方承训之父方太乙时，“新安寡田，咸以服贾代菑畬”，徽州出外经商的风气日盛，遂“公矜矜微具资斧，偕从伯祖廷珂公贾汴上，起家数千金。阖门诸昆弟子姓竞偕受贾，贾子钱，间加公数十倍”。③ 又方承训之叔父方太二（父方太乙之弟）则服贾武林，经商所获利润甚丰，“商贾利又无与拟”，且太二因其业在武林，亦卒于武林。④ 关于方承训的家世背景，我们可知其父祖辈以务农维生，至其父亲方太乙、叔父方太二一代转而远贾经商，出贾之初深受其从伯祖方廷珂协助，当他们生意步上轨道时，也同样致力于提携族中子弟出外经商。祖母姚氏因家产日渐富饶，“族里贫剧妇，往往叩大母贷母钱”，⑤姚氏感受其生活艰辛欣然贷出，并不去计较子钱的多寡，此时方家已成家产万金的富饶之家。

从方承训所记载瀹潭方氏经商的内容中，大抵可以梳理出其族人经商的聚集地点主要是在汴上（开封）和武林（杭州）。方廷珂为方氏家族最早在汴上经营商业者，为数众多的族中子弟也跟随他的脚步，前往汴上经商。方起为方廷珂次子，家业传到方起时，更为兴盛，“贾所盈万金，且倍四五”，协助方

---

① （明）方承训：《复初集》卷三十一《从伯祖廷珂公传》，第 179 页。

② （明）方承训：《复初集》卷二十七《先大母墓志铭》，第 137 页记载“嘉靖庚子又七月十一日卒，享年六十有六，是时余年十四矣”。

③ （明）方承训：《复初集》卷二十八《先君状》，第 143 页。

④ （明）方承训：《复初集》卷二十八《叔父状》，第 149 页。

⑤ （明）方承训：《复初集》卷二十七《先大母墓志铭》，第 137 页。

起处理汴上商业所得利润的辅助者，便几近两百人，“佐贾几二百人，人各尽其能，效其力”，[①]体现出商业经营之庞大。方起的长子方镃，成年后也追随其父祖出贾汴上，不到数个月便熟悉汴上事务，“及老于贾者皆推让长公，谓长公不苛细，无童心。凡来汴市错货，咸趋长公肆。长公善服人，人以故归之，卒踵珂公迹不异”。[②]

除方廷珂三代积极经营汴上之外，许多方氏族人也先后来到汴上经商。方景用，承训之从叔，其父竹庵公发家时“仅中人数十家之产”，约略不过几百金，[③]而景用遂与从伯方廷珂游淮、汴，“子钱缗踰万金”。[④] 方景仁，承训之从伯，成年后因为喜爱经商，便跟随从叔父方廷珂于汴上经商，因为他识大体“不兢锱铢，四方辐辏争趋公所”，数十年间，已起家几万金。又与承训之父方太乙同贾，“曹偶或不给，公辄出己有佐之，佣值间莫能充赍用，公亦以己财足之，伙侪感激咸不兢”，而方氏在汴上的经商规模已渐稳坐龙头地位，“汴上雄贾肆，称方氏魁诸市矣”。[⑤] 承训从叔方太齐，“弱冠，同于先君贾汴上，肆莫能与公伯仲”。[⑥] 从叔方太礼，“与先君同贾汴上”，为人方正质朴，汴上之人皆争相与之生意，“以故每岁子钱倍他肆什二”。[⑦] 还有从叔方时清、从兄方作、从弟方美和方良材等族人也逐一致力于汴上商业的经营。[⑧]

从方承训所载内容可推知，自成化至万历年间，方氏家族的商业触角已伸至杭州，并蓬勃发展。方录，承训之从叔祖，于杭州开设酒馆业，声名享誉

---

① (明)方承训:《复初集》卷三十一《从伯义士起公传》，第 186 页。

② (明)方承训:《复初集》卷三十二《从兄镃长公传》，第 194 页。

③ (明)方承训:《复初集》卷三十一《从伯祖廷珂公传》，第 179 页载“五十金，中民五家之产也”。

④ (明)方承训:《复初集》卷二十二《从叔景用翁七十寿序》，第 97 页。

⑤ (明)方承训:《复初集》卷二十八《从伯景仁公状》，第 144 页。

⑥ (明)方承训:《复初集》卷二十八《从叔太齐公状》，第 151 页。

⑦ (明)方承训:《复初集》卷二十八《从叔太礼公状》，第 154 页。

⑧ (明)方承训:《复初集》卷二十九《从兄作公状》，第 166 页载“携资游淮汴”；卷三十《从叔时清公状》，第 175 页载“从兄弟贾汴上”；卷三十二《从弟美君传》，第 196 页载“同从兄贾汴上”；卷三十二《从弟良材君传》，第 197 页载“贾汴上，盈饶致数千金”。

各地。二子方时济和方时清更克绍其裘，继承父业，使家业愈益昌盛，“迈迹起家数千金，族中业佥无能出其右者”。[①] 至第三代方良材，承训之从弟，不再承袭自家的酒馆业，转而前往汴上经商，“盈饶致数千金，且倍获醴钱矣”，[②]从中所得利润更甚其往昔家业营商所得，可推知方良材生意规模之庞大。

由前节论述可知，浙盐的经营对杭州徽商而言，重要性不言而喻。活跃于杭州商场的方氏家族当然也不例外。方松、方朴兄弟，承训之族兄，其祖父崛起“出贾浙武林盐策，发家数千金”，业盐所得收益，“饶盈数世”。后祖父年老，白首家居，兄弟俩遂转而将业盐所得借贷收息为生。[③] 方震，承训之族兄，以良农起家，“于中人数十家产”，约为数百金。其父方天斌中年时，崛起出游武林，而“武林盐策贾所聚也，邑富贾与天斌公同舍，倚公事，逐大奇之”，天斌岁同业盐，起家千金。方震承其父业，“凡坐浙中盐策，皆莫公逮矣”，起家万金。[④]

方世良，承训之族叔，甫成年便协助其父亲经商，其后贾米数百石于武林，“浮市河日夕谈咲饮酒与同事者相娱乐”。又因世良经商对商品定价与商业趋势有自己独特的见解，“不数年起家至千金”，甚至到了老年，依旧为许多商人所欲争相咨询的对象。[⑤] 方美、方燮，承训之从弟，两兄弟早先同族兄贾汴上，其后转而坐贾武林，于武林的生意“业骎骎起，所入子钱逾寻丈远甚”。他们以整体利益为重，从不计较锱铢琐屑，兄弟俩置产必相为业，业无独私，而“汴、上武林贾获子钱蓄息，卒莫能出伯子（方美）右者”，起家数千金，且因久居武林，也购置花卉亭池，娱乐其中。[⑥]

---

① 方录在杭州开设酒馆业之始末，将于后文详加述之。（明）方承训：《复初集》卷三十一《从伯祖录公传》，第180～181页；卷二十九《从叔时济公传》，第162～163页；卷三十《从叔时清公传》，第175～176页。

② （明）方承训：《复初集》卷三十二《从弟良材君传》，第197页。

③ （明）方承训：《复初集》卷二十九《族兄松公状》，第163页；卷三十《族兄朴公状》，第176页。

④ （明）方承训：《复初集》卷三十《族兄震公状》，第177页。

⑤ （明）方承训：《复初集》卷二十八《从叔世良公传》，第147页。

⑥ （明）方承训：《复初集》卷三十二《从弟美君传》，第196页。

除自家族人外，方承训也提及同乡邻里在杭州经商的情况。歙县漳潭人张泽，“先世受什一以田饶裕”，其后张泽崛起出贾于武林、淮、汴，逮少壮时已起家千金，50岁之后便专门坐贾武林，“拈财货浮迅汴上，乃起家万金”。[①]歙县新城人汪烨，自曾祖父起世贾浙盐，经营浙盐所累积的家产，称雄新城，又“衺广厦宇，父叔咸借爵，即新城诸巨室弗逮也”。[②]歙县县城人汪文选，原以务农为业，后出贾武林、汴上，“起家数千金”。[③]

明朝成化至万历年间，于杭州经商为业的瀹潭方氏族人为数不少，承袭父祖之业的例子也屡见不鲜，其中不少家业所得皆累至千金甚或万金。面对如此庞大的家产，不少族人选择以借贷生息来作为守成的方法。方震虽承父业，也愈益修息，“大蓄母子钱利，起家万金”。[④]方良材虽未承父祖之业，却也以其所得为出贾汴上资本，但经商所得则已然远超其父，而“族人多贷君母钱，母钱迄后子钱无所偿，或并母钱无归，坦如也”。[⑤]同乡之人汪文选也以所得出贷母钱，更直言“郡中富室皆靡然向风慕效矣”，[⑥]这些清楚地说明，当时将经商所得投入借贷生息的行业已在歙县巨商富贾之间蔚为风气。方松和方朴也以祖父业盐所得收益，坐贷母钱，“不服贾而膏腴给资用矣”，且其善于经营修业，对于放贷利息并未锱铢计较，如此更让其声名大噪，“絜以故遐迩称贷钱母者益愈繁”，而复归利息者也日益繁多，致使两兄弟已经不用再经营他种行业，仅以借贷生息便让家产日益丰足，更胜往昔。虽然方承训认为，“以逸享逸，殆亦天授，非人力也”，[⑦]但方松和方朴兄弟之例，正是将父祖经商所得转投借贷生息行业中的范例。

---

① （明）方承训：《复初集》卷三十三《张处士传》，第210～211页。

② （明）方承训：《复初集》卷三十三《江处士传》，第221页。

③ （明）方承训：《复初集》卷三十一《于潜令汪公传》，第183页。

④ （明）方承训：《复初集》卷三十《族兄震公状》，第177页。

⑤ （明）方承训：《复初集》卷三十二《从弟良材君传》，第197页。

⑥ （明）方承训：《复初集》卷三十一《于潜令汪公传》，第183页。

⑦ （明）方承训：《复初集》卷二十九《族兄松公状》，第163页；卷三十《族兄朴公状》，第176页。

第三节 木材贸易与晚清茶业

一、杭州与徽商的木材贸易

木材贸易对于徽商而言也是重要的主业之一。南宋时期徽商已经营木材生意,《新安志》记载“民以茗、漆、纸、木行江西,仰其米自给”。[①]“(休宁)山出美材,岁联为桴,下淛河,往者多取富”。[②] 徽州地处皖南山地丘陵区,气候属亚热带湿润性季风气候,雨量丰沛,夏季无酷暑,冬季无严寒,适合多年生的林木生长,林木资源丰富,“大抵新安之木,松、杉为多”。[③] 下淛河的美材之中,正是“大抵松、杉为尤多”。[④]

徽州下辖的六邑歙县、黟县、祁门、绩溪、婺源、休宁县中,位于徽州府西南区的婺源,为林木资源储藏量最大之区。虽然土田贫瘠不利于农业发展,但徽州人深深懂得通过掌握林木资源的优势来弥补农业的不足,靠山吃山,倾力发展木业,“以其杉桐之入,易鱼稻于饶,易诸货于休”。[⑤] 出外经营木业的徽商中,虽然六邑皆有,然以婺源商人的人数最多,势力最为强大。方志言:“婺源贾者率贩木。”[⑥]“山林之利,我婺独擅。”[⑦]

南宋四大家之一的范成大,停留于严州时,曾提及休宁山中宜杉,“土人

① (南宋)罗愿:《新安志》卷一《风俗》,收入《景印文渊阁四库全书》史部第485册,台北:台湾商务印书馆,1983年,第5下页。

② (南宋)罗愿:《新安志》卷一《风俗》,收入《景印文渊阁四库全书》史部第485册,台北:台湾商务印书馆,1983年,第5上页。

③ (清)陈梦雷原编、蒋廷锡等撰:《古今图书集成》卷二百六十一《草木典》,台北:文星书局,1964年,第454页。

④ (南宋)罗愿:《新安志》卷二《木果》,收入《景印文渊阁四库全书》史部第485册,台北:台湾商务印书馆,1983年,第8上页。

⑤ (清)俞云耕等修:《(乾隆)婺源县志》卷四《风俗》,台北:成文出版社,1985年,第364页。

⑥ (清)俞云耕等修:《(乾隆)婺源县志》卷四《风俗》,台北:成文出版社,1985年,第356页。

⑦ 张海鹏、王廷元主编:《明清徽商资料选编》,合肥:黄山书社,1985年,第10页。

稀作田，多以种杉为业”，又杉树属于容易长成的树种，所以取之难穷。“出山时价极贱，抵郡城已抽解不赀，比及严，则所征数十倍。严之官吏方曰：吾州无利孔，微歙杉，不为州矣”。由此可看出，徽州从事木业生意的人数和自徽州输出杉木的数量众多，杉木税甚至成为税收的主要依靠。但范成大也感叹最初于徽州所砍伐的木材“或不直百钱，至浙江乃卖两千，皆重征与久客费使之”。[①] 徽州木商的发展直至明清时期仍十分发达，杉木更因为树干整齐端直又易生长的优点，成为中国南方常用的建材树种之一，其中“徽州婺源者质最坚，自栋梁以至器用小物，无不需之”。[②]

明中叶以降，商品经济的发达与货物流通的扩大，拓展了徽商贸易的范围，而木商活动也出现了新的发展，并非仅局限于徽州本土，更踏入国内许多重要的木材贸易市场。根据众多史料来看，木商已东走浙江淳、遂、衢、处，南下闽、广，北上河套，还溯长江西行，远涉江西、湖广、四川、贵州。[③] 徽州的杉木“以三十年为期乃可伐”，[④]也就是大抵上以三十年为一伐，称为“拼山”，木商们拼山贩木随着自然周期而有一定的季节性与规律性，经由栽植管理、拼山砍伐、保管运输和跨区销售等过程，他们多半向拥有山场的乡民收购零星的木材或是深入山区买下山场。冬季时节雇一些木客伐木，刮皮分类，刮去树皮者称“白梢”，未刮皮者称“红梢”，风干月余之后开始一系列的后续加工，把数十根木材编排之后打上专属业主所有的印。[⑤]

到了来年的五六月，梅雨季节来临，江水高涨，木商们编排适当的木排经各式水路顺流而下，是故“徽处万山中，每年木商于冬时砍倒，候至五六月，梅水泛涨，出浙江者，由严州；出江南者，由绩溪顺流而下，为力甚易”。[⑥] 新安

---

① (南宋)范成大：《骖鸾录》，收入《丛书集成新编》史地类第94册，台北：新文丰出版公司，1985年，第44页。

② (明)陈继儒辑：《致富奇书》卷一《谷部蔬部木部果部》，见《中国基本古籍库》，第12页。

③ 唐力行：《明清以来徽州区域社会经济研究》，合肥：安徽大学出版社，1999年，第175页。

④ (明)汪舜民：《(弘治)徽州府志》卷二《食货》，见《中国基本古籍库》，第80页。

⑤ 王珍：《徽州木商述略》，载《徽州社会科学》，1991年第2期。

⑥ (清)赵吉士：《寄园寄所寄》卷十一《泛叶寄·杂纪》，台北：广文书局，1981年，第10页。

江为徽州水系主干，沿新安江顺势东下可直抵杭州，也有由绩溪境内顺流而下。所以徽州的木材多通过新安江、富春江、钱塘江等支流运出，而后分销各地，又或将从国内其他地区收购采伐而来的木材沿长江集散到江南地区。

如此繁复费时的过程，对于徽州木商的资本是一大挑战，方志更直言“木商以其赀寄一线于洪涛巨浪中”。[①] 为了解决木材在运输过程中分散的难题，婺源木商程文昂发明了以竹制造而成的篾缆，“以竹制缆，创自巧思，牢固异常，人利赖之”，[②]利用竹制篾缆捆绑木排，增强牢固性，使木排放于江河之中不易受外力冲散，大大降低木商在运输木材过程中可能遭遇到的资本损失，嘉惠众多木商。

江南地区位处长江中下游平原，尤其是杭嘉湖地区地形地貌多平原多水，区域内的木材储藏量甚少。随着城镇化的日益勃兴，手工业日渐发达后，不论是在政府修筑工程、手工业所需的生产用具、造船产业、民居建筑等都需极多的木材。明清人口数量的增加，居室建材对于木材的需求量和质量的要求都不断增多，以杭州府所辖范围而言，除了境内西边的于潜县和昌化县之外，其他地方几乎甚少自产木材，因而十分依赖外地的木材。

由前章所述可知，杭州城南的凤山、候潮门，就是由钱塘江水系运送而来的木材的必经之路。由外地运输入城的木材大多数都先聚集在江干，之后再向北继续运入杭州城，乃至于江南各地。《松窗梦语・商贾纪》谓“米资于北，薪资于南”，《广志绎》也言“城中米珠取于湖，薪桂取于严”，[③]清人厉鹗曾引《二老堂杂志》说明“严陵、富春之柴，聚于江下，由南门而入”。[④] 杭州民间俗谚中流传着“金江干，银湖墅”，不仅点出江干一地对于杭州城木业的重要性，也说明杭州南柴北米的供给结构特征。

以杭州城各种民居、商业用途的建筑为例，以竹木为建筑用料占地少，砖

---

① (清)俞云耕等修:《(乾隆)婺源县志》卷四《风俗》，台北:成文出版社，1985年，第356页。

② 张海鹏、王廷元主编:《明清徽商资料选编》，合肥:黄山书社，1985年，第180页。

③ (明)王士性:《广志绎》卷四《江南诸省》，北京:中华书局，1981年，第69页。

④ (清)厉鹗:《东城杂记》卷上，收入孙忠焕主编:《杭州运河文献集成》第二册，杭州:杭州出版社，2009年，第449页。

料则占地多，故自南宋时杭州城的建筑已是“宫室宗庙多用木饰”，沿至清代仍是“计一室所用，其为砖埴之工者，止瓦椽数片耳”，竹木的使用量一直居高不下。[①] 以竹木为建筑用料却给杭州城带来火灾隐患，自南宋以来火灾便已成为城市的隐忧，明朝钱塘人田汝成曾对杭州多发火灾的原因进行过研究，他认为其一便是“板壁居多，砖垣特少”。[②]

清朝毛奇龄也曾详细地分析当时杭州的居住条件，以建筑材料来看，杭州城：

> 兼用竹木，自基壂以致梁栭、栋柱、櫋阁，无非木也。而且以木为墙障，以竹为瓦荐，壁夹凡户牖之间，牖用棂槅以笆护，墉以篱层层里饰，非竹则木。……居民皆编竹为壁，久则干燥易于发火，又有用板壁者。夫竹木皆酿火之具，而周回无墙垣之隔，宜乎比屋延烧，势不可止，此事理之必然。[③]

民间小说也记载“杭州多火从来如此，只因民居稠密，砖墙最少，壁竹最多”。[④] 由此可见，杭州城依赖由境外输入的木材数目实为可观。

除了住宅和商业店铺需要木材作为建料，明清江南的造船业发展迅速，也急需大量木材。自明中叶到清中叶二百多年间，长江三角洲的沙船数量增加了四倍之多，这些沙船都是在江南一带建造的。除沙船外，江南所造之船还有海船、漕船、兵船甚至渔船，这些船只的建造和维修所需的木材量甚为可

---

① (清)毛奇龄:《杭州治火议》，收入《丛书集成续编》第58册，台北:新文丰出版公司，1989年，第340～341页。

② (明)田汝成:《西湖游览志余》卷二十五《委巷丛谈》，台北:木铎出版社，1982年，第442页。

③ (清)毛奇龄:《杭州治火议》，收入《丛书集成续编》第58册，台北:新文丰出版公司，1989年，第349页。

④ 陈瑞芝:《杭州江干木行业的历史概况》，收入政协杭州市委员会文史资料工作委员会编:《杭州文史资料》(第二辑)，1983年，第101页。

观。[①] 此外，徽商在江南地区各种园堂馆所的建造，甚至生活中各式的家具器物的制作等，也需要为数不少的木材。于是江南地区成为木商主要的销售市场，也成为木材的集散之地。

徽州商人的传统经营方式约有五种，分别是走贩、团积、开张、质剂、回易，[②]其中木材商人的经营除了木行之外，几乎都是以第一类为主，没有固定店铺，多数在各地山林中穿梭往来，设法买进，然后销售至全国。贩木的模式不外乎贱买贵卖，利用商品在地区间的价格差距从中谋求利润。杭州的徽州木商为数不少，如叶明绣"尝贩木钱塘"，[③]黄义刚"少商木筏于杭、浙"，[④]汪任祖"业木吴楚间，渐有余蓄"。[⑤] 木材如同木商的资本，若在运输堆放木材的过程中稍有差池，判断失准，往往损失极大。例如木商叶明绣将木材堆放在钱塘，但"江潮骤至，漂木过半"，[⑥]因对潮汐的时间和位置没有充分了解，导致木材漂流。徽商沿新安江水顺流东下即达杭州，木商长途贩木的主要流向大多为"吴楚间""楚尾吴头"，也就是说徽商利用水路运木抵杭州集散后，有相当大的一部分沿着大运河北上江南地区的新兴市镇和商贾云集的城市，这都是徽州木商所能选择的最好买卖市场。[⑦]

木行主要是扮演着木材交易买卖中介者的角色，旧时称为"牙行"。杭州的木行大多设在杭州城南面沿江塘一带，面江靠河，照看水排和过塘运输较为方便，故又通称"塘店"。[⑧] 买货一方称为"水客"，卖木一方则为"山客"，山

---

① 张海鹏、王廷元主编：《徽商研究》，合肥：安徽人民出版社，北京：人民出版社，2010年，第261页。

② (明)张涛、谢陛纂修：《(万历)歙志》卷十《货殖四》。

③ (清)汪正元，吴鹗等纂修：《(光绪)婺源县志》卷三十三《人物·义行》，台北：成文出版社，1985年，第2558页。

④ 张海鹏、王廷元主编：《明清徽商资料选编》，合肥：黄山书社，1985年，第292页。

⑤ (清)汪正元，吴鹗等纂修：《(光绪)婺源县志》卷三十四《人物·义行》，第2672页。

⑥ (清)汪正元，吴鹗等纂修：《(光绪)婺源县志》卷三十三《人物·义行》，第2558页。

⑦ 唐力行：《明清徽州木商考》，载《学术界》，1991年第2期。

⑧ 陈瑞芝：《杭州江干木行业的历史概况》，收入政协杭州市委员会文史资料工作委员会编：《杭州文史资料》(第二辑)，第101页。

水客通过中间的木行联系谈生意，若一笔交易达成则木行从中可得 3%—5%的酬庸，这一方式自清乾隆朝起至新中国成立，皆无变易。[①] 在杭州最具规模和盛名的，便是在乾隆朝由徽州婺源商人江扬言所建立的位于候潮门外的徽商木业公所，“浙之候潮门外徽国文公祠，即徽商木业公所也”。后来扬言之子来喜又在江干购置沙地，“上至闸口，下至秋涛宫，共计三千六百九十余亩”，[②]供徽州木商堆放木材和储货交易之用，其他省份的木商不可过问和使用。

此外据《徽商公所征信录》中“代收沙粮、木捕”的总目表中，登录有同义兴、同茂兴、江同和、德昌隆、巽记、同懋、吴同大、裕大、同利兴、隆记、同日升、同福兴和生记等 13 个代表木行金钱收支往来的细目账册。沙粮是指木商每年向朝廷缴纳的“百余两之地粮”。[③] 木捕则是公所聘雇专门日夜巡查防护沙地的人员。[④] 公所更明文规定：“沙粮捐向章树价每百洋叁钱柒分伍厘，木捕捐每百洋事壹钱”。[⑤]

由《新安惟善堂征信全录》(附录二)中的捐输纪录可以发现，清朝光绪年间在杭州从事各行业的徽州商人向惟善堂捐输的堆金数据中，木行的数量依旧可观，例如有同茂兴、同利兴、洽兴源、同仁兴、钮德大、吴同大、程裕大、怡泰兴、王颐兴、洪大兴、怡同懋、裕大、同义兴、同日升、隆记、同福兴、同颐兴、裕大信记、新隆记、生记、同懋生记等 21 个代表经收的木行，而分别往这些经收木行缴纳堆金的商号明细，更为数可观。[⑥] 每年木业堆金捐输的金额，公

① 王珍：《徽州木商述略》，载《徽州社会科学》，1991 年第 2 期。

② 《徽商公所征信录》序，第 1 上页。

③ 陈瑞芝：《杭州木材业的内幕》，收入浙江省政协文史资料委员会编：《浙江文史集粹·经济卷》(下册)，杭州：浙江人民出版社，1996 年，第 138 页。唐力行：《明清以来徽州区域社会经济研究》，合肥：安徽大学出版社，1999 年，第 184 页。

④ 陈瑞芝：《杭州江干木行业的历史概况》，收入政协杭州市委员会文史资料工作委员会编：《杭州文史资料》(第二辑)，第 114 页。

⑤ 《徽商公所征信录》凡例，第 2 上页。

⑥ 《新安惟善堂征信全录》。

所也明文规定为"向章树价每百洋壹钱伍分"，[1]对惟善堂的经营资金筹募贡献不少力量。直到抗日战争前后，杭州一带仍有徽商经营的木行存在，如干吉、永安、三三、永丰、中孚、益生、三怡、东南等数十家。[2]

徽州俗谚中对盐商和木客有"盐商木客，财大气粗"的说法，[3]是指经营这两种行业的商人积聚了庞大的财富和相当的势力。而将此俗谚放置于杭州一带，并无相斥之处。虽然和盐商相比，木商较少依附于政治，但木业之于杭州徽商仍是重要的支柱行业，杭州也成为江南重要的木材集散和转运城市。

二、晚清杭州茶业

近人陈去病曾对徽州商业作一总结性的说明，提到"徽郡商业，盐、茶、木、质铺四者为大宗"，[4]盐业、典当业、茶业和木业为徽州商人热衷经营的四大主干行业。此看法目前已成为徽学研究者的共识。但四大行业的排序在不同的时段中有所变动。既有的研究显示，自明朝成化、弘治年间至清朝道光中叶，盐业占主导地位，但清朝道光年间"改纲为票"的盐法改革，使徽商在盐业经营上逐渐衰败。又自道光年间五口通商之后，茶叶外销的需求量大增。因为销售市场扩容，徽商茶业贸易再度兴盛，故自道光中叶至民国初期，茶业遂取代盐业，成为徽商行业中的主要力量。[5]

徽商茶叶贸易的重要运输路线主要有三条，分别是徽州至京津、徽州至广州和徽州至上海。茶叶的运输多以新安江水系的水路为主，其中从徽州至上海的水路，杭州为最重要的转继点。《士商类要》记有"徽州府由严州至杭州水路程"，又依《水程捷要歌》的记载，自歙县的渔梁坝上船，"一自渔梁坝，

---

① 《徽商公所征信录》凡例，第2上页。

② 王珍：《徽州木商述略》，载《徽州社会科学》，1991年第2期。

③ 王珍：《徽州木商述略》，载《徽州社会科学》，1991年第2期。

④ 陈去病：《五石脂》，南京：江苏古籍出版社，1999年，第326页。

⑤ 张海鹏、王廷元主编：《徽商研究》，合肥：安徽人民出版社，北京：人民出版社，2010年，第219～230页。

百里至街口。八十淳安县,茶园六十有。九十严州府,钓台桐庐守。橦梓关富阳,三浙垅江口。徽郡至杭州,水程六百走",①详细说明由新安江出徽州抵至杭州府沿岸的各节点位置。又杭州至上海的水路节点,众多关于水陆路程的书中皆有详细记载,自杭州钱塘江口出发,经"回回坟上夜航船,东新桥,沈塘湾,龙平山。长安坝换船,崇德县,石门(镇),皂林,斗门。嘉兴府,东栅(抳)口,七里桥。嘉善县,张泾汇,风(丰)泾,泖(柳)桥,朱泾,斜塘桥,松江府。泗泾,七宝(保),黄浦,上海县"。② 自道光中叶五口通商之后,这条由杭州转运至上海的路程便愈发重要,销往京津的内销茶,因海运开通多改由此道运往北方,而外销茶以往多长途贩运至广州出海,通商后则多转至上海的口岸出洋。③

故清代杭州为浙、皖、赣、闽四省茶叶的集散地。安徽、江西等地满载茶叶的船只沿钱塘江顺势而下至杭州,停留在杭州买卖和消费的同时,又经由大运河将各路茗茶转运苏州、上海等地,故杭州在茶叶市场上占有重要地位。在杭州的茶叶过塘行也逐渐兴起,其主要事务为负责茶叶运输。图 3-1 的牙帖为道光三十年(1850 年)浙江省布政使司颁发给杭州府钱塘县封引茶叶过塘行阎鹏九的营业执照,且阎鹏九的过塘行开在钱塘江边的美政桥,按规定缴纳税银后,便获此与营业执照具有相同功能的牙帖。

---

① (明)程春宇辑:《士商类要》卷一,见杨正泰撰:《明代驿站考》(增订本),上海:上海古籍出版社,2006 年,第 312 页。

② (明)程春宇辑:《士商类要》卷一,第 316 页。(明)黄汴:《一统路程图记》卷七《江南水路》,收入《明代驿站考》(增订本),第 278 页。(清)吴中孚:《商贾便览》卷八《天下水陆路程》,据乾隆刻本影印,第 24 页。

③ 张海鹏、王廷元主编:《徽商研究》,合肥:安徽人民出版社,北京:人民出版社,2010 年,第 240 页。

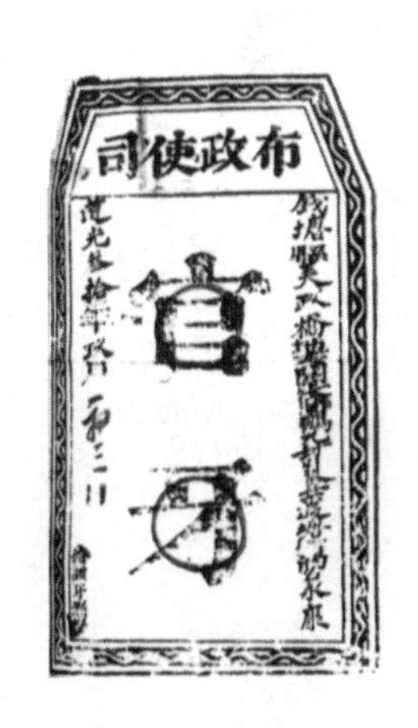

图 3-1　道光三十年(1850 年)杭州府钱塘县江干美政桥旁阎鹏九封引茶叶过塘行之牙帖
资料来源:赵大川:《杭州老字号系列丛书・茶叶篇》,杭州:浙江大学出版社,2008 年,第 207 页。

除过塘行的牙帖外,迄今也尚存不少过塘行的运茶清单和船票(见图 3-2、图 3-3 和图 3-4),[①]折射出这些过塘行历史之悠久和昔日借由新安江转运茶叶和商货的盛况。值得注意的是,又据《浙省安徽会馆录》收款明细可知,这些尚存牙帖、船票和运茶清单上的过塘行,有阎鹏九、余锦洲、曹泰来、何枢臣和何三房等商号,皆属江干茶商或杂货商,为徽州商人所开设。可见当时的茶叶贸易自收购、加工包装至转运,皆为徽商一手包揽。[②]

---

① 赵大川:《杭州老字号系列丛书》,杭州:浙江大学出版社,2008 年,第 196～201 页。
② 金曰修编:《浙省安徽会馆录》。(安徽大学徽学研究中心卞利教授藏)

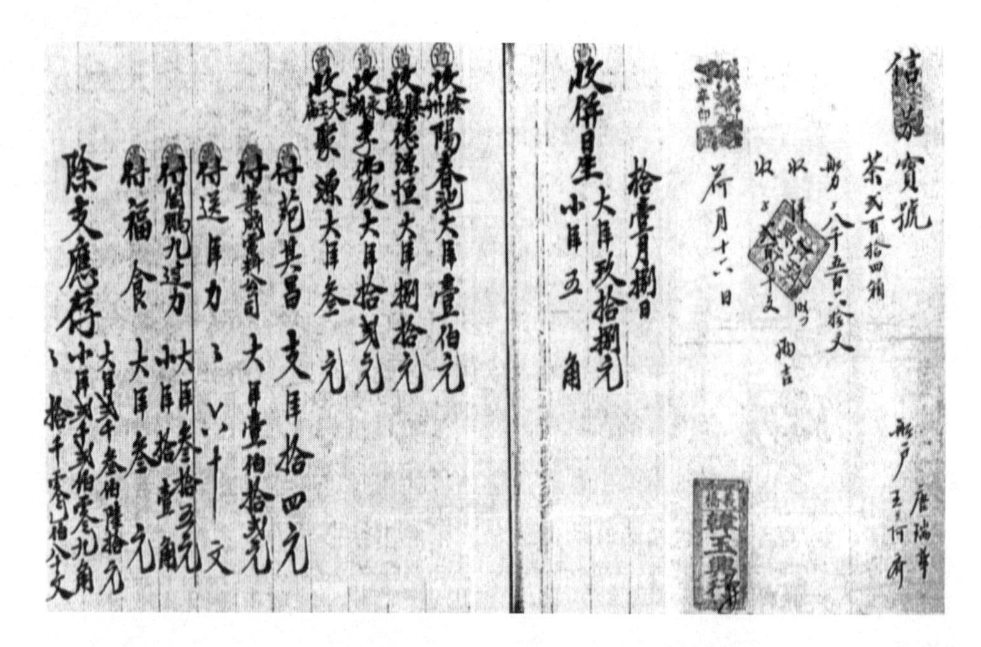

图 3-2　光绪十七年(1891 年)萧山义桥韩玉兴运茶清单

资料来源:赵大川:《杭州老字号系列丛书·茶业篇》,杭州:浙江大学出版社,2008 年,第 198 页。

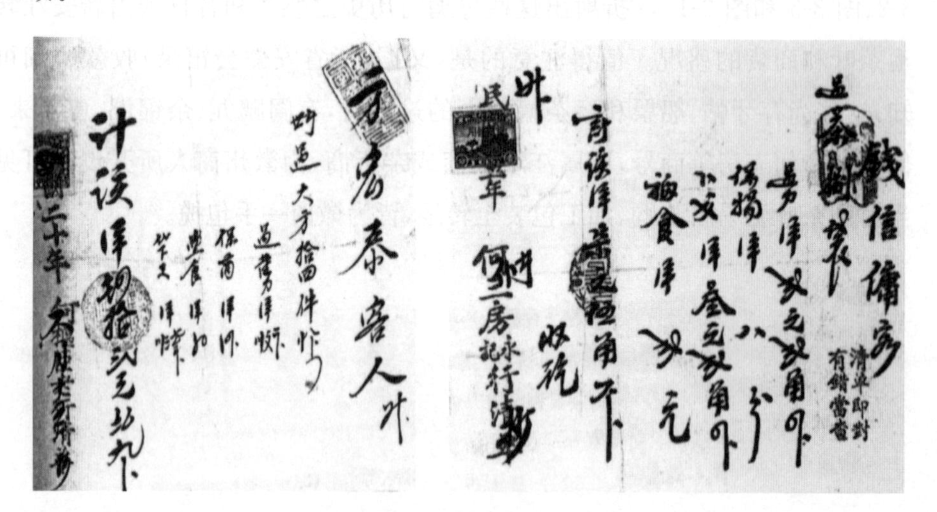

图 3-3　左　1931 年杭州何枢臣老行运大方茶清单

右　1936 年江干海月桥何三房永记行运茶清单

资料来源:赵大川:《杭州老字号系列丛书·茶业篇》,杭州:浙江大学出版社,2008 年,第 201 页。

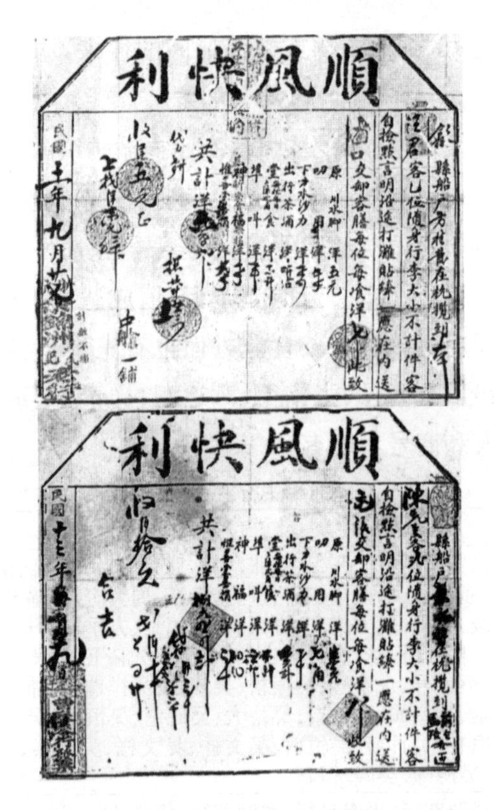

图 3-4 上 1922 年杭州余锦洲义记老行船票
下 1924 年江干曹泰来行由杭州至屯溪船票

资料来源:赵大川:《杭州老字号系列丛书·茶业篇》,杭州:浙江大学出版社,2008 年,第 200 页。

杭州城内外各种茶行、茶号林立。晚清时期,茶业是杭州城内最主要的行业之一。在杭州经营茶业贸易者,大致可分为茶行和茶叶店两大类。茶行扮演着产茶户和买茶者的中间角色,主要为茶业批发和转销。茶行若资金较为充足,在茶农经济困难时,也会以收购茶叶为条件放贷给茶农。茶业店的货源,主要来自茶行代收或自行收购茶叶,经营模式可划分成号和庄:茶号专营门市销售;茶庄除门市销售之外也兼营批发。茶行和茶庄、茶号遍布全城,其中以徽州人经营居多。[①] 借由遗存至今的一些杭州茶庄、茶号的信笺和信

① 刘河洲:《浙江茶业史略》,收入政协浙江省委员会文史资料研究委员会编:《浙江文史资料选辑》第 24 辑,杭州:浙江人民出版社,1983 年,第 72 页。赵大川:《杭州老字号系列丛书》,杭州:浙江大学出版社,2008 年,第 113～120 页。

封(附录三),不论是家书、信函抑或是商业间的往来,均可透露出徽、杭两地间频繁的联系。

据《新安惟善堂征信全录》中杭州各商业捐输明细的记载,同治至光绪年间与茶业相关的生意,就有箱茶业、茶行、茶漆业和茶食业等。

每年向惟善堂捐款者,与箱茶业有关的茶号、茶庄平均超过百家,茶行则有豫隆茶行、裕源茶行、干泰昌行、源润茶行、信成茶行、利泰亨行、大茂茶行等7家,平均每年固定捐款。在茶食业方面也有玉琳斋、同泰号、益泰号、鼎和号、源泰昌、元泰号、万泰昌、张铭德、章运飒、祥泰号、泰昌西等11家。茶漆业方面,包含个人和商号者即有71家。

表3-1 与茶业相关行业之商号/个人明细

行业	商号/个人
茶漆业	张鍫全、张来宝、张秋桂、张保生、张馥庭、张灶金、张幼喜、洪本发、洪承妹、潘辉福、潘聚源、潘远源、徐戴华、李裕进、李隆泰、周大有、周谨芳、姚重英、姚翼堂、江恒懋、程士诚、荣顺慎、方集和、方兴大、方福泰、方季安、方又山、章辅堂、利泰亨、程作甸、朱文彬、郑根妹、隆泰润、永源、德泰号、隆恒新号、兴大号、福泰号、日新号、恒有号、恒盛号、永春号、吴振松、吴彦林、吴祥瑞、吴鼎兴、吴同有、吴福连、吴渭泉、吴振泰、吴盛如、吴仁泰、吴裕大、吴砚丞、吴恒春、吴鉴周、吴俊松、吴上祺、吴彦材、吴恒有、吴日新、吴恒盛、吴文桂、吴文柽、吴福泰、吴福连、吴永隆、吴源泰、吴源茂、吴源隆、吴隆/恒新
茶行	豫隆茶行、裕源茶行、干泰昌行、源润茶行、信成茶行、利泰亨行、大茂茶行
茶食业	玉琳斋、同泰号、益泰号、鼎和号、源泰昌、元泰号、万泰昌、张铭德、章运飒、祥泰号、泰昌西

资料来源:《新安惟善堂征信全录》。

从这些商号和个人的明细列表(表3-1)中,我们可以发现徽州茶商将部分的资金投资在其他行业里,采取跨足兼营的策略。在杭州城里最普遍的现象是部分茶商也兼营生漆业,所以在惟善堂的捐款明细中,便直接点出茶漆业的行业名称。此外,与茶业相关的四种行业中,也可以发现相同商号的身影,跨足箱茶和茶漆业的有永春号、恒有号、恒新号和日新号等;茶行和茶漆业则有利泰亨行兼营;箱茶和茶食业方面则有益泰号、祥泰号和同泰号等商号。而徽州茶商采取跨足兼营的经营形态,主要是因为茶业贸易并非全年性的商业活动,它具有一定的季节性,对资本雄厚的茶商而言,他们拥有多余的资本投注在其他行业，如此在茶业淡季有更多精力去经营所跨足兼营的行业。[①]

若依箱茶业、茶行、茶漆业和茶食业这四种与茶业相关行业在同治至光绪年间向惟善堂捐输的比例（见图 3-5 和图 3-6）来看，其经济实力是不容小觑的。特别是在光绪年间，他们所捐输的金额几乎占当年惟善堂所收捐输的六至七成，显示在晚清时期杭州的茶业贸易活动发展欣欣向荣，也凸显茶业确实是这时期徽商经营行业中的重要支柱。

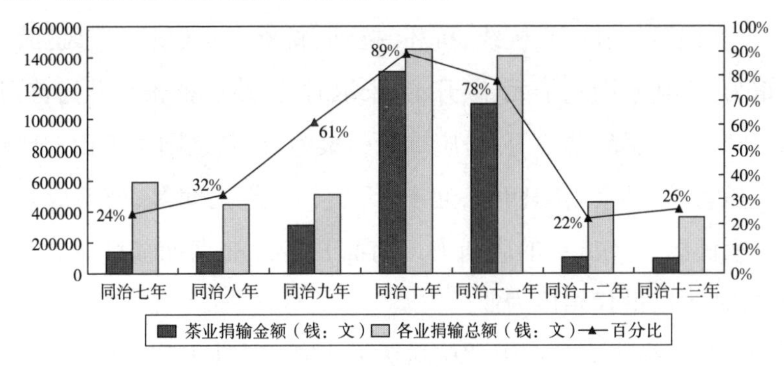

图 3-5　同治年间茶业捐输比例

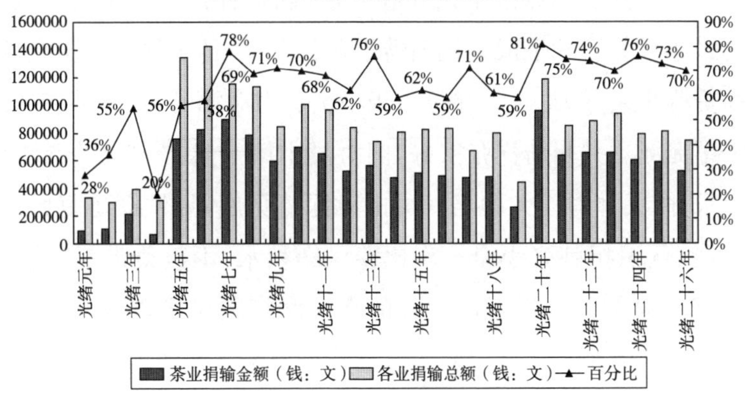

图 3-6　光绪年间茶业捐输比例

资料来源：笔者按《新安惟善堂征信全录》统计制作。

① 张海鹏、王廷元主编，《徽商研究》，合肥：安徽人民出版社，北京：人民出版社，2010 年，第 246～250 页。

第四节　薪传字号与百姓馔食

一、杭剪——张小泉剪刀

清代杭州大街小巷店铺林立，以“五杭四昌”作为杭州的特产名店更是声名远播。“五杭”则是杭扇、杭线、杭粉、杭烟、杭剪。据《杭俗遗风》载，“扇店推芳风馆为首，其余则张子元、顾升泰、朱敏时等；线店推张允升为首，其余则胡开泰、孙大森、鼎隆、德一等；粉店推裘鼎聚为首，其余则关玉山、金建候等；烟店推达昌为首，其余则陈四海、迎丰、天润、天隆、玉润等；剪刀店则推张小全（泉）一家而已”。[①] 五杭的店铺大多前面开店设铺，后面设厂作坊，自产自销，各种技艺则以世代相传为业。

“杭剪”就是指张小泉剪刀，“杭城大井巷成市，外方购者以杭剪名”，[②]张小泉剪刀的店铺开设地点位于大井巷一带，创始者张思泉便是安徽黟县人。大井巷的张小泉剪刀几乎成为杭州剪刀业的象征，清末钱塘人丁立诚曾作两首诗来称赞张小泉剪刀。《大井对门张小全剪刀店第一》：“和似春风二月天，掠波燕子尾涎涎。并州新样张家好，门对吴山第一泉。”[③]《大井巷购剪》：“快剪何必远求并，大井对面尤驰名。吴山泉深清见底，处铁锻炼复磨洗。象形飞燕尾涎涎，认识招牌张小全。疾比春风净秋水，不数菜市王麻子。”[④]这两首诗指出张小泉剪刀利用对门大井的水来磨打制作优质剪刀，品牌名声响亮。当时人们认为张小泉剪刀的质量已经可以和并州快剪一较高下，相比于北京王麻子剪刀毫不逊色。

---

① （清）范祖述：《杭俗遗风》，台北：成文出版社，1983年，第152页。

② （清）龚嘉儁修、李榕纂：《（民国）杭州府志》卷八十一《物产四》，台北：成文出版社，1974年，第1599页。

③ （清）丁立诚：《武林市肆吟》，收入《杭州运河文献集成》第二册，杭州：杭州出版社，2009年，第837页。

④ （清）丁立诚：《武林杂事诗》，收入《丛书集成续编》史地类第234册，第555页。

又据《杭俗遗风》记载，西湖香市分成天竺香市、下乡香市和三山香市三种，其中下乡香市所带来的消费人潮最为可观。除了杭州本城人外，以"江苏一省以及杭、嘉、湖三府属各乡村民男女"为主，他们成群结队坐船到杭州进香，船只多达千数，主要停泊在松木场一带，进香期为一个多月之久。这些香客来时除城里城外烧香外，"必购大量之物以归，如王大娘之木梳，张小泉之剪刀，众德堂、庆余堂之药物，种种不可悉数"。[①] 杭州城中三百六十行生意"夏、秋、冬三季敌不过春香一市之多，大街小巷无不挨肩擦背者"。[②] 这些年年入杭的香客把张小泉剪刀列入必买名单，可见张小泉剪刀在当时已经是杭州深具代表性的手工业产品。

张小泉剪刀的发迹过程（见表 3-2），根据创始人张思泉的第八代子孙张祖盈所记载的数据可略知一二。[③] 张思泉，为安徽黟县人，年少时曾在安徽芜湖拜师学到一手精致的制剪手艺，学成归乡后，便带着儿子张小泉在家乡黟县开设了剪刀铺，名为张大隆剪刀店。当时杭州的民间用剪，几乎都采买自皖南一带，父子二人自制自销，因为产品精良耐用，博得远近好评。明朝崇祯年间（约 1628 年），张小泉率子近高逃难来杭，在吴山北麓大井巷搭棚开铺设坊，父师子徒，前铺后坊，进一步改良剪刀的质量，并选用浙江龙泉、云和等地的好钢材为制剪材料，自产自销，而店铺招牌仍沿用家乡黟县的张大隆。

那时的大井巷、清河坊一带，商贾辐辏，正是杭州城最热闹的商业区域。由于张小泉认真制作，采用镶钢工艺，生产出的剪刀锋利耐用，磨工精细，样式精美，质量优良，深受来自各地客商的喜爱。其产品广为传播之后，名声大噪，生意兴隆。仅靠父子俩生产制作，已经无法满足市场的需求，于是父子俩

---

① (清)钟毓龙:《说杭州》，杭州:浙江人民出版社，1983 年，第 316～317 页。

② (清)范祖述:《杭俗遗风》，第 23～25 页。

③ 《浙江文史集粹 · 经济卷》(上册)，杭州:浙江人民出版社，1996 年，第 510～518 页。政协杭州市委员会文史资料工作委员会编:《杭州文史资料》第 14 辑，1983 年，第 42～53 页。政协浙江省委员会文史资料研究委员会编:《浙江文史资料选辑》第 16 辑，1962 年，第 68～82 页。有关研究邹阳洋:《张小泉剪刀研究》，浙江大学硕士论文，2006 年。主要从张小泉剪刀发展历史、剪刀制剪技术和剪刀发展的历史思考这三方面进行考察。

开始招收学徒，学徒艺精后升为师父，又再收学徒，如此初步累积了剪刀作坊的资金。其他人见制剪业获利甚丰，遂纷纷仿效开设剪刀铺，并冒用挂以“张大隆”的招牌出售。仿冒同业日多，质量参差不齐，导致张小泉的生意受到影响。在康熙二年(1663年)，张小泉便将“张大隆”的招牌改用自己的名字“张小泉”，以区别仿冒者，但日后仿冒者却日益增多。

张小泉去世后，其子张近高继承父业，依旧受仿冒问题困扰。他为了维护自家产品信誉和商业利益，在招牌“张小泉”三个字之后再加上“近记”二字以示正宗，以便顾客辨识，但仿冒伪劣问题仍然层出不穷。张近高之后，其子张树庭受业，正逢乾隆皇帝游江南至杭州，微服出游，因避雨进入张小泉近记剪刀店买剪刀，后带回宫中使用。之后乾隆帝责成浙江专办贡品的织造衙门，进贡张小泉近记剪刀为宫廷用剪。因为乾隆帝的赏识，成为贡品之后，张小泉近记剪刀的知名度更快速提升，从此声誉更盛。

嗣后传至张树庭之子张载勋，载勋的儿子张利川，不仅习得一手优良的制剪技术，又参与店铺的经营，综合店铺主和作坊师傅等多种角色。在选材方面，沿袭着父祖从浙江龙泉、云和进钢材的传统，道光年间(1840年)以后选用部分进口的中碳钢为原料，更实行“包换、包退、包修”三种售后服务，以及迥异于其他炉坊和剪号的销售模式，让张小泉近记的名声广为传播，但同业仿冒商号的问题日益加剧，几遍全城。

光绪二年(1876年)传至利川之子张永年，因其年幼，家业便由其母孙氏掌管，但假冒问题日益猖獗。光绪十六年(1890年)，孙氏趁钱塘县知县上吴山进香回程途中，拦轿告状，控告仿冒的商家，因此知县束允泰准状，遂出布告，明示“永禁冒用”，并刻石碑立于店门前。此时，张小泉剪刀已传至第七代，家业累积约五千银元，制剪胚灶达十个，每灶四人(师三徒一)，加工厂二三十人，店员七八人，总计有七八十人。张利川之妻孙氏经营店务，因自家炉灶制剪时常出纰漏，影响营业，孙氏遂解雇炉灶工徒，改向市面各炉坊挑选产品，不分淡季旺季，提高价格，现钱收购质量优良的剪胚，以保持产品质量的稳定，至此张氏家族已完全脱离制剪生产。

宣统二年(1910年)张永年之子张祖盈接管家业,而在宣统元年(1909年)时,他为杜绝仿冒问题增加"海云浴日"图作为新标识,并送至知县衙门,报农商部变更注册,以"海云浴日"的商标加上"泉近"二字为辨识图样。此商标图样沿用至今。但杭州城同业依旧以同音字异的招牌设立店铺,例如:"真张小泉""老张小泉""琴记""谨记""井记""静记"等,佯称百年老店,当时有诗形容"青山映碧湖,小泉满街巷",便可知伪冒之风不减。

张小泉剪刀至20世纪初张祖盈为止,已是黟县迁杭的第八代传人,店铺一直设立在大井巷一带,历代的子孙一直恪守着"良钢精作"的祖训,保持着传统的优良质量,除精选原料、创新自家技术外,还结合地区特点进行产品的改进和装饰,对于商标信誉的保护也不遗余力。虽然深受仿冒伪劣的困扰,却也从侧面显示出张小泉剪刀在制剪行业里声誉和质量皆属上乘。

表3-2 张小泉剪刀传人世系表

世系	商号演变	设店地点	备注
张思泉	张大隆剪刀店	黟县	芜湖学习制剪手艺。
张小泉	张大隆→张小泉	吴山北麓大井巷一带	1. 崇祯年间携子至杭。 2. 康熙二年(1663年)变更店名。
张近高	张小泉→张小泉近记	大井巷一带	
张树庭	张小泉近记	大井巷一带	乾隆朝成为贡品——宫剪。
张载勋	张小泉近记	大井巷一带	
张利川	张小泉近记	大井巷一带	光绪二年(1876年)去世。
张永年	张小泉近记→在招牌上多个"泉近"	大井巷一带	1. 其母孙氏掌理家业。 2. 光绪十六年(1890年)控告他人冒牌,钱塘县知县出布告"永禁冒用",刻石立碑于店门前。
张祖盈	张小泉近记→新增"海云浴日"的商标	大井巷一带	宣统二年(1910年)接管家业。

资料出处:《浙江文史集粹·经济卷》(上册),第510～518页;政协杭州市委员会文史资料工作委员会编:《杭州文史资料》第14辑,第42～53页;政协浙江省委员会文史资料研究委员会编:《浙江文史资料选辑》第16辑,第68～82页。

二、江南药王——胡庆余堂雪记国药号

"北有同仁堂,南有庆余堂",指的即是两大中药名店——北京同仁堂和

杭州庆余堂。坐落在杭州西湖畔、吴山北麓大井巷内，气势轩宏庄重而古朴雅致的建筑群，便是闻名遐迩、有“江南药王”之称的胡庆余堂中药店。它的创始者即为中国近代著名的红顶商人胡光墉。

胡光墉，字雪岩，幼名顺官，生于道光三年(1823年)，卒于光绪十一年(1885年)，原籍安徽绩溪，寄籍浙江杭州。[①] 年少失怙后，胡光墉一肩挑起全家的经济重担，因迫于生计压力，经亲戚推荐前往杭州的一家钱庄当学徒，“初学贾钱肆中”。[②] 他勤奋灵活，与人应对进退干练得宜，三年学徒期满后便被钱庄擢为跑堂。在为钱庄跑堂期间，结识了后来当上浙江巡抚的王有龄，其后在王有龄的资助之下，设立阜康钱庄，胡光墉由此起家。时值太平天

---

① 关于胡光墉籍贯为何，目前学者执两派不同的说法：一为安徽绩溪说，另一为浙江杭州说。据(清)龚嘉俊修、李榕纂：《(民国)杭州府志》卷一百四十三《义行三》，第2731页记载，胡光墉是“仁和人”。费行简：《近代名人小传》，台北：文海出版社，1967年，第437页，胡光墉为“浙人”。(清)李慈铭：《越缦堂国事日记》第14册《荀学斋日记戊集上》，台北：文海出版社，1978年，第3052页载“杭人胡光墉”。(清)刘体仁：《异辞录》卷二，收入中国野史集成编委会、四川大学图书馆编：《中国野史集成》第50册，成都：巴蜀书社，1993年，第663页，胡光墉为“杭之仁和人”。而在多篇记载杭州胡庆余堂相关史料中，却直接说明胡雪岩原籍贯在安徽绩溪，而不是称原籍绩溪，寄籍杭州，见胡庆余堂制药厂等著：《杭州胡庆余堂制药厂》，收入浙江省政协文史资料委员会编：《浙江文史集粹·经济卷》(上册)，杭州：浙江人民出版社，1996年，第385页。《胡庆余堂制药厂》，收入政协杭州市委员会文史资料工作委员会编：《杭州文史资料》第14辑，1983年，第165页。杨安华：《制药济世、誉满江南——胡雪岩创办胡庆余堂》，收入周峰主编：《元明清名城杭州》，杭州：浙江人民出版社，1990年，第136页。此外，据胡维平考证，胡雪岩的后裔及亲属一致认同胡为安徽绩溪人，提出绩溪现存的与胡雪岩同时代并能证明其原籍绩溪的史料，说明胡雪岩原籍安徽绩溪，寄籍浙江杭州，见胡维平：《对胡雪岩籍贯的几点辨析》，载《黄山学院学报》，2005年第2期。徐明德则直接点出胡雪岩出生地在安徽省绩溪县十都湖里村，见徐明德：《论清代“红顶商人”胡雪岩的历史功绩》，载《安徽师范大学学报(人文社会科学版)》，2003年第4期。又在黄萍荪原作、王遂今补充：《“红顶商人”胡光墉(雪岩)兴衰史》中，说明胡雪岩乃是原籍安徽绩溪，寄籍浙江杭州，收入政协浙江省委员会文史资料研究委员会编：《浙江文史资料选辑》第33辑，1986年，第1页。余丽芬对于胡雪岩籍贯问题，也在探查各种相关文献数据基础上，认为胡雪岩原籍安徽绩溪，寄籍浙江杭州之表述较为谨慎合理，见余丽芬：《胡雪岩与经营文化》，上海：世界图书出版公司，1998年，第8～11页。

② 费行简：《近代名人小传》，台北：文海出版社，1967年，第437页。

国之扰乱，王有龄亦安排胡光墉接管粮台，“委办粮械缓急相倚”。[①] 胡光墉善用职务之便，与官场往来频繁，更凭借着过人的交际手腕，让自己跻身杭州绅商大贾之列。

对于胡光墉的发迹崛起，刘体仁认为在咸丰年间太平军进攻杭州期间，江南大营围困金陵，“江浙偏处不安，道路阻滞”，因战火绵延道路受阻，物资往来交通不便，胡光墉便趁此机会操纵市场，“使银价旦夕轻重，遂以致富”，[②]借此投机发财致富。其后又凭借王有龄的权势，事业日渐发达。此外，又据胡光墉的曾孙胡亚光记载，胡光墉“少式微，不暇攻诗书。学贾于阜康钱肆，肆主于姓，无子，爱公勤敏有胆略，颇器重之”，[③]受原钱庄老板赏识，又膝下无子，故于病危之际，将钱庄全权交付给胡光墉。虽然是“数不逾千金”的小钱庄，但胡光墉经营有方，使其钱庄支店遍布南北，声名大噪。虽然关于胡光墉的发迹过程有不同说法，但他确实是受到王有龄的支持，才迎来了他事业发展的契机。

此外，太平天国运动更是胡光墉经商之路得以顺利开展的关键。咸丰十一年(1861 年)，当太平军二度攻占杭州之时，胡光墉受巡抚王有龄的嘱托，前往上海筹办米粮和军火补给，用以接济守城的清军，“航海运粮兼备子药，力图援应，由海道入钱塘江，为重围所困，不得达”，[④]却被太平军围阻在钱塘江上。最终杭州城遭太平军攻破，时浙江巡抚王有龄因失城自缢而死，而胡光墉便将他所授委办的粮药，转而献给当时在江西驻扎却缺粮的左宗棠。因为他的机警和才智，不仅让自己躲过因运粮失职应受的惩罚，反而因此受到左宗棠的赏识和信任，开始双方从平定太平天国到西征的合作关系。朝廷以

---

① (清)龚嘉俊修、李榕纂:《(民国)杭州府志》卷一百四十三《义行三》，台北:成文出版社，1974 年，第 2731 页。

② (清)刘体仁:《异辞录》卷二，第 663 页。

③ 黄萍荪原作、王遂今补充:《“红顶商人”胡光墉(雪岩)兴衰史》，收入政协浙江省委员会文史资料研究委员会编:《浙江文史资料选辑》第 32 辑，1986 年，第 3 页。

④ (清)龚嘉俊修、李榕纂:《(民国)杭州府志》卷一百四十三《义行三》，台北:成文出版社，1974 年，第 2731 页。

军功封赏加胡光墉布政使衔，二品文官顶戴用红珊瑚，赐穿黄马褂。胡光墉遂成为由商而官、亦官亦商的“红顶商人”。

胡光墉以阜康钱庄起家，精明干练，长于经营之道，巧妙利用其身份穿梭于官场和商场之间，得以从容利用官款周转事业，不仅以阜康钱庄为本业，生意也触及典当业、丝业、盐业、茶业、粮食买卖和中药业等，“有银号一典二十有九，田地万亩，其他财货称是”，阜康钱庄支店遍及南北，同治十一年(1872年)资金已达两千万以上。同时在上海、杭州各营建大宅，“其杭宅尤为富丽，皆规禁籞仿西法”。[①] 而胡光墉的曾孙胡亚光也记载，“阜康之发达一日千里，由钱肆而银号，不一稔分号遍全国，积资三千万有奇，名洋溢，妇孺皆知”。[②] 由此可知胡光墉的财富总额可在两千万到三千万之间。对胡光墉的资产累积经过，刘体仁有这么一段话足以用来描述胡光墉操纵江浙商业，显赫一时的声势：“光墉借官款周转，开设阜康钱肆，其子店遍于南北，富名震乎内外，佥以为陶朱猗顿之流，官商寄顿赀财，动辄巨万，尤足壮其声势。江浙丝茧向为出口大宗，夷商把持，无能与竞。光墉以一人之力，垄断居奇，市值涨落，国外不能操纵，农民咸利赖之；国库支绌，有时常通有无，颇恃以为缓急之计。”[③]

位于杭州清河坊大井巷的胡庆余堂雪记国药号，便是胡光墉在其全盛时期所创建的。创办药业并非胡光墉一时兴趣所致，而是源自当时连年战乱灾祸，死伤无数又遇旱涝，疫疠盛行，各地军营更受瘟疫所苦，胡光墉便邀请名医配制出“胡氏辟瘟丹”“诸葛行军散”“八宝红灵丹”等丸药，寄交曾国藩、左宗棠的军营和西北陕甘各省藩署。其后战争平息，登门或寄书请药者络绎不绝，遂引起胡光墉开设药号的想法。

同治十三年(1874年)，胡光墉开始筹备设立胡庆余堂，邀请许多名医和

---

① (清)刘体仁：《异辞录》卷二，第664页。

② 黄萍荪原作、王遂今补充：《“红顶商人”胡光墉(雪岩)兴衰史》，收入政协浙江省委员会文史资料研究委员会编：《浙江文史资料选辑》第32辑，1986年，第16页。

③ (清)刘体仁：《异辞录》卷二，第663页。

国药业商人一同研究经营模式和方针，当时国药业有药号、药行和门市之分。药号经营范围最大，主要是直接向产地购药货，然后批发给药行；而门市碍于资金有限，仅能向药行批购药材到门市零星销售。经多方商讨后，胡光墉决定成立大型药号，从自制丸、散、膏、丹到门市销售皆全面一手经营，也就是成立集药号、药行和门市于一体的大规模药号。

光绪二年(1876 年)，胡光墉在杭州城西侧涌金门外购地十余亩，造屋设立胶厂，就近利用西湖淡水熬胶制药，其下设有驴皮工厂、铲驴皮工厂、丸散工厂和养鹿园等。光绪四年(1878 年)，在吴山大井巷占地八亩的胡庆余堂药号店屋落成，正式开业。吴山北麓的清河坊大井巷，为杭州城最热闹的商业区域。因得地利之便，吴山终年香火缭绕，不论城里城外的香客，上山进香必经大井巷。春季为杭州城的香市旺期，外来香客入杭进香时，“必购大量之物以归，如王大娘之木梳，张小泉之剪刀，众德堂、庆余堂之药物，种种不可悉数”，[①]其中把庆余堂的药列入必买清单之列，可见杭州胡庆余堂的盛名。

对于药材的采办，胡光墉分派人员直接从产地大量选购，并分设三个大型药材仓库以便贮藏。在成药的制作上，胡光墉更延揽江浙各界名医以宋代钦定的药典《太平惠民和剂局方》为制药基础，搜集整理各种秘方古方，经过试验生产，共可划分 14 大类别的成药，形成属于胡氏独具一格的中药体系，

---

① (清)钟毓龙:《说杭州》，杭州:浙江人民出版社，1983 年，第 316～317 页。

其后成书《浙杭胡庆余堂雪记丸散膏丹全集》。[①]

从胡庆余堂创建之始，胡光墉便明确了他的经营宗旨和管理方针，在营业大厅的门楣上镌刻"是乃仁术"四个字，大厅里则高挂着"真不二价"的牌匾，此外著名的"戒欺"匾额，对内悬挂要求庆余堂的员工遵照执行。店训匾文曰："凡百贸易均着不得欺字，药业关系性命，尤为万不可欺。余存心济世，誓不以劣品弋取厚利。惟愿诸君心余之心，采办务真，修制务精，不至欺予以欺世人，是则造福冥冥。谓诸君之善为余谋也可，谓诸君之善自为谋亦可。"创办药业一举一动关乎性命，济世宁人，不可有诈欺之嫌，采办药材务必真材实料，制作成药更要精益求精，从道德角度勉励堂内人员时时刻刻不仅对胡光墉负责，也要对自己的良心负责。

最能体现出"修制务精"的实例便是胡光墉所打造的金铲银锅。在胡光墉承继宋代药典《太平惠民和剂局方》以制成药时，号称"温病三宝"之一的"局方紫金丹"是一味具有镇精通窍疗效的急救药丹，但当时试制的成果，药效不甚理想，纵使众多名医集思改进，仍不得法。胡光墉偶然从一位老药工口中得知，祖上曾言，为保证发挥"局方紫金丹"的药效，须以金铲银锅炼制。为此胡光墉不惜血本，立即命人打造金铲银锅，以黄金 133 克、白银 1 835 克制成，终于试制成功。因为在"局方紫金丹"的炼制过程中，有一味朱砂，药性薄且活，易与铜和铁发生化学反应降低药效，故若使用金铲银锅炼制，即能确

---

① 胡庆余堂制药厂等著：《杭州胡庆余堂制药厂》，收入政协浙江省委员会文史资料研究委员会编：《浙江文史集粹·经济卷》(上册)，第 385～399 页。《胡庆余堂制药厂》，收入政协杭州市委员会文史资料工作委员会编：《杭州文史资料》第 14 辑，第 165～190 页。杨安华：《制药济世、誉满江南——胡雪岩创办胡庆余堂》，收入周峰主编：《元明清名城杭州》，第134～142 页。徐明德：《论清代"红顶商人"胡雪岩的历史功绩》，载《安徽师范大学学报(人文社会科学版)》，2003 年第 4 期，第 438～442 页。黄萍荪原作、王遂今补充：《"红顶商人"胡光墉(雪岩)兴衰史》，收入政协浙江省委员会文史资料研究委员会编：《浙江文史资料选辑》第 32 辑，第 18～24 页。何鑫渠：《走进胡庆余堂——杭州胡庆余堂简史》，载《中医文献杂志》，1999 年第 4 期，第 42～45 页。杭州医药商业志编纂委员会：《杭州医药商业志》，北京：中国青年出版社，1990 年，第 21 页。

保药效的发挥。[①] 金铲银锅也就成为胡庆余堂的镇店之宝，直到今日，我们在胡庆余堂中药博物馆中依旧可以看见它们的身影。

正因为胡光墉坚持“是乃仁术”“真不二价”和“戒欺”的经营理念，严格执行“采办务真，修制务精”的宗旨，胡庆余堂出产丸、散、膏、丹的品质得以确保，因而胡庆余堂成为中药业的翘楚，拥有“江南药王”的美誉。

三、杭州酒馆业——歙县瀹潭方氏

从前节的讨论中，我们可以了解，徽商在杭州除经营大宗的主干商业项目外，杭州百年老字号行列里也可见徽商辛勤打拼的身影。除此之外，与人们日常生活息息相关的餐饮行业也有不少徽州人涉足其中。从《复初集》的记载中可窥知歙县瀹潭方氏家族成员从明朝成化至万历年间在杭州开设酒馆业的概况。方承训的从叔祖方录即为方氏家族从事杭州酒馆业的第一人。

方录成年后，早先从事不同生意买卖，远贾各地，途中憩于钱塘，以放贷所得的利润开设酒肆，本意旨在以美馔佳肴伺亲而已，却无心插柳柳成荫，“未盈月，而浙水东西嘉、湖、苏、松诸郡，凡经武林者，靡不嗜其美，造其庐。未半岁，名著江南，逮两广、巴蜀”，半年之间方家酒肆佳酿在江南地区已打响名号，凡到杭州者必登门一饮。方录的酒肆在开馆一年后，名声远播京城，“饮者多至千百为群，酬纳子钱不轻”。他们不顾路途遥远，车马劳顿，专为一尝方家美酒而来，“甫期年，获子钱盈五百金”。[②]

方录的二子方时济和方时清承继父业。方家酒肆到第二代经营时，生意蒸蒸日上，馆前人马杂沓，馆内高朋满座，规模更胜往昔，“迈迹起家数千金，族中业佥无能出其右者”。[③] 然而其利润所得却仅仅为方录经营时的十分之

---

① 何鑫渠、王建华：《胡庆余堂中药博物馆国药文化史料》，载《中华医史杂志》，2000 年第 4 期。杨安华：《制药济世、誉满江南——胡雪岩创办胡庆余堂》，收入周峰主编：《元明清名城杭州》，杭州：浙江人民出版社，1990 年，第 134～142 页。

② （明）方承训：《复初集》卷三十一《从伯祖录公传》，第 180～181 页。

③ （明）方承训：《复初集》卷三十一《从伯祖录公传》，第 180～181 页；卷二十九《从叔时济公传》，第 162～163 页；卷三十《从叔时清公传》，第 175～176 页。

六。主要是因为方家酒肆声名远播之后，大家见有利可图，便纷起仿效，方家的生意利润自然分散了许多。虽然当时酒肆林立，但到杭州饮酒者必定会造访方家酒肆，“就钱江饮者必询录公醴肆，安在宿饮识者必造公醴庐饮矣”。[①]至第三代方良材（为方时济之子），虽然家传的酒馆业声蜚海内，发家千金，他却不再承袭自家的酒肆业，转而前往汴上经商，往来杭州贸易，“盈饶致数千金，且倍获醴钱矣”。[②]

随着明朝中后期江南地区商品经济的发展，市场逐渐扩大，人们的生活方式和消费习惯也发生了变化。城市的蓬勃发展与随之而起的各种服务性行业，不仅为城镇居民提供更多就业谋生的机会，也促使更多的人在城市里居住。生活水平的提高，更刺激着人们对食、衣、住、行等各种物质享受的欲望，人们竞趋奢华，追新求异渐成为当时社会的消费风尚。

学界研究显示，奢侈消费风气最早从明朝正统至正德年间，由江南地区开始发生转变，嘉靖以后开始逐渐盛行，其他地区则在万历年间才开始发生变化。[③] 在求新猎奇的风气之下，从仕宦名门、富商大户到一般市井百姓对饮食文化的追求也逐渐开始讲究起来，其分水岭大致可以以明朝嘉靖年间为界。嘉靖以前，明朝各阶层的饮食等日常生活消费模式都遵循朝廷严格的礼制规范，很少出现违礼僭越之事。但嘉靖之后，随着社会价值观的变化，社会风气也由以往朴素俭约转化为浮靡奢侈，饮食文化也同样发生很大的转变。[④]

明朝中后期江南地区社会各阶层饮酒之风盛行，为饮食奢靡消费中的突出现象。名门贵胄、士大夫和富贵人家彼此间相互竞奢仿效的宴饮规模，其奢华豪饮的程度自然不言而喻。文人雅士间的文酒之会，更盛于一时，置酒

---

① (明)方承训:《复初集》卷二十九《从叔时济公传》，第162～163页；卷三十《从叔时清公传》，第175～176页。

② (明)方承训:《复初集》卷三十二《从弟良材君传》，第197页。

③ 巫仁恕:《品味奢华:晚明的消费社会与士大夫》，北京:中华书局，2008年，第24页。

④ 张显清主编:《明代后期社会转型研究》，北京:中国社会科学出版社，2008年，第299～307页。

唱和,无酒不欢,放歌吟诗于酒酣之际。一般市井百姓以酒待客也成为惯例,又杭州人民以商贾为业的居多,对于粮食储存和储蓄的有无也不甚在意,甚至车夫和仆役等收入不多的百姓阶层,整日奔波劳苦,“夜则归市殽酒,夫妇团醉而后已,明日又别为计”,[①]就算无客也饮酒为醉,及时行乐。所以从上而下,不论身份地位,既有借酒尽欢的富贵名门,也有以酒抒发胸臆的文人墨客或纵酒买醉浇愁的市井小民,形成了追求纵情享乐的饮食风尚。这种现象除了反映明代中后期的消费形态,也有助于理解方氏家族仅依靠经营酒馆业便能在杭州发家数千金,且市井之中酒肆数量急遽攀升的情况。

四、杭州面业

在清代杭州各式各样的饮食业中,面业可谓徽州人重点经营的行业。现有研究通常将徽菜馆和徽面馆总称为“徽馆”,徽馆业则是较多绩溪人所经营的一种小本经营性质的传统行业,且为日常生活中最普通的行业,又不需太多专业知识,所以相关文献记载也比较少。[②] 囿于数据所限,本节仅以讨论面业为主。

从现有的相关史料可以得知,在同治年间杭州城内已经可以看见徽州人所开设的面店,但王振忠认为从常理判断,徽菜馆或徽面馆在杭州的历史应该早于同治年间,甚至可能不会晚于徽馆在扬州繁盛的乾隆时代。首先,因为由多数绩溪人所经营的徽馆,若欲从家乡绩溪向外发展,杭州是他们必经之地。其次,杭州不仅是徽商大贾所聚居的城市,在当地务工经商的中下层徽州人也很多,徽菜馆和徽面馆拥有一定的市场。[③] 虽然目前尚未发现更多

---

① (明)王士性:《广志绎》卷四《江南诸省》,北京:中华书局,2006年,第265页。

② 王振忠:《清代、民国时期江浙一带的徽馆研究——以扬州、杭州和上海为例》,收入熊月之、熊秉真主编:《明清以来江南社会与文化论集》,上海:上海社会科学院出版社,2004年,第128页。

③ 王振忠:《清代、民国时期江浙一带的徽馆研究——以扬州、杭州和上海为例》,收入熊月之、熊秉真主编:《明清以来江南社会与文化论集》,上海:上海社会科学院出版社,2004年,第133页。

的史料可以系统说明徽菜馆和徽面馆在乾隆至同治年间呈现何种样貌，但我们从同治、光绪年间徽州面店在杭州城内的发展概况，依旧可以描绘出当时徽面馆的行业特色。

依据清朝钱塘人范祖述记载，在同治年间杭州城内已有“徽州馆”，店内最出名的为“小碗面”，每碗 18 文，主要食材是“上加肉片、蛋皮、虾仁等物”，[①] 虽然称为小碗面，但碗大味鲜，食量不大者一碗小碗面便可抵过一顿饭，相当受欢迎。除了具有徽州特色的荤食外，也有专门的素面店，每小碗 10 文，面上主要加一些素丝点心，店里也另外卖一些小菜和面汤，售价仅为 2 文，甚为便宜。

杭州百年老店中以面条著称的老字号奎元馆，即为徽州人所开设，始创于同治六年(1867 年)，当时旧址在杭州城商业闹区的官巷口一带。奎元馆创业之初仅为一不知名的小面店，某年适逢省城秋闱，各地的秀才汇集于杭州城赶考，面店老板为吸引人气，想出了在每碗面中放入三个鸡蛋的主意，暗中含有预祝吃面者连中三元之意。当时应考的读书人为讨个吉利，便纷纷上门吃面，小面店的生意因此大振。其中有一个秀才吃过面后果真连中三元，登第后为报答三蛋之情，专程答谢小店并题赠“魁元馆”三字以做招牌，自此徽州小面店名声大噪，吸引无数座上客。[②]

徽州面馆除了善于配合时势环境推出利己的宣传方式外，在服务方面也十分独特。面条用铁锅烹煮，顾客可以自带食材加工，烹调方式也悉听客便，面熟后立即以原锅送到顾客面前，又热又鲜，更兼具独特性。当共食者多的时候，食客们通常可以吃完一整锅面，每锅以一斤起数，价格亦能为常人所接受。[③] 而聚集在杭州的徽商，不论是亲族聚会或遇事请客，也几乎以面相待或以徽州面馆为首选。我们可以从光绪年间，出身婺源木商世家的末代秀才

---

① (清)范祖述:《杭俗遗风》，台北:成文出版社，1983 年，第 148 页。

② 宋宪章:《奎元馆面店》，收入政协杭州市委文史资料工作委员会编:《杭州文史资料》第 14 辑，1990 年，第 150 页。

③ 宋宪章:《杭州老字号系列丛书 · 美食篇》，杭州:浙江大学出版社，2008 年，第 16 页。

詹鸣铎撰写的章回体自传《我之小史》[①]中,发现不少这样的例子:

"(从婺源庐坑过屯溪)……及到杭州江头,父亲上岸,投曹泰来行。我后到,亦蒙请吃丐(面)。"

"(父亲)与湘伯合开德昌隆木号。且木号中,父亲为经理,此番系带我往投该处。……一班伙友,或倚柜台,或立门首,相延入号。父亲命我参拜后,少不得有一番茶丐(面)款待。"

"父亲每月给我另用钱二百文,剃头、洗衣以外,无多浪费,不过吃吃豆腐浆、糖大饼,及每次二十文之火炙糕、寸金糖。若面馆吃面,只领过子青一次的情,自已却不曾去过。"

"父亲乃率我及二客至大兴馆小酌,才坐定,命我陪客,已先回行。"

"(我的岳丈)时司理同福兴内账,我曾往他行玩过。他有日请我与二弟吃大兴馆,叫两肴,颇为夏令妙品。"

"我去岁在家,内子以兆有身……来杭至今,悬盼以久,今得此信。飞跑出来一看,方知果然,报道七月二十四我善儿降生。这个喜信,接着之后,父亲连忙请行客吃大兴馆。我一生无得意之事,至此乃觉差强人意。当下到大兴馆,约计二席,随意小酌。"[②]

当时从婺源到杭州的詹鸣铎,不论是到徽州人开设的曹泰来行或是父亲与友人在石门湾合开的木号,皆被以面款待。与父亲、岳父等亲族间的聚会,甚至庆贺长子志善诞生的喜事,也会到由徽州人开设于江干的面馆大兴馆,一同吃菜喝酒。借由这些日常生活中所记载的琐碎小事,可知在杭州生活的徽州人除了温饱三餐会选择上面馆消费外,就连聚餐请客也会到徽州面馆举办。

---

① 詹鸣铎著,王振忠、朱红整理校注:《我之小史》,合肥:安徽教育出版社,2008年。

② 詹鸣铎著,王振忠、朱红整理校注:《我之小史》,合肥:安徽教育出版社,2008年,第97、98、103、127、144、153页。

而同治到光绪年间徽州面馆的经营概况，也可以从《新安惟善堂征信全录》[①]和《新安惟善集六安材会征信录》[②]中一窥端倪。以晚清杭州徽面馆一览表（见表 3-3）来看，从光绪五年（1879 年）至光绪二十七年（1901 年），就有 53 家徽州面馆在杭州开店营业，其中 15 家面馆开店时间为 10 年以上，超过 20 年的有 6 家。光绪二十七年（1901 年）以后，虽然数量逐渐减少，但依旧有 40 家面馆在杭州营业，其中大兴馆、天兴馆、三和馆、一和馆、金和馆、三三馆、六聚馆、天源馆和浙盛馆等面馆依然出现在捐输名单之内。在这些营业的馆店中，除了单纯的小吃面店外，其中也有达至客栈规模者，从馆店的前厅柜台、账房和跑堂到后堂的厨师、副手和学徒等，相关从业人数十分可观，说明当时不少徽州人在杭州从事面馆业。

表 3-3 晚清杭州徽面馆一览表

起讫日期	面馆商号	资料来源
光绪五年（1879 年）至光绪二十七年（1901 年）	章上源、万云馆、四聚馆、老元聚、鼎聚馆、三和馆、一阳馆、浙盛馆、庆和馆、邵三源、许悦兴、郭益源、昌源馆、正升馆、合记馆、天源馆、老六聚、公和馆、章同源、奎源馆、胡庆和、明和馆、万源馆、老三三、正兴馆、章春源、正源馆、章三源、金和馆、鼎聚兴、邵四聚、天兴馆、许大兴、章益源、悦兴馆、大源馆、一和馆、干元馆、章三三、浙一馆、聚源馆、福源馆、仙和馆、悦来馆、大兴馆、同源馆、长来馆、人和馆、邵长和、太和馆、周胜源馆、章上三元馆、上三源馆	《新安惟善堂征信全录》
光绪三十一年（1905 年）至民国三年（1914 年）	长源瑞记、大兴馆、义源楼、怡丰园、泰兴馆、合记馆、长兴馆、源兴馆、浙盛馆、三源馆、同兴馆、四丰园、上源馆、三和馆、公和馆、一和馆、金和馆、涌丰楼、万云楼、醉仙楼、庆源馆、长源馆、三三馆、日和馆、泰和馆、干源馆、益源馆、大丰馆、聚兴馆、裕升馆、振源馆、六聚馆、源和馆、永兴馆、春和馆、庆和馆、天庆园、天源馆、留下庆春楼	《新安惟善集六安材会征信录》

通过统计杭州城的各种行业捐输明细账目（见图 3-7 和图 3-8），显示出面业的捐输金额在各行业捐输总额中所占的比例极小。杭州城中面业虽然

---

① 《新安惟善堂征信全录》，光绪十七年辛卯仲冬月刊、光绪二十九年癸卯仲春月刊。（藏于安徽省图书馆）

② 《新安惟善集六安材会征信录》，转引自王振忠：《清代民国时期江浙一带的徽馆研究——以扬州、杭州和上海为例》，第 139 页。

是小本经营，但每年依旧有一定的捐输数，侧面说明面业尽管获利微薄却依然在杭州城中长久稳定地发展。

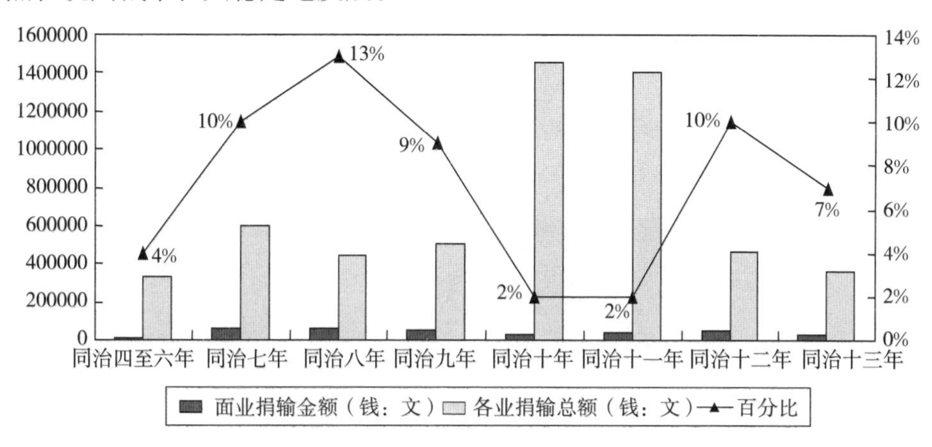

图 3-7　同治年间面业捐输比例

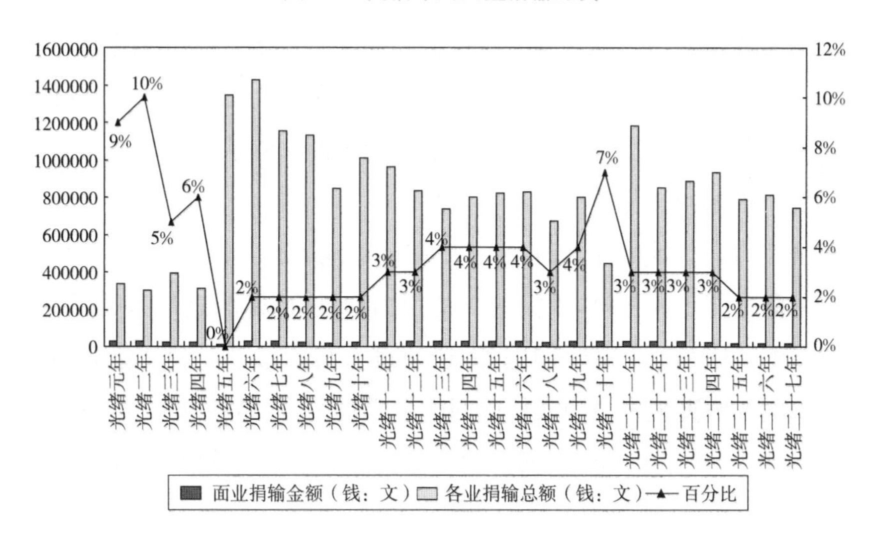

图 3-8　光绪年间面业捐输比例

第四章　杭州徽商的人文社会生活

——教与善

明清时期，因商业活动的需要，徽商将大量心力投入发展在杭州的相关事业，选择客居或举家迁移杭州的徽商人数日益增多，成为一股不可抵挡的潮流。本章利用徽商宗族个案来说明迁杭后徽商宗族子弟的教育发展，以及他们在杭州当地的文化活动和慈善贡献。

经济实力日益雄厚的徽商，为了使在侨寓地的经营活动顺利开展和迁居后的日常活动能步入正轨，积极融入杭州当地社会，除为迁居宗族子弟解决应科举试的资格和读书就学问题外，还通过参与慈善事业和文化活动，借此得以联系同处侨寓地中徽州人彼此间的乡党情谊，广结各方良缘，提高声誉，增加与当地社会的互动机会，同时纷纷努力取得入籍杭州的资格。《明神宗实录》卷一百四十三载："其住居年久，置有地土房舍者，即令收籍，与土民一体"；[①]《钦定科场条例》卷三十五说明士子寄籍，"室庐以税契之日为始，田亩以纳粮之日为始，扣足二十年以上，准其呈明入籍考试"；[②]《清朝文献通考》

---

① (明)张溶等奉敕修：《明实录·明神宗实录》卷一百四十三，万历十一年庚辰条，台北："中央研究院"历史语言研究所辑校，1964—1966年，第2661页。

② (清)杜受田等修、英汇等纂：《钦定科场条例》卷三十五《冒籍》，收入文清阁编《历代科举文献集成》第5册，北京：北京燕山出版社，2006年，第2672页。

卷十九也说明雍正年间规定，“已置产业，并愿入籍者，俱编入土著”；[①]《清史稿》卷九十五则言，“如人户于寄居之地，置有坟庐逾二十年者，准入籍出仕”。[②] 据清政府相关规定，在侨寓地只要拥有田产、坟墓达二十年以上者，便具有入籍当地的资格。

《徽州府志》曾载，徽商为经商举家迁徙至外地，“亦复挈其家属而去，甚且与其祖、父骸骨葬于他乡，不少顾惜”，[③]杭州徽商也不例外。明末文人钱谦益曾言：“新安之富家行贾，多在武林”，“买田宅，置家室，治生产，与其家等，其习俗然也。”[④]明朝万历年间起，杭州徽商为了葬地与当地居民缠讼相告，“南北二山，风气盘结，实城廓之护龙百万，居民坟墓之所在也。往时徽商无在此图葬地者，迩来冒籍占产，巧生盗心。或毁人之护沙，或断人之来脉，致于涉讼，群起助金，恃富凌人，必胜斯已”，在当地杭州人眼里视同杀人之罪，认为官府应严行禁止，“不许奸商越占坟山”。方志中更言，“此患在成化时未炽，故志不载，今不为之所，则杭无卜吉之地矣”。[⑤] 可见至明朝万历年间，徽商在杭州城内寓居的人口数实为可观，同时也从侧面反映出徽商欲入籍当地的迫切心态。

---

① (清)高宗敕撰：《清朝文献通考》卷十九《户口考》，台北：新兴书局，1963年，第5027页。

② 赵尔巽等撰：《清史稿》卷一百二十《志九十五·食货一》，北京：中华书局，1977年，第3480页。

③ (清)丁廷楗修、赵吉士纂：《(康熙)徽州府志》卷二《风俗》，台北：成文出版社，1975年，第437页。

④ (清)钱谦益：《牧斋初学集》卷五十九《墓志铭十·汤孺人墓志铭》，上海：上海古籍出版社，1985年，第1440页。

⑤ (明)陈善等修：《(万历)杭州府志》卷十九《风俗》，台北：成文出版社，1983年，第1369～1370页。

第一节　侨寓地的子弟教育

一、徽商与两浙商籍

明朝中叶盐法制度变革，商人可以转而在盐场直接向盐运司纳银，即可取得盐引从事盐业贸易。运司纳银开中之法改变了当时盐业贸易的生态，给徽商经营盐业大开方便之门，致使盐商不得不移居各盐场的中心之地，成为盐商内徙淮、浙的契机。当时杭州是两浙盐场盐运司的所在地，而徽商沿着新安江水东下即可抵达杭州，凭借着对两浙商路和风土民情的熟悉，成功取得更胜于其他省份商人的优势。无数徽商逐利于两浙盐业贸易，杭州因而成为盐商侨寓定居的重镇。

来自程朱桑梓之邦、东南邹鲁的徽州，“贾而好儒”成为徽商的一大特色。“新都三贾一儒，要之文献国也。夫贾为厚利，儒为名高。夫人毕事儒不效，则弛儒而张贾。既则身飨其利矣，及为子孙计，宁弛贾而张儒。一弛一张，迭相为用，不万钟则千驷，犹之转毂相巡，岂其单厚然乎哉，择数审矣”。[①] 儒贾相互为用，当徽商家业盛起之后，即欲张儒求名，从而“大吾门”“亢吾宗”，[②] 士商相兼甚至官商结合，借以攀附政治势力。子弟通过科举考试，跻身仕林，是取得仕宦上的成功的重要方式。因此，如何在侨寓地参加科举考试，便是徽商处理子弟教育问题所要面对的首要问题。

《歙事闲谭》指出：“明制设科之法，士自起家应童子试必有籍，籍有儒、官、民、军、医、匠之属，分别流品，以试于郡，即不得就他郡试。而边镇则设旗籍、校籍。都会则设富户籍、盐籍，或曰商籍。山海则设灶籍。士或从其父兄

① (明)汪道昆：《太函集》卷五十二《海阳处士金仲翁佩戴氏合葬墓志铭》，合肥：黄山书社，2004年，第1099页。

② 张海鹏、王廷元主编：《徽商研究》，合肥：安徽人民出版社，北京：人民出版社，2010年，第381～386页。

远役，岁岁归就郡试不便，则令各以家所业闻者为籍，而就试于是郡。"[①]清代"考试士子之籍贯，有民籍、商籍、灶籍、旗籍，均沿明之旧也"。[②] 又《大清会典》所载，"商人子弟，准附于行商省份，是为商籍"，[③]也就是说商人经商留居当地，子弟被允许在其父、祖本籍之外的行商省份附籍，即称为"商籍"，主要是朝廷为盐商及其子弟应试科举而设，与其他行业的客商无关。[④] "商籍"之称始见于明朝万历年间，为照顾长期在两淮、两浙经营盐业，并已在当地居住附籍的盐商及其子弟在科举方面的需要，朝廷为他们在行盐府、州、县学特设官学学额，并准其参加当地的科举考试，能取得这种学额和考试资格的称为"商籍"。[⑤]

杭州则是徽商最早取得"商籍"的地区。之所以设立两浙商籍，可从《两浙盐法志》中略知一二，"自古鱼盐贩负之中杰士间出，而志乘所载，凡名流侨寓采摭无遗，盖事因人以著，人附地而传"，又"浙省素称才薮，其自安徽等属来浙业盐者，贸迁既久，许其子弟附近就试，异地之才与土著无殊，此商籍所由立也"。[⑥] 又盐税在明清两朝的国家赋税中占有相当重要的比例，盐业虽为朝廷管控，但食盐的运销经营，多由盐商垄断。而在徽商经营的众多行业中，盐业位居首位，是国家财政收入的重要贡献者。国家财税需要盐商财力

---

① 许承尧：《歙事闲谭》卷二十九《吴宪》，合肥：黄山书社，2001 年，第 1041 页。

② （清）徐珂：《清稗类钞 · 考试类》，北京：中华书局，1984 年，第 726 页。

③ （清）托律等奉敕纂：《钦定大清会典（嘉庆朝）》卷十一《户部》，收入沈云龙主编：《近代中国史料丛刊（第三编）》第 69 辑，台北：文海出版社，1991 年，第 551 页。

④ 唐丽丽、周晓光：《徽商与明清两浙"商籍"》，载《安徽师范大学学报（人文社会科学版）》，2011 年第 3 期。刘希伟：《清代科举考试中的"商籍"考论——一种制度史的视野》，载《清史研究》，2010 年第 3 期。王振忠：《明清徽商与淮扬社会变迁》，上海：三联书店，1996 年，第 61 页。

⑤ 许敏：《试论清代前期铺商户籍问题——兼论清代"商籍"》，载《中国史研究》，2000 年第 3 期。

⑥ （清）延丰等纂修：《钦定重修两浙盐法志》卷二十四《商籍一》，收入《续修四库全书》史部 · 政书类第 841 册，上海：上海古籍出版社，2002 年，第 523 页。

的支持，盐商也须仰赖朝廷认可和庇护，“官视商为利薮，商借官为护符”，[①]官商相互依赖，关系紧密，是故“盖念伊父兄挟资远来，为国输将，所以隆优恤之典，广进取之阶”。[②]

关于两浙商籍制度的设立，明朝嘉靖四十年（1561年），两浙盐商蒋恩等人曾向巡盐都御史鄢懋卿具呈建议，让“商人子弟有志上进，比照河东运学事例”，获得允准，遂录送“附民籍收考”。[③] 万历二十八至三十年（1600－1602年），安徽泾县人叶永盛任两浙巡盐御史，[④]时有中官高时夏妄奏朝廷增加浙江商税，汪文演“上书御史叶永盛，得免岁征十五万”。[⑤] 又与汪文演同乡的吴宪“初试额未有商籍，业盐之家艰于原籍应试”，遂与汪文演“力请台使设立商籍”。[⑥] 徽商对两浙商籍的倡议，获得时任巡盐御史叶永盛的鼎力支持。万历二十八年（1600年），叶永盛便上奏题为《广开商籍以弘乐育事》一疏，奏疏中提及，安商心要于安商业，而储国课尤在储国材，“淮扬长芦等盐场，行盐商人子弟俱附籍应试，取有额例。为两浙商籍子弟岁科所取不过二三人而止，浙地濒海最迩，煮贩十倍他所，取数若少则遗珠可惜，回籍应试则阻隔为忧。伏乞圣慈广作人之化，悯旅寄之劳，敕令在浙行盐商子弟凡岁科提学使者按临取士，照杭州府、仁和、钱塘三学之数另占籍贯，立额存例，庶商籍广而

① （清）王守基：《盐法议略·两淮盐务议略》，收入《丛书集成新编》，台北：新文丰出版公司，1985年，第689页。

② （清）延丰等纂修：《钦定重修两浙盐法志》卷二十四《商籍一》，收入《续修四库全书》史部·政书类第841册，上海：上海古籍出版社，2002年，第524页。

③ （清）延丰等纂修：《钦定重修两浙盐法志》卷二十四《商籍一》，收入《续修四库全书》史部·政书类第841册，上海：上海古籍出版社，2002年，第523页。

④ （清）李卫纂修：《敕修两浙盐法志》卷十四《职官》，台北：台湾学生书局，1966年，第1614页。

⑤ （清）李卫纂修：《敕修两浙盐法志》卷十五《人物》，台北：台湾学生书局，1966年，第1792页。

⑥ （清）李卫纂修：《敕修两浙盐法志》卷十五《人物》，台北：台湾学生书局，1966年，第1796页。

世无迁业，赋有常经矣”。[①] 此疏获得朝廷认可与重视，此后浙江正式设立商籍制度。

两浙商籍的确立，与徽商子弟的积极倡导提议有密切的关系。当时积极提议的吴宪因业盐，“始由歙迁于杭，为杭始祖”，为参加科举考试不得不返回原籍。为了使盐商子弟避免这种劳苦不便，他与同乡的汪文演一同上书，请求设立商籍。商籍设立后，吴宪“遂得试于杭，而为商籍诸生”。[②] 吴宪和汪文演皆为徽州歙县人。商籍的设立，徽商及其子弟受益匪浅，两浙行盐的盐商及其子弟不必再为异地应试科举而徒劳奔波，“浙省商籍童生，多者六七百人，少亦不下五六百人。系引地一百二十余处，销引者数家至数十家不等，皆系徽商开设，携眷侨居，离徽窎远，此为配销商人子弟”。[③]

此外，关于两浙商籍学额数，据《钦定学政全书》载，“浙江商籍，额进五十名。内拨杭州府学二十名、仁和县学十五名、钱塘县学十五名，廪增无额，与民籍凭文考补”。[④]《歙事闲谭》也提及，“浙鹾更有商籍，岁科两试，每试徽商额取生员五十名，拔杭州府学二十名，仁、钱两学各十五名”。[⑤] 但商籍学额数量并非固定不变，至咸丰年间，两浙学额因商民捐输军饷而有所增加，咸丰六年(1856 年)“加浙江省仁和、钱塘二县商籍永远学额八名”，咸丰十年(1860 年)“加浙江省钱塘县商籍永远学额二名”。[⑥]

因为碍于乡试本有一定的特定年份，故商籍子弟生员被允许可以选择在

---

① (清)李卫纂修:《敕修两浙盐法志》卷十五《商籍》，台北:台湾学生书局，1966 年，第 1788～1789 页。(清)延丰等纂修:《钦定重修两浙盐法志》卷二十四《商籍一》，收入《续修四库全书》史部·政书类第 841 册，上海:上海古籍出版社，2002 年，第 523 页。

② 许承尧:《歙事闲谭》卷二十九《吴宪》，合肥:黄山书社，2001 年，第 1041 页。

③ (清)昆岗等修、刘启端等纂:《钦定大清会典事例》卷三百八十一《礼部·学校》，收入《续修四库全书》史部·政书类第 804 册，上海:上海古籍出版社，2002 年，第 94 页。

④ (清)泰尔讷等纂修，霍有明、郭海文校注:《钦定学政全书》校注卷六十二《商籍学额》，武汉:武汉大学出版社，2009 年，第 236 页。

⑤ 许承尧:《歙事闲谭》卷十八《歙风俗礼教考》，合肥:黄山书社，2001 年，第 603 页。

⑥ (清)昆岗等修、刘启端等纂:《钦定大清会典事例》卷三百八十一《礼部·学校》，收入《续修四库全书》史部·政书类第 804 册，上海:上海古籍出版社，2002 年，第 97 页。

商籍注籍地考试，抑或是选择返回原籍应考，“生童进学后，或仍在商籍考试，或归本省考试，均宜酌量情形，妥协筹议。若实因道路窎远，必在商籍就近应试，当照直隶从前另编卤字号之例，定额取中”。除了广东商籍旧设有卤字号中额外，其余直隶、江南、浙江、山东、山西、陕西等商籍，“均查明从前设立卤字号之例，归于该省定额内，五十名取中一名。虽应试多至数百名，总不得过二名之额。如有因人数过少，不敷取中，情愿改回本籍者，准其呈明改归”，[①]但两浙商籍自乾隆四十四年(1779年)起，“商籍各生既附入杭州府、仁和、钱塘、三学，与民籍无异，乡试散入民卷取中，不必另编卤字号”。[②] 故于乡试中可知，商籍身份的应考生通常是五十名录取一名，即使应考人数过多也不能超过定额。虽然如此，这样的录取率依旧明显高于一般民籍考生的录取率。[③]

徽商子弟虽然在行盐的侨寓地拥有商籍，让他们有在异地读书入学和应科举试的资格和权利，但这些盐商及其子弟在原籍仍存有自己的固定户籍，所以原则上他们也被允许在原籍应试，因而出现了“商民互考”的现象。某些徽商子弟便利用此制度漏洞在原籍与行盐侨寓地之间往来奔波应试，《歙事闲谭》中便记载了这一事例，“余之主岳南，以应商籍试也。商籍必由盐运司录送督学使者，乃得就试。余至稍迟，运司录中无名，意将止矣。谨度私计曰商民互考旧矣，今某不于商则于民。遂为余谋考民籍，得补录，县府试牒皆有名，乃始告余，初不令余知也，其与朋友他事皆类此。是岁，谨度先偕余归歙试，被落。返于杭，杭又不录”。[④] 乾隆年间，歙人程让堂与江岳南交好，江岳南为歙丰瑞里人，侨居钱塘，文采独称于杭州。汪谨度则为钱塘诸生，先世为

---

① (清)杜受田等修、英汇等纂:《钦定科场条例》卷三十五《冒籍》，收入文清阁编《历代科举文献集成》第5册，北京:北京燕山出版社，2006年，第2698页。

② (清)昆岗等修、刘启端等纂:《钦定大清会典事例》卷三百四十八《礼部·贡举》，收入《续修四库全书》史部·政书类第804册，上海:上海古籍出版社，2002年，第482页。

③ 刘希伟:《清代科举考试中的“商籍”考论——一种制度史的视野》，载《清史研究》，2010年第3期。

④ 许承尧:《歙事闲谭》卷二十三《程让堂五友记》，合肥:黄山书社，2001年，第805页。

歙之鄣岐人，本拜师于江岳南之兄，师死后遂从岳南游。而程让堂当时为应科举试而暂住于杭州江岳南家中，本因不及应商籍试，欲放弃应考，后从汪谨度之建议，以民籍回乡应试。程让堂利用这种制度漏洞在侨寓地和原籍之间获得更多的应试机会，也说明这种商民互考的现象在当时是比较普遍的。

除了商民互考外，同时也出现冒占商籍的现象。为了杜绝冒籍的问题，乾隆年间更详细明文规列商籍的具体条件，"商人在别省充商，领有盐引行盐，方准其亲子弟侄应考，其疏族及商伙子弟，一概不准。至本地商人即系土著，应归入本籍考试，不准冒入商籍。如向为商人，后经销乏业，将盐引顶卖者，即不准入商籍"，[①]"商人当以行盐执引者为凭，虽数家共销一引，实属现在行盐之人，其子弟自应列入商籍考试。至引已售卖，并非现在充商，此项乏商子弟，既无盐务羁身，自可赴原籍应试"。[②] 由此可知，合乎在别省经商、领有盐引和其亲子弟侄无法回原籍应试者这三项条件才具备商籍的资格。若将盐引顶卖给他人，并未亲自行盐者，则属乏商子弟范围，就必须回原籍应试，无法领有商籍。对于冒用商籍的议罚，朝廷更以连坐之法以示惩戒，对于冒占者"本人斥革外，从前收考之盐运分司盐运使、未经查出之学政，一并议处。其出结之商人、认保之廪生，照例分别办理"。[③]

尽管朝廷一再三令五申，但冒用商籍的现象依旧层出不穷。乾隆四十四年(1779 年)，浙江巡抚王亶望奏请裁撤浙江商籍学额，从其上奏内容可知，各省地方政府对于商籍条件的控管程度不一，"两淮则专收消乏西商，长芦等处则专据现在配销行引"，而浙江商籍则两者皆收，既收现行配销商人子弟，也收乏商子弟，导致每年应试常有六七百人，其中"乏商后裔竟居十之七八"。又两浙引地跨地之广，"营销浙盐之地，本籍行盐，远就商籍应试，不特情理未

---

① (清)杜受田等修、英汇等纂:《钦定科场条例》卷三十五《冒籍》，收入文清阁编《历代科举文献集成》第 5 册，北京:北京燕山出版社，2006 年，第 2674 页。

② (清)昆岗等修、刘启端等纂:《钦定大清会典事例》卷三百八十一《礼部・学校》，收入《续修四库全书》史部・政书类第 804 册，上海:上海古籍出版社，2002 年，第 94 页。

③ (清)杜受田等修、英汇等纂:《钦定科场条例》卷三十五《冒籍》，收入文清阁编《历代科举文献集成》第 5 册，北京:北京燕山出版社，2006 年，第 2674 页。

合，尤觉与例不符”。此外，两浙行盐正余引，每年有一百余万，“其间销乏顶退，事所恒有，若执引为凭，如本系乏商子弟及素不业盐，止于临试时，或一人顶任数引，数人合顶一引，暂执为凭，试后即以销乏禀退，是本因行盐而浸予寄籍，反因冒籍而暂假行盐，条顶条退更属不成事体”。[①] 面对两浙商籍内存有的种种弊端，王亶望因此奏请将浙江商籍予以裁撤。

面对浙江商籍的争议，乾隆却认为浙江商籍问题较为特殊，浙江一向为人文渊薮之地，借商籍登进者十之七八，“商籍学额实为仁、钱士子进身一途”，一旦将之裁撤，士子便少一登进之阶，“名为严核商籍童生，实则暗减杭州城学额，寒畯不免有向隅之叹”。又冒用商籍已属积弊，当务之急是究地方官之职责并严查惩治，而非因噎废食，撤除两浙商籍。由此两浙商籍在乾隆朝得以续存不废，相关应考资格也更加宽松，除了现行盐引的商人外，连商人后裔也得以一并收考，且“商籍各生，既系附入杭府、仁、钱、三学，即与民籍生员无异，仍照旧例，乡试俱散入民卷取中，不必另编卤字号”。[②]

从明清两朝来看，徽商子弟在两浙商籍中的表现相当出色，登第入仕者一直占有相当的比例。据《两浙盐法志》的记载，在明朝隆庆至崇祯年间，两浙商籍进士共有 12 名，其中歙县人为 4 名，休宁人为 8 名，全部皆属徽州人；举人则共有 35 名，歙县人为 12 名，休宁人为 15 名，徽州人占 77％的比例。清朝顺治至嘉庆六年(1801 年)，两浙商籍进士共有 140 名，歙县人为 25 名，休宁人为 15 名，黟县人为 1 名，徽州人占 29％的比例；举人则共有 489 名，歙县人为 39 名，休宁人为 43 名，黟县人为 6 名，徽州人则占 18％的比例。[③]

---

① (清)杜受田等修、英汇等纂：《钦定科场条例》卷三十五《冒占商籍例案》，收入文清阁编《历代科举文献集成》第 5 册，北京：北京燕山出版社，2006 年，第 2700 页。

② (清)昆岗等修、刘启端等纂：《钦定大清会典事例》卷三百八十一《礼部·学校》，收入《续修四库全书》史部·政书类第 804 册，上海：上海古籍出版社，2002 年，第 96 页；《清实录·高宗纯皇帝实录》卷一千八十七乾隆四十四年乙巳条，北京：中华书局，1986 年，第 604～605 页。

③ (清)延丰等纂修：《钦定重修两浙盐法志》卷二十四《商籍一》，收入《续修四库全书》史部·政书类第 841 册，上海：上海古籍出版社，2002 年，第 525～554 页。

就统计结果看来，明朝的两浙商籍中，徽州人无疑占有压倒性的优势，虽然到了清朝，比例有所降低，但徽商子弟的人数仍不可小觑，特别是原籍地登录为钱塘和仁和两地之人，极有可能便是隐性的徽商子弟。比如说，汪煜在《两浙盐法志》中登录为钱塘人黄岩籍，康熙十七年(1678年)戊午科举人，康熙二十四年(1685年)乙丑科进士，但汪煜实为歙县人，"自新安迁钱塘"。[①] 又鲍曾栲登录为钱塘人，嘉庆三年(1798年)戊子科举人，但鲍曾栲实为歙县人，属钱塘商籍，因为"先世曾治盐策两浙间，遂家于杭"。[②] 此外，又于记载中可知，明清两浙商籍中的徽州人大多是以杭州、钱塘和仁和为商籍地(附录四)。再次说明了杭州府及其附廓二县几乎成为徽州盐商的侨寓定居之所。

据《歙事闲谭》所载，北京歙县会馆观光堂立有题名榜，有清一代，"吾歙本籍寄籍之官京朝取科第者皆有焉，录之以备参考"。[③] 单单就歙县一县的登科及第人数，进士共有296人，举人则将近千人，蟾宫折桂之数，实属耀眼。而顺治至光绪年间的进士人数，寄籍浙江者占总数的20%，其中又以杭州、钱塘和仁和三地为最盛(见表4-1)，不仅彰显出杭州徽商对于宗族子弟人才培养的惊人成就，而且侧面说明了徽州人在杭州经商的人数众多与经营上的成功。

表4-1 清朝歙县寄籍浙江进士科第一览表

科考年份	姓名	寄籍地
顺治六年(1649年)己丑科	刘兆元	浙江
	方跃龙	于潜
	汪继昌	嘉兴
顺治九年(1652年)壬辰科	吴元石(雯清)	杭州
	刘廷献	仁和
	胡方学(胡文学)	

① (清)李卫纂修:《敕修两浙盐法志》卷十五《人物》，台北：台湾学生书局，1966年，第1814页。

② (清)鲍存良等编纂:《歙新馆鲍氏著存堂家谱》卷二《志乘》、卷二《家传》。

③ 许承尧:《歙事闲谭》卷十一《清代歙京官及科第》，合肥：黄山书社，2001年，第348～355页。

续表

科考年份	姓名	寄籍地
顺治十五年(1658年)戊戌科	吴矿	钱塘
顺治十六年(1659年)己亥科	吴涵	钱塘
康熙十二年(1673年)癸丑科	汪鹤孙	浙江
康熙十八年(1679年)己未鸿博	汪霖	钱塘
康熙二十四年(1685年)乙丑科	汪煜	黄岩
康熙三十九年(1700年)庚辰科	鲍夔	杭州
康熙四十二年(1703年)癸未科	吴涟	浙江
	吴焕	钱塘
康熙四十八年(1709年)己丑科	吴筠	仁和
	吴观域	钱塘
康熙五十一年(1712年)壬辰科	汪泰来	钱塘
雍正元年(1723年)癸卯科	周炎	杭州
雍正二年(1724年)甲辰科	胡铣	仁和
雍正八年(1730年)庚戌科	吴炜	仁和
	吴华孙	
	汪振甲	浙江
	胡际泰	杭州
	江宏禧	钱塘
雍正十一年(1733年)癸丑科	汪师韩	钱塘
乾隆二年(1737年)丁巳科	许宗峻	仁和
乾隆四年(1739年)己未科	叶苑	仁和
乾隆七年(1742年)壬戌科	仇然	钱塘
乾隆十年(1745年)乙丑科	吴毅	杭州
乾隆十三年(1748年)戊辰科	吴绶诏	
	叶世度	仁和
	胡梦桧	钱塘
乾隆十七年(1752年)壬申科	郑鸿撰	钱塘
乾隆十九年(1754年)甲戌科	汪永锡	钱塘
乾隆二十二年(1757年)丁丑科	朱芫会	
乾隆二十五年(1760年)庚辰科	程之章	浙江
	汪献之	浙江
乾隆三十一年(1766年)丙戌科	王邦治	浙江
乾隆三十四年(1769年)己丑科	潘奕隽	浙江
乾隆三十六年(1771年)辛卯科	吴覃诏	

续表

科考年份	姓名	寄籍地
乾隆三十七年(1772年)壬辰科	王照	仁和
乾隆四十年(1775年)乙未科	许烺	浙江
	吴一骐	浙江
乾隆四十六年(1781年)辛丑科	程嘉谟	
乾隆四十九年(1784年)甲辰科	潘奕藻	
乾隆五十二年(1787年)丁未科	朱承宠	
乾隆五十八年(1793年)癸丑科	潘世恩	
乾隆六十年(1795年)乙卯科	潘世璜	
嘉庆四年(1799年)己未科	鲍桂星	
	王嘉景(王家景)	浙江
嘉庆七年(1802年)壬戌科	金式玉	浙江
道光二年(1822年)壬午科	鲍承焘	浙江
道光六年(1826年)丙戌科	项名达	浙江
道光十三年(1833年)癸巳科	汪元方	余杭
道光十五年(1835年)乙未科	叶朝采	浙江
道光二十一年(1841年)辛丑科	汪藻	
同治七年(1868年)戊辰科	朱世篁	钱塘
光绪三年(1877年)丁丑科	蒋其章	钱塘
光绪十八年(1892年)壬辰	吴宝镕	仁和

资料来源：许承尧《歙事闲谭》卷十一《清代歙京官及科第》，合肥：黄山书社，2001年，第348～355页。

二、侨寓徽商与书院教育

崇文重教向来都是徽州宗族的传统，通过教育培养子孙的良好品德，锻炼其资质，知晓为人处世之道，明辨是非曲直。徽州人甚至认为重视教育则为亢宗大族之本。他们重教兴学，大力培养宗族子弟读书登第。通过科举登上仕途，光宗耀祖，其政治地位和社会威望更成为宗族强大的倚靠，而于其中推波助澜者便为财力雄厚的徽商。

为了鼓励和支持宗族子弟走上登科入仕、亢宗大族之路，徽州宗族皆悉力扶植族内子弟业儒，挑选有潜力的子弟加以着力培养，以为宗族内的重大事务，并将其作为宗族规范，书于族规家训之中或张贴于祠堂祖屋之上，以望子孙能时刻谨记，切实遵守。[①] 休宁《茗洲吴氏家典》在家规中指出，“族中子弟有器宇不凡、资禀聪慧而无力从师者，当收而教之，或附之家塾，或助以膏火。培植得一个两个好人，作将来楷模，此是族党之望，实祖宗之光”。[②]

歙县《潭渡孝里黄氏族谱》的家训中提到，“子姓十五以上，资质颖敏、苦志读书者，众加奖劝，量佐其笔札膏火之费，另设义学，以教宗党贫乏子弟”。此外于祠规中更清楚提出奖励宗族子弟登科入仕之法，“生童赴试应酌给卷赀，孝廉会议应酌给路费，登科登甲入庠入监及援例授职者，应给发花红，照例输赀”，更从祠产中“开支修脯，敦请明师，开设蒙学，教育各堂无力读书子弟”。[③]《绩溪东关冯氏家谱》则提到“子孙材，族将大。族中果有可期造就之子弟，其父兄即须课之读书；倘彼家甚贫，便须加意妥筹培植”。《歙县方氏族谱》的家训也提及人才之盛实为祖宗之光，“苟有贤俊子弟，乃由祖宗积德所生，增光门户，正在于彼”，如果“生于窘迫之家，而衣食不给，不能自立”，应当“委曲处分，资其诵读，他日有成，则吾之祖宗因之益显矣”。[④]

族中子弟的学习，需要相当的经济实力作为后盾，“学校之政，必先于教养；教养之具，必资于金谷”。[⑤] 这种教育投资一般家庭已难独自负担，更遑论贫困之家，于是经营有成的徽商便成为教育文化的重要支持者与资助者。经商致富后的徽商，往往不惜财力，大量投资教育，延师课子不遗余力，积极鼓励儿孙习学业儒以追求功名，“教子也以义方，延名师、购书籍不惜多金，尝曰富而教不可缓也，徒积资财何益乎？”[⑥]

徽商在“贾为厚利，儒为名高”的思想影响之下，除热衷于徽州本土的文

① 李琳琦：《明清徽州宗族与徽州教育发展》，载《安徽师范大学学报（人文社会科学版）》，2003年第5期。

② （清）吴翟辑撰：《茗洲吴氏家典》卷一《家规八十条》，第18页。

③ （明）黄玄豹编：《潭渡孝里黄氏族谱》卷四《家训》、卷六《祠祀》。

④ 《绩溪东关冯氏家谱》卷首上《冯氏祖训十条》；《歙县方氏族谱》卷七《家训》，转引自赵华富：《徽州宗族研究》，合肥：安徽大学出版社，2004年，第426页。

⑤ （明）陶安：《陶学士集》卷十五《送李国用引》，见《景印文渊阁四库全书》集部164·别集类第1225册，台北：台湾商务印书馆，1986年，第757页。

⑥ （清）鲍存良等编纂：《歙新馆鲍氏著存堂宗谱》卷二《柏庭鲍公传》。

教事业外，还纷纷在侨寓之地创办书院，以为相从旅邸的子孙就学成名计。[①]他们在侨寓地积极参与捐资创建书院，主要是方便宗族子弟就地接受教育，给他们提供就学读书的机会，从而使之登科以进仕途。从前述两浙商籍中，徽商子弟登科的一览表和比例数来看，徽商在杭州投资文教事业取得了相当显著的成果。明清时期杭州的万松书院（康熙年间改称"敷文书院"）、崇文书院、紫阳书院和诂经精舍，合称"杭州四大书院"，其中崇文书院和紫阳书院的创建和修缮，与徽商有着密不可分的关系。

（一）杭州崇文书院

杭州崇文书院创建于万历二十八年（1600年），当时两浙巡盐御史叶永盛创立商籍，又"颜定崇文书院，供奉紫阳朱夫子于前堂，亲课商籍子弟于其中"，[②]程绍文"偕汪文演、吴云凤等建崇文书院"；汪文演"与同邑吴云凤兴商籍，如河东两淮例岁收俊士如额，建崇文书院以祀朱子"；汪宗缙"众建崇文书院，捐资独先"；[③]吴宪"考地吴山之阳，建书院以祀朱子。岁时朔望，咸来登拜办俎豆，以习礼法，以其暇日，更立期会，为文章相盘错"。[④]在崇文书院的创建过程中，出资奔走的皆为在杭州经营盐业的徽商。其后又因书院"地濒湖滑，风雨所侵，室庐易圮"，[⑤]康熙九年（1670年）、康熙三十七年（1698年）、雍正十一年（1733年）、乾隆三十九年（1774年）、乾隆五十九年（1794年）、道光二十六年（1846年）、同治四年（1865年）曾经历多次大规模修缮。[⑥]主事书

---

① 李琳琦：《徽商与明清徽州教育》，武汉：湖北教育出版社，2003年，第249页。

② 《紫阳崇文会录》末卷《抄刻钤印清祠宪册》，转引自汪庆元：《明清徽商与杭州崇文书院考述》，收入安徽大学徽学研究中心编：《徽学》第三卷，合肥：安徽大学出版社，2004年，第131页。

③ （清）李卫纂修：《敕修两浙盐法志》卷十五《人物》，台北：台湾学生书局，1966年，第1793、1794、1811页。

④ （清）王同编：《杭州三书院纪略》卷二《朱笥河学士撰吴氏家传》，收入赵所生、薛正兴主编：《中国历代书院志》第9册，南京：江苏教育出版社，1995年，第24页。

⑤ （清）王同编：《杭州三书院纪略》卷二《道光二十六年重修崇文书院记》，收入赵所生、薛正兴主编：《中国历代书院志》第9册，南京：江苏教育出版社，1995年，第45页。

⑥ （清）王同编：《杭州三书院纪略》卷二，收入赵所生、薛正兴主编：《中国历代书院志》第9册，南京：江苏教育出版社，1995年，第35～47页。

院修葺的多为时任督学和两浙盐业官员，经费主要来自当时的盐课和徽商的踊跃捐资，举凡“木石之需，甓垩之费，计镪如干延师之脡脯，集课之膳修，优奖之楮颖，阅年计镪如干两，分盐各为捐赀，余俱按引输费，岁以为常”。[①] 可见对于崇文书院的兴建、维护和经营，侨寓杭州的徽商确实贡献良多。

崇文书院由来已久，其前身旧榜名为“西湖书院”。书院创始时，即“南宋太学故址为之”。元朝至元年间，于西湖锁澜桥北建有三贤堂，以奉祀白居易、林逋和苏轼等先贤。明朝成化年间布政使宁良改建，名西湖书院，设有书库和赡田，“以待四方学子肄业”。正德年间杨孟瑛“复于三贤增唐李公泌，即今所谓四贤祠也”。万历年间巡盐御史叶永盛，“于西湖跨虹桥创为舫课，甲乙课文”，商士感思其政，遂于四贤祠右建院，中供奉朱子，“祀公位之后寝”。康熙四十四年（1705 年），康熙皇帝南巡驻跸西湖，赐御书“正学阐教”四字，额悬中堂，为榜其门曰“崇文”，其后鼎新其制，仍榜曰“崇文书院”。[②] 又疏一泉曰“月池”，中有飨堂，飨堂左侧有一碑亭，“敬摹御书，勒石以奉之”。后有敬修堂，再后则为诸生斋舍和守祠人住所。[③]

崇文书院位处杭州西湖之西侧，“葛岭之南、孤山之右”，为风景最负盛名之处。康熙年间浙江学政金镜曾提道：

> 杭于宋时为都下，夫子宜有书院其间。询诸故老，往时有紫阳书院在玛瑙坡之后冈。万历间，直指叶公移筑于葛岭之南、孤山之右，湖波千顷，舄碧泛艳，两峰云树，奇秀映发，真足为讲学会文之地，颜曰崇文书院。西湖自钱越偏安，而后梵宫琳宇，庐趾相接，叶公毅然购一书院，巍峙其中，志何殊特？谓之崇文，斯实录也。夫叶

---

① (清)嵇曾筠等监修:《浙江通志》卷二十五《学校一》，收入《景印文渊阁四库全书》史部·地理类第 519 册，台北：台湾商务印书馆，1983 年，第 676 页。

② (清)王同编:《杭州三书院纪略》卷一，收入赵所生、薛正兴主编:《中国历代书院志》第 9 册，南京：江苏教育出版社，1995 年，第 5 页；卷二，第 35～39 页。

③ (清)王同编:《杭州三书院纪略》卷一，收入赵所生、薛正兴主编:《中国历代书院志》第 9 册，南京：江苏教育出版社，1995 年，第 5 页。(清)李卫纂修:《敕修两浙盐法志》卷二《图说》，台北：台湾学生书局，1966 年，第 372 页。

公以台臣巡鹾于浙，而浙商多籍新安，故叶公抗疏使新安诸博士弟子，自为商籍，以隶于浙，遂世世祀文公，配以叶公，聚崇文书院为讲读胜地。[①]

万历年间叶永盛所建之崇文书院，始称"紫阳崇文会"，书院中供奉朱子，故尊曰紫阳。于时，叶永盛则"崇文，以会舫课也"[②]。何以谓"崇文"？曾就读于崇文书院的歙县人吴雯清（寄籍仁和），则提及叶永盛以为两浙商籍人士，"生于文公桑梓之邦，熟读文公注释之书，如孙子绳武乎高曾，自是本分内是也。舍此不尊，而尊异端曲说，岂理也哉？"[③]故曰"崇文"，以此为两浙商籍人士之标准。

由于徽州联系外界的黄金水道新安江，为杭州钱塘江的上游，徽州和杭州的地缘风俗未有太多差别，促使徽商子弟于杭州就学很快就能适应，"新安、武林一水相原委者，壤封错绣，风俗便安。或托业鹾政，与姻娅于兹邦，其子弟所籍，虽曰旅途，犹之乎土著也"。[④] 而"崇文为会课之地"，书院创建的目的，主要是为了当时徽商子弟应试之用，一同学习科举制文，而非以讲学为主。[⑤] 书院"朔望有课，有膏火，有笔资"，[⑥]此外，书院独具的会课方式则称为"舫课"，舫课始倡于万历年间两浙巡盐御史叶永盛，其于视盐之余，亲自教授

---

① （清）王同编：《杭州三书院纪略》卷二《康熙九年重修紫阳崇文书院碑记》，收入赵所生、薛正兴主编：《中国历代书院志》第9册，南京：江苏教育出版社，1995年，第29～30页。

② （清）王同编：《杭州三书院纪略》卷一，收入赵所生、薛正兴主编：《中国历代书院志》第9册，南京：江苏教育出版社，1995年，第6页。

③ （清）王同编：《杭州三书院纪略》卷二《康熙间紫阳崇文会录序》，收入赵所生、薛正兴主编：《中国历代书院志》第9册，南京：江苏教育出版社，1995年，第34页。

④ 《紫阳崇文会录》卷首《崇文会录序》，转引自汪庆元：《徽学研究要籍叙录》，收入安徽大学徽学研究中心编：《徽学》（第二卷），第359页。

⑤ （清）王同编：《杭州三书院纪略》卷二《康熙九年重修紫阳崇文书院碑记》，收入赵所生、薛正兴主编：《中国历代书院志》第9册，南京：江苏教育出版社，1995年，第29～30页。汪庆元：《明清徽商与崇文书院考述》，收入安徽大学徽学研究中心编：《徽学》（第三卷），第133页。

⑥ （清）王同编：《杭州三书院纪略》卷一，收入赵所生、薛正兴主编：《中国历代书院志》第9册，南京：江苏教育出版社，1995年，第5页。

商籍子弟，“于西湖之跨虹桥西，授以题命，各就舫中属文，舫皆荡桨散去。少焉，画角一声，群舫毕集，各以文进面，定甲乙名”。①

舫课制度于顺治年间更臻完备，每年春秋两次于西湖会文，“择良日，毕罗湖之大小舟，大者五六，小者视大者倍以十”，每三人共一小舟，当日黎明，“社之人麇集紫阳祠释奠焉，奠毕，授题楫以出”，各自小舟荡漾而去，随意所至，“或藏丰葑之汀，或泊垂杨之岸”。午后巨舫齐泊湖心亭，先完文者可到亭前聚饮。“少焉，鼓奋角鸣，而咸集于大舟”，三鸣之后而文不完者，须罚资，草完者则减半。② 对于舫课实际操行的情况，或可从书院学生叶生、方时、胡文学、程光禋、吴雯清、潘光世等 6 人的共同撰文中可一窥之：

> 爰是依船作屋，借湖为场。小艇恰受三人，扁舟各当一队。墨兵交错，静譽龙虎之文；水战纵横，纷结鹳鹅之阵。意涌而游鱼欲出，思飘而放鹤俱飞。笔峦颖竖，则双峰疑低；观海涛翻，则两湖愈黑。于时青山衔日，绿水凌风。画舫止于中央，小船出乎别浦。诗正异奇，各思建鼓；马迟枝速，咸待鸣金。挥兔万言，在昔何劳数谢；奇马五版，于今不得推袁。溯游溯洄，山光与水光相接；一觞一咏，人影将鸟影偕还。③

而以舫课会文的原因，主要是当时参与会文的人数不下百人，而杭州城内又无适当的地点以供会文，“社中声气相联，可得朝夕聚首者，不下百人，文事胡可阙然不讲。但城中无此广厦以为会文之所，不得不更为舫会”。④ 书

① （清）李卫纂修：《敕修两浙盐法志》卷二《图说》，台北：台湾学生书局，1966 年，第 372 页。

② （清）王同编：《杭州三书院纪略》卷二《崇文舫课序》《顺治间复位崇文会规会文之约》，收入赵所生、薛正兴主编：《中国历代书院志》第 9 册，南京：江苏教育出版社，1995 年，第 31～32 页。

③ （清）王同编：《杭州三书院纪略》卷二《顺治九年西湖舫课征文启》，收入赵所生、薛正兴主编：《中国历代书院志》第 9 册，南京：江苏教育出版社，1995 年，第 27～28 页。

④ （清）王同编：《杭州三书院纪略》卷二《顺治间复位崇文会规会文之约》，收入赵所生、薛正兴主编：《中国历代书院志》第 9 册，南京：江苏教育出版社，1995 年，第 32 页。

院除了舫课外，每年还有遥课。遥课是指让散处各地的生员作文，集中送书院评定的一种授课形式。参加遥课的学生各自选择得意之作三篇，“并面课同交，司会存选，缺者照面课倍罚”，到书院作文的学生，每人尚发二钱以补助餐费，而“遥文书学、书字、书名，面课只书坐号”。书院将参加舫课和遥课的学生所上交的文章，交给由 12 人所组成的司会来评定优劣，杰出优秀之文，以三岁为一集，“取所得佳文梓之”。[①]

崇文书院为徽州子弟肄业之所，从康熙年间所制定的文会制度中可知，书院明确规定就读学生必须是徽州人，“前辈社规，慎绝匪类，故籍名社中者，非我伯仲，即我姻娅”，“今与诸友约，每岁科新进诸友，非详明世系，书地书年，得至亲师友介绍，不得侧名社谱”。[②] 侨寓的徽商宗族子弟麇集于崇文书院读书以应科举试，相互砥砺，秉持朱子之教，“吾乡之宿德耆老又以时率子弟课业于中”，使得族党乡谊之情更为凝聚。是故徽商子弟在两浙登科进仕者，大多来自崇文书院，从明万历至清康熙年间，在《紫阳崇文会录》题名录中便登载有 1 600 余名，会试中第者计 26 人、乡试 66 人、廷试 116 人、武榜乡会 50 人，共计举人达 258 人，诚如休宁人徐旭龄（寄籍钱塘）所言，“吾乡之子弟，岁科获隽于有司者，皆隶籍院中”，“今观谱中所载，文人之盛，诚甲于一时”。[③]

（二）杭州紫阳书院

杭州紫阳书院，为徽商捐资助学的一所重要书院。紫阳书院创建于康熙四十二年（1703 年），书院旧名为“紫阳别墅”，“以其地为紫阳山麓，而适与新安之紫杨同名，遂以别墅别之”，[④]因为地处杭州紫阳山左麓，又恰好与徽州

---

① （清）王同编：《杭州三书院纪略》卷二《顺治间复位崇文会规会文之约》，收入赵所生、薛正兴主编：《中国历代书院志》第 9 册，南京：江苏教育出版社，1995 年，第 32 页；汪庆元：《徽学研究要籍叙录》，收入安徽大学徽学研究中心编：《徽学》（第二卷），第 360 页。

② 《紫阳崇文会录》卷首《复位崇文会规 · 慎匪类之比》，转引自汪庆元：《徽学研究要籍叙录》，收入安徽大学徽学研究中心编：《徽学》（第二卷），第 360 页。

③ 汪庆元：《徽学研究要籍叙录》，收入安徽大学徽学研究中心编：《徽学》（第二卷），合肥：安徽大学出版社，2002 年，第 360～361 页。

④ （清）李卫纂修：《敕修两浙盐法志》卷二《图说》，台北：台湾学生书局，1966 年，第 376 页。

紫阳山同名，故便称为“紫阳别墅”，其后才正名为书院。康熙四十二年(1703年)，时任两浙督转运使司盐运使高熊征于太庙巷内，“割俸买宅于凤山门内馨如坊经营”，[①]此宅为杭州人周雨文故宅，宅内园亭有山居之胜。[②]

盐运使高熊征之所以在凤山门内创建紫阳书院，主要是因为当时位于西湖畔的崇文书院与杭州城距离稍远，城内就读子弟往来奔波劳苦，是故遂创建紫阳书院，以方便生徒，“其地去城稍远，肄业者往返为艰”。[③] 而高熊征买宅后，增扩院舍，“经营之费，盖于千金”。当时于杭州业盐的徽商汪鸣瑞与同业者，共同踊跃捐资，以助其事。而经营书院的经常岁费，汪鸣瑞“独力任之，亦复千金”。康熙四十三年(1704年)，以商人吴琦等，“愿每岁捐银四百两，以佐膏火”。[④] 而紫阳别墅，主要为“武林商籍绅士会文讲学之地”，[⑤]又商籍子弟多为徽州盐商及其子弟，所以“得一体就近考试，即以斯院为会文及祀朱子处”，[⑥]故其父兄对于书院经费，皆踊跃捐资助学。其中于万历年间偕同众徽商请立商籍和捐建崇文书院的汪文演，即为汪鸣瑞之曾祖。汪鸣瑞绳其祖武，对于侨寓杭州的宗族子弟读书就学问题依旧竭力贡献，书院的开办经费和之后的岁费多赖汪鸣瑞支持。

紫阳书院于院中建置有一乐育堂，设神龛“奉朱子木主，崇正学也”，堂后有簪花阁、有五云深处，为讲堂之地；东为近水楼，有南宫舫、瀛洲榭，生徒皆于此读书；又折而东有春草池，“为垂钓矶、为看湖台、为别有天、为寻诗径，循

---

① (清)李卫纂修:《敕修两浙盐法志》卷二《图说》，台北:台湾学生书局，1966年，第376页。

② 孙延钊:《浙江紫阳书院掌故征存录(一)》，载《浙江省通志馆馆刊》，第1卷第2期，第48页。

③ 孙延钊:《浙江紫阳书院掌故征存录(一)》，载《浙江省通志馆馆刊》，第1卷第2期，第48页。

④ (清)王同编:《杭州三书院纪略》卷二《康熙四十三年紫阳别墅碑记》，收入赵所生、薛正兴主编:《中国历代书院志》第9册，南京:江苏教育出版社，1995年，第48页。

⑤ (清)王同编:《杭州三书院纪略》卷二《康熙四十三年紫阳别墅碑记》，收入赵所生、薛正兴主编:《中国历代书院志》第9册，南京:江苏教育出版社，1995年，第48页。

⑥ 孙延钊:《浙江紫阳书院掌故征存录(一)》，载《浙江省通志馆馆刊》，第1卷第2期，第48页。

径而入，为层梯迭巘，蹑其巅为巢翠亭，远瞩钱塘圣湖如在襟带间。其他如小瞿塘、石蕊峰、梧桐冈、鹦鹉石、笔架峰、螺泉、葡萄石诸胜皆岩石瘦削，壑谷幽邃”。[①] 虽然位于杭州城内，但“城市中有山林意”。[②] 康熙年间，浙江巡抚张泰交感叹紫阳书院的胜景，“饶山木之趣，而无城市之嚣”。[③]

紫阳书院秉持着朱熹亲自制定的白鹿洞书院学规，具有缜密完整的书院教育经营制度，多延当时耆师宿儒为讲席教授，“日有课，月有程，一秉鹿洞规则，则以故人才辈出”。[④] 乾隆年间江南都转运使徐恕曾言，“武林三书院，皆踞湖山之胜，代钟伟人杰士。紫阳独在城南山之麓，为地较近，士之秀而能文，肄业其中者亦较盛”，书院每月朔望两课，“以校其艺之精勤，拔其尤者数人，给笔资以示奖励”，对于生徒优秀者，特别给予实质奖励，以期许日益精进。[⑤] 而于紫阳书院就读之生徒日益增多，嘉庆年间多达 328 人。至同治时，“当时外郡学者，往往来省垣，三书院学舍既不能容。紫阳在城内，尤为多士所辏，弦诵之声彻阛市，夜则林樾闲镫火荧然”，[⑥]每月朔望上缴待校阅卷，多达六七百篇。由此可见，当时于紫阳书院读书的学生人数众多。

至光绪二十八年(1902 年)废改前，紫阳书院 199 年间经历多次增建修缮，虽然主其事者多以朝廷官员为主，但从中仍可见到徽商协助的身影。雍正七年(1729 年)，任浙江总督的李卫，改建巢翠亭为文昌阁，“奉孤山旧祠之像于此”；乾隆年间书院费用日增，仅由商捐无法应付开支，遂于两浙盐务项目之下请拨官款，以俾应用。乾隆二十四年(1759 年)，浙江盐驿道原衷戴加

---

① (清)李卫纂修:《敕修两浙盐法志》卷二《图说》，台北:台湾学生书局，1966 年，第 376 页。

② 孙延钊:《浙江紫阳书院掌故征存录(二)》，载《浙江省通志馆馆刊》，第 1 卷第 3 期，第 49 页。

③ (清)王同编:《杭州三书院纪略》卷二《康熙四十三年紫阳别墅碑记》，收入赵所生、薛正兴主编:《中国历代书院志》第 9 册，南京:江苏教育出版社，1995 年，第 48 页。

④ (清)李卫纂修:《敕修两浙盐法志》卷二《图说》，台北:台湾学生书局，1966 年，第 377 页。

⑤ (清)王同编:《杭州三书院纪略》卷二《乾隆三十八年重修紫阳书院记》，收入赵所生、薛正兴主编:《中国历代书院志》第 9 册，南京:江苏教育出版社，1995 年，第 52 页。

⑥ 孙延钊:《浙江紫阳书院掌故征存录(一)》，载《浙江省通志馆馆刊》，第 1 卷第 2 期，第 55 页。

以严订书院课程，遴选监院，并捐资膏火让生徒肄业其中；乾隆三十八年(1773年)，护巡抚布政使王站桂修葺更新；乾隆五十七年(1792年)，汪鸣瑞之曾孙汪青，请时任江南都转盐运使司臣阿林保拨专款以整修书院，“毅然动帑于若干金，大为修葺”，“专委属吏之能者，日往监之”。①

嘉庆二年(1797年)，督学阮元增建校经亭，又将南宫舫易名为凌虚阁；嘉庆八年(1803年)，都察院巡盐使者延丰，因为书院生徒日益渐增，多达328人，“附课者皆给以膏火之资，席不敷坐”，于是便在看潮台故址，建高楼五楹，本孟子之义，名曰“观澜楼”，“生徒之登斯楼者，莫不志于大道，成章乃达”。又将乐育堂的朱子木主移到楼下奉祀，楼上祀魁星，为生徒藏修息游之所。②道光五年(1825年)，巡抚程含章将两浙盐政节省的工食银两，拨发给紫阳、崇文和敷文三书院，作为生童膏火奖金之用。咸丰五年(1855年)，杭州知府王有龄于书院建昭忠祠，复归朱子木主于乐育堂，观澜楼下奉祀十一郡忠烈之位。咸丰十一年(1861年)，书院毁于兵燹，并于同治年间复建，咸丰四年(1865年)，布政使蒋益澧拨用专款重修书院，而巢翠、校经两亭仅存遗址。来年，按察使杨昌浚以俸钱买地，与运使高卿培请巡抚兼管两浙盐政的马新贻，“出公帑，增屋二十楹，作南向北向斋舍”，斋舍后南向而面山处，则名曰“景徽堂”，以南望朱子祠。咸丰七年(1868年)，蒋益澧又请于盐耗项下提款扩建楼厅、斋房共38间。于此书院渐臻完备，至光绪二十八年(1902年)废改前皆未有所变更。③

---

① (清)王同编:《杭州三书院纪略》卷二，收入赵所生、薛正兴主编:《中国历代书院志》第9册，南京:江苏教育出版社，1995年，第49～52页。孙延钊:《浙江紫阳书院掌故征存录(一)》，载《浙江省通志馆馆刊》，第1卷第2期，第48页。

② (清)王同编:《杭州三书院纪略》卷二《杭州紫阳书院观澜楼记》，收入赵所生、薛正兴主编:《中国历代书院志》第9册，南京:江苏教育出版社，1995年，第53页。

③ 孙延钊:《浙江紫阳书院掌故征存录(一)》，载《浙江省通志馆馆刊》，第1卷第2期，第48～49页。(清)王同编:《杭州三书院纪略》卷二《孙琴西先生紫阳书院景徽堂记》，收入赵所生、薛正兴主编:《中国历代书院志》第9册，南京:江苏教育出版社，1995年，第55页。

图 4-1　杭州紫阳书院生员王云卿和童生徐履庄课试原卷

资料来源：图片截取自“百集文献纪录片卷四十·中国书院影片集·杭州紫阳书院”，济南：齐鲁电子音像出版社，2007 年。

藏于浙江图书馆孤山分馆古籍部库房。系土纸，淡黄色。卷长 106 厘米，阔 26 厘米，共九折。每卷皆有封页，上填生徒姓名、类别、等第名次，盖有“紫阳书院”监院印钤图记。

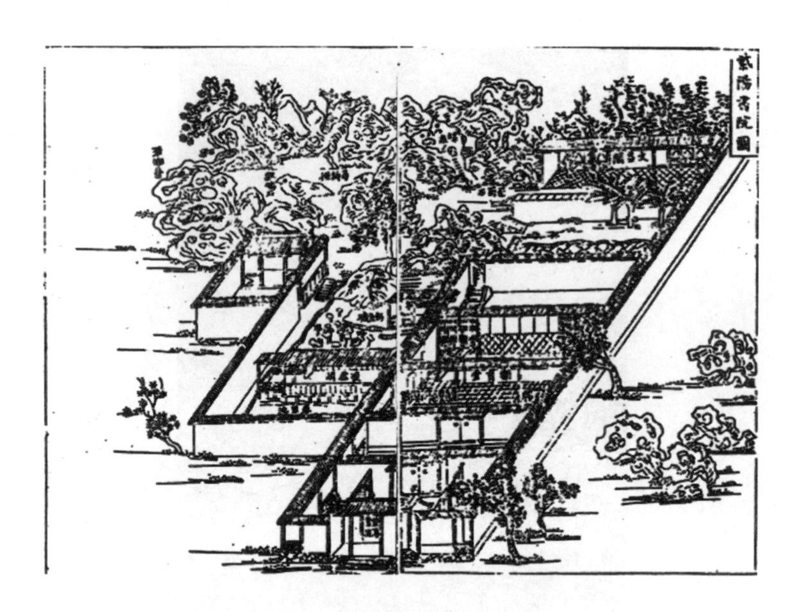

图 4-2　杭州紫阳书院图

资料来源:(清)延丰等纂修《钦定重修两浙盐法志》卷二《图说》,收入《续修四库全书》史部·政书类第 840 册,上海:上海古籍出版社,2002 年,第 687～688 页。

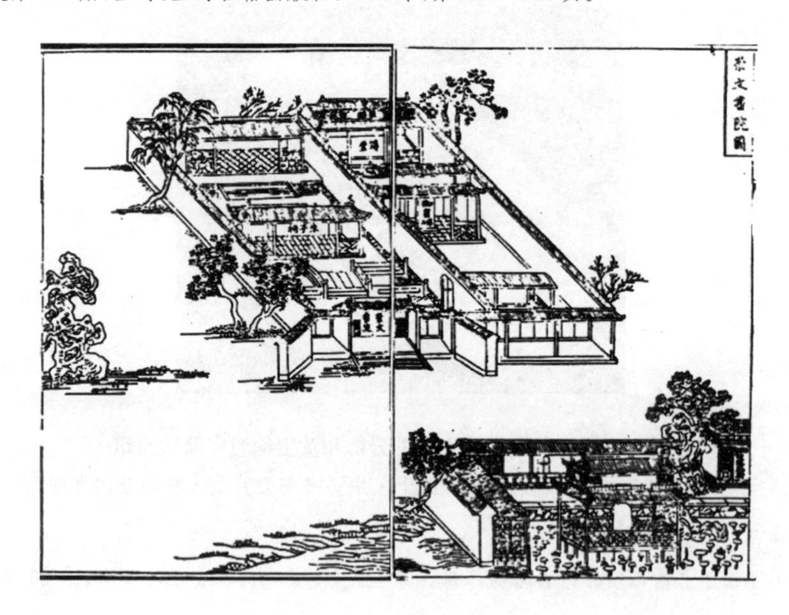

图 4-3　杭州崇文书院图

资料来源:(清)延丰等纂修:《钦定重修两浙盐法志》卷二《图说》,收入《续修四库全书》史部·政书类第 840 册,上海:上海古籍出版社,2002 年,第 686 页。

第二节　文化活动交流

徽商深受儒学思想的熏陶，除积极鼓励宗族子弟习儒业以登科入仕外，更不惜投入巨资收购各朝书画名帖和珍本古籍，这一举措在满足其个人好儒、崇儒的精神需求外，对于历代图书文献的收藏、保存也有一定的贡献。民间私人藏书，在清朝达到高峰，不论是藏书量或书籍质量，堪称历代之冠，而徽州籍的藏书家在当时更享有盛名。这些徽州籍的藏书家族大多聚集在江南地区，他们亦贾亦儒，通过搜罗收藏和刊刻出版书籍，结交文人雅士，相互交流唱和，推广徽州文化，也推动了侨寓地文化风气的兴盛。

一、知不足斋——鲍廷博

鲍廷博，字以文，号渌饮，晚号通介叟，歙县诸生，生于清雍正六年(1728年)，卒于嘉庆十九年(1814年)。鲍氏家族世居歙县西乡长塘，故也自称“长塘鲍氏”。“曾祖光顺，祖贵，考思诩，清德未耀”，[①]祖上以冶坊和行商为世业，廷博“少习会计”，[②]因其父思诩多行贾四方，便以孙代子职，得鲍贵欢心。鲍廷博九岁就傅，二十三岁补歙县庠生，“两应省试不售，遂决意进取”，[③]转而留心于典籍。祖卒，葬于歙，其父鲍思诩娶仁和顾氏为妻，且因经商所需，便“携家居杭州”。[④] 鲍思诩嗜读书，性耽文史，略有所藏，又廷博事父以孝，乃力购前人之书以承父欢，“既久，而所得书益多且精，遂裒然为大藏书

① 季秋华：《新见鲍廷博墓志铭一则考述》，载《图书馆研究与工作》，2009年第4期。

② (清)钱泳：《履园丛话》卷六《耆旧·渌饮先生》，收入《清代笔记小说大观》第四册，上海：上海古籍出版社，2007年，第3359页。

③ (清)翁广平：《听莺居文钞》卷二十《鲍渌饮传》，见《清代诗文集汇编》第466册，上海：上海古籍出版社，2010年，第230页。

④ 季秋华：《新见鲍廷博墓志铭一则考述》，载《图书馆研究与工作》，2009年第4期。

家”。[①] 父子二人广搜博采，筑室储书，鲍思诩“取戴记学然后知不足之意，以颜其斋”，[②]鲍廷博也自称“知不足斋后人”，所藏之书皆钤有藏书印“歙西长塘鲍氏知不足斋藏书印”，所校刻的丛书也名曰“知不足斋”，以承其先志。壮年时，父母相继卒于杭州，廷博卜葬于湖州乌程县，后迁居于桐乡乌青镇。

乾隆年间，清高宗编修《四库全书》征召搜集古今群书，为保障私家藏书，于乾隆三十七年(1772 年)更降旨说明办理之法，“在坊肆者，或量为给价；家藏者，或官为装印；其有未经镌刊，只系钞本存留者，不妨缮录副本，仍将原书归还，并严饬所属，一切善为经理，毋使吏胥借端滋扰”。[③] 随着征书活动的开展，藏书家唯恐触及文字狱仍有所顾虑，来年高宗又降旨加以解释，“朕办事光明正大，可以共信于天下，岂有下诏访求遗籍，顾于书中寻摘瑕疵，罪及收藏之人乎？”[④]并再度强调所有民间藏书，无论刻本写本，皆是官为借钞，仍会将原本归还。此外，对于献书有功的藏书家，政府更制定一套奖励办法，献书 500 种以上者，“赏《古今图书集成》各一部，以为好古之劝”；100 种以上者，“赏给内府初印之《佩文韵府》各一部，俾亦珍为世宝，以示嘉奖”。[⑤]

鲍廷博踊跃参与进献，集家中所藏书 600 余种，命其子仁和县监生士恭由浙江进呈御览，而鲍家之藏书“大半宋元旧版、旧写本，又手自校雠，一无讹谬，故为天下献书之冠”。[⑥] 乾隆三十九年(1774 年)，鲍家受赏《古今图书集成》一部，来年诏还其所进献之书，高宗并于《唐阙史》《武经总要》二书前页，

---

① (清)阮元:《揅经室集》二集卷五《知不足斋鲍君传》，北京：中华书局，1993 年，第 494～495 页。

② (清)鲍廷博辑:《知不足斋丛书》卷首《知不足斋丛书・朱序》，台北：兴中书局，1964 年，第 9 页。

③ 《清高宗纯皇帝实录》卷九百“乾隆三十七年庚子条”，北京：中华书局，1986 年，第5—1 页。

④ 《清高宗纯皇帝实录》卷九百二十九“乾隆三十八年丁巳条”，北京：中华书局，1981 年，第 499—1 页。

⑤ (清)永瑢等编纂:《四库全书总目提要・办理四库全书历次圣谕》，上海：商务印书馆，1933 年，第 5 页。

⑥ (清)翁广平:《听莺居文钞》卷二十《鲍渌饮传》，见《清代诗文集汇编》第 466 册，上海：上海古籍出版社，2010 年，第 230 页。

题诗以彰其贡献，有“知不足斋奚不足，渴于书籍是贤乎”之诗句，又于“大内斋额，亦仿公藏书室名，题曰知不足斋”，[①]海内荣之。乾隆四十四年（1779年），鲍廷博蒙赐《伊犁得胜图》一份；乾隆四十五年（1780年），高宗五次南巡，鲍廷博迎銮献颂，受赐大缎二匹；乾隆五十二年（1787年），再受赐《金川图》一份，诏书以示嘉奖。[②]

嘉庆十八年（1813年），浙江巡抚方受畴入觐，仁宗询及鲍氏《知不足斋丛书》刊刻进度，下朝后派县令前往了解，廷博“以续刊廿六、廿七、廿八三集对”，巡抚便以“续刊之第二十六集先为代进”。仁宗因其好古绩学、老而不倦的精神，“加恩赏给举人，俾其世衍书香，广刊秘籍，亦艺林之胜事也”。[③] 鲍廷博以献书、藏书、刻书所知于世，历受两朝皇帝褒奖，蒙赏御题和宫内之物，特于家筑堂藏之，“辟堂三楹，分贮四大厨”，名曰赐书堂。[④] 又以86岁高龄获钦赐举人之荣，其所获殊荣堪冠于清代之藏书家。

鲍氏《知不足斋丛书》的书籍来源于购书、抄书和赠书。访求收购是鲍廷博藏书的主要方式。其父祖虽为行贾，但贾而好儒，经商所得成为鲍氏藏书的经济倚靠，其竭力购求典籍，储积甚丰，故子承父业，于父祖藏书的基础铺垫上，“读先人遗书益增广之”，广搜博采，求购网罗，未曾受距离阻隔而有丝毫懈怠，“近自嘉禾、吴兴，远而大江南北，客有以异书来售武林者，必先过君之门，或远不可致，则邮书求之”。[⑤] 此外，鲍廷博也积极探查各地书肆，苏州紫阳居书肆、京师琉璃厂书肆和杭州积书堂书肆等地皆可见其购书的足迹。[⑥] 更有甚者，嘉庆年间某日，鲍廷博与钱塘诸生郁礼漫步于街上，“见拾字僧肩废纸两巨簏，检

---

① （清）严辰等纂修：《（光绪）桐乡县志》卷十五《人物下·寓贤》，台北：成文出版社，1970年，第596页。

② 季秋华：《新见鲍廷博墓志铭一则考述》，载《图书馆研究与工作》，2009年第4期。

③ （清）实录馆纂修：《清仁宗睿皇帝实录》卷二百七十“嘉庆十八年庚申条”，第663－2页。季秋华：《新见鲍廷博墓志铭一则考述》，载《图书馆研究与工作》，2009年第4期。

④ （清）翁广平：《听莺居文钞》卷八《赐书堂记》，第172页。

⑤ （清）鲍廷博辑：《知不足斋丛书》卷首《知不足斋丛书·朱序》，台北：兴中书局，1964年，第9页。

⑥ 刘尚恒：《鲍廷博年谱》，合肥：黄山书社，2010年，第152～153页、第222～225页。

视之，皆厉氏所弃，征君平日掌录辽史遗事在焉”，[①]恰巧在拾字僧废纸堆里购得厉鹗《辽史拾遗》50页。鲍廷博对于海外所遗存古籍更是留意，从史籍中得知《古文孝经孔氏传》于宋朝时，日本曾进献入朝，遂嘱托经商客游日本多年的杭州徽商汪鹏探寻。果真于日本长崎购得此书。汪鹏归而赠予鲍廷博，乾隆四十一年(1776年)校刻入丛书中。又《论语集解义疏》本为失佚之本，也赖汪鹏于日本访购携归，于乾隆五十三年(1788年)也校刻入丛书中。[②]

传抄江浙藏书家所珍藏善本和名家遗存手稿，也是知不足斋丛书藏书的重要来源。“浙东西藏书家，若赵氏小山堂、卢氏抱经堂、汪氏振绮堂、吴氏瓶花斋、孙氏寿松堂、郁氏东啸轩、吴氏拜经楼、郑氏二老阁、金氏桐华馆，参合有无，互为借钞”。[③] 乾隆二十年(1755年)起，鲍廷博便开始抄录典籍，并予以校注。除传抄他人藏书外，鲍廷博也不吝于出借所藏珍本善籍，以供朋友借抄。借助相互传抄书籍，以文会友，与江浙藏书家和地方文人结为莫逆。而朋友间的互赠书籍，也是鲍氏藏书的一大来源，所获书籍不仅是彼此所渴求的善本，更是笃厚情谊的象征。[④] 由于鲍廷博勤奋不懈地搜罗传抄，“稍有蓄积，为刊书所罄，或遇见未见之书，必典衣购之。而好学者每以全部丛书赠”，[⑤]鲍氏藏书数量可观，宋元文集藏量即多达560种。[⑥]

鲍廷博除勤于搜罗藏书、读书外，也热衷于校刊与刻书出版。清代乾嘉年间知名学者歙县人洪亮吉，将藏书家划分为五类，把鲍廷博列入赏鉴家，

---

① (清)鲍廷博辑:《知不足斋丛书·庶斋老学丛谈》卷之末《附记》，台北:兴中书局，1964年，第6204页。

② (清)鲍廷博辑:《知不足斋丛书·古文孝经孔传》卷之末《跋》，台北:兴中书局，1964年，第79页;(清)鲍廷博辑:《知不足斋丛书·论语集解义疏》卷之首《皇侃伦语议疏序》，台北:兴中书局，1964年，第1727页。

③ (清)鲍廷博辑:《知不足斋丛书》卷首《知不足斋丛书·朱序》，台北:兴中书局，1964年，第9页。

④ 刘尚恒:《鲍廷博年谱》卷首，合肥:黄山书社，2010年，第4～6页。

⑤ (清)翁广平:《听莺居文钞》卷二十《鲍渌饮传》，见《清代诗文集汇编》第466册，上海:上海古籍出版社，2010年，第232页。

⑥ 刘尚恒:《鲍廷博年谱》卷首，合肥:黄山书社，2010年，第7页。

"第求精本，独嗜宋刻，作者之旨意纵未尽窥，而刻书之年月最所深悉"。[①] 经学家王鸣盛也称鲍廷博有功于艺林甚巨，"访求之勤如此，闻见之广如此，雠勘之审慎又如此"，又"为人淹雅多通，而精于鉴别，所藏书皆珍抄旧刻，手自校对，实事求是，正定可传"。[②] 鲍廷博慎于雠校，多熟悉版本，举凡读过之书籍，便能记其某卷、某页、某讹字，若有持书来请教者，"不待翻阅，见其板口，即曰此某氏板，某卷刊讹若干字，案之历历不爽"，[③]足见其功力之深厚。他穷及毕生精力，投入校勘精审，力求首尾完备，去伪求真，"一编在手，废寝忘食，丹铅无已时，一字之疑，一行之缺，必博征以证之，广询以求之。有得则狂喜，如获珍贝；不得，虽积思累岁月不休"，[④]平日与三五好友溪山薄游，也常携简策自随。抑或是夜里偶有所得，"即起书之，或校勘秘籍，夜凡三四起，不厌"。[⑤] 知名经学家阮元更与鲍廷博深交，往往访于鲍家研讨古籍，"凡某书美恶所在，意旨所在，见于某代某家目录，经几家收藏，几次抄刊，真伪若何，校误若何"，鲍廷博皆一一解答，有的放矢，阮元对此更叹言："古人云，读书破万卷。君所读破者，奚翅数万卷哉。"[⑥]

自乾隆四十年(1775 年)起，至道光三年(1823 年)为止，历经鲍廷博及其子鲍士恭和其孙鲍正言三代人，经过五十多年的努力《知不足斋丛书》的勘刻才完成。[⑦] 对于《知不足斋丛书》的校刻出版贡献，身兼藏书家和考据学者的卢文弨则称："安得天下多生鲍君其人，而使前人之著作有所借，而不至澌灭

---

① (清)洪亮吉:《北江诗话》卷三，北京：人民文学出版社，1983 年，第 46 页。

② (清)鲍廷博辑:《知不足斋丛书》卷首《知不足斋丛书·王序》，台北：兴中书局，1964 年，第 4 页。

③ (清)翁广平:《听莺居文钞》卷二十《鲍渌饮传》，见《清代诗文集汇编》第 466 册，上海：上海古籍出版社，2010 年，第 232 页。

④ (清)鲍廷博辑:《知不足斋丛书》卷首《知不足斋丛书·朱序》，台北：兴中书局，1964 年，第 9 页。

⑤ (清)徐康:《前尘梦影录》卷下，收入《丛书集成新编》第五十册，台北：新文丰出版公司，1985 年，第 412 页。

⑥ (清)阮元:《揅经室集》二集卷五《知不足斋鲍君传》，北京：中华书局，1993 年，第 494～495 页。

⑦ 刘尚恒:《鲍廷博年谱》，合肥：黄山书社，2010 年，第 14 页。

也欤”。[1] 鲍廷博于《知不足斋丛书》序言中更说明对于所藏之珍本古籍不据而私藏，乐于公世，与人共享的校刻精神：“汉唐以降数千百年，论著为一家言者，奚啻充栋，史志所载与夫藏书家所著录名存而书亡者，又何可偻指数。唯荟萃一编，俾有统摄，则诸子百家之撰述常聚也”，又言“自惭力薄，不能广求未见之书，仅守先人敝箧，可以公世者无几，唯是每刻一书，乐与同志悉力校勘，务求完善，视左陶诸刻加精审焉。览是编者，亮能鉴此区区之苦心也，自时厥后，远近朋好常以异本相投，而剞劂之资，将伯有助，以接续于无已。后有好者亦复踵而行之，庶几古人之精神，聚而不散，使天地人物古今不易之定理，矫然而破其一成之例，岂不快哉！”

此外，对于丛书所校刻出版的书籍，鲍廷博也明确说明选书的原则和范围。在先儒论著方面，有涉经史诸子者，“取其羽翼经传，裨益见闻，供学者考镜之助，方为入集，以资实用”；诗文专集方面，卓然可传者，不列入丛书范围，单独另行刊刻，以为传世；至于文史诗话，“每及风雅遗事，多类说家，存之以备尚论取益焉”。可见，所选入书籍，主要视其实用与否，未具学术实用价值者，概不选入。此外，向来藏书家仅有传抄而无刻本者；有时贤先辈撰著，脱稿而未流传行世者；有刻本行世久远，旧版散亡者；有诸家丛书编刻而伪误脱略，未经人勘正者：始为择取校正入集。“若前人已刻传世甚广，而卷帙更富，概未暇及”。[2]

丛书的出版促使珍本古籍得以广为流传，不致散佚，且对乾嘉时期的考据之学深具影响，“引伸触类以为之羽翼者，则丛书是也”。经学家王鸣盛更言：“今夫经之有传注训诂，史之有辨证援据，学问之大者尽于此矣。”[3]

“以散为聚”乃是鲍廷博藏书刊刻的主要理念，他认为聚散是天地人物古

---

① (清)鲍廷博辑：《知不足斋丛书》卷首《知不足斋丛书·卢序》，台北：兴中书局，1964年，第4页。

② (清)鲍廷博辑：《知不足斋丛书》卷首《知不足斋丛书凡例》，台北：兴中书局，1964年，第11～12页。

③ (清)鲍廷博辑：《知不足斋丛书》卷首《知不足斋丛书·王序》，台北：兴中书局，1964年，第4页。

今不变的道理，天地万物间日月、星辰、云霞、山川、江海，无一不由聚由散；人伦间君臣、父子、兄弟、夫妇、朋友，最久者莫有超过百年；“珠玉货财，尽人而好也。尽人而好，则尽人得而有之，其散也速；嗜书者千万人中仅一二焉，于好为最癖，既为癖好，自不难为独聚，然而无好之者，继起则烟云纷乱。又率先珠玉货财而散落人间，思及此，则当谋所以聚之之方矣”。[①] 物有聚必有散，书籍为作者精神性命之所托，书越少则流传越难，为使珍本古籍得以悉加保存，广为所用，遂以校刻出版来达其目的。

为了使《知不足斋丛书》顺利刊刻，鲍廷博几乎耗尽了家产积蓄。嘉庆年间，鲍廷博探访大病初愈的好友汪辉祖，汪辉祖也曾刊刻多本书籍，两人遂就刻书价格多加商讨，往昔刻书价格每百字版片写刻共制钱 56 文，之后略涨 7 文，又涨 17 文。汪辉祖于嘉庆六年(1801 年)，欲以 80 文之数刻书，“承揽者尚有难色，强而后可”，且又闻苏杭昨年已至 110 文。[②] 日益增长的刻费，对欲刊刻出版的藏书家是一笔不小的支出。所幸鲍廷博于校刻的过程中，也获得知交醵金为助。乾隆五十三年(1788 年)，“新安鲍以文氏广购异书，得之喜甚，顾剞劂之费有不逮。浙之大府闻有斯举也，慨然任之，且属鲍君以校订之事”，时任浙江巡抚的陈辉祖遂资助《论语集解义疏》的刻行。又嘉庆十五年(1810 年)，《履斋示儿编》也得贝墉相助，“欣然捐资成之”。[③] 无奈鲍廷博至晚岁积蓄耗尽，年老患病便斥卖藏书以换购药买参之资。[④] 与鲍廷博深交的朱文藻更直言：“余馆于振绮堂十余年，君借钞诸书皆余检集，君所刻书，余尝预点勘。余与君同嗜好，共甘苦，君以为知之深者，莫余若也。夫勤俭之家，措拄米盐经营针缕，唯同室者，悉其艰难，处膏腴之境，不知也。”[⑤]

鲍廷博生活于杭州和桐乡一带，清朝江浙地区文化发达，私家藏书之风

---

① (清)鲍廷博辑：《知不足斋丛书・自序》，台北：兴中书局，1964 年，第 10 页。

② 刘尚恒：《鲍廷博年谱》卷五，合肥：黄山书社，2010 年，第 183 页。

③ (清)鲍廷博：《知不足斋丛书・论语集解义疏》卷之首《皇侃伦语议疏序》，第 42 页；《知不足斋丛书・履斋示儿编》卷之首《重刻履斋示儿编序》，第 6560～6561 页。

④ 刘尚恒：《鲍廷博年谱》卷五，合肥：黄山书社，2010 年，第 204 页。

⑤ (清)鲍廷博：《知不足斋丛书・朱序》，第 10 页。

更为炽烈，其中不乏徽州籍藏书家，仅杭州地区，除鲍氏知不足斋外，就有汪氏振绮堂、汪氏飞鸿堂（开万楼）、吴氏瓶花斋[①]等颇具盛名的藏书处。借助读书、藏书、刻书、抄书等活动，结交地方名人雅士，或藏书处研讨古籍，或饮酒赋诗，或相与鉴赏藏品，又或一同西湖泛舟，寻访湖山胜景等，促使徽州藏书家族融入当地社会，也活跃了侨寓地的文化活动。

表 4-2　鲍廷博世系

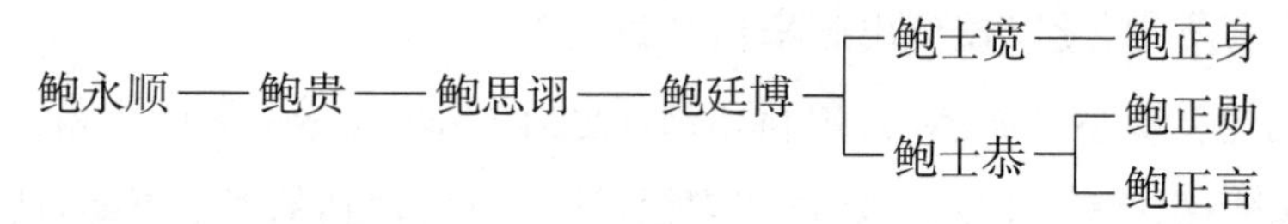

资料来源：刘尚恒《鲍廷博年谱》，合肥：黄山书社，2010 年。

二、飞鸿堂——汪启淑

汪启淑，字慎仪，又字秀峰，号讱庵，徽州歙县绵潭人，人称“印癖先生”，生于雍正六年（1728 年），卒于嘉庆四年（1799 年）。家世业盐，后因经商所需，寓居杭州横河桥小粉场，家本素封，乾隆年间捐资入仕，历官刑部、户部员外郎、兵部职方司郎中和工部都水司郎中。[②] 性情古雅不群，爱好文学，年轻时喜爱读书作诗，曾与杭世骏、厉鹗等人在净慈寺结社，称“南屏诗社”。[③] 嗜古有奇癖，又爱收藏古籍书画和古玩印章，所居之处曰“飞鸿堂”，又四处搜罗典籍，收藏甚丰，遂筑有藏书楼曰“开万楼”，“藏书百厨”。[④]

汪启淑曾将自家的开万楼和浙江多位藏书家的藏书楼相提并论，认为其藏书之丰可堪与之比拟，“浙江藏书家向推项子京白雪堂、常熟之绛云楼、范西斋天一阁、徐健庵传是楼、朱竹坨曝书亭、毛子晋汲古阁、曹倦圃石林、纽石

---

① （清）叶昌炽撰：《藏书纪事诗》卷五，北京：北京燕山出版社，1999 年，第 380 页载吴氏瓶花斋“所居在九曲巷口，与振绮堂汪氏衡宇相望”。

② 金天翮：《皖志列传稿》卷四《汪启淑、巴慰祖传》，收入江庆柏主编《清代地方人物传记丛刊》第七册，扬州：广陵书社，2007 年，第 83 页。

③ 翟屯建：《汪启淑》，载《徽州社会科学》，2006 年第 2 期。

④ （清）徐珂编撰：《清稗类钞・鉴赏类》，北京：中华书局，2010 年，第 4240 页。

溪世学堂、马寒中道古楼、黄明立千顷斋、祁东亭旷园。近时则赵谷林小山堂、马秋玉玲珑山馆、吴尺凫瓶花斋及予家开万楼”。[①] 乾隆三十七年(1772年),高宗因续修《四库全书》下诏寻访遗书,汪启淑进献500余种书,乾隆三十九年(1774年),受赏《古今图书集成》一部,其开万楼与鲍廷博知不足斋、范懋柱天一阁和马裕小玲珑山馆齐名。

酷嗜印章是汪启淑的独特癖好。搜罗自汉、魏、晋、唐、宋、元、明人印极多,举凡“金银、玉石、玛瑙、珊瑚、水晶、青金、蜜蜡、青田、昌化、寿山及铜磁、象牙、黄杨、檀香、竹根诸印,一见辄收,至数万枚”,不论材质皆纳入收藏,收藏数量更多达万枚。

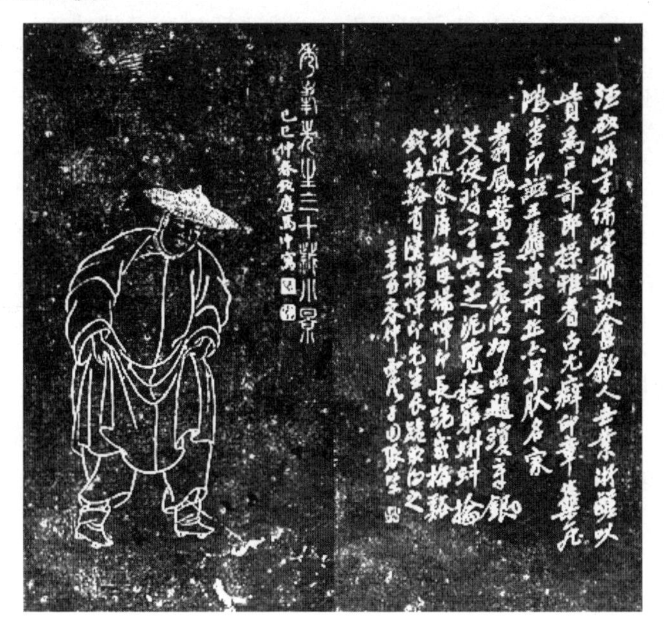

图4-4　汪启淑杭州石刻像

资料来源:西泠印社编撰《印人画像》上集,杭州:西泠印社,1914年,第16～17页。

汪启淑生平致力于古玩、金石印玺的整理与刊刻,计有《飞鸿堂印谱》40卷、《初庵集古印存》32卷、《汉铜印原》16卷、《汉铜印丛》12卷、《退斋印类》

① (清)汪启淑:《水曹清暇录》卷一《江浙藏书家》,北京:北京古籍出版社,1997年,第15页。

10卷、《退斋印谱》8卷、《静乐居印娱》4卷、《锦囊印林》4卷，等等，共200余卷，分别以飞鸿堂、开万楼等堂号刊刻或钤印于世。汪启淑对于古籍刊刻也不遗余力，留存现世计有400余卷。此外，汪启淑自己也藏有《淬掌录》2卷、《水曹清暇录》16券、《撷芳集》80卷和《小粉场杂识》等书。[①] 其中《飞鸿堂印谱》的成书，汇集了名家藏印和明清篆刻家的印谱作品，具有重要文献价值。汪启淑借由藏印的兴趣爱好，与当时多位名人雅士和篆刻家相互交流，于杭州掀起一股藏印、刻印、赏印钤谱、采石玩印等风潮，杭州好印之风鼎盛。[②] 而汪启淑虽为徽州人，但常居杭州，借由藏印、赏印、论印和刻印等，其飞鸿堂常成为文人的聚会场所，客观上促进了浙派篆刻的兴起，而作为徽州人，他对徽州印人也是尽最大的力量予以帮助，对徽派篆刻的贡献功不可没。[③]

第三节　公益慈善事业

对于侨寓地杭州的相关慈善设施，徽州商人更是积极参与兴建，慷慨相助，不论是个人的绵薄之力，还是商帮的群起相助，都可见徽商急公好义的善行义举，相关史料记载俯拾皆是：在桥梁、道路等相关交通设施的修建上，有歙县人汪尚广，客武林时，“开商籍，浚运河，立义仓，修道路”，后执事上其事于朝，予爵一级；[④]休宁人吴敏惠业盐来杭，“建城东土桥新坝，费万金不赀，商民均利，至今士人犹称为吴公新坝”；[⑤]休宁人吴基承，生平见义必为，“昌

① (清)叶昌炽撰：《藏书纪事诗》卷五，第422～424页；徐学林：《“印痴”汪启淑》，载《编辑学刊》，1994年第3期。

② 张健：《汪启淑及其“飞鸿堂”藏印》，载《河南图书馆学刊》2005年第3期。

③ 翟屯建：《汪启淑》，载《徽州社会科学》，2006年第2期。

④ 石国柱等修、许承尧纂：《(民国)歙县志》卷九《人物·义行》，台北：成文出版社，1971年，第1405页。(清)李卫纂修：《敕修两浙盐法志》卷十五《人物》，台北：台湾学生书局，1966年，第1795页。

⑤ (清)李卫纂修：《敕修两浙盐法志》卷十五《人物》，台北：台湾学生书局，1966年，第1797页。

化县太平桥为水冲决，承独捐资重建”。[①]

社会赈灾救济方面，歙县人吴元溟自歙迁钱塘，精医，万历年间浙江大疫，遂随父吴道川施药疗治，日活多人，“岁大饥，溟出橐金籴米五百斛，散给亲友与同郡”；[②]戴班立，寓居钱塘，“遇杭城火，捐金周恤”；[③]歙县人叶日葵，“杭郡大歉，葵捐米千石，以活饥民”；[④]黟县人汪宗缙随父亲赴杭州时，“岁歉，施粟潮鸣寺，全活甚众”，遇浙抚范承谟修筑官塘，创助多金，“众建崇文书院，捐赀独先”；[⑤]歙县人毕懋尝挟赀贾于浙江于潜，“岁大浸，睹饥馁状，心矜之，有持质丐米者，倍所予，不责其偿，日给数千人”；[⑥]婺源人王悠炽，自苏州抵杭州时，“洪水陡溢，沿途漂骸暴露者，赙棺费，俾掩埋之”。[⑦]

日常善行义举方面，则有黟县人汪廷俊，“慷慨好施，以缓急告者靡不应”；[⑧]休宁人吴朴，“舍棺木，施茶汤，刊感应篇，阴骘文以劝世”；[⑨]婺源人江信纯，遇人急难不吝施予，至钱塘时，正值江潮汛期，翻覆数十舟，“持金立江岸呼居人习水者曰，能拯一人者予二十金，得尸者半之。人高其义，争驾小舟

---

① (清)李卫纂修:《敕修两浙盐法志》卷十五《人物》，台北:台湾学生书局，1966 年，第 1826 页。

② (清)李卫纂修:《敕修两浙盐法志》卷十五《人物》，台北:台湾学生书局，1966 年，第 1793 页。

③ (清)李卫纂修:《敕修两浙盐法志》卷十五《人物》，台北:台湾学生书局，1966 年，第 1817 页。

④ (清)李卫纂修:《敕修两浙盐法志》卷十五《人物》，台北:台湾学生书局，1966 年，第 1821 页。

⑤ (清)李卫纂修:《敕修两浙盐法志》卷十五《人物》，台北:台湾学生书局，1966 年，第 1811 页。

⑥ (清)张佩芳修、刘大櫆纂:《(乾隆)歙县志》卷十三《人物・义行》，台北:成文出版社，1975 年，第 928 页。

⑦ (清)汪正元等纂修:《(光绪)婺源县志》卷三十三《人物・义行》，台北:成文出版社，1985 年，第 2546 页。

⑧ (清)吴甸华等原修、吴子珏等续修:《(嘉庆)黟县志》卷七《尚义》，台北:成文出版社，1981 年，第 919 页。

⑨ (清)李卫纂修:《敕修两浙盐法志》卷十五《人物》，台北:台湾学生书局，1966 年，第 1827 页。

往救，得全活者十二人，得尸五人”；[①]歙县人吴蕙，“至西湖有异乡流离将赴水死者，厚赠遣之”，“有贫人女已许配又欲鬻以偿逋，蕙代为之偿。招其婿，以女归之”，“甬东人三世居杭，死后乏嗣，数棺暴露。蕙觅其族人，赙其丧归葬”。[②]

举凡筑桥、修路、施药、施茶、浚运河、立义仓、设学校、赈灾救荒、赈济贫弱、路见不平、周助婚丧等各种义举，皆可见徽商仗义疏财的身影，他们在经商逐利之时，不忘将所得利润回馈社会，反映出徽商乐善好施的良好商业道德品质，也说明其贾而好儒的儒商本质。[③] 他们借由参与社会各种善行义举，树立徽商良好的外在形象，虽然暂时损失了一点经济利益，但就长远利益而言，因义而用财，获得良好美誉，赢得社会信赖，对其商业活动不啻为一大助力，“受惠者众，而名日高，商业日盛，家道日隆”。[④]

一、杭州普济堂与盐商

关于徽州商帮以群起之力参与杭州社会的地方性慈善事业，日本学者夫马进在《中国善会善堂史研究》一书中曾进行一连串相关的讨论，并将清代杭州各种地方性慈善事业统称为“杭州善举联合体”。该联合体以育婴堂、普济堂和同善堂为核心，所辖25个善会、善堂，运作管理者主要为地方绅商，虽然他们不受政府指派，却接受地方官府的指挥和督导。[⑤] 就现行史料来看，杭州商业行会中，最早参与善堂善会经营运行的就是两浙盐商，最迟在乾隆年间就已开始加入，至太平天国以前，所有以恤嫠、救生、掩埋等为目的的善堂、

---

① 《济阳江氏统宗谱》卷四《艺文・传赞》。（藏于安徽大学徽学研究中心特藏室）

② （清）李卫纂修：《敕修两浙盐法志》卷十五《人物》，台北：台湾学生书局，1966年，第1819页。

③ 卞利：《明清徽州社会研究》，合肥：安徽大学出版社，2004年，第170页。

④ 《（民国）祁门倪氏族谱》续卷《望铨功启垣公两世合传》，转引自卞利：《明清徽州社会研究》，第174页。

⑤ ［日］夫马进著，伍跃、杨文信、张学锋译：《中国善会善堂史研究》第九章《杭州善举联合体与都市行政行会及国家》，北京：商务印书馆，2005年，第463～532页。

善会，皆通过每一盐引抽捐几厘的方式，获得捐助资金，使相关慈善事业得以维持正常运作，“杭州城内设立普济、清节二堂，及恤嫠、育婴、瘗局，最为善举。所有一切经费，大半出自商捐”。[①] 也因为杭州全部慈善事业的运作资金绝大部分来自盐商的捐助，故负责监督杭州善举联合体的政府部门既非杭州府，也不是浙江布政使司，而是两浙盐运司。

作为杭州善举联合体三核心之一的普济堂，其创建经费得盐商叶道传（原籍歙县，寄籍仁和）的大力支持，故普济堂于堂内“立有碑石以纪盛德”，又于报本堂“设位春秋荐享岁祀勿替”。[②] 普济堂创始于嘉庆元年（1796 年），山阴县监生高宗元受浙江巡抚阮元捐银 4 000 两之助，购地十亩于武林门之中正桥东。嘉庆七年（1802 年），高宗元又捐资建屋，地方官员亦捐廉为倡，时叶道传综理盐纲，独自捐银 5 000 两助之，地方绅士、盐米各商闻风慕义亦踊跃捐输，嘉庆十七年（1812 年）正式开堂。

开堂后，所有官绅总计捐资 23 000 余两，除置田产收租外，剩余则发交典商以一分五厘生息。盐商则吁请盐政“每一引银一分四厘”，长安米商“每米一石各银一厘”，年以为例，以资作为普济堂经费使用。普济堂收养人数则按所收经费之多寡而议定，开堂之初，“衰、老、贫、病，悉就收养”，暂定收养 300 人。堂下附设医药、建义塾、施棺木、掩暴露等，所有经费皆附于普济堂款项中。此外，杭州城旧有的育婴、恤嫠、义渡、药茶、放生等各种善举，所得捐款资金也并归普济堂管理，同列普济名目。

嘉庆十八年（1813 年），因为地方绅仕和盐业、典业、米业各行会踊跃捐输，按所收得善款增加收养人数至 500 名，养赡内容广及“孤贫老人、衰病残废及他乡病旅”三大项，又对于无所依靠之人，“冬给毡帽、棉衣裤、棉被褥、鞋袜，夏给蚊帐、单衫裤、凉席、扇子、手巾等”，病则医药，殁则殓葬，并兼设义塾、施药施棺等。普济堂曾对所统辖的善举事项，说明其设立的主要宗旨，

---

① （清）丁丙等编纂：《清代杭州善堂公牍抄本》，道光六年三月谷旦篇，转引[日]自夫马进：《中国善会善堂史研究》，第 487 页。

② 叶希明纂修：《（安徽歙县）新州叶氏家乘》，民国十四年铅印本。

"设医局以疗病，建义塾以启蒙，施棺椁于贫寒，广掩埋于暴露，又如增育婴之费以保赤子，输恤嫠之款以励贞操，置义渡则严冬无病涉之虞，舍药茶而盛夏少触热之患"。[①] 普济堂的成立，标志着杭州善举联合体开始形成，据《杭州善堂文稿》记载，自嘉庆十七年（1812 年）开堂，普济堂至少持续到光绪三十二年（1906 年），除了太平军占领杭州的短暂时间外，其慈善事业一直没有停止过。[②]

徽州商帮在杭州除了参与地方性的慈善事业外，对于在侨寓客地同乡之人的身后事宜，更具有义不容辞的责任。徽人许承尧曾言："吾徽人笃于乡谊，又重经商，商人足迹所至，会馆义庄，遍行各省。"[③]徽商作为明清时期的商业巨贾，行商坐贾兼而有之，大至都市，小至乡镇，皆可见其足迹。会馆义庄的成立，使流寓客地的徽商得以借此敦睦桑梓，联络乡谊，位于杭州柴垛桥旁的安徽会馆即是如此。安徽会馆属于官商集资而建，其服务对象广及侨寓浙江的所有安徽籍同乡，会馆主要是提供集会议事之所，举凡岁时节令，以祀神明、祝寿开吊、聚会宴饮等都在会馆中举行，借由各种活动聚会以凝聚乡人，彼此互通消息，相互照应，对于商业活动的经营也有所帮助。此外，会馆也设有善堂，协助同乡之人妥善处理归葬乡里等身后事宜。

除安徽会馆之外，杭州徽商也设有新安惟善堂和新安怀仁堂两大重要善堂。善堂的主要功能便是协助徽州六邑的同乡人办理身后相关事宜，经由各业徽商捐资，设有厝所、义地和完整的章程条规，以协助同乡棺柩入殓、停放，本家选择落葬杭州抑或是载送回徽安葬，善堂皆会给予妥善的协助。夏秋两季，善堂也会建亭施茶。值得注意的是，这些会馆和善堂的义行善举，服务对象仅限于徽州同乡，与上述所言之杭州善举联合体在性质上有很大的不同，它们互不归属，彼此独立且同时存在于杭州社会。徽商以群体力量成立慈善

① 叶希明纂修：《（安徽歙县）新州叶氏家乘·普济堂创建碑》，民国十四年铅印本。

② ［日］夫马进著，伍跃、杨文信、张学锋译：《中国善会善堂史研究》，北京：商务印书馆，2005 年，第 468 页。

③ 许承尧：《歙事闲谭》卷十一《北京歙县义庄》，合肥：黄山书社，2006 年，第 357 页。

机构自我救助，秉持以众帮众、相互援助依赖的精神，不仅协助同乡人入土为安或落叶归根，更增强徽商内部的凝聚力和向心力，减少他们在异地经商的后顾之忧，也提高了商业上的竞争力。就地方社会秩序而言，徽州商帮的自我救助客观上对于稳定侨寓地方的社会秩序有一定的帮助，无形中也减轻了地方官府和绅商在社会救济与社会治安上的压力，因此往往获得地方官府的大力支持、保护和赞扬。这种对内的慈善机构，也反映出徽商其地域性商帮组织的特色。[①]

二、杭州新安惟善堂

杭州新安惟善堂，位处杭州城外江干海月桥桃花山麓，最初由个人捐资草创而成。嘉庆初年，歙县人余锦洲在杭州江干开设过塘行。徽商在浙之杭嘉湖及江南之苏松常等地经商者众多，若病故欲归榇于故里，必由杭州江干雇船回乡梓，但时常延至多日而不得船，柩停沿途雨淋日晒。余锦洲遂于钱塘栅外一图购地建构厝所，专为同乡客故停柩载送回徽而设。因为厝地狭隘，再加上于杭州病故者也停入厝所，逐渐盈塞，不足容多。余锦洲见此，又募得桃花山麓石井前地方，受张立瞻慨然捐地相助，建盖旁屋数楹。余锦洲卒后，其孙余铉顺和其侄余晃续购何姓地，又募得阙姓家基地 2 亩，于道光十七年（1837 年），偕同司事胡骏誉、金高德等 50 余人董其事劝募兴建，建立堂宇殡房、六吉堂等，“其建屋之制，前为厅室若干楹，后筑室权厝所二十余间，周以墙垣既固而安足容多榇矣”，[②]主要厅室有二，一为惟善堂，另一为六吉堂。惟善堂“前祀文武二帝，后则乡之旅榇皆得而寄厝”；六吉堂“专奉先贤朱子，春秋时祀同乡之，在浙者皆得而致祭”，[③]并议立堂规要条，以成其事。

咸丰十年（1860 年），太平军攻陷杭州城，惟善堂“堂宇市房纵焚殆尽，所

---

① 范金民主编：《江南社会经济研究 · 明清卷》，北京：中国农业出版社，2006 年，第 1120～1122 页。

② 《新安惟善堂征信全录 · 新安惟善堂前刊征信录序》，光绪七年刻本。（藏于安徽省图书馆）

③ 《新安惟善堂征信全录 · 重建新安六吉堂征信录序》，光绪二十九年刻本。

有租金存款皆化为一空”。[1] 同治年间，汪鉴与鲍鸣歧、吴德辉等人，见众多徽商旅榇曝尸荒郊，急欲重建整顿，劝募得盐、茶各商捐助堆金与各处商业随缘乐助，积少成多，于旧址重建惟善堂，先后递建厅室以及内外厝所。后受捐资复建文武二帝殿，“有求福去恶之心”；并构新安别墅，重将外厝升高翻盖；另于堂前通衢再造长亭，夏秋施茶以济渴，“有涤虑洗心之意”。[2] 光绪年间，程君野自愿不支薪资，为堂司事，入堂管理未达三年，已使惟善堂的经费渐有盈余，程君野卒后，其子程蔚才接办之。而六吉堂则在舒养和、洪其相、江春舫等人谋划下，得盐、茶、木各商捐资复建。

新安惟善堂的运作管理，完全依照一套严密的规章制度而行，董事将议立之堂规条例呈请地方政府批示后，即遵照而行。杭州惟善堂制定的章程有18条，条规29条，又附议条例5条，分设徽州六县登善集要略10条。至目前所知，惟善堂是徽商于江南一带所设的慈善机构中，章程条款最多，规范最为具体之处。[3]

杭州惟善堂设立的主要宗旨，在于使同乡之人暂存权厝，助其还柩回乡里，若无力归葬者，惟善堂于义冢公地代为就地埋葬。为了有效管理，确保棺榇运送安全，惟善堂于杭州和徽州之间，均设有重要据点。在江干海月桥水口处设有外厝，由信客或后人扶榇来杭入堂前暂时安顿所用，屋仅数楹，而惟善堂厝所共有29间，为旅榇专停安放之处。又于歙县水南王村地方水口登岸处设有登善集，为惟善堂载回旅榇暂时停放之所。起初原本议定在新安六县口岸各设登善集用以暂停旅榇，乡人领葬较为近便，但因经费不足，各县管理司事又为罕得，所以仅设一二处。道光年间，已将积存140具旅榇，分批雇船载送至登善集暂厝招领。是时，堂内仍尚存40余具旅榇，而惟善堂更筹议每年至少以60棺为基准，载送回乡。

---

① 《新安惟善堂征信全录·新安惟善堂后刊征信录序》。

② 《新安惟善堂征信全录·新安惟善堂复刊征信录序》。

③ 范金民主编:《江南社会经济研究·明清卷》,北京:中国农业出版社,2006年,第1127页。

入厝停放旅榇的管理流程，惟善堂仿照北京慈航善举方式设有三联票单。以三联票为凭，并设报所供单，如有旅榇欲暂厝堂中，经报人首先必须向在堂司事报名，凭填报单，其姓名、来自何地、住址有无、子侄做何生业等，皆详细登录明白，以凭稽考。之后再到堂中查明照单编号，填注清楚后截去联票一纸，交付举保人为凭，以便领材时对照。在堂司事则须就联票内容详细核对，登载入堂内所存留之联票，最后填单贴上棺柩并以漆笔填明编号，以便将来对照领材，庶无贻误。对于暂厝在海月桥水口外厝的旅榇，入厝之初，即先知会在堂司事查明，另登号簿发出注销，以凭交代。若搁置两个月仍未动身抬入堂内厝所者，另登号簿以注明原委，不发给联票。

对于入厝所的旅榇对象也有严格规定，杭州惟善堂义助的对象为流寓在外的徽州人，杭州当地居民和其他郡邑居民的棺柩，一概不准入厝所，“倘蒙混进堂，即责成原经手领出”，[①]如果无惟善堂初报票单，概不准收，且若非病故及来历不明、另有事端者，亦不准私收，滥入厝所。旅榇入厝后，填好三联票单后于柩上注明予限一年，等候有后有力者，随时认明领回原籍；虽有后无力，仍属孩稚无力办理者，询明属实后，助其由杭到徽船只水脚之费，装载回籍，不致羁延；若本支无后，仅有同乡亲戚并无力营葬者，或是本家亲族式微，并无山地祖坟可附葬者，即在杭州义冢公地内，代为安葬，仍勒石标名，不致湮没；若有后却未按期领材载送回籍者，次年埋葬公地，其后若欲迁葬则其费必须自出；在杭习业未有室家者，其父兄自欲携回乡里，于棺柩进所时注明堂簿，自行出资送回原籍，停放期限一年，如一年后倘不带回，即代葬杭州义冢公地。

旅榇装船送回籍后，原报人必须缴销初票单，若原乡本家经济极为困窘者，装载时截去中票，知照登善集司事，斟酌其路之远近，给助抬工之费，三个月之内必定有葬者，再助其葬钱 3 000 文，半月前预先报之葬日，凭司事赍交到地 70 里外酌给；或存有山地，房族单寒仅能代办者，于初报时报明一切，截

① 《新安惟善堂征信全录・条规》。

去联票，预先知照堂中，领材时注明计其路之远近，给付抬工 4 名，如或材重兼之山路崎岖者则 6 名，另外再贴葬费 2 000 文；如亡者之家无山地可葬，即报明登善集于春秋两季葬入登善堂公地即可。

棺柩运送办法和水脚船费，惟善堂也清楚条列载明。寄柩进所时，抬夫薪资由寄柩者自行给发，其后领材抬送水口登舟，定例 4 人给抬，工钱 240 文；若材重另添 2 人，加钱 80 文。每年春秋二季水旺之时，装载旅榇归乡，雇船装载各旅榇之工人，惟善堂计日点工，每工给钱 160 文，辰集酉散。装载每棺约 1 000 文，开明住址，责成该船户计日运至各县口岸，“一舱之中以六棺为限，不许多装，并分男女，毋使混杂”。[①] 运至登善堂交卸收明后，集中给付，总收照一纸交给惟善堂备查。

惟善堂和登善集设有司事诸位，所有堂中收支细账、簿借契据，皆集存在公匣内，按年轮流管理，互相稽查，概不徇私，以杜侵挪之弊。有关经费及有碍大局之事，需要诸位司事共同筹议会商，宜择善从长，不可就一二人之偏见，妄下定论。对于散捐细数及捐地税亩等，必须专条登载。“每年共捐款若干、支用若干，另立四柱细账，刊刻分送，有余不足，人人共知”，[②]十年总核一次，刊附于征信录。堂内项务以撙节为要，器具惟求朴实坚固，一切可省之处和无用之物，概不准置，并不得倡议挪支旁及他事开销。另设有管义所之人，严格执行“不准借堆对象、客货、暂住等情事”，倘徇私贪利，查出鸣公议罚，屡劝不听者，即行革出，如“敢容留匪类、燕饮聚赌、摆设烟盘”等不法情事，一并送官究治。

登善集则雇用工友一人，每年付给薪资守厝，“遇清明、中元两节，祀孤福仪纸箔，照例备办”。[③]

堂内特别注重防火，严格规定“祭奠焚纸锭者，不准在所房檐，总须焚于炉”。对于义冢公地也格外留心，择地“尤要土高燥为宜，若底洼有水心，必不

① 《新安惟善堂征信全录·条规》。
② 《新安惟善堂征信全录·条规》。
③ 《新安惟善堂征信全录·六县登善集要略》。

安葬”,[①]每逢葬期,司事要亲自前往督察,并检视墓穴之深浅,不得草率掩埋,建造用料更须以坚固堪用为主。公地所用碑石制式,惟善堂也统一规定,“长三尺,出土阔一尺,厚四寸”,[②]凿字必须标明字号,其县、其乡、某人、某年月埋葬,涂墨上油,俾使后认不致模糊。

惟善堂最初兴建的经费,主要来自个人和商业行会的自愿捐款以及惟善堂所有房屋租息与存款生息。重建后,经费主要以商业捐助为主,个人自愿性捐款的比重逐年递减,其中盐、茶、木业为商业固定抽捐,成为经费收入的稳定来源,盐业每引捐钱 2 文,茶叶每箱捐钱 6 文,其他行业则量力捐助。商业捐款除了来自盐、典、茶、木四大行业外,也有茶漆业、茶食业、面业、南货业、磁业、香粉业、布业、绸业、皮梁业等众多行业捐助。为了向捐助者表达感谢之意,惟善堂也设有奖励措施,“倘有好善乐施,捐银在三百两者,随即详报,以凭核实奖励”,[③]“如有好善捐,于年终专条刊布,以彰其善;一百千以上者,报县请奖;三百千以上者,禀府申详”。[④]

对于杭州惟善堂所推行的各项事务,地方政府多秉持着大力支持和提供保护的态度。惟善堂兴建之初,不论是建筑经费还是章程条规,地方官员皆参与其中,“大吏竭力以营之,故能成事丰盈豫大之象”。[⑤] 对于徽商造长亭夏秋施茶,地方政府也出示晓禁以防不法棍徒,借端滋扰善事;惟善堂复建厅屋义所,对于窃取物料、扰乱工匠、勒索把持的不法匪徒,更立即拘拿送县究办;运送棺柩过程中,船户、抬工等各种薪资,也参与制定,对于刁难超取者,给予惟善堂指名具禀、定即提案的权力。同时,地方政府也刊送多种匾额,如“成式可循”“谊笃桑梓”“敦善无倦”“从善如登”等颁送给惟善堂及其捐助者,以示地方政府的奖赏与支持的态度。

---

① 《新安惟善堂征信全录·条规》。
② 《新安惟善堂征信全录·六县登善集要略》。
③ 《新安惟善堂征信全录·章程》。
④ 《新安惟善堂征信全录·条规》。
⑤ 《新安惟善堂征信全录·新安惟善堂前刊征信录序》。

三、塘栖新安怀仁堂

新安怀仁堂，为杭州城北塘栖镇新安会馆的堂号，主要为同乡之人提供棺柩暂厝之所。塘栖镇拜水陆辐辏位置优势所赐，成为南北重要的交通孔道，往来商旅络绎不绝，实为一方大镇，“去武林关四十里，长河之水一环汇焉，东至崇德五十四里，俱一水直达。而镇居其中，官舫、运艘、商旅之舶，日夜联络不绝，矻然巨镇也”。[①] 塘栖镇水南属杭州府仁和县，水北属湖州府德清县，“居人水北约两百家，水南则数倍”，[②]活跃于杭州的徽商，面对塘栖镇庞大的商机更是趋之若鹜，行商坐贾兼而有之，“财货聚集，徽杭大贾视为利之渊薮，开典、顿米、贸丝、开车者，骈臻辐辏，望之莫不称为财赋之地”。[③] 塘栖镇中从事商业活动的徽商人数众多，“同人之商于斯者，不下千数，休、歙、黟、绩为盛，婺、祁次之”。[④] 为使在塘栖经商的徽州人，于身后有个完备良善的棺柩暂停之所，遂设有新安怀仁堂兼置义地，“前人之设会馆，凡一邑一镇之中莫不刱建，所谓彼一邑者有彼一邑之回护，此一镇者有一镇之周全，虽无生馆之饶富，幸有死殡之处地”，[⑤]实为敬恭桑梓，敦睦存恤之义。

道光初年怀仁堂选址于水北大善禅寺西界，属德清县十六东五庄，道光十年(1830 年)，开始兴工起造，正厅五楹内外四至厢房，后备厝屋三进，计数 10 间，可以同时容纳 200 余具棺柩暂停。道光十六年(1836 年)，程钧原、戴尚衡、程韶华等人劝捐购置义地于南山之麓，用以埋葬无力迁归徽州以及无主之柩。道光二十八年(1848 年)，方敬中、程韶华、洪皓然等人又倡议捐资，从里到外，翻修整顿怀仁堂，并于堂中供奉武圣帝君，并议定每年正月十六一集，以共同商讨堂中要事。其后，怀仁堂各项堂务逐渐步入正轨。又绩溪人

---

① (清)王同:《唐栖志》，台北：文海出版社，1980 年，第 1033 页。

② (清)龚嘉俊修、李榕纂:《(民国)杭州府志》卷六《市镇》，台北：成文出版社，1974 年，第 320 页。

③ (清)王同:《唐栖志》，台北：文海出版社，1974 年，第 1033 页。

④ 《新安怀仁堂征信录·募建唐栖新安会馆缘起》，光绪戊寅年初刊，第 3 页。

⑤ 《新安怀仁堂征信录·塘栖重建新安会馆序》，第 1 页。

江振芳捐助义地于武林头，堂内经费充足，“余金八百两，分存本镇车典生息，以图久远”。[1]

咸丰十一年(1861年)，太平军进攻，怀仁堂尽毁，所有存款尽没，厝屋片瓦无存，已成荒墟，“犹有停棺百五十余柩暴露无覆”。[2] 同治四年(1865年)，获同乡中经营茶业、漆业的方正泰捐助，“日捐外，另输番银五十元”，[3]以解决掩埋棺柩的燃眉之急。是年，已有50具棺柩受认领，另外80余具则一概安葬于南山之麓的义冢。此后渐得同乡共助的堆金，怀仁堂于旧址开始复建，但囿于捐资数有限，遂采逐捐逐修之法，同治五年(1866年)、六年(1867年)，为“俾蔽留棺之曝露，免罹淋曝之浸淫”，先以修建厝屋为主，至同治十年(1871年)为止，共造厝所十七间，外起门房七间；光绪三年(1877年)，怀仁堂大殿、屋宇、墙垣等一切项目，终告完工。[4]

怀仁堂的运作管理方式，主要以12条堂规为遵行守则。对于入堂对象，怀仁堂明确规定仅限于同乡的徽州人，“若非本籍以及横故者，不准入堂”。所有棺木进堂必须有担保人，担保人到堂后，先到司事挂号，抽取堂票，并付号金钱400文，持票到堂。管堂司事验明后，才可放抬入厝，进堂棺木男左女右，各安位次。堂中号簿虽有登载棺柩编号，但在堂司事仍须于每柩梂头，用藤黄代写亡人籍贯姓名，为免日后本家出领舛错。若之后查出有外籍冒寄者，“惟保人自问议罚，其柩即须押出，以免溷乱”。若有不幸路故塘栖的徽州人，欲来投靠，会馆司事要查明来历，真为同乡病故者，准其入栈间成殓，为免生疏受讹，司事必须代为妥善办理，登明堂簿姓名籍贯，给予堂票，以便日后领有凭据，但所有的使用费用以及挂号钱文，一概归送病者自付。又怀仁堂为确保善举得以延续，也规定若进堂棺柩，“倘有事，当唯保人自行承理”。

怀仁堂厝所本意为提供徽州人客杭州者身故后，未能立即载归徽州之棺

---

① 《新安怀仁堂征信录·募建唐栖新安会馆缘起》，第3页。

② 《新安怀仁堂征信录·塘栖重建新安会馆序》，第1页。

③ 《新安怀仁堂征信录·塘栖重建新安会馆序》，第2页。

④ 《新安怀仁堂征信录·塘栖重建新安会馆序》，第2页；《新安怀仁堂征信录缘起》，第4页。

柩权时安寄之所而已，故棺柩停放在堂的时间，以三年为限。如三年之期不来领回本籍，或无力归葬者，怀仁堂则代为埋葬于义冢；又怀仁堂设有孩冢，未成丁者之小棺为免被抛于野地，一体准入堂中，挂号只取100钱，以一年为期，若未有人领回，则于每年冬至前后一体埋葬于孩冢。对于期限将至之棺柩，其亲属或欲带回徽安葬，而一时难于成行，须于限期前两个月，亲自赴堂报明，得以商缓一年，注明号簿。若期限一到，未领出本堂，则一体安葬入义冢。而本家欲领出棺柩者，须持原票到堂认领，本堂司事对明后发出，其抬工费皆归本家自付；期满无人领出棺柩者，怀仁堂定于每年冬至前后代为葬入义冢，立碑勒石并编堂号，以备日后本家亲友迁葬回籍，但既出资代葬，其后本家起迁自葬或带回籍者之费用，怀仁堂则一概不予相助。[①]

怀仁堂最初兴建费用皆来自个人捐助，且将所有款项存入镇上徽典发商生息，以为经费所用。同治年间重建之后，其经费主要来自个人、商号的募捐和商业堆金与抽捐。同治九年(1870年)，同乡茶商江明德及松江、闵行、嘉兴、余杭4处的茶商先行以茶捐助资。来年，塘栖、南浔两处茶商复加入捐助行列，以出洋茶箱内，每箱总抽出12文，6处分派，名曰“六善堂茶捐”。据同治四年(1865年)至光绪二年(1876年)统计，个人、商号募捐人数多达181人，募捐款项比例占洋元20%、钱文5%；商业堆金计357人，堆金款项比例占钱文74%；春源、公义、裕亨三典的抽捐款项比例占钱文14%；茶捐款项比例占洋元65%；存款生息和房租所得款项比例则占洋元8%、钱文5%。怀仁堂所收捐款之洋元比例中，主要以茶捐为主；钱文比例中，则以商业堆金和典业抽捐独大，可见商业固定性的捐款已成为怀仁堂经费的主要来源。

新安怀仁堂地跨杭州仁和县和湖州德清县，在堂务执行的过程中，两地地方政府同样给予大力支持。同治年间，怀仁堂复建之初，仁和县地方政府官员对受兵燹破坏、暴露尸骸的棺柩表示高度的关心，除参与劝募捐资外，更责成堂内相关司事，须在5个月内将寄存棺木统移至南山义冢掩埋，且正值

① 《新安怀仁堂征信录·公议堂规》，第12～13页。

怀仁堂陆续清理基地、修筑墙垣、措资起造之时，唯恐工匠高价垄断，有阻善举，更出示谕禁，准许堂内司事指名禀厅，以凭讯究办，绝不姑宽。此外，怀仁堂更就工匠霸业昂价、抬工垄断及棺木进出脚夫勒索等相关问题，呈请德清县地方政府置办，德清县正堂也出示禁知悉工匠、抬工、脚夫等项务，须照常取价，不得任意多索、随意垄断，也不得在会馆义冢各处蹧蹋侵占，若有违禁者，准许在堂司事等鸣保扭获送县，以凭从严惩处。同治九年（1870 年），怀仁堂在迁葬棺柩于南山义冢时，屡受脚夫、扛工分方霸占讹诈，每于一棺扛抬进出，动资索费多达数千钱文，导致怀仁堂无法负荷，遂呈请置办义扛义索。德清县正堂准其呈请得以自行扛抬，并出示晓谕知悉脚夫、扛工等人，不得分方霸占，借端讹索，若明知故犯，在堂司事有权指名禀县，以凭提案究办，更实行连坐之罚，提讯该地地保，一并严惩，决不宽贷。

四、浙江安徽会馆

浙江安徽会馆创始于同治九年（1870 年），位处杭州中河柴垛桥旁。休宁人余古香时任浙江道员，乃倡议捐资始建会馆，后因朝廷下旨建办专祠，以奉于太平天国之乱中殉难的浙江巡抚罗遵殿和浙江布政使王有端二人，罗、王二人又皆属皖籍皖人，“遂择地中城，领公帑，兴工事竣，即其地创建会馆”。[1] 安徽会馆前厅主要用于恭祀皖地前代名贤，其后则为聚会宴游之所。会馆属于官商集资合办，由徽商和浙江官员共同捐资而成。

据《浙省安徽会馆录》中统计，会馆兴建之初，所收捐助款项分成三大部分，一为朝廷所发兴建罗、王二公祠的公帑经费；二为地方官员捐款，举凡知府、知县、提督、盐运使等共计 26 名；三为商捐收款，有盐商、上海茶商、留余堂、香雪堂、木商、木业沙粮、杂货商、江干茶商等，虽为官商集资，但“商资居十之八九”，商资又以新安人居多。[2] 从商捐收款所得一览表（见表 4-3）中可知，不论是本洋捐或英洋捐，两浙盐商捐款数皆占一半以上的比例，本洋捐比

---

① 《浙省安徽会馆录・浙省新建新安会馆序》，第 1～2 页。

② 《浙省安徽会馆录・浙省新建新安会馆序》，第 2 页。

例为67%,英洋捐为50%。

会馆是皖籍官商联络乡情,祭祀神明之所。会馆章程中规定,每年正月二十六、二十七二日春祭,为官商团拜之期,“借联梓谊而叙乡情”。[①] 会馆的管理则由官商轮流值年务,由官府指派的盐商首领——杭、绍、嘉、松4所甲商为正办,另共同推举4位引商副之,2年为一轮,周而复始。每年收支各款必须逐一条列清楚,正月二十六、二十七二日团拜时会同各官商交账,两年后递交与接办正副,若有所短少,须于轮值之年补齐。

会馆虽然房宇间数多,但住屋甚少,仅有大厅后正屋两进,提供给负责管理会馆的司友居住,其他皆为堂屋散轩,故不论是在浙官商或往来乡谊之人,一概不能借住。章程中更直言,安徽、浙江本属邻省,“商贾百倍于官,一经留住赁租,虽有广厦千万间,恐亦无能庇及矣”。[②] 每年春祭之外,另有四祭。每年八月二十六日属秋祭,由值年正副负责办理,“办备办鼓乐、祭品”,并邀集各值年官商到馆行礼;每年二月初三恭祭文帝;五月十三日恭祭武帝;七月初七公祭奎星,“礼节与秋祭同”。[③]

会馆场地除了提供在浙皖籍官商联谊祭祀外,亦对外出租。同乡之人遇有祝寿、开吊之事,可向会馆租借场地办事,每日洋10元;寻常宴会则每席给洋1元,“一应灯彩概行自备”。外省之人若欲租借以为祝寿、开吊、演戏之用,则会馆概不借用;若借用为寻常宴会场地,则准其租借,每日洋8元。此外,会馆也提供同乡棺柩暂厝之所,因“江干之惟善堂原为徽州一府而设,其余各府多属濒江及或地居腹内,亦即江路可通”,故在杭州武林门外西湖坝另购基地,建造宝善堂一所,“以便由大关登舟回籍各府,灵柩堂内停厝”。[④]

---

① 《浙省安徽会馆录·会馆章程》,第3页。
② 《浙省安徽会馆录·会馆章程》,第3页。
③ 《浙省安徽会馆录·会馆章程》,第5页。
④ 《浙省安徽会馆录·会馆章程》,第4页。

表 4-3　浙省安徽会馆商捐收款一览表

行业	人名/商号	捐款数
盐商	(未载)	合本洋 8 405.126 元 合英洋 21 754.293 元
上海茶商	(未载)	合本洋 397.677 元 合英洋 5 895 元
留余堂	(未载)	合本洋 4 400 元 合英洋 6 949.658 元
香雪堂	(未载)	
木商	同利兴、怡同懋、同茂兴、钮德大、德大源、同裕隆、同颐兴、吴继源、孟恒源、厉福兴、洪大兴、同仁和、江复兴、同日升、干益顺、何三房	合英洋 4 831.857 元
木业沙粮	(未载)	合英洋 220 元
杂货商	洪巨成、王云生、曹泰来、余锦洲、姚君纶、何枢臣、许维兴、何松洲、何三房	合英洋 2 516.346 元
江干茶商	洪巨成、王云生、曹泰来、余锦洲、姚君纶、豫隆行、阎鹏九、何枢臣、褚大昌、姚炳记、源润、陈淀扬、戴企宾、嘉湖店	合英洋 1 059.543 元

资料来源:《浙省安徽会馆录》。

表 4-4　浙省安徽会馆地契统表

编号	物件	地点范围
第一号	柴垛桥正屋	前:以官街为界 后:以荐桥后墙为界 左:以靠河风火墙为界 右:以靠扇子巷风火墙为界
第二号	正屋北墙门外	荐桥基地
第三号	罗王祠对面地	扇子巷土堆地
第四号	正屋西首坑地	扇子巷口柴垛桥边坐东朝西临街基地
第五号	正屋西南角上	柴垛桥西南首拐角朝东贰间
第六号	罗王祠对面地	扇子巷坐西朝东砾地
第七号	罗王祠对面地	扇子巷坐西朝东地
第八号	罗王祠对面地	扇子巷坐西朝东地
第九号	正屋北墙门外	荐桥西塊坐南朝北基地
第十号	正屋北墙门外	荐桥西塊空地
第十一号	二公祠照墙北首	扇子巷空地
第十二号	会馆对门地	柴垛墙西首临街风墙一座空地
第十三号	新河坝地	打芝岱巷内坐南朝北临街基地
第十四号	黟县纲盐引额	纲盐一千三百引
第十五号	西安县属田	民田和民地各若干号

资料来源:《浙省安徽会馆录》。

第五章 寓杭徽商宗族的发展

徽州宗族特殊之处，在于“士夫巨室多处于乡，每一村落，聚族而居，不杂他姓。其间，社则有屋，宗则有祠，支派有谱，源流难以混淆。主仆攸分，冠裳不容倒置，此则徽俗之迥异于别郡者也”。[①]《歙县志》中也载明“邑俗旧重宗法，聚族而居，每村一姓或数姓，姓各有祠，支分派别，复为支祠，堂皇闳丽，与居室相间”。[②] 宗族除集居繁衍生活外，还通过编写家谱以辨明世系族属的亲疏远近与昭穆关系，更借此凝聚族人的向心力，以收尊祖、敬宗、睦族之效。各族宗祠则是家族祭祀先祖先贤与聚议族中大事的场所，也是辨明宗族财富

① (清)程庭:《春帆纪程》，收入《小方壶斋舆地丛钞》(第五帙)，台北:广文书局，1962年，第4535页。

② 石国柱等修、许承尧纂:《(民国)歙县志》卷一《舆地志·风土》，台北:成文出版社，1975年，第155页。

与权势地位的象征。[①] 诚如赵吉士所言：

> 新安各姓聚族而居，绝无一杂姓搀入者，其风最为近古。出入齿让，姓各有宗祠统之，岁时伏腊，一姓村中，千丁皆集，祭用文公《家礼》，彬彬合度。父老尝谓新安有数种风俗胜于他邑，千年之家，不动一抔；千丁之族，未常散处；千载之谱系，丝毫不紊。主仆之严，数十世不改，而宵小不敢肆焉。[②]

明清时期徽州地区为人口高度移出之地，处于万山之中的徽州自然资源贫乏，徽民"行贾四方"，[③]且是"挈其家属而去"，[④]"尽家于经商之地"[⑤]。徽州人因经商所需、婚姻关系或辞官归隐等各种因素，举家迁移或客居于杭州者

---

① 对于宗族发展的组织，已有许多研究成果。常建华、冯尔康提出明清时期宗族组织普遍出现的标志性特征便是宗族祠堂的建立，由此更可加强宗族的凝聚力，又明清时期族谱的修纂更加频繁，逐渐形成数十年一修的传统，修谱更成为宗族活动的重要内容，是联络宗族的一种手段(见冯尔康、常建华等著：《中国宗族社会·绪论》，杭州：杭州人民出版社，1994年，第16页)。常建华认为嘉靖十五年(1536年)家庙及祭祖制度的改革，特别是允许庶民祭祀始祖，在客观上为宗祠的普及化带来契机，从徽州方志祀先之所的记载，由弘治时的祠堂，变为嘉靖、万历时的祠堂反映出宗族势力的凸显和宗族的制度化与组织化(见常建华：《明代宗族研究》第二章，上海：上海人民出版社，2005年，第35～95页)。卞利从宗族的内部整合角度，说明通过编纂族谱来统一宗族成员的意志，这是徽州宗族一贯的做法，特别是在咸丰兵燹之后，编纂族谱，依旧是宗族最首要的工作(见卞利：《清代徽州宗族聚居村庄的社会、经济与文化——以祁门红紫金氏宗族为中心》，载《安徽大学学报(哲学社会科学版)》，2008年第4期)。日本学者臼井佐知子则认为族谱编纂和宗祠建设的盛行，直接关系到人们在商业竞争中的利益(见[日]臼井佐知子：《徽商及其网络》，载《安徽史学》，1991年第4期)。

② (清)赵吉士：《寄园寄所寄》卷十一《泛叶寄·故老杂记》，合肥：黄山书社，2008年，第872页。

③ (清)丁廷楗修、赵吉士纂：《(康熙)徽州府志》卷八《蠲赈》，台北：成文出版社，1975年，第1216页。

④ (清)廖腾煃：《海阳纪略》卷下，收入《四库未收书辑刊》第七辑第二十八册，北京：北京出版社，2000年，第5页。

⑤ (清)丁廷楗修、赵吉士纂：《(康熙)徽州府志》卷二《风俗》，台北：成文出版社，1975年，第437页。

为数不少，湖州市的钱塘江滨，为多数徽商登岸之所，因此得名“徽州塘”。[1]可见徽商由此入杭贸易或转运的人口为数甚多，不少徽商也因经商而居留杭州。明朝中叶起，当愈来愈多的徽商子弟从原乡迁徙至全国各地侨寓，大批的徽州人以侨寓地为中心重修族谱和重修宗祠，企图由其祖籍地缘转向新的社会圈，而徽商及其后裔的社会流动大大增加，从而影响到徽商利润的流向。[2] 本章兹就三个迁杭的徽州宗族为案例进行论述。

第一节 黟县宏村汪氏宗族
——盐商和典商例说

据谱记载汪氏祖宗为春秋时期鲁成公支子，在鲁为上大夫，受封颍川侯，“生而有文在手”，遂以汪为名。传至其孙诵，时任鲁都司马，并奉鲁君命“以祖名赐姓”，此为汪氏受姓所由来也，而宏村汪氏便自颍川以下一脉相传。东汉献帝时，传至三十一世文和公，任龙骧将军，后又被派任会稽令，举家南渡，为汪氏始渡江南之祖，逐步发展为徽州望族。[3]

传至第四十四世汪华，徽州汪氏的繁衍发展出现了重大的转折。当时正值隋末战乱，群雄割据，汪华发兵占领歙州，“据郡称王十余年”，[4]击退官府围剿，相继攻占歙、宣、杭、睦、婺、饶六州，拥兵十万，号吴王，奉隋正朔。虽当时国家动荡，民不聊生，但汪华所治之地，却十年不见兵戈，百姓得以安居乐业。唐高祖李渊建立唐朝后，武德四年(621 年)，汪华选择上表归降唐朝，自

---

① (清)龚嘉俊修、李榕纂:《(民国)杭州府志》卷六《市镇》，台北:成文出版社，1974 年，第 317 页。

② 王振忠:《明清徽商与淮扬社会变迁》，上海:三联书店，1996 年，第 74 页。

③ (清)汪纯粹纂修:《弘村汪氏家谱》卷首《国朝本村惟昂公续序》，清乾隆十三年刻本。(藏于安徽大学徽学研究中心特藏室)。(清)汪秋潭等修:《汪氏支谱》卷一《序》，清同治六年刻本。(藏于台北“故宫博物院”)

④ (后晋)刘昫撰、杨家骆主编:《新校本旧唐书》卷五十六《列传第六》，台北:鼎文书局，1981 年，第 2271 页。

言“本田家，强起山谷，不忍盗贼戕害生民，遂率一方，相与保聚”，[1]使徽州之民省去了战乱之苦。高祖李渊以其识时务、顺潮流和保六州之功，授予方牧，持节总管歙、宣、杭、睦、婺、饶六州诸军事兼歙州刺史，封上柱公、越国公，食邑三千户。贞观二十三年(649 年)，汪华薨于长安，永徽四年(653 年)归葬歙北云岚山。汪华死后，其九子皆贵。自宋而明，“累加封典及四代，均列极品”。[2] 徽州地区为念汪华恩德，相继建立了许多汪王(公)庙，加上后裔人丁兴旺，徽州一带祭祀汪公的行祠不计其数。久而久之，汪华被渐渐神化，成为当地的地方神。[3]

据《弘村汪氏家谱》记载，“大江以南巨族相望，而新安汪氏为冠冕，汪氏祖唐越国公华，累世缨黼不绝，迄今千余年，其子姓往往散处四方”。[4] 四十四世祖汪华成为徽州地区汪氏的始族，而黟县宏村的汪氏一族，便是属于汪华长子汪建支系中歙县唐模的分支。北宋时期，传至第六十一世的汪仁雅，本由歙县唐模村客寓金陵，经营木材生意，因受祝融之灾，决定携眷返回故里，归途行经黟县北乡的祁墅，“睹树木之孔茂，喜水道之易”，[5]遂决定重操木业，并卜居于该地，成为汪氏始迁黟县之祖。[6]

汪氏迁居黟北祁墅后，传至第六十六世汪彦济，其秉性仁厚，以孝友著闻，敦善不怠，在乡党宗族间深获好评。时值南宋建炎变乱，江东盗张琪领寇

---

① (清)汪文炳辑、孙峻参订:《吴山汪王庙志略》，收入《西湖文献集成》第 25 册，杭州:杭州出版社，2004 年，第 949 页。

② 汪炳生等修:《镇邑清水浦汪氏家谱》卷首《行状·越国公行状》，民国四年刻本，第 26～29 页。(藏于安徽大学徽学研究中心特藏室)。(清)汪秋潭等修:《汪氏支谱》卷一《序》。

③ 常建华指出，汪华在南宋时期已被国家赐封为“忠烈”，是故在徽州除了歙县乌聊山建有忠烈庙外，各地也建有忠烈行祠，形成祭祀汪华的庙宇群，并且带有地域神的性质。见常建华:《明代宗族研究》第二章，上海:上海人民出版社，2005 年，第 37 页。

④ (清)汪纯粹纂修:《弘村汪氏家谱》卷首《汪氏家谱序》。

⑤ 汪大燮等辑:《汪氏振绮堂宗谱》卷一《世系》，民国十九年刻本，第 3 下页。(藏于台北“故宫博物院”)

⑥ (清)汪曾立纂修:《汪氏小宗谱·凡例》，光绪六年刻本，第 2 上页载“仁雅公始迁黟邑祖”，“宋处士檞先公者重始迁黟北祖也”。(藏于台北“故宫博物院”)

肆扰剽掠，祁墅尽遭兵燹，“所居宅三百余间尽成焦土”，[①]汪氏族人纷纷议迁徙之计。汪彦济遵照先祖仁雅公遗言，迁雷岗山下，定居宏村，发展成为望族。[②]《汪氏小宗谱》谓：“宋处士公楫公者，重始迁宏村祖。”[③]

至明朝万历年间，宏村汪氏所属世系二房周晟公下支第八十二世汪元台，始迁居浙江杭州。元台为八十一世汪邦奇的次子，生而赋质聪颖，气宇凝重，雅嗜书史，但屡试不中。因父母年老，一肩扛起家务，绝意进取。[④] 改从事盐策，后因业盐于浙，便偕其妻叶氏举家迁往杭州，居钱塘县普宁里，汪元台遂成为宏村汪氏迁杭始祖。[⑤]

迁居杭州的汪元台投身于浙盐的经营，获利丰厚，其后更偕其二子汪宗缙、汪宗绅共同经营，家业为之丕振。经营盐业，“利广而用繁，且日与官为市，往往易涉侈靡”，但汪元台却依然淡泊勤俭，恬淡寡欲，“一切甘食鲜衣，却之弗御”。且其对于盐业经营甚有心得，处事明断，“有功于鹾务不少”，故在同业之中备受推崇。[⑥]

原本经营盐业的汪氏家族，迁杭后发展至康熙年间第八十四世汪时英，其家业出现一大转折。汪时英将其父祖经营浙盐所得之丰厚底业，大举投入杭州的典当业，转化成为汪家经营典当业的雄厚资金。典当业自康熙年间起遂成为汪氏传袭的家业，历经多代子孙百余年的勤俭积累，汪氏家族于盛清时期已然跻身杭州商界四大富室之列，使家族资产与名望再创高峰。[⑦]

汪元台虽然在明朝万历年间弃举子业，以贩盐移居杭州，但对于子孙的

① 汪大燮等辑：《汪氏振绮堂宗谱》卷三《志乘》，第1上页。

② 汪大燮等辑：《汪氏振绮堂宗谱》卷一《世系》，第3下页。

③ （清）汪曾立纂修：《汪氏小宗谱·凡例》，第2上页。

④ （清）汪曾立纂修：《平阳汪氏九十一世支谱》卷上《志》，清同治六年刻本，第10下页（藏于台北“故宫博物院”）。（清）汪曾立纂修：《汪氏小宗谱》卷五《传略》，第2上页。

⑤ （清）汪曾立纂修：《平阳汪氏九十一世支谱·凡例》，第1上页载“明处士文宇公者，重始迁杭祖”。

⑥ （清）汪曾立纂修：《平阳汪氏九十一世支谱》卷上《传略》，第23上页。

⑦ 宏村汪氏迁杭后经营典当业的详细情况，请参考本书第三章第二节中“一、黟县宏村汪氏”。

教育丝毫未有懈怠。汪元台育有二子，长子汪宗缙为国学生，诰封奉直大夫，康熙二十六年(1687年)崇祀于浙江乡贤祠。[①] 次子汪宗绅，弱冠补诸生，平日居家，闲暇之余以祖宗勤俭的遗事训诫子弟。其行事讲究礼法，每日早起便正襟危坐，“子弟胜衣以上，以次问安，规重矩迭，肃若朝典”，以“矩言楷行”被推为乡里祭酒。[②] 传至迁杭后的第三代，汪宗缙育有二子，长子汪肇衍为钱塘县庠生，康熙三年(1664年)得中进士，受钦点为翰林院庶吉士，后因参与实录纂修，授翰林院编修加一级。次子汪肇璋，也为钱塘县庠生，官任广东盐提举，时人赞称“难兄难弟，韡韡为家庭光”。[③]

由汪元台家族迁杭后三代来看，家族子孙年幼时皆受儒家教育的熏陶，长大成人后，依个人资质与意愿选择不同的道路，族人或业儒或服贾。宗缙一支多走向科举仕宦之路，借以“大吾门”“亢吾宗”，实现光宗耀祖的理想；宗绅一支大多弃儒就贾，以继承先业为主，但虽为商贾，却依旧未忘情于举子业。[④]

宏村汪氏第八十四世的汪如珍和汪时英为宗绅之二子，虽皆少习举子业，但兄弟二人对于儒贾之间的选择却大不相同。次子汪时英虽然由诸生授得兵马司指挥之职，却以“禄不逮养”辞归，其后便选择承袭家业。长子汪如珍幼年即资质聪颖，好学不倦，怡然养志，补为钱塘县弟子员后更加砥砺，奋发上进，“锐欲以科名”来荣耀家门。此外，如珍更钻研书画，甚有心得，“精书法，擅丹青，工铁笔”，[⑤]又潜心经学，“所撰录盈尺，一时名公巨卿皆惊叹，以为国器”。[⑥] 无奈如珍孱弱，诵读过劳，渐至成疾，顺治十一年(1654年)“疾势已入膏肓，至试期而不复能起矣”。[⑦]

---

① (清)汪纯粹纂修：《弘村汪氏家谱》卷十二《世系二房周晟公》，第2下页。

② (清)汪曾立纂修：《平阳汪氏九十一世支谱》卷上《传略》，第24上页。

③ (清)汪纯粹纂修：《弘村汪氏家谱》卷十二《世系二房周晟公》，第3上页；卷21《事实》，第80上页。

④ 黟县弘村汪氏的迁杭谱中，自第八十四世起遂以汪宗绅二子如珍为长房、时英为次房，故以下便以宗绅支系的子孙为讨论对象。

⑤ 汪大燮等辑：《汪氏振绮堂宗谱》卷三《志乘》，第6下页。

⑥ (清)汪曾立纂修：《汪氏小宗谱》卷五《传略》，第3上页。

⑦ 汪大燮等辑：《汪氏振绮堂宗谱》卷三《志乘》，第6下页。

康雍乾时期，汪氏迁杭的子孙年少时几乎皆入杭州府学或钱塘县学读书，期以读书修行。[①] 第八十六世的汪世昌，生于康熙十六年（1677 年），稍长力学，博知古今，“不屑事俗儒章句，以道义名节自励”，“湛于经学，旁及子史百家”。平时居家为人朴实闲远，举止言谈间必遵古礼，乡里之人“望之如晋宋间人”，甚有古风。晚年生活惬意，寄情山水，弹琴赋诗，恬淡自得。[②]

迁杭六代后，宗绅支系子孙始以科名著称。第八十八世汪宪，生于康熙六十年（1721 年），居杭州九曲巷口，[③]天性纯孝，亲侍双亲，不曾远游，未弱冠补诸生，受业于“司衡两浙，文行并重”的邓公东掌门下。[④] 乾隆十年（1745 年）得中进士，但无意于官场，南归侍养双亲，乾隆二十三年（1758 年）赴京以资补刑部陕西司员外郎，第二年又以奉养父母为由，告归乡里，自是不复出。平日居家常自我反省检视，闲暇之余与邻里乡党往来，未曾言人之过，但若遇“人有一善，辄极口奖成之，尤乐缓急人知”。此外，汪宪博雅好古，经常集结同好，讨论经史疑义，诗文虽不多，但“作必精诣，一字未当，往在沉想经时，必惬意始脱稿”。此外，迁杭后汪氏世代以藏书为业，汪宪“耽蓄书，丹铅多善本，求售者虽浮其直，不与较”，所藏之书，“甲乙编排，丹黄半所手定”。[⑤] 汪氏藏书因汪宪之搜罗，“于是振绮堂藏书之名始著”。[⑥]

汪宪长子汪汝瑮，官至大理寺寺丞。自幼拜杭州宿士高君山为师，对于史学有所钻研，后辍举子业，承袭祖业。乾隆年间，清高宗修《四库全书》征召天下遗书，时汪氏振绮堂中藏有善本 600 余种，整理后由汪汝瑮进呈的善本超过 100 种，乾隆“赏给内府初印《佩文韵府》一部，俾亦珍为世宝，以示嘉

---

① 汪大燮等辑：《汪氏振绮堂宗谱》卷三《志乘》，第 17 下页、第 18 上页。

② 汪大燮等辑：《汪氏振绮堂宗谱》卷三《志乘》，第 18 上页。

③ （清）叶昌炽撰：《藏书纪事诗》卷五，北京：燕山出版社，1999 年，第 380 页载吴氏瓶花斋“所居在九曲巷口，与振绮堂汪氏衡宇相望”。

④ 汪大燮等辑：《汪氏振绮堂宗谱》卷三《志乘》，第 18 上页。

⑤ 汪大燮等辑：《汪氏振绮堂宗谱》卷三《志乘》，第 18 下页。（清）汪曾立纂修：《汪氏小宗谱》卷五《传略》，第 11 下页。

⑥ 汪诒年纂辑：《汪穰卿先生传记》，北京：中华书局，2007 年，第 13 页。

奖”，更御题《曲洧旧闻》《书苑菁华》二种，书中有“因翻汝瑮独藏本”之句。乾隆四十九年(1784年)高宗第六次下江南，汪汝瑮迎銮献诗，“又荷颁赉文绮全袭”。汝瑮受高宗赐书、赐锦，时人欣羡汝瑮之际遇，谓“古人所谓稽古之荣者，而君得两邀之盛矣”。[①] 汪家振绮堂藏书进呈之后“插架尚富”，与浙东范氏天一阁齐名。[②] 汝瑮晚年留意内典，钻研《楞严》《金刚》二经，颇有领悟，常偕弟和同好者徜徉山水间，怡然自得。

第九十一代以汪远孙为首的汪氏六兄弟，已是汪氏振绮堂的第四代传人。汪远孙，又号小米，自幼聪颖，10岁失恃后遂侍祖父受经，嘉庆二十一年(1816年)中举，官至内阁中书。后因其父汪诚逝世，绝意进取，致力于振绮堂的藏书工作，使汪氏收藏益富，其中珍本秘籍尤多。龚自珍对振绮堂藏书之富大加称赞，誉之“振绮堂中万轴书，乾嘉九野有谁如”。[③] 对于族中子弟的教育，汪远孙更是贡献极多，“设平阳家塾于芝松里，延名师教之”。[④]

汪远孙远离官场之后，竭力于著书，日读《十三经注疏》，“以心得者辑为考异，又以抱经堂释文本，尚多讹阙，欲为补正”，虽然未能完成心愿，但仍有《国语》古注辑存、考异、发正凡三种，及《汉书地理志校本》《借闲生诗词》等五种著作流传于世。著书之余，汪远孙又好刻书，但所刻版片流传于世者仅有九部，其中南宋的《咸淳临安志》最古，广为流传。

汪远孙家于西湖之滨，有水北楼，“春秋佳日栖息其中，勘经之余焚香宴坐”。远孙性甚好客，尝集江浙名流，每月一集，结东轩吟社，命题赋诗，“预社者先后凡七十六人”，时著名画家费丹旭也为其座上宾，更曾绘有《东轩吟社图》长卷，以图纪结社吟诗的文坛盛事。[⑤] 远孙昆仲中也有擅长绘事者，三弟

---

① 汪大燮等辑:《汪氏振绮堂宗谱》卷三《志乘》，第19下页。

② (清)汪曾立纂修:《汪氏小宗谱》卷四《录》，第26上页。

③ (清)龚自珍:《龚自珍全集》，北京:中华书局，1959年，第525页。

④ (清)汪曾立纂修:《汪氏小宗谱》卷四《录》，第25上页。

⑤ 汪大燮等辑:《汪氏振绮堂宗谱》卷三《志乘》，第22上页。(清)汪曾立纂修:《汪氏小宗谱》卷四《录》，第25上～26下页。汪诒年纂辑:《汪穰卿先生传记》，北京:中华书局，2007年，第15～16页。

汪遹孙因长年疾病导致重听，弃举子业，从费丹旭“游通画理，山水、人物，酷肖其传工”。①

迁杭的宏村汪氏元台家族经商之余的文化生活与家族子弟的教育是息息相关的。第九十世孙汪諴的遗训，总结了汪氏家族教育子弟的基本方针：

> 人家生子无论智愚，总要教他读书。一以拘其身体，一以化其气质也。至廿岁以后，能读书者读书，不能读书者，管生意、管家务皆是紧要之事，切不可使之闲荡。盖子弟一切不好处，皆从一闲字生出也。②

汪氏家族在家族教育的过程中，培养了子弟较高的文化素养。类如以文会友、寄情山水、喜读经史、收购书籍、耽于吟咏、书画诗文、刊刻著书等休闲爱好，不仅使家族子弟能怡情养性，也反映出徽商“贾而好儒”“雅俗结合”“士商合流”的价值取向。同时，更因为重视家族的儒学教育，大幅提升了徽商子弟的知识水平。这些知识进一步转化为家族经商的利器。

迁杭后的汪氏家族，同样也面临原乡与侨居地之间错综的情感纠葛。第八十二世的汪元台崇祯末年归里展墓，因病而逝，葬于黟县宏村。其二子治丧毕后，仍归杭州经营盐业。且元台之妻叶孺人，因“坟墓、家园俱在黟地，不欲来杭留居”，③顺治五年（1648 年）逝世，与元台合葬于黟县。迁杭后的第一代子孙对于落籍则有不同选择，长子汪宗缙随父迁杭后，便移籍钱塘。但次子汪宗绅，每年仍往来于徽州与杭州两地，落籍于宏村。从中可知，汪氏迁杭后的第一代，对于入籍杭州问题仍未有一定的共识。④

---

① （清）汪曾立纂修：《汪氏小宗谱》卷四《志》，第 15 上页。

② （清）汪曾立纂修：《汪氏小宗谱》卷四《遗训》，第 20 上页。

③ （清）汪曾立纂修：《汪氏小宗谱》卷四《志》，第 9 上页。

④ 臼井佐知子曾就关于徽州汪氏宗谱中，代表迁徙的用词作一考察，指出如果族谱是在迁徙地由迁徙者编纂的，那“迁”则表明迁徙者已彻底改变生活的地域。如果族谱是由原留居地的族人编纂，那“迁”就表明迁徙者没有再返回原留居地。此外，“寓”则可能在编纂者看来只是暂时的居住，而“葬”于该地，则表示祭祀他的子孙大多已定居于该地。见[日]臼井佐知子：《徽州汪氏家族的迁徙与商业活动》，载《江淮论坛》，1995 年第 2 期。

自康熙年间迁杭后的第二代起，汪氏子孙就决心选择入籍杭州。宗绅二子利用入钱塘县学的机会，移籍杭州。次子汪时英认为，“伯父、先君两支全家在浙，岁时伏腊不能躬亲祭奠，期卜葬于西湖两峰之间，使得少展孝思”，[①]便携占卜师寻址吉壤，不惜重金购置墓地。康熙三十四年(1695年)葬其父母于灵隐之莲花峰。特别值得注意的是，康熙三十六年(1697年)，汪时英将葬在黟县的祖父母迁葬于杭州龙门山，[②]并于“灵鹫峰侧得隙地，建立庄社，避风雨，会饮食，以为墓祭休息之常”。[③] 又据汪氏后人记载：“(始祖文宇公)迁居杭州后，先后四世皆葬于灵隐，并于山麓建筑宗祠，为子孙岁时祭祀聚集处所”。[④] 可知该家族于康熙中期便全面入籍杭州，至乾隆朝时已有宗祠存在。此外在婚姻对象的选择上，汪时英也以虎林望族之女为原配，更明显呈现出欲融入新居地的决心。迁杭汪氏家族虽入籍杭州，但对原乡徽州的感情仍颇深厚，时时回馈。汪时英就“以岁入之羡，建支祠，捐祀产，婚亲族之为人后者”。[⑤] 第八十六世汪世昌对于徽州原乡的贡献也不少，“旧有支祠前人创造未竣，捐资千余金，落成之堂构聿新”。除在宗祠上贡献心力外，其对于族人的照顾更是倾尽全力，“轻财好施，中外婚戚待以举火者数十家，婚丧缓急皆赖焉”。[⑥]

汪氏家族以经营盐业致富，但族中子弟未因此骄奢淫逸，更恪守家规，勤俭持家，除在乡里间好善乐施，帮助同族的子弟外，对于入籍地的公益事业，更是不遗余力，与乡里居民建立了和睦的关系。第八十三世汪宗缙随父亲赴杭州时，每逢“岁歉，施粟潮鸣寺，全活甚众”，又“修筑官塘，创助多金”，杭州

---

① (清)汪曾立纂修：《汪氏小宗谱》卷四《志》，第9上～9下页。
② 汪大燮等辑：《汪氏振绮堂宗谱》卷三《志乘》，第4上页。
③ (清)汪曾立纂修：《平阳汪氏九十一世支谱》卷上《记》，第3上页。
④ (清)汪曾立纂修：《平阳汪氏迁杭支谱》卷五《志乘》，第6下页。
⑤ 汪大燮等辑：《汪氏振绮堂宗谱》卷三《志乘》，第17上页。
⑥ 汪大燮等辑：《汪氏振绮堂宗谱》卷三《志乘》，第17下页。

崇文书院的创建，更是捐资独先。[①] 汪宗绅对于同族之人“以急告难者，倾囊济之，无所吝”，平日与人相交，“乐意坦白，不设城府，而是非可否之介，屹然如山岳之不可夺”，更以良好的言行成为乡里祭酒。[②] 在杭州的邻里间，“弭闾巷之启争端者，惠不形于色，言必信，于心崇孝义，重根本，孜孜不倦”。在徽杭二地，第八十四世汪时英的义行传诵许久，备受爱戴。第八十五世汪镇则在邻里间“恭大慈小，履顺考祥，善行不可殚纪”。[③] 迁杭的汪氏宗族因商而富，富而重儒，好善乐施，获得了杭民的认同尊重，奠定了汪氏宗族在杭州发展的基础。

表 5-1　黟县宏村汪氏第八十二世汪元台家族世系

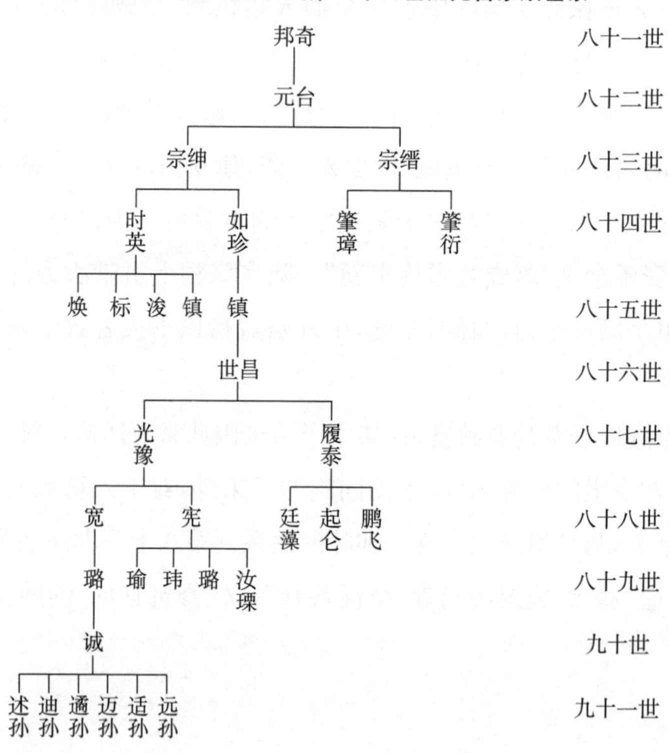

① (清)李卫纂修：《敕修两浙盐法志》卷十五《人物》，台北：台湾学生书局，1966 年，第 1811 页。

② 汪大燮等辑：《汪氏振绮堂宗谱》卷三《志乘》，第 16 上页。

③ 汪大燮等辑：《汪氏振绮堂宗谱》卷三《志乘》，第 17 下页。

图 5-1　东轩吟社画像

资料来源：中国美术全集编辑委员会编：《中国美术全集·绘画编 20·版画·东轩吟社画像》，台北：锦绣出版社，1989 年，第 201 页。

第二节　歙县新州叶氏宗族
——盐商例说

春秋末年，楚国左司马沈尹戌之子沈诸梁，“食采于叶，遂以邑为姓”，[①] 此为歙县新州叶氏的姓氏之源。东汉时期，叶氏族人大规模迁徙。东汉章帝时，叶尤为太尉，由河南迁青州；建安二年（197 年），光禄大夫叶望辞官归隐后，由青州渡江南下，侨居丹阳，为叶氏南迁的始迁祖。叶望的五世孙叶硕，自丹阳迁新安歙县，又历十三世至叶孟，徙居歙县蓝田，为蓝田始祖；传至十七世叶文厚，又徙歙县溪头，为溪头始祖。至叶文厚七世孙叶念九之子叶成，正值宋元兵乱，为避战祸，叶成迁往旌德之板树，依附族人而居，之后迁回歙北大里，居三世。

明朝洪武末年，叶成的曾孙叶义，为方便其子叶蓁读书习举子业，由大里

① 叶希明纂修：《（安徽歙县）新州叶氏家乘》卷首《新州叶氏家乘原序·修叶氏家谱序》。

迁至郡城北门，后因洪水泛滥，永乐年间卜居新州。叶蓁于宣德二年（1427年）得中进士，“新州之迁始于义公辟地，定居公实成之也”，[①]叶义之弟叶善一支则迁北门。[②]《新州叶氏家乘》由新州叶氏迁杭子孙编纂而成，因先世居于歙县新州里，“今纂家乘署曰新州，不忘始也”。[③] 家谱以叶义三子叶添、叶谅、叶蓁和叶善三子叶真、叶福、叶鸣为始，因叶谅无嗣，遂据五支蝉联递下，至民国收谱为止，已传至二十三世。新州叶氏移居杭州者众多，“由歙迁杭之祖自桐公至以楠公”，[④]族中子弟从八世叶桐至十六世叶以楠共有九个分支，于不同时期迁往杭州者指不胜屈。

明朝景泰年间，七世祖叶琦经营两浙盐策，“以杭郡湖山之胜且为浙鹾枢纽”，[⑤]但叶琦并未选择移家杭州，仅因业盐需要而暂留。弘治至嘉靖年间，叶琦七子中有四子叶桐、叶枝、叶柯和叶模，承其先业，因经营盐业所需皆移家杭州，至此开启新州叶氏迁居杭州之始。统观明清两朝，迁杭的叶氏族人主要以业盐为其生业，不论是子承父业还是提携族中子弟，世代接替为之，“吾叶世宗支繁衍此为世业”。[⑥] 叶氏族人对于业盐甚有心得，不仅为两浙盐业官员所倚重，更是杭州盐商依赖、商讨的对象。业盐的丰厚收入，为叶氏积累了相当可观的家产，使其成为两浙盐业巨擘。

十一世叶大桂，豪迈慕义，年少时“为伯父跃君器重，指示箕裘鹾业”，遂与兄叶大荣竭力业浙盐；叶大缙，耿介孝友，“在浙三承鹾纲，急公裕课”，为当世所倚重。十二世叶从宪，从幼失怙，赖祖抚育，“至杭创业鹾策成家”。十三世叶日葵，“缵承祖绪继志偿逋，总理鹾纲上下通裕”，曾捐赀二万代完商欠，当事咸钦重之。叶日拱，“业盐策以供孝养”。十四世叶之蘅，因为家世业盐，

---

① 叶希明纂修：《（安徽歙县）新州叶氏家乘》卷二《世牒》。

② 叶希明纂修：《（安徽歙县）新州叶氏家乘》卷首《新州叶氏家乘原序·修叶氏家谱序》《新州叶氏重修家乘叙·连叙》。

③ 叶希明纂修：《（安徽歙县）新州叶氏家乘》卷首《新州叶氏重修家乘叙·诸叙》。

④ 叶希明纂修：《（安徽歙县）新州叶氏家乘》卷首《新州叶氏重修家乘叙·连叙》。

⑤ 叶希明纂修：《（安徽歙县）新州叶氏家乘》卷五《杂著·二十世为铭紫城家庙记》。

⑥ 叶希明纂修：《（安徽歙县）新州叶氏家乘》卷五《杂著·二十世为铭紫城家庙记》。

便去儒承家业,人情练达,“榷使者视若左右手,诸同业亦以公为重”,遇事不推诿计较,曾经“代人受过枉偿,动逾万金出”。十七世叶道传,“鹾使征课缉私多赖其力”。十八世叶德熙,“候选盐知事”。

咸丰年间,时遇太平天国之乱,十八世叶德征曾协同部分族人避祸于上虞县。乱平后,杭州城百废待兴,浙盐事业也随之重创,为了恢复祖业,“遂将上虞引岸呈请配运”,以召集旧商复业,其后又因引岸被异姓窃夺,“声请盐宪申请回复产权”。咸同年间,叶德征对于浙盐的经营煞费苦心,使叶氏族人再度赖以业盐为生,又倜傥好施而自奉简约,不轻然诺,族党皆器重之。

迁居杭州的新州叶氏族人,从联姻的对象看,呈现出对于融入当地社会圈的积极态度(表5-3)。对于族人的嫁娶对象,家规中清楚地揭示方向,“妇者家之所由盛衰”,特别重视娶妇的条件,“不必论其贫富,但择其门第,访其家政与妇之性行如何”,叮嘱子孙不可因为贪慕富贵而娶不贤之妇,以免成为家族他日之患;嫁女则以先贤名言为戒,“嫁女必须胜吾家者,则女之事人必钦必戒”,嫁女对象不分贫富,“但则名门与婿之贤者”,[①]对于聘礼的多寡则不可过分勉强。据族谱统计,明清两朝叶氏一族自第七世至第二十世的联姻对象,多来自杭州一带,不分贫富地位而计,娶妇者达41人,嫁女者则多达51人;若联姻对象以地方士绅家庭为主,娶妇者则有30人,嫁女者为46人。明朝万历以降,自十二世叶从新娶杭州太学生蒋士英之女开始,地方士绅与迁杭叶氏联姻的人数渐增,清朝后期更广及江南地区,充分说明迁杭叶氏逐渐由异地客居转而成功融入地方社会文化生活圈,跻身地方望族之列。

在积极融入地方生活圈之时,迁杭叶氏与徽州原乡社会的往来也未曾间断。迁杭后的叶氏族人也将徽州宗族列入联姻对象,娶妇者达23人,嫁女者达36人,联姻宗族众多,有溪南吴氏、潜口汪氏、江村江氏、仇村黄氏、潭渡黄氏、休宁吴氏等。值得注意的是,十七、十八两世的迁杭新州叶氏族人也与迁杭黟县弘村汪氏彼此联姻,十七世叶道新娶八十八世汪宪之女,十七世叶道

---

① 叶希明纂修:《(安徽歙县)新州叶氏家乘》卷首《修省斋公家规二十条》。

全娶八十八世汪鹏飞之女，十七世叶道春之女嫁八十九世汪曾川，十八世叶德润娶八十九世汪世璇之女，可见迁居地的徽州宗族之间，也会通过联姻的方式，增加同乡宗族之间的联系。[①]

《新州叶氏家乘》序有言，“敬宗收族乃尊祖之大义”，一家中必有谱，用以明世系、别昭穆、序尊卑、辨亲疏，“俾为子孙者，知本所自出，支所由分”，进而兴起尊祖敬宗之心，敦其木本水源之义。尊祖之次莫过于重谱，家谱除了追溯远祖的世系传承，也记载着族人子弟的详细情况。新州叶氏旧谱，明清时期就历经五次纂修，清朝初年三次，乾隆年间二次，迁居杭州十三世的叶日拱，“晚岁尤惓惓于族谱之修谱”，[②]承集先世考定，终于乾隆七年(1742 年)完成族谱初稿。乾隆三十三年(1768 年)，十六世叶以英复加附例，定稿而成，后因咸丰年间杭州城陷落，旧谱散佚。乾隆以后，叶氏子弟日益繁增，又多迁徙各处，至光绪三十四年(1908 年)为止，长达 141 年皆无合族会修，遂在迁杭十九世叶希明长达 15 年的汇集调查后，编修而成《新州叶氏家乘》。[③]

迁杭的叶氏子孙除参加族谱的编修外，从明朝正德年间起，新州叶氏一族代代皆有族人葬于杭州，且多群聚而葬，企图围成各分支家墓。据《新州叶氏家乘》所载，其家墓地点可分成四大区域，东山有半山刘坟村；南山则为石屋岭、玉皇山、九曜山、白云峰、栅外三图娄家山、定北四图梵村；西山为法相寺小兔耳山、丁家山、桃源岭、积庆山、上茅冢埠、九里松、仁寿山；北山则是留下镇与西木坞。新州叶氏在徽州路、信州路、福州路、扬州路、杭州路等有迹可循的墓共有 356 处，杭州之外则计有 261 处，其选葬杭州的比例高达 73%。由此可见，叶氏一族对于入籍杭州的愿望不可不谓强烈。[④]

康熙年间，第十四世叶菁建有横山别业，用为扫墓休息之所。横山别业位于杭州旧钱塘县属定北五图上里，土名桐坞甘溪头，在十三世日葵公墓地

---

① 叶希明纂修:《(安徽歙县)新州叶氏家乘》卷二《世牒》。

② 叶希明纂修:《(安徽歙县)新州叶氏家乘》卷二《世牒》。

③ 叶希明纂修:《(安徽歙县)新州叶氏家乘》卷首《新州叶氏重修家乘叙·连叙》《新州叶氏重修家乘例言》。

④ 叶希明纂修:《(安徽歙县)新州叶氏家乘》卷二《世牒》、卷四《墓考》。

对面大路旁。“有基地四亩，土山三亩，户名叶宗祠”。虽然于咸丰时毁于兵火，房屋数量多寡无从稽考，但就其土地面积推想屋宇亦不在少数。若以叶菁的横山别业诗中描写的景物内容，亦可推想当年横山别业之景：“藤垣不甚高，缺处补荆篱。建阁平波厂，小亭傍水湄。琴书一榻中，树色碧亭墀。松桧含古意，花竹无拙枝”，“度桥视流涧，逝者已如斯。游鳞荇底跃，野禽树隙窥。桑柘值周遭，田亩列星棋”。[①]

道光年间，新州叶氏在杭州建立宗祠，称为“杭州支祠”。杭州支祠位于杭州旧钱塘县属城西二图圣安山下，斜对虎跑寺山门。嘉庆末年，第十六世叶欣捐资买地，道光三年(1823 年)，其子叶道传继承先志，在叶欣的规划基础上捐资倡建而成，计祠宇三进。前为台门，中为飨堂，后为寝室，“享堂寝室，咸备春秋”，四周围为砖墙。飨堂右侧有门，门外围建有支祠管理人的寝食之室，“时世际承平，人歌康乐，敬宗睦族古谊犹未泯也”。台门之外有流水溪，溪上驾有石桥，以通出入。支祠置有义产，定有条规，并呈准地方官府立案勒石于祠内。咸丰十一年(1861 年)，毁于兵燹，直至清末仍未修复，仅存基地一块和捐置义产碑。1915 年，二十世叶为铭以一己之力，于涌金门内紫城巷购地，筑南向楼屋三间，供奉先人木主，“迁杭无后者，一律入祀”，名曰“紫城叶氏家庙”。[②]

杭州支祠设置义产的宗旨，在于恪守家规，患难相恤，有无相济，此为同宗之义，“今族有贫乏者，宜相赒给，患难必极力营救，吉凶庆吊不可失礼，其有鳏寡遗孤，勿使流落”。[③] 义产之于迁杭叶氏的贫困子弟，使其“教育有所施，患难有所恤，千万人犹一人之身”。义产的筹办始于叶欣，他置产购地并酌立条规，以为赡族之举，但“置产未置足，赍志以殁”，遂嘱其子叶道传继之。道光三年(1823 年)，叶道传认为若欲以田亩房屋作为祠产，难免有风火之

---

① 叶希明纂修：《(安徽歙县)新州叶氏家乘》卷七《缫纪·第宅》。

② 叶希明纂修：《(安徽歙县)新州叶氏家乘》卷五《杂著·二十世为铭紫城家庙记》、卷六《法案》、卷七《缫纪·第宅》、卷七《缫纪·访碑》。

③ 叶希明纂修：《(安徽歙县)新州叶氏家乘》卷首《修省斋公家规二十条》。

虞、水旱之灾，故为之变通，将其父所置产及续存于息，“易购绍所额引每季两千五百八十道，年额一万三十二引，计用产价银一万四千三百多两，计可收引租银一千二三百两”。支祠义产则一并概作族中“鳏孤寡独，月给口粮，并婚嫁、丧葬、衣棺及读书习业”等一切费用。又为避免族中不肖子孙盗卖或更名顶充，遂将条规、捐置义产引额、引名，呈请地方官府立案勒石。

支祠义产的出入管理，设有总理、司事各一人，总理择诚实者为之，司事则为精明强干者，皆从族中子弟选任。每位支俸银 40 两，专门查办义产支给的一切项目，族中之人可随时登记，按月报名申请。如有司事不公或有欺弊族人之事，则由族中共议裁之。在祭祖修祠方面，支祠修建之初，共收得捐款 2 260 两，每年修葺支祠之费，则由此款项下提领；族中每分支于祭祀祠堂、坟口所需的备办祭品，每年提银 50 两，但若相关子孙祭祀不到，即行扣除；分支每年修葺祠宇坟墓之费，可提银 50 两，“如有不敷或有余资，存入下年再为结算”。

在日常生活与急难救助方面，对于族中力难自给的贫困者，须先登记注明册簿，经司事查访确实后，随即发给。无论男女和年纪大小，每月皆可领取，随年纪不同给予相应之月米，女子则于出嫁日停给。若为一时失业，贫乏难度且为人安分者，亦可请领月米，待其有业停止，以三年为限，以免养成游惰之习，每月凭本人自领，不得预支。另外，族人若已有业资生，却因食口人数过多，达六口以上者也可请领月米补助。对于妇女守节的风气也有所提倡，认为“早寡甘守节，最足敬重”，除了月米外，每月再给银 7 钱，如又抚育孤幼者，“每月每人给糕菓银三钱”，待 17 岁成丁时停给。对于鳏寡孤独在冬季则另给棉衣棉被。

对于族中习举业子弟也多有奖励，7—9 岁的子弟，“每年给束脩银二两”，以助从师训课；10—12 岁的子弟则每年 6 两，至 16 岁停给。如果愿意继续习举子业者，“每年再给贴膳米”。对于贫苦子弟应科举试也编列助银，如能得中者，给银 20 两以资奖励。应会试者，则“给盘川银五十两”，如有领银却不复试者，并需复还。在婚丧喜庆方面，贫困力不能嫁娶者，娶妇、嫁女皆给助银，但再娶则不在资助之列；若遇尊长之丧则补助棺殓银和埋葬银。又设有义地坐落钱塘县方家峪地方，共计地 3 亩，对于无力置办身后事宜者，协助其葬入义地并另助葬费。[①]

面对迁居杭州之后的生活，新州叶氏一族坚守业盐为世业，以盐业贸易累积起丰盈的家业，更恪守家规教诲，“睦邻之道当患难相恤，有无相济，贤否相戒，一切小忿不留宿怨，更加忠厚存心，躬自厚而薄责于人，如此则百世可居矣”。[②]

邻里地方有难者，皆可见其族人倾囊相助，通过善行善举，回馈地方社会。十三世叶日扶，乐善好施，多有所为，更曾于清泰门外置地数区为义冢，协助贫而无后者安葬。康熙年间，里中大火，邻人屋舍皆被焚毁，仅叶日扶所居之屋独全，“人以为积德之报也”。[③]

以十七世叶道传和叶道建为首等诸多族人的善行善举，最为人所称善。清代杭州普济堂及其下辖多种善会、善堂的经营发展，多赖叶道传兄弟与诸盐商捐助而成，普济堂内更立有碑石以纪其善举盛德。此外，对于望江门外海潮寺的修葺充斋，叶道传亦不遗余力给予捐助。海潮寺为杭州四大寺庙之一，四方行禅若前往南海普陀进香必由此地暂住挂单。但因钱塘江“暴风骤雨，潮汛靡常，耽待无期”，寺中殿屋多所坍废，“朝山行脚夜宿荒凉”，“住寺数十僧人斋饭聊可延生，而供济朝山僧众粮不济”。叶道传便将自己坐落于钱邑太平坊天字号内的一所市屋捐给海潮寺，兴工修理后加立海潮寺界石，租赁与人作为住宅，以租金充作粮斋。海潮寺的寺僧为感激叶道传的捐助，遂将叶道传一支各墓列入海潮寺祭祀，春秋祭扫并经理之。[④] 又道光年间，因为浙省水患歉收，地方官员与士绅筹款赈灾，于庆春、清波、武林三城门外办理粥厂，十七世叶道传、叶道春和十八世叶诰皆协助统理一切相关事宜，并制

---

① 叶希明纂修：《（安徽歙县）新州叶氏家乘》卷六《法案》。

② 叶希明纂修：《（安徽歙县）新州叶氏家乘》卷首《修省斋公家规二十条》。

③ 叶希明纂修：《（安徽歙县）新州叶氏家乘》卷二《世牒》。

④ 叶希明纂修：《（安徽歙县）新州叶氏家乘》卷七《缵纪·访碑》。

定章程12条以防弊混,“老弱病羸则并给数日之粮”,被救活者不在少数。在赈灾四个月中,“共享银二万四千余两,亦一时之义举也”。[①]

延名师以教子弟,可谓是叶氏一族教育子弟的重要共识。“子弟资性凶横,礼貌粗俗,皆因不读书之故”,故必延师课教以习儒业,并针对不同性情的子弟因材施教,使其熟知恭敬、孝悌、廉耻与应对进退的礼节,“有志者讲通义理或习举业,不及者亦要粗知章句,稍知文墨不失为君子”。教子以儒,此为教育子弟的宗旨,家规中更直言:“若反粗暴,无一点儒气,与常人同,则何必读书为哉! 念之慎之。”[②]朱熹编纂的《小学》更是叶氏家规中明定子弟必读的启蒙典籍,“人伦日用之常,立身行己之道,备载于此”,父兄有责任教育子弟,使其能熟读、通晓而有所感悟,不做非礼之事。平日宗族长幼聚会时,也随机摘要数条,令族中子弟阐明其义,抑或抽问数条以考验是否详记。将《小学》的教导融入日常生活中,不断地耳提面命,期许子弟能通达实践。

迁杭的叶氏族人仅在十四世至十六世中,就有六名子弟成功应科举试,登科及第。虽然在科举功名上并未有太多杰出的子弟,但有效的家庭教育为叶氏培养出文化素养较高的子弟。在书画上的表现尤其抢眼,八世叶彬工隶书,“书法不减文衡山”;[③]九世叶元春善草书,“结构运笔,师法二王”,曾经仿写明朝著名书法家丰坊的作品,几可乱真,连赏鉴家亦莫能辨;叶先春“工书画词翰”;叶初春,壮年小楷甚精;叶敷春多技能,“署书小楷在先春、自春之下”;十四世叶菁擅丹青,师法元代南宗山水画代表画家倪瓒笔意;十八世叶德襄“善画山水花卉,书摹二王”;十九世叶振家工书,“宗汉魏兼善绘事花卉,宗白阳山人,山水尤佳”。诗词著作也有出色者,十四世叶菁所著诗歌乐府多散佚,“存者犹千余篇,有《也园草》一集、二集”;十六世叶以照“精绘事,工吟咏”;十七世叶道梁工书善吟咏,有《编年诗》六卷,《学舌词》二卷。

---

① 叶希明纂修:《(安徽歙县)新州叶氏家乘》卷二《世牒》、卷七《缫纪·访碑》。

② 叶希明纂修:《(安徽歙县)新州叶氏家乘》卷首《修省斋公家规二十条》。

③ 叶希明纂修:《(安徽歙县)新州叶氏家乘》卷二《世牒》。以下各相关事迹,皆于此卷所出。

藏书校勘也多有所成，十四世叶菁藏有《古文析义》二编，其子叶世宸校勘之；十四世叶萼纂有《周易解录》《四书解录》，旁征博引，卷帙浩繁，但因早逝而未能刊刻成书；十五世叶世纪则校刊《西湖志》；叶世宁、叶世辰则参与校订林西仲著作，使能行世。又篆印方面，也多人精通，九世叶初春、十八世叶德熺皆工于缪篆；二十世叶为铭则更为金石篆刻技艺的个中好手，于杭州西湖孤山创建西泠印社，极负盛名。

据《(安徽歙县)新州叶氏家乘》记载[①]，有清一代，迁杭后新州叶氏从十三世至十八世的居住地点(图 5-2)多集中于杭州城内中河和东河之间，多沿市内桥梁附近的坊巷居住，特别是荐桥和柴垛桥一带的坊巷。柴垛桥边则有安徽会馆，至少有十四世至十六世，三世的叶氏族人选择居住于此区。十四世叶菁，居九曲巷并建有园林，名曰“也园”，共有 16 景；十五世叶世宙，居佑圣观巷，有庆余堂、恭寿堂等匾额，咸丰年间毁于兵燹，其后本支后裔就遗址重建，“面平厅三间，额曰留畊堂，前后厢房四间，后进楼屋三间”，又建“西首三开间平屋一所，前后厢房全此”。又因门外有沿街市屋，便将其出赁设肆，“从前有越人租设三喜堂酒肆，以醇美称名重一时”，直至二十一世仍有本支后人叶良辅、叶良弼两房居住于此。十六世叶以楠，居荐桥直街东山弄内，内有淳叙堂，“以三字颜其室，亦君子不忘其旧之意”。

中河和东河之间另有十三世叶日拱和十八世叶德垲之住所。十三世叶日拱，居大塔儿巷内，建有五开间厅，楼五进，其正厅曰宝善堂，东有大花厅曰敦复堂，右有小花厅曰惜阴书屋。直至十八世仍可见叶道梁题诗而作与友人聚饮于敦复堂之景。其后太平天国军入城，因行馆缺燃料，便以附近屋宇之门窗替代而波及叶家。十八世叶德垲，居上皮市巷，咸同年间，“出典与吴同茂开设硝皮行”，“乱平后建平厅三楹有场圃余地”。

十六世至十八世则多散居于城东庆春门和城西涌金门一带。城东庆春门一带有十六世叶以曜，居张卿子巷；十七世叶道传，居华藏寺巷，附近更有

---

① 叶希明纂修：《(安徽歙县)新州叶氏家乘》卷七《缫纪・第宅》。

叶家弄，“以公居此而得名”；十八世叶德增，居杭州城荐桥直街高桥巷石板弄，正厅曰“树滋堂”，东首花厅曰“天香书屋”，“天香书屋两进拨与婿家作孙姓祭产，其正厅前后两进作德增公祀产”。城西涌金门一带则有十七世叶道春，居三桥址桥东，南斜对嘉松分司署；十八世叶德圻，居铁线巷东口路北，宅内有经德堂；十八世叶德征，居涌金门内庆和弄，宅内建有宜庐、宝善堂、侍砚楼、香雪庵、寄闲西舍、晴翠轩、辛夷花馆等厅房，更筑有亦园，占地二亩。民国后复建的叶氏家庙也在涌金门直紫城巷内。

表 5-2 新州叶氏世系迁徙表

世系	姓名	迁居地
八世	叶桐	迁钱塘
	叶彬	迁钱塘
十世	叶凤跃	迁昌化县河桥镇
	叶凤阁	迁钱塘
十一世	叶大荣	迁杭州
	叶大缙	迁杭州
十二世	叶从宪	迁杭州
	叶从兆	迁昌化县南乡八都鸬鹚岩
	叶从龙	迁昌化县南乡八都石墺里
十三世	叶日闲	迁杭州
十四世	叶继荣	迁杭州
十五世	叶世晋	迁余杭县
十六世	叶以楠	迁杭州
	叶以善	由昌化石墺里迁于潜县一都徐村
十七世	叶道高	由杭州迁福建省城
十八世	叶德裕	由杭州迁扬州
	叶德桂	由昌化迁苏州
十九世	叶希璋	由福建迁回杭州
	叶希垣	由杭州迁上虞县上浦镇
	叶希塏	由杭州迁上虞县城
二十世	叶为林	由杭州迁苏州车坊镇
	叶为寿	由杭州迁天津
二十一世	叶良桢	由杭州迁南京

资料来源：叶希明纂修：《（安徽歙县）新州叶氏家乘》卷七《缫纪·迁徙纪》，民国十四年铅印本。

表 5-3　新州叶氏世系、科第与婚姻情况一览表

世系	人数	生员	国学生	举人	进士	娶士绅女	嫁士绅女	生子数（男/女）	娶杭郡女	嫁杭郡女	娶徽郡女	嫁徽郡女
七世（独字）	3						2	12/3				
八世（独字）	4	1					1	11/4		1		
九世（春字）	9	5					4	16/15	7	6	3	5
十世（凤字）	6	1					1	9/10	4	2	1	3
十一世（大字）	8	3					2	19/18	5	6	4	5
十二世（从字）	7	3				1	2	15/11	4	3	4	7
十三世（日字）	6	1				2	3	11/12	4	4		4
十四世（继字/独字）	15	6	1		1	5	13	45/26	5	9	3	5
十五世（世字/独字）	10	7	1		1	7	2	42/22	3	5	3	5
十六世（以字/独字）	17	8	1	4		6	4	35/38	1	8	3	
十七世（道字）	18	5	1			4	6	46/24	5	4	1	
十八世（德字）	19	3				4	3	33/27	2	3	1	2
十九世（希字）	20					1	5	11/14	1			
二十世（为字）	21	1						9/6				

资料来源：叶希明纂修《（安徽歙县）新州叶氏家乘》卷二《世牒》，民国十四年铅印本。

注：(1)世系：独字为原世系字排外，亦有个别独字命名者。(2)生员：含庠生、贡生、监生、廪生。(3)一人按最高功名计，不重复计算。(4)娶士绅女中，含正娶、续娶与侧室。(5)士绅含生员、举人、进士和官员。(6)依谱所载有明确籍贯者，方计入表内，未详记籍贯仅述某某公之女者，不计。

表 5-4　新州叶氏十四至十七世子弟居住地一览表

居住地	居住世代
浙江省城（杭州）	十五世：23 人 世寰、世寅、世纬、世宙、世霦、世庆、世法、世祖、世宫、世伦、世名、世賔、世林、世度、世范、世庭、世淦、世恺、世传、世彦、世钊、世锡、世鉴。 十六世：29 人 以椿、柼、能、柱、庠榴、炜、以英、以枚、秉、以正、以高、以鹏、以培、以馨、以任、以铨、以封、以昺、以树、以曙、以升、欣、以垲、以嘉、以坚、以槐、以壕、以敦、以曜。 十七世：5 人 道盛、道将、道成、道泰、道晋。
浙江杭州府昌化县	十四世：继坤 十五世：世镳 十六世：9 人 以肆、以珍、以玖、以椿、以瑄、以玩、以珏、以珩、以珄。

资料来源：（清）叶德圻等撰：《（安徽歙县）新州叶氏重修家谱通告》，清宣统元年铅印本。

注：十八世叶德圻应重修家谱之需，召集自乾隆三十三年（1768年）起至光绪三十四年（1908年）止新州叶氏迁徙各地后代子孙所自藏的家谱字号，统筹以备重修之用。仅撷取杭州府相关居住地，统而为表。

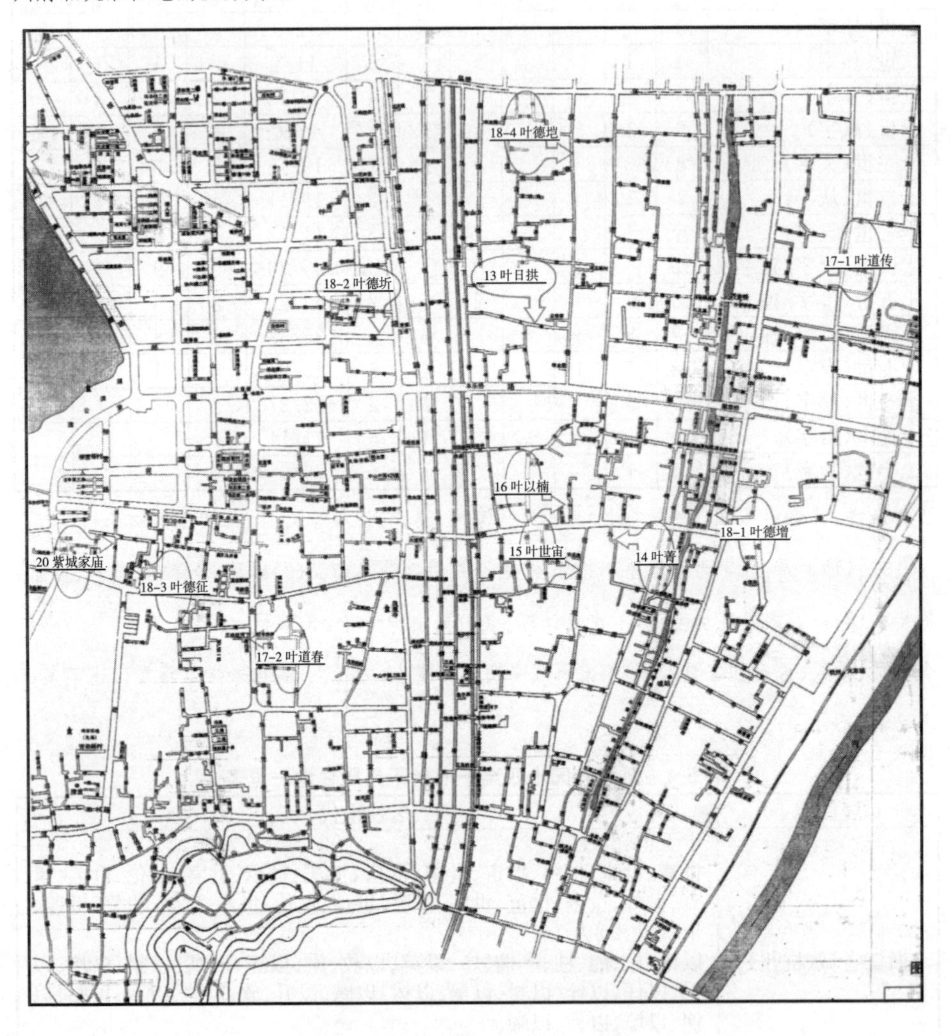

图 5-2 叶氏杭州城宅所一览图

资料来源：马时雍主编：《杭州的街巷里弄》附设《杭州城区老街巷地名图Ⅰ》，杭州：杭州出版社，2006年。

第三节　歙县新馆鲍氏宗族
——盐商例说

歙县新馆鲍氏一族源自东晋成帝咸和年间，元始公鲍弘时任新安太守，而居于歙，“歙之鲍氏自此始”。其后，鲍氏子孙繁衍并散居歙县各处者，更计有二十九派，“自各族迁外省及他郡邑又不可胜纪”。[①] 新馆一支的先世居于歙县棠樾，三十四世德彰公鲍受，于明朝永乐年间，入赘新馆曹氏而定居，“是为新馆始迁祖”。[②] 自迁新馆后，支派族人渐多，传至七世集公、概公、檀公、乐公、宋公、橐公和八世善烨、善耀共 8 人，“各以盐策致富，皆倜傥有志，相谋捐资巨万”，建立宗祠并设置族田。又七世鲍橐，生于嘉靖三十八年(1559 年)，卒于崇祯元年(1628 年)，“公家初以贫奉养未能，隆后以业浙鹾，家颇饶裕”，[③]可见至少在明朝隆庆、万历年间，鲍氏已在两浙经营盐业贸易，并从中积累不少家产。

据《歙新馆著存堂鲍氏宗谱》所载的迁派总目可知，鲍氏一族的子弟迁居外地者众多，其中迁居杭州者共有 6 例 7 人，又以概公派下者居多。[④] 十世鲍雯即属概公派下的子弟，鲍雯，字解占，生于明朝崇祯十三年(1640 年)，卒于清朝康熙四十年(1701 年)，其父鲍元亨业盐于浙。鲍雯年少勤敏，好读书，“手录六经子史大义，积数十箧”。鲍元亨死后，家道中落，鲍雯急欲以业儒应

---

① (清)鲍存良等编纂:《歙新馆著存堂鲍氏宗谱》《序》，光绪元年木刻活字印本。

② (清)鲍存良等编纂:《歙新馆著存堂鲍氏宗谱》卷三《祠规》、卷六《总支世系图谱》。

③ (清)鲍存良等编纂:《歙新馆著存堂鲍氏宗谱》卷二《家传・鲍解占先生墓志铭》《家传・解占弟行状》。

④ (清)鲍存良等编纂:《歙新馆著存堂鲍氏宗谱》卷十六《迁派总目》。迁居杭州者，共载有 3 支:一涧公迁杭州;概公派:元复公迁浙江仁和县塘栖，圻锡公迁浙江杭州府省城保佑坊，光霁公和光文公同迁浙江杭州府省城保佑坊，立倌公迁浙江杭州府;另未知派别的汲宇公迁浙江杭州府省城内。

科举试以自奋，无奈却不得志，适时“两浙额引告滞，公私逋负如猬毛”，[①]为了家计遂弃举子业，承其父业，往杭州经营盐业贸易。虽然混迹于廛市中，却坚持“以书生之道行之”，以儒学之道作为他经商的准则，“一切治生家智巧机利悉屏不用，唯以至诚待人，人亦不君欺”。其后，鲍雯生意日渐兴盛，家道逐渐殷实。

鲍雯业盐致富后，不忘回馈乡里，周济贫困族人，购置义田以廪贫者。经商之余，遇人有急难便慷慨相助，与人相交坦诚以待，不设城府，处事条理分明，“特见重于贤士大夫”，更为同业所推重。鲍雯生有四子，皆习儒业，因长子鲍采锡“守一经不克佐前箸顾”，遂携次子鲍简锡前往杭州学习业盐，以承其业。鲍简锡“参佐谋画用”，出入招呼，应对周旋，习业有成。后鲍雯以病归乡，鲍简锡遂接理杭州的盐业贸易，时任甲商，练达时务，尽心经纪，“视鹾诸宪，总理盐法，诸道皆引为知己”，而同业者“莫不敛手推服”。业盐之际慷慨好施，助人于难，更“结纳四方名流，缟纻往还，几无虚日”[②]。鲍简锡后病逝于杭州，归榇家乡。

鲍雯三子圻锡，“早岁游庠序”，本欲以举子业自奋，但却迫于家计，于康熙年间，因业盐举家迁徙至杭州，“先世曾致盐策于杭州，遂家焉”。鲍圻锡死后，其三子中光汉、光河先后相继谢世，光沛遂承父业，但盐业贸易经营左支右绌，家渐萧索。其妻程孺人“相助为理，其先事预防，补苴弥缝，有不可殚述者”。[③] 平日居家，程孺人也肩负起教育子侄之责，“务求其大者远者”，处事井然有序，家渐饶裕却依然事必躬亲，“缝纫浣濯不假仆婢，履富处贫前后恬淡无二致”，“妯娌之和让，同堂伯仲之雍睦”，邻里之间数十年无闲言。

自鲍圻锡由歙迁杭后，甫两世共十余柩，本欲归葬故里，相继因事迁延，但程孺人以为就葬杭州，谓其子侄曰：“葬者藏也。毋惑青乌家言，忘思利达，

① (清)鲍存良等编纂：《歙新馆著存堂鲍氏宗谱》卷二《家传·鲍解占先生墓志铭》、《家传·解占弟行状》。鲍友恪辑：《鲍氏诵先录》《行状·解占弟行状》。

② (清)鲍存良等编纂：《歙新馆著存堂鲍氏宗谱》卷二《家传·仲弟无傲行状》。

③ (清)鲍存良等编纂：《歙新馆著存堂鲍氏宗谱》卷二《家传·鲍母程太孺人家传》。

若尔曹虑力之不继，则躬亲畚梮。古人亦有行之者，宜急谋诸爰卜吉于西湖瑞冈坞之阳，而皆下窆焉。”[①]迁杭后三世鲍曾榑，钱塘县商籍附生，得程孺人竭力教养，习儒业有所成，在乡里间启迪后学，循循不倦，“四方之士争执贽拜谒，乐从之游”，与地方文人多有往来。鲍曾榑于嘉庆三年(1798年)，得中乡试，主试官更赞其为“不独为邦家祯干，并为乡校典型也”。[②] 其子鲍承焘也为嘉庆二十三年(1818年)举人，道光二年(1822年)得中进士，后任河南省宜阳县知县。据《歙新馆著存堂鲍氏宗谱》所载，鲍圻锡自新馆迁杭以来，历六世，族人则多葬于西湖茅家埠、黄姨岭和龙居卧一带，已不复归葬故里新馆。[③]

表5-5　歙县新馆著存堂鲍氏概公派迁杭州城世系

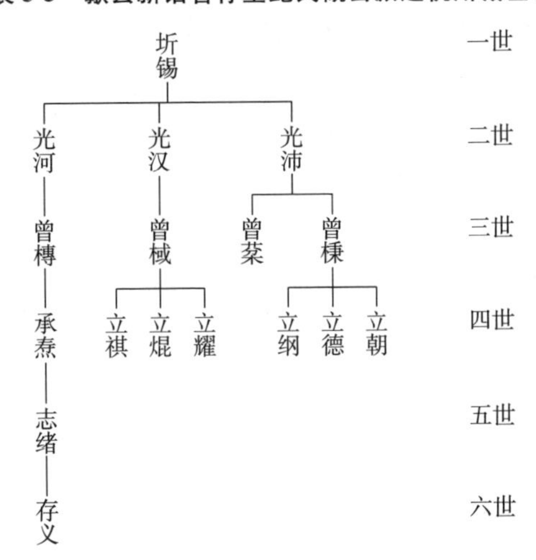

资料来源：(清)鲍存良等编纂《歙新馆著存堂鲍氏宗谱》卷十六《迁派总目・概公派迁杭州城》，光绪元年木刻活字印本。

---

① (清)鲍存良等编纂：《歙新馆著存堂鲍氏宗谱》卷二《家传・鲍母程太孺人家传》。

② (清)鲍存良等编纂：《歙新馆著存堂鲍氏宗谱》卷二《家传・鲍云岩先生传》。

③ (清)鲍存良等编纂：《歙新馆著存堂鲍氏宗谱》卷十六《迁派总目・概公派迁杭州城》。

附　录

附录一　歙县瀹潭方氏经商与关系称谓一览表

姓名	关系称谓	经商过程	经商地点	资金规模	备注	资料出处
方廷珂	从伯祖	“称贷五十金出贾”，“又复归称贷，辄不利，辄称贷，盖十余载往矣”。	吴、越、淮、汴上	年四十余“发家数百金”，“不数年，发家千金；又不数年，饶盈万金”，“逮六十起家已至万金”，“雄资冠邑之南，及邑西称巨富者不公过也”。		卷31《从伯祖廷珂公传》，第179～180页；卷31《从伯义士起公传》，第186页。
方廷贵	从伯祖	五十岁复归瀹潭，“计与锱铢利市，已老白首，犹然无宁日”。	淳安、吴、越、汴上		方廷珂之弟	卷27《从伯祖寿官廷贵公二孺人合葬墓志铭》，第139～140页。
方录	从叔祖	醴馆业“馆设未盈月，而浙水东西嘉、湖、苏、松诸郡，凡经武林者，靡不嗜其美，造其庐。未半岁，名著江南，逮两广、巴、蜀。又余岁，闻京师，饮者多至千百为群，酬纳子钱不轻”。	武林	“甫期年，获子钱盈五百金”，其子孙“起家数千金”。	方时济、方时清之父	卷31《从伯祖录公传》，第180～181页。

续表

姓名	关系称谓	经商过程	经商地点	资金规模	备注	资料出处
方景仁	从伯	“弱冠，喜服贾，遂从叔父廷珂公贾汴上”，“识大体，不兢锱铢，四方辐辏争趋公所”。	汴上	“不数十年间，起家几万金”。		卷28《从伯景仁公状》，第144页。
方景用	从叔	“父竹庵公发家，仅中人数十家之产”，“与从伯廷珂公游淮、汴”。	淮、汴上	“子钱缗踰万金”。		卷22《从叔景用翁七十寿序》，第97页。
方太乙	父	“三世踵袭隐什一”，“公矜矜微具资斧，偕从伯祖廷珂公贾汴上”，“阖门诸昆弟子姓竞偕受贾”。	汴上	“起家数千金”，“贾子钱，间加公数十倍”。		卷28《先君状》，第143页。
方太二	叔父	“长出贾商，商贾利又无与拟”。	武林		方太乙之弟	卷28《叔父状》，第149页。
方起	从伯	“贾所盈万金，且倍四五”，“佐贾几二百人，人各尽其能，效其力”。	汴上		方廷珂次子	卷31《从伯义士起公传》，第186页。
方太齐	从叔	“弱冠，同于先君贾汴上，肆莫能与公伯仲”。	汴上	“起家不盈五百金”，“发家万金”。		卷28《从叔太齐公状》，第151～152页。
方太礼	从叔	“与先君同贾汴上”，“公质朴，人争趋公，以故每岁子钱倍他肆什二”。	汴上、泖乡		方太齐之弟	卷28《从叔太礼公状》，第154页。
方时济	从叔	醴馆“贾不他营亦踵袭钱江醴所业，业愈益胜录公第”。	武林	“发家数千金”。		卷29《从叔时济公传》，第162～163页。
方时清	从叔	“公长从从兄弟”。	汴上、金陵、阓后、钱江	“起家不盈千金”。	方时济之弟	卷30《从叔时清公传》，第175～176页。
方世良	从叔	贾米“浮市河，日夕谈咲饮酒，与同事者相娱乐”。	武林	“不数年起家至千金”。		卷28《从叔世良公传》，第147页。

续表

姓名	关系称谓	经商过程	经商地点	资金规模	备注	资料出处
方鐩	从兄	从父祖出贾汴上"及老于贾者皆推让长公,谓长公不苛细,无童心。凡来汴市错货,咸趋长公肆。长公善服人,人以故归之,卒踵珂公迹不异"。	汴上		方起长子	卷32《从兄鐩长公传》,第194页。
方作	从兄	"携资游淮汴","与余兄偕贾"。	淮、汴上			卷29《从兄作公状》,第166页。
方松	族兄	"善修业而息之,以故逮公世愈益丰足"。	武林	"大父贾浙盐,起家千金,饶盈数世"。		卷29《族兄松公状》,第163页。
方朴	族兄	坐贷母钱"公遂享善遗盈,亦即二世不贾,业骎骎愈益丰,大胜曩昔"。	武林	"大父公崛起,出贾浙武林盐筴,发家数千金"。	方松之弟	卷30《族兄朴公状》,第176页。
方震	族兄	承父浙盐业"愈益修息,于是益大蓄母子钱利,起家万金","凡坐浙中盐筴,皆莫公逮矣"。	武林	先世"以良农起家,于中人数十家产",先君贾浙盐"起家千金"。		卷30《族兄震公状》,第177页。
方良材	从弟	"贾汴上"。	汴上	"盈饶致数千金"。	方时济之子	卷32《从弟良材君传》,第197页。
方美	从弟	"蚤(早)岁同从兄贾汴上","伯仲独坐贾武林,武林业骎骎起,所入子钱逾寻丈远甚","凡置产必与仲弟为业,业无独私"。	汴上、武林	"起家数千金"。		卷32《从弟美君传》,第196页。
方燮	从弟		汴上、武林		方美之弟	卷32《从弟美君传》,第196页。

附录二 《新安惟善堂征信全录》商业捐输总录

同治四年至六年收各商业捐输总录

行业	捐输金额
本城各商业长生捐	洋:7 元 钱:2 785 文
本业四五年各商捐	洋:265.927 元 钱:221 072 文
义桥五六年洋茶各商捐	洋:631.683 元 钱:10 640 文
面业五六年众友长生捐	钱:14 000 文
木业六年各商捐	洋:306.991 元
布业六年众友长生捐	钱:79 056 文
磁业六年众友长生捐	钱:7 400 文
月业六年众友长生捐	钱:3 400 文
存款生息	洋:18 元 钱:350 文
以上总额共洋:1 229.601 元 钱:338 703 文	

同治七年收各商业捐输总录

行业	捐输金额
义桥洋茶各商捐	洋:600 元 钱:1 780 文
木业各商捐	洋:427.374 元
典业众友长生捐	钱:120 870 文
盐业各商捐	钱:161 148 文
茶漆业众友长生捐	钱:115 140 文
布业众友长生捐	钱:75 360 文
磁业众友长生捐	钱:22 800 文
面业众友长生捐	钱:63 180 文
月业众友长生捐	钱:8 530 文
豫隆茶行长生捐	钱:26 400 文
以上总额共洋:1 027.374 元 钱:595 208 文	

同治八年收各业捐输总录

行业	捐输金额
义桥洋茶各商捐	洋:471.136 元 钱:13 409 文
木业各商捐	洋:152.902 元
江德培木价捐	洋:10 元
豫隆茶行经募袋/篓茶商捐	洋:20 元
典业众友长生捐	钱:126 210 文
茶漆业众友长生捐	钱:128 010 文
布业众友长生捐	钱:76 950 文
皮梁业众友长生捐	钱:11 490 文
磁业众友长生捐	钱:20 700 文
面业众友长生捐	钱:58 100 文
月业众友长生捐	钱:6 520 文
以上总额共洋:654.038 元 钱:441 389 文	

同治九年收各商业捐输总录

行业	捐输金额
义桥洋茶各商捐	洋:270 元 钱:157 245 文
盐业各商捐	洋:270 元 钱:1 660 文
木业各商捐	洋:137.252 元
布业众友长生捐	洋:60 元
典业众友长生捐	钱:105 310 文
茶漆业众友长生捐	钱:116 580 文
皮梁业众友长生捐	钱:15 630 文
豫隆茶行经募袋/篓茶商捐	钱:40 000 文
香粉业众友长生捐	钱:1 980 文
磁业众友长生捐	钱:17 100 文
面业众友长生捐	钱:50 540 文
月业众友长生捐	钱:4 500 文
以上总额共洋:737.252 元 钱:510 545 文	

同治十年收各商业捐输总录

行业	捐输金额
曹娥洋茶各商捐	钱:1 212 132 文
义桥找上年茶捐	洋:65 元 钱:590 文
木业各商捐	洋:51.289 元
盐业各商捐	洋:100 元
典业众友长生捐	钱:94 730 文
茶漆业众友长生捐	钱:87 930 文
通州公善堂代捐	洋:227 元 钱:600 文
面业众友长生捐	钱:36 110 文
磁业众友长生捐	钱:16 200 文
布业众友长生捐	洋:13 元 钱:1 100 文
香粉业众友长生捐	钱:3 960 文
月业众友长生捐	钱:1 910 文
房屋租息	洋:4 元 钱:1 200 文
存款生息	洋:6 元
以上总额共洋:466.289 元 钱:1 456 462 文	

同治十一年收各商业捐输总录

行业	捐输金额
曹娥洋茶各商捐	钱:1 056 981 文
盐业各商捐	洋:300 元
木业各商捐	洋:195 元 钱:6 779 文
典业众友长生捐	钱:144 780 文
茶漆业众友长生捐	洋:15 元 钱:36 060 文
面业众友长生捐	钱:39 030 文
磁业众友长生捐	钱:21 720 文
香粉业众友长生捐	钱:2 480 文
月业长生捐	钱:1 920 文
布业众友长生捐	钱:62 070 文
绸业众友长生捐	钱:32 970 文

续表

行业	捐输金额
房屋租息	洋:7 元 钱:5 600 文
存款生息	洋:87 元 钱:364 文
以上总额共洋:604 元 钱:1 410 754 文	

同治十二年收各商业捐输总录

行业	捐输金额
曹娥洋茶各商捐	洋:649 元
木业各商捐	洋:249.171 元 钱:1 711 文
盐业各商捐	洋:500 元
典业众友长生捐	钱:180 530 文
茶漆业众友长生捐	洋:23.34 元 钱:100 510 文
布业众友长生捐	钱:58 290 文
绸业众友长生捐	钱:39 470 文
面业众友长生捐	钱:49 050 文
磁业众友长生捐	钱:24 190 文
香粉业众友长生捐	钱:3 870 文
月业长生捐	钱:2 080 文
二户房租	洋:14 元 钱:26 870 文
房屋押租	洋:31 元
存款生息	洋:88.2 元 钱:135 文
以上总额共洋:1 554.711 元 钱:486 706 文	

同治十三年收各商业捐输总录

行业	捐输金额
曹娥洋茶各商捐	洋:575 元
盐业各商捐	洋:400 元
木业各商捐	洋:222.128 元

续表

行业	捐输金额
典业众友长生捐	钱:161 740 文
茶漆业众友长生捐	钱:94 930 文
面业众友长生捐	钱:26 980 文
绸业众友长生捐	钱:29 080 文
布业众友长生捐	钱:25 440 文
磁业众友长生捐	钱:17 270 文
香粉业众友长生捐	钱:2 870 文
月业长生捐	钱:1 180 文
豫隆行代募袋篓茶捐	洋:15 元
五户房租	洋:35 元 钱:33 000 文
存款生息	洋:99.44 元 钱:967 文
以上总额共洋:1 346.568 元 钱:393 457 文	

光绪元年收各商业捐输总录

行业	捐输金额
曹娥洋茶各商捐	洋:602 元
盐业各商捐	洋:230 元
木业各商捐	洋:192.614 元
典业众友长生捐	钱:153740 文
茶漆业众友长生捐	洋:28 元 钱:93 190 文
面业众友长生捐	钱:30 830 文
绸业众友长生捐	钱:24 000 文
布业众友长生捐	钱:15 220 文
磁业众友长生捐	钱:14 040 文
香粉业众友长生捐	钱:2 520 文
月业长生捐	钱:1 200 文
四户房租	洋:36 元 钱:49 390 文
存款生息	洋:61.64 元 钱:313 文
以上总额共洋:1 150.254 元 钱:384 443 文	

光绪二年收各商业捐输总录

行业	捐输金额
曹娥洋茶各商捐	洋:488 元 钱:15 717 文
盐业各商捐	洋:244.2 元
木业各商捐	洋:272.124 元
茶漆业众友长生捐	钱:92080 文
典业众友长生捐	钱:111 961 文
面业众友长生捐	钱:31 010 文
绸业众友长生捐	钱:20 990 文
布业众友长生捐	钱:13 500 文
磁业众友长生捐	钱:13 260 文
香粉业众友长生捐	钱:2 500 文
月业众友长生捐	钱:1 200 文
豫隆行商袋篓茶捐	洋:13 元 钱:170 文
房屋押租	洋:163 元 钱:20 530 文
宋亦深代施材一具	洋:6 元
以上总额共洋:1 186.324 元 钱:322 918 文	

光绪三年收各商业捐输总录

行业	捐输金额
曹娥洋茶各商捐	洋:334 元 钱:142 550 文
盐业各商捐	洋:100 元
木业各商捐	洋:270.733 元
典业众友长生捐	钱:123 480 文
茶漆业众友长生捐	钱:71 050 文
绸业众友长生捐	钱:7 560 文
布业众友长生捐	钱:13 320 文
面业众友长生捐	钱:20 490 文
磁业众友长生捐	钱:12 440 文

续表

行业	捐输金额
香粉业众友长生捐	钱:1 580 文
三号代募茶袋篓各商捐	洋:60 元 钱:720 文
潘中和存款(由吴恒友支豫隆行来堂)	洋:12 元
各房租	洋:40 元 钱:47 710 文
黄耕三代堂施材一具	洋:10 元
程方壶代堂施材一具	洋:7 元
以上总额共洋:833.733 元 钱:440 900 文	

光绪四年收各商业捐输总录

行业	捐输金额
曹娥洋茶各商捐	洋:158.562 元 钱:1 944 文
义桥干泰昌代捐各商	洋:30 元 钱:400 文
盐业各商捐	洋:350 元
木业各商捐	洋:168.203 元
茶漆业众友长生捐	钱:61 940 文
典业众友长生捐	钱:205 000 文
面业众友长生捐	钱:20 900 文
绸业众友长生捐	钱:6 270 文
布业众友长生捐	钱:11 520 文
磁业众友长生捐	钱:4 200 文
香粉业众友长生捐	钱:1 440 文
宋亦深代还宋序勤材一具	洋:7 元
胡启翁代还程用和材一具并殓费	洋:10 元
曹泰来代还鲍銮有材一具	洋:8 元
王云生代还金炳南材一具	洋:4 元
陈源茂押租、沈阿深房租并名屋租	洋:46 元 钱:28 350 文
上年滚存	洋:245 元 钱:79 480 文
以上总额共洋:1 026.765 元 钱:421 444 文	

光绪五年

行业	商号	堆金总数
盐业	(未载)	钱:387 682 文
箱茶业	义源隆、永盛裕记、正源号、瑞昌号、大盛号、裕茂号、恒胜号、干裕号、豫昌号、亮记号、殿记号、永达号、震昌隆、郑同茂、裕泰松、信昌号、裕茂号、允盛义记、义隆号、永馨号、詹生春、恒盛号、干裕号、林茂昌、春馨号、萃昌号、方怡茂、裕祥号、裕昌号、钟聚号、义馨号、查裕盛、宝记号、瑞泰永、詹永茂、和馨号、裕源号、裕祥义盛、洪利记、广兴号、广达号、林茂号、彩新号、福记号、同昌隆、和馨号、启馨号、恒大隆、震昌隆、广兴号、义馨和、协丰号、谦裕广、朱新记、怡达号、春隆号、詹萃芳、孙永春、同泰和、同和馨、质记号、方茂记、信记号、自香号、查源馨、林茂号、义裕震、洪裕大、裕记号、翠香号、聚隆号、同昌隆、森记号、余正记、品记号、洪昌号、义和号、隆聚号、隆泰号、永馨号、恒馨号、方松茂、隆泰恒、余永香、世隆义、裕泰松、郎泰馨、信昌号、齐耀馨、查顺昌、振茂号、李祥记、前先春、殿记号、裕泰元、兆达号、恒和号、余荣丰、汪生记、长馨号、干裕号、春芽号、益珍和、瑞兰春、德馨号、元记号、汪福茂、余裕隆、吴裕记、新记号、查源盛、孙广达、美馨号、迁馨号、德馨号、怡丰号、余翔春、郎桂馨	钱:561 270 文
木业	德大源木寓、同日升木寓、吴合利木寓、同茂兴木寓永记、同茂兴木寓炯记、怡同懋木寓、江复兴客、臧怀茂客	洋:246.625 元
茶行	吴豫隆茶行、裕源茶行、干泰昌行、源润茶行	钱:104 258 文
典业	同裕兴:7 人 泰和典:11 人 保善典:10 人 成裕典:11 人 同德典:17 人 泰安典:7 人 鼎和典:13 人 裕通典:9 人 广仁典:11 人 保大典:8 人 公济典:8 人 同泰典:4 人 成大典:2 人 三墩保泰典:18 人 临平广兴典:9 人 平窑保昌典:8 人 共 153 人	钱:176 080 文

续表

行业	商号	堆金总数
茶漆业	恒有号、恒盛号、吴振松、德泰号、隆恒新号、日新号、吴鉴周、张保生、姚重英、潘聚源、吴彦林、吴祥瑞、吴源茂、潘辉福、张銮全、吴鼎兴、张来宝、徐戴华、吴同有、永春号、洪本发、李裕进、吴福连、吴渭泉、张秋桂、潘远源、姚翼堂、兴大号、周大有、吴振泰、吴永隆、吴盛如、吴仁泰、吴裕大、程士诚、荣顺慎、吴砚丞、吴恒春、福泰号、江恒懋、方集和、章辅堂	钱:92 170 文
面业	章三三、公和馆、庆和馆、人和馆、大兴馆、悦兴馆、邵长和、章上源、天源馆、同源馆、上三源馆	钱:11 820 文
绸业	恒万泰	钱:7 020 文
南货业	万茂隆	钱:1 800 文
磁业	洪兴号	钱:3 600 文

光绪六年

行业	商号	堆金总数
盐业	(未载)	钱:352 861 文
箱茶业	豫昌德记、得记号、隆盛号、正隆号、恒胜号、永盛号、新记号、裕生号、瑞春号、义馨号、裕记号、正源号、钟聚号、广达号、大盛号、永达号、聚大衡记、馥馨号、永达号、前先春、翠香号、馥馨昌、吴大盛、裕大号、利记号、震昌隆、方怡茂、郑同茂、孙怡达、同昌号、义昌号、春馨号、余永馨、义隆号、宝泰隆、裕泰松、聚茂号、信昌号、青记号、孙广达、义隆震、同昌隆、裕祥号、聚隆号、恒大号、亮记号、方亮记、蕙桊号、王同泰、裕泰松、汪和春、同和来宜号、李祥记、恒大隆、义和号、裕记号、余荣丰、萃昌号、孙永春、益珍和、洪利记、余公昌、郎泰丰、瑞兰号、大顺祥、余玲乳、萃芳友、余顶馨、裕盛泰、来宜号、启馨尧、春隆号、福茂号、永新号、永盛宝、启馨生、张永盛、隆馨号、查裕盛、益芳号、震昌隆、汪元和、义馨号、朱新号、余永馨、源馨号、春隆号、谦裕广、同盛新记、同和馨、怡隆号、衡记号、萃馨永号、世隆号、永泰隆、永馨号、震记号、生盛号、馥馨昌、森盛号、三馨宝、馨馨号、方怡茂、广达号、同人和、余正记、余德馨、和春泰、查德茂、瑞馨号、裕泰元、和馨宝记、詹同茂、洪复昌、隆馨号、隆馨记、洪昌记、聚隆号	钱:624 494 文
木业	德大源木寓、同日升木寓、同茂兴木寓永记、同利兴木寓、怡同懋木寓、汪炯记木寓、江复兴客	洋:232.318 元

续表

行业	商号	堆金总数
茶行	豫隆茶行、干泰昌行、源润茶行、信成茶行	钱:1 055 011 文
典业	同裕典:7 人 保善典:9 人 泰和典:11 人 成裕典:11 人 同德典:4 人 公和典:14 人 泰安典:16 人 鼎和典:13 人 裕通典:9 人 广仁典:11 人 保大典:8 人 公济典:11 人 广顺典:10 人 庆丰典:9 人 成大典:11 人 保泰典:18 人 协泰典:5 人 广兴典:9 人 保昌典:13 人 共 199 人	钱:204 900 文
茶漆业	恒有号、日新号、吴祥瑞、永春号、吴源茂、张保生、吴鼎兴、吴渭泉、张秋桂、潘远源、兴大号、洪本发、吴鉴周、吴俊松、张叁全、姚重英、潘聚源、吴彦林、福泰号、恒盛号、李裕进、吴福连、隆恒新号、张来宝、吴同有、徐戴华、周大有、吴裕大、吴振泰、程士诚、吴源隆、吴盛如、吴永隆、吴上祺、江恒懋、吴砚丞、章辅堂	钱:93 870 文
面业	章上三元馆、章同源馆、章老六聚馆、邵四聚馆、昌源馆、周胜源馆、聚源馆、章三三、许悦兴馆、章万源馆、章春源馆、章上源馆、邵长和馆、章老三三馆、明和馆、周金和馆、章人和馆、许大兴馆、胡庆和馆、公和馆、浙一馆、悦来馆、三和馆	钱:30 350 文
麻苎业	唐天润	钱:720 文
南货业	万茂隆	钱:1 800 文
布业	大生号	钱:7 200 文
香粉业	(未载)	钱:1 800 文
磁业	洪兴号	钱:3 600 文

光绪七年

行业	商号	堆金总数
盐业	(未载)	洋:334 元 钱:122 文
箱茶业	豫盛号、大盛号、裕记号、德美号、正源号、隆盛号、蕙馨号、广达号、裕祥号、永达号、裕生号、祥盛昌、恒胜号、义隆震、永春号、洪利记、永盛号、钟聚号、新记号、永泰隆、震昌源、林茂昌、谦裕广、德裕隆、裕泰松、来宜号、聚隆号、玉美号、义昌号、义馨号、郑同茂、大盛号、德美号、王同泰、福新和、瑞春号、方茂珍、利记号、茝馨春、福新号、方怡茂、春馨号、春隆号、久大祥、裕兴昌、恒大隆、孙怡达、福茂号、余永馨、馨同号、仁昌祥、永泰隆、永升号、一美义、恒胜号、广兴号、查益茂、瑞兰号、德泰昌、福茂号、俞天泰、正源号、德和寿、隆聚号、益亨祥、春馨号、詹永茂、春隆号、怡隆号、震昌隆、汪瑞馨、玉隆号、萃昌号、汪和春、聚馨号、益珍和、殿记号、隆泰恒、和馨号、聚茂号、吴大成、汪益芳、永香号、朱新记、亮记号、俞来宜、汪福茂、仁昌祥、升昌/正茂号、同和馨、立和昌、裕源号、益泰昌、元吉号、怡茂号、永升正、方亮记、元记号	洋:377 元 钱:795 865 文
木业	同利兴木寓、汪炯记木寓、吴永记木寓、德大源木寓、同日升木寓、同裕源木寓、孟秉记木寓、江复兴木行	洋:253.51 元
茶行	利泰亨行、豫隆茶行、裕源茶行、干泰昌行、源润茶行、信成茶行	洋:78 元 钱:23 269 文
典业	同裕典:7 人 泰和典:12 人 保善典:8 人 成裕典:12 人 同德典:4 人 公和典:14 人 泰安典:16 人 鼎和典:11 人 裕通典:9 人 广仁典:11 人 保大典:9 人 公济典:10 人 广顺典:9 人 广丰典:9 人 成天典:10 人 三墩保泰典:18 人 临平广兴典:9 人 平窑保昌典:11 人 共 189 人	钱:208 920 文

续表

行业	商号	堆金总数
茶漆业	吴恒有、吴恒盛、吴俊松、吴祥瑞、永春号、吴鉴周、吴隆/恒新、吴源茂、吴日新、洪本发、李裕进、张灶金、张保生、吴鼎兴、吴渭泉、张馥庭、潘聚源、吴同有、潘远源、吴彦材、徐戴华、方兴大、方福泰、周大有、吴裕大、吴源隆、吴恒春、程士诚、江恒懋、吴上祺/永隆、吴盛如、吴砚丞、章辅堂	钱:80 070 文
皮梁业	张恒隆、王文炳、程社发、张豫丰、韩家源、黄万丰、舒起华、黄耀贵、冯万恒、胡根宝、黄德隆、汪正顺、张宗照、张永隆、胡运大、章志祥、曹善廷、黄义丰、汪善德、黄德丰、王名松、黄源丰	钱:7 020 文
腌鲜肉业	泰记号、程灶明、宋绍堂、朱荣来、胡忠廷、姜德沛、义和号、张社海、周升和、程社庆、邵德法、郑瑞庆、邵俊高、德润号、章渭淦、高永祥、泳昌号、姜凤标、郑高华、鲍新顺、聚兴号、叶廷源、荣记号、张锦文、章培发、程青松、邵开时、陈寿海、邵子湘、邵炳顺、绍继恒	钱:6 300 文
面业	章三源、许大兴、许悦兴、章同源、老元聚、章春源、胡庆和、邵四聚、金和馆、老三三、仙和馆、一阳馆、福源馆、章上源、公和馆、昌源馆、邵长和、浙一馆、悦来馆、明和馆、三和馆	钱:27 380 文
杂业	布　业:李大生　磁器业:洪兴号 南货业:万茂隆　香粉业:余昌期 香粉业:汪仲华　香粉业:吴丽云 香粉业:方孔时　香粉业:徐永年 苎麻业:唐天鸿　柴　业:胡天兴	洋:3 元 钱:5 440 文

光绪八年

行业	商号	堆金总数
盐业	(未载)	洋:363 元 钱:16 609 文
箱茶业	正源号、蕙馨号、天祥号、裕大号、同人号、升泰恒、裕茂号、隆盛号、大盛号、祥泰号、钟聚号、祥盛昌、恒胜号、源茂号、亮记号、永达号、聚隆号、洪利记、福新和、复兴祥、玉珍号、义馨号、元安和、余裕春、余协记、林茂昌、森盛号、福茂号、震昌源、谦裕广、义隆号、长发号、方怡茂、正泰号、华春号、震昌隆、永达隆、永新昌、殿记号、恒大隆、上美明、余永馨、孙广达、春隆号、永茂昌、德美号、郑同茂、益泰号、茂康号、广兴号、孙怡达、升泰隆、世隆号、益亨号、启大号、孙永春、朱新记、萃昌号、方亮记、洪裕大、益珍和、汪益芳、福茂号、德丰号、义隆震、馨馨号、隆新号、詹振茂、九大长、汪和春、查益芬、大益号、来宜号、隆记号、张永达、珍达号、裕茂祥、孙广达、汪宏泰、瑞记号、瑞裕号、德祥号、王同泰、长发号、詹萃茂、王宏馨、馥馨昌、怡茂号、吴大茂、和茂椿、益泰号、	洋:305 元 钱:670 598 文

续表

行业	商号	堆金总数
箱茶业	裕昌号、洪永昌、恒有号、同茂号、张永达、余裕隆、翠馨号、冠春号、姚仁泰、查德茂、义馨/大成号、先春和、瑞芬号、益生号、振茂/晋春号、余永升、益亨号、义茂号、裕新祥、贞祥号、蓁蓁号、余翔椿、公和裕、德馨泰、品香号	洋:305 元 钱:670 598 文
木业	同利兴木寓、同茂兴炯/记木寓、怡泰隆木寓、钮德大木寓、同日升木寓、同茂兴永记木寓	洋:240.928 元
茶行	利泰亨行、豫隆茶行、干泰昌行、源润茶行、信成茶行	洋:52 元 钱:27 053 文
典业	同裕典:7 人 保善典:9 人 泰和典:10 人 成裕典:11 人 同德典:4 人 公和典:14 人 鼎和典:14 人 裕通典:9 人 广仁典:11 人 保大典:8 人 公济典:10 人 广顺典:9 人 广丰典:7 人 成大典:9 人 泰安典:16 人 三墩保泰典:18 人 临平广兴典:9 人 平窑保昌典:13 人 良驹协泰典:3 人 共 191 人	钱:198 440 文
茶漆业	吴恒盛、吴恒有、吴俊松、吴源茂、洪本发、永春号、吴日新、李裕进、张灶金、吴鉴周、张保生、吴福连、吴鼎兴、吴渭泉、张馥庭、吴隆/恒新、吴同有、潘远源、潘聚源、吴彦材、徐戴华、兴大号、方福泰、周大有、吴盛如、吴裕大、吴恒春、江恒懋、吴永隆/上祺、吴源隆、吴砚丞、章辅堂、利泰亨、方季安、周谨芳、方又山、程作甸	钱:85 230 文
皮梁业	张恒隆、程社发、张豫丰、黄万丰、冯万恒、黄德丰、黄义丰、汪正顺、张宗照、张永隆、胡运大、章志祥、舒起华、汪善德、黄源丰、王松名、朱仁丰、胡聚丰、曹生旺、胡裕和、胡根宝、胡同丰、凌怡昌、胡大成	钱:28 550 文

续表

行业	商号	堆金总数
腌鲜肉业	泰记号、程灶明、宋绍堂、朱荣来、姜德沛、义和号、张社海、周升和、程社庆、邵德法、郑瑞庆、邵俊高、德润号、章渭淦、高永祥、泳昌号、姜凤标、郑高华、鲍新顺、聚兴号、叶廷源、荣记号、张锦文、程青松、邵开时、陈寿海、邵双庆、春 号、耿志懋、程社祥、姜天云、胡善吉、程子明、许广宝、许圣汉、王邦甫、晋和号、谢升权、鲍钺堂、胡天南、章渭华、程盛金、宋顺汪、章培发、方明炎、姜林有、章渭职、胡致泽、宋有贵、姜渭森、宋廷南、耿裕康、耿永利、章六五、张本铎、耿金法、同和号、汪培俊、邵观象、邵汝泉、邵观聚、汪华兴、程高祥、宋松如	洋:19.5元 钱:48 660文
面业	章三源、许大兴、悦兴馆、章上源、公和馆、昌源馆、邵长和、浙一馆、章同源、老六聚、章春源、老三三、悦来馆、明和馆、三和馆、仙和馆、一阳馆、福源馆、胡庆和、四聚馆	钱:25 460文
茶食业	玉琳斋、同泰号、益泰号、鼎和号、源泰昌、元泰号、万泰昌、张铭德、章运飒、祥泰号	钱:14 410文
杂业	磁器业:洪兴号 条笼业:汪义兴 漆器业:章培顺 米 业:程楚怀 香粉业:余昌期 香粉业:汪仲华 香粉业:吴丽云 香粉业:方孔时 香粉业:徐永年 南货业:万茂隆 木 业:汪复兴 柴 业:胡天兴 苎麻业:唐天鸿	洋:8元 钱:13 320文

光绪九年

行业	商号	堆金总数
盐业	(未载)	洋:242元 钱:14 963文
箱茶业	正源号、正泰号、林茂昌、王同泰、洪裕大、郑同茂、张有达、隆盛号、干元号、永茂昌、洪永达、许春隆、永聚和、祥泰号、汪和春、姚又新、慈心号、豫昌号、胜大号、萃昌号、汪邦瑞、聚隆号、方亮记、恒丰号、洪利记、瑞芳号、震昌源、亿中祥、余来宜、裕馨号、源馨祥、孙永春、怡怡号、礼记号、吴和盛、王集成、吴义隆、朱新记、锺聚号、詹宝和、孙怡达、汪义芳、方殿记、谦裕广、馨馨号、隆馨号、天兴号、恒春斗、履泰号、永昌福、姚祥泰、李祥记、怡大号、广馨祥、元记号、茂达号、许恒大、汪同福、恒有号、许春隆、义隆号、汪益芳、余永馨、方聚记、汪福茂、德馨泰、蕙馨号、怡丰号、益茂号、馨芽号、德丰号、泰和祥、公和号、裕兴昌、元达号、广春号、余自香、永茂昌、许恒泰、祥和永、恒春祥、和兴茂、胡怡和、永聚和、宋集馨、洪永达、永昌福、查德茂、许公和、源源祥、品香号、余永升、公益号、来宜/裕馨号、裕馨/桂香号	洋:328元 钱:476 688文

续表

行业	商号	堆金总数
木业	钮德大木寓、同日升木寓、汪炯记木寓、同利兴木寓、同大兴木寓、怡泰隆木寓、老同茂兴木寓、怡同懋木寓、汪复兴木寓	洋:185.085 元
茶行	豫隆茶行、干泰昌行、源润茶行、信成茶行	洋:27.105 元 钱:44 754 文
典业	同裕典:6 人 保善典:9 人 泰和典:10 人 成裕典:11 人 同德典:4 人 公和典:13 人 鼎和典:14 人 裕通典:8 人 广仁典:12 人 保大典:9 人 公济典:10 人 广顺典:8 人 广丰典:7 人 成大典:9 人 泰安典:12 人 全庆典:11 人 三墩保泰典:14 人 临平广兴典:7 人 平窑保昌典:12 人 良驹协泰典:3 人 共 189 人	洋:1 元 钱:157 890 文
茶漆业	吴恒盛、吴恒有、吴俊松、吴源茂、洪本发、吴彦林、徐戴华、兴大号、周大有、永春号、日新号、李裕进、张灶金、吴鉴周、方福泰、吴裕大、吴恒春、江恒懋、张保生、吴福连、吴鼎兴、吴渭泉、张馥庭、吴源隆、吴盛如、吴砚丞、章辅堂、潘远源、潘聚源、吴隆/恒新、吴永隆/上祺	钱:63 420 文
皮梁业	张恒隆、程社发、张豫丰、黄义丰、汪正顺、张宗照、张永隆、舒起华、汪善德、黄源丰、胡聚丰、胡根宝、曹生旺、黄万丰、冯万恒、黄德丰、王松名、胡同丰、凌怡昌	洋:3 元 钱:16 240 文
腌鲜肉业	泰记号、程灶明、宋绍堂、朱荣来、义和号、周升和、邵德法、陈寿海、邵俊高、晋和号、谢升权、德润号、郑瑞庆、高永祥、泳昌号、聚兴号、叶廷源、荣记号、张锦文、程青松、邵开时、姜凤标、鲍新顺、程盛金、春　号、章培发、方明炎、章六五、邵双庆、程社祥、姜天云、胡善吉、程子明、许广宝、王邦有、章渭职、程高祥、宋松如、郑高华、同和号、姜渭森、宋鸿宾	钱:31 660 文

续表

行业	商号	堆金总数
面业	章三源、悦兴馆、章同源、老六聚、章春源、章上源、老三三、合记馆、一阳馆、天兴馆、公和馆、昌源馆、邵长和、浙一馆、悦来馆、明和馆、仙和馆、胡庆和、四聚馆、许大兴	钱:20 160 文
茶食业	玉琳斋、同泰号、益泰号、鼎和号、源泰昌、元泰号、万泰昌、张铭德、章运飒、祥泰号	钱:11 100 文
南货业	万茂隆、张康佰、张朗卿、宋梯云	钱:3 300 文
杂业	磁器业:洪兴号　条笼业:汪义兴 漆器业:章培顺　米豆业:程楚怀 香粉业:余昌期　香粉业:汪仲华 香粉业:徐永年　香粉业:方孔时 苎麻业:唐天鸿	洋:2 元 钱:7 560 文

光绪十年

行业	商号	堆金总数
盐业	（未载）	洋:345 元 钱:18 578 文
箱茶业	洪利记、瑞芳号、正源号、干泰号、干顺号、春和隆、成记号、洪裕大、怡茂号、益泰号、恒春源、郑同茂、隆泰祥、汪春和、孙怡达、汪义芳、广馨祥、孙永春、同丰泰、胜大号、恒丰号、永茂昌、林茂昌、隆盛号、福生和、瑞芬号、怡兴号、震昌源、萃昌号、谦裕广、吴义隆、源馨祥、广馨祥、聚合隆、益茂号、馨馨号、李祥记、许恒大、锺聚号、詹宝和、方亮记、同益祥、蕊春号、孙茂达、祥生泰、洪永达、朱新记、方殿记、亿中祥、胡聚隆、和泰昌、永昌福、隆馨号、恒春祥、春馨祥、张有达、怡盛号、益茂号、怡馨和、德源号、蕙馨号、孙茂达、祥生泰、益珍和、姚源泰、瑞隆号、公和号、聚茂号、祥和永、孙怡达、永泰祥、宋集馨、公益号、恒春祥、余永馨、吴义隆、怡裕号、同裕元、汪和春、詹萃茂、恒春源、怡大裕、余永升、查德茂、余萃香、同馨福、恒泰祥、汇生泉、同发祥、俞翔椿、俞天椿、同丰泰、恒达隆、余珍乳、怡馨和、大有号、隆泰号、同福号、德源号、永达号、俞谦大、永昌福、郎桂馨、德馨泰、余来宜/裕馨	洋:463 元 钱:591 132 文
木业	钮德大木寓、同日升木寓、汪炯记木寓、同利兴木寓、同裕源木寓、怡泰隆木寓、同大兴木寓、汪复兴木寓	洋:126.449 元
茶行	豫隆茶行、干泰昌行、源润茶行、信成茶行	洋:64.169 元 钱:13 812 文
典业	同裕典:6 人 保善典:17 人 协济典:14 人 泰和典:14 人 成裕典:19 人	钱:197 370 文

续表

行业	商号	堆金总数
典业	广福典:7 人 广兴典:5 人 善裕典:8 人 裕通典:8 人 保大典:8 人 鼎和典:14 人 善庆典:12 人 全庆典:12 人 通济典:19 人 同德典:4 人 广仁典:14 人 善兴典:8 人 临平广兴典:6 人 三墩保泰典:15 人 平窑保昌典:12 人 良驹协泰典:2 人 共 224 人	
茶漆业	吴恒盛、吴恒有、吴源茂、洪本发、永春号、吴日新、李裕进、张灶金、吴鉴周、吴福连、张保生、吴鼎兴、吴隆/恒新、潘远源、潘聚源、吴彦林、徐戴华、兴大号、周大有、方福泰、吴裕大、吴恒春、江恒懋、吴永隆/上祺、吴源隆、吴盛如、吴砚丞、章辅堂、吴福泰、郑根妹、张幼喜、洪承妹、朱文彬、吴文桂	钱:79 920 文
皮梁业	张恒隆、胡同丰、凌怡昌、张永隆、黄万丰、张豫丰、黄义丰、汪正顺、黄源丰、胡聚丰、程社发、汪善德、冯万恒、王松名、胡根宝、黄德丰	洋:6 元 钱:15 570 文
腌鲜肉业	泰记号、邵俊高、晋和号、宋绍堂、谢升权、朱荣来、义和号、同升和、邵德法、郑瑞庆、高永祥、泳昌号、聚兴号、叶廷源、荣记号、张锦文、程青松、邵开时、邵双庆、程社祥、姜天云、德润号、姜凤标、春　号、章本铎、邵子湘、胡炳顺、程高祥、汪华兴、邵继恒、胡善吉、汪培俊、耿裕康	洋:10 元 钱:34 570 文
面业	章三源、悦兴馆、章同源、老六聚、章上源、许大兴、老三三、昌源馆、邵长和、胡庆和、公和馆、浙一馆、悦来馆、合记馆、万云馆、天兴馆、明和馆、仙和馆、四聚馆	钱:24 340 文
茶食业	玉琳斋、同泰号、益泰号、鼎和号、源泰昌、元泰号、万泰昌、张铭德、祥泰号	洋:1 元 钱:14 430 文
南货业	万茂隆、张康佰、张朗卿、宋梯云	钱:5 700 文
杂业	磁器业:洪兴号　条笼业:汪义兴 苎麻业:唐天鸿　香粉业:春林号 香粉业:徐永年　香粉业:方孔时 米　业:程楚怀　柴　业:胡天兴	洋:4 元 钱:10 650 文

光绪十一年

行业	商号	堆金总数
盐业	(未载)	洋:299元 钱:14 969文
箱茶业	正源号、胜大号、谦裕广、蕙馨号、同裕号、隆盛号、洪裕大、仁泰号、成记号、许春隆、干顺恒、恒隆号、朱新记、胡聚隆、怡馨祥、亿中祥、益祥泰、义泰春、彩盛号、张永达、王同泰、怡生和、福生和、仁和泰、詹宝和、洪利记、立昌号、公和永、永茂昌、孙怡达、余永馨、孙永春、许恒大、新盛号、怡生泰、馨馨号、余来宜、余式记、永达号、怡馨祥、干顺恒、怡馨祥、郑同茂、瑞芬号、方萃昌、裕生和、汪和春、方亮记、汪同福、同丰泰、林茂昌、恒春祥、方殿记、益珍号、春隆号、源馨祥、廖益春、同裕号、福隆兴、亿同昌、余永升、春馨祥、恒春祥、孙怡达、余裕馨、震昌源、裕生和、永达号、益泰祥、李祥记、福生和、义祥隆、查裕盛、怡生泰、春茂号、汪益芳、孙茂达、宋集馨、方质记、周裕号、汪福茂、永和祥、余顶馨、太和春、永和祥、方干茂、德馨泰、恒隆号、亿同昌、廖益泰、蓁蓁号、永昌福、怡春祥、萃香号、查德茂、余自香	洋:471元 钱:571 560文
木业	钮德大木寓、同日升木寓、汪炯记木寓、同利兴木寓、同颐兴/利记、同颐兴/树记、汪复兴木寓	洋:132.385元
茶行	豫隆茶行、干泰昌行、源润茶行、信成茶行	洋:93.53元
典业	善裕典:8人 保善典:16人 泰和典:14人 同德典:3人 同吉典:17人 成裕典:19人 鼎和典:16人 善兴典:7人 广仁典:11人 协济典:15人 裕通典:8人 保大典:8人 广兴典:5人 善庆典:11人 裕兴典:8人 通济典:17人 全庆典:12人 恭和典:13人 三墩保泰典:15人 平窑保昌典:12人 临平广兴典:8人 良驹协泰典:4人 共247人	钱:210 040文

续表

行业	商号	堆金总数
茶漆业	吴恒盛、吴源茂、永春号、李裕进、吴福连、吴鼎兴、方福泰、吴恒春、吴福泰、洪承妹、潘远源、吴彦林、兴大号、吴恒有、洪本发、吴日新、吴文柽、吴裕大、章辅堂、江恒懋、吴源隆、吴鉴周、张保生、徐戴华、周大有、潘聚源、郑根妹、朱文彬、吴砚丞、吴隆/恒新、吴永隆/上祺	钱:64 800 文
皮梁业	汪正顺、汪善德、胡聚丰、胡根宝、黄源丰、黄义丰、凌怡昌	洋:1 元 钱:7 560 文
腌鲜肉业	泰记号、宋绍堂、程灶明、义和号、同升和、泳昌号、叶廷源、晋和号、邵德法、聚兴号、荣记号、春　号、张锦文、胡炳顺、邵子湘、高永祥、程高祥、程社祥、邵双庆、程子明、姜天云、耿裕康	洋:8 元 钱:22 460 文
面业	章三源、章同源、章上源、昌源馆、浙一馆、仙和馆、胡庆和、老三三、合记馆、三和馆、许悦兴、老六聚、公和馆、邵长和、干元馆、悦来馆、四聚馆、许大兴、天兴馆、万云馆、一和馆	钱:24 870 文
茶食业	玉琳斋、同泰号、益泰号、鼎和号、源泰昌、元泰号、万泰昌、张铭德、祥泰号、章运飒	洋:3 元 钱:13 320 文
南货业	张康佰、洪梯云	钱:2 520 文
稞货业	金森记、邱佐臣、益泰号、胡春森、叶焕春、金应祥、潘诚兴、潘元林、吴钰琳、谢灶荣、余遇发、叶厚芝、谢士卿、苏聚兴、汪玉润、万学年、万兰九、徐学谦、潘仁泰、坤大号、叶祥麟、汪聚源、汪同源、益号梅/记、益号声/记、益号晋/记	钱:25 110 文
杂业	磁器业:洪兴号　　条笼业:汪义兴 苎麻业:唐天鸿　　柴　业:胡天兴 米　业:程楚怀	洋:4 元 钱:6 120 文

光绪十二年

行业	商号	堆金总数
盐业	(未载)	洋:331 元 钱:12 786 文
箱茶业	仁和号、同裕号、王同泰、正源号、胜大号、同春恒、干顺号、隆盛号、洪裕大、张永达、生生源、张隆盛、怡隆号、方亮记、裕昌礼、林茂昌、詹宝和、吴心记、遂馨昌、义泰春、朱新记、泰和祥、胡聚隆、永盛祥、郑同茂、蓁蓁号、公泰号、亿中祥、孙怡达、谦裕广、张永达、馨馨号、永盛祥、永达号、姚祥泰、广馨祥、广兴茂、叚辛怡隆、春隆号、怡馨祥、张德新、源馨祥、森芽号、公和永、怡生和、方殿记、震昌源、余天泰、益祥隆、余萃香、永昌福、余来宜、和永昌、李祥记、泰和祥、祥泰号	

续表

行业	商号	堆金总数
箱茶业	程永馨、福生和、余裕馨、余永升、同春恒、春馨祥、余珍乳、孙茂达、永茂昌、阜春号、怡盛祥、方萃昌、孙永春、春馨祥、孙怡达、怡隆号、礼记号、余妙春、馥馨号、许恒大、新盛号、汪益芳、瑞泰祥、成泰号、汪福茂、詹恒盛、恒新号、瑞芬号、朱祥春、源馨祥、怡馨祥、洪利记、恒馨祥、诚祥永、德馨泰、万兴祥、祥泰号、孙永春、永昌福、生生源、永达号、日新号、吴心记、詹合记、荣茂昌、吴永馨、彩春和、詹远馨、恒泰祥、永茂昌、永和昌、和春福、德丰号、宋集馨、益大号、张源盛、义达号、程永馨、余萃香、洪裕生	洋:358 元 钱:439 800 文
木业	钮德大木寓、同日升木寓、汪炯记木寓、祝万兴木寓、裕大木寓、同利兴木寓、同颐兴木寓、怡同懋木寓、汪复兴、洪大兴	洋:198.177 元
茶行	豫隆茶行、干泰昌行、源润茶行、信成茶行、大茂茶行	洋:82 元 钱:2 353 文
典业	善裕典:8 人 保善典:16 人 泰和典:14 人 成裕典:20 人 裕通典:8 人 广仁典:10 人 保大典:7 人 协济典:14 人 善兴典:6 人 善庆典:7 人 通济典:16 人 全庆典:12 人 广兴典:5 人 恭和典:13 人 同吉典:15 人 裕兴典:9 人 聚和典:8 人 三墩保泰典:15 人 平窑保昌典:13 人 临平广兴典:9 人 良驹协泰典:4 人 留下保丰典:10 人 共 239 人	洋:3 元 钱:212 670 文
茶漆业	吴恒盛、吴恒有、吴源茂、洪本发、潘聚源、吴彦林、吴裕大、吴恒春、江恒懋、永春号、吴日新、吴鉴周、吴福连、徐戴华、兴大号、吴源隆、吴福泰、郑根妹、朱文彬、张保生、吴鼎兴、潘远源、周大有、方福泰、吴砚丞、章辅堂、吴隆/恒新、吴永隆/上祺	钱:64 350 文

续表

行业	商号	堆金总数
皮梁业	黄义丰、汪善德、程奎垣、黄万丰、黄源丰、胡聚丰、胡根宝、胡同丰	钱:11180 文
腌鲜肉业	泰记号、宋绍堂、程灶明、春　号、邵子湘、胡炳顺、同升和、泳昌号、聚兴号、义和号、邵双庆、程高祥、荣记号、晋和号、程社祥、程子明	洋:4 元 钱:19 800 文
面业	章三源、许悦兴、章同源、老六聚、胡庆和、万云馆、一和馆、正源馆、章上源、公和馆、昌源馆、邵长和、干元馆、许大兴、老三三、邵三源、浙一馆、悦来馆、仙和馆、四聚馆、合记馆、三和馆、浙盛馆、太和馆	钱:26 160 文
茶食业	玉琳斋、同泰号、益泰号、鼎和号、源泰昌、元泰号、万泰昌、张铭德、祥泰号、章运飒	洋:1 元 钱:14 520 文
南货业	张康佰、洪梯云、和昌号	钱:3 520 文
稞货业	金森记、邱佐臣、益泰号、汪玉润、胡春霖、叶焕春、万兰九、潘秉伍、叶厚芝、万学年、徐学谦、潘诚兴、潘元林、潘仁泰、金应祥、吴钰琳、叶祥麟、汪聚源、苏聚兴、汪同源、益号梅/记、益号声/记	钱:22 680 文
杂业	磁器业:洪兴号　条笼业:汪义兴 香粉业:汪仲华　米豆业:程楚怀 柴　业:胡天兴	洋:4 元 钱:5 760 文
瓶窑各业	瑞隆号、爱日堂、卢观寿、其顺堂、还金堂、方广福、高正烈、汪文忠、何省三、戴冠卿	钱:10 440 文

光绪十三年

行业	商号	堆金总数
盐业	(未载)	洋:373 元 钱:12 226 文
箱茶业	正源号、胜大号、瑞芳号、同裕号、亿中祥、张隆盛、兴记号、义祥隆、福生和、永达号、怡馨祥、永隆祥、瑞记号、查德茂、查裕隆、朱新记、胡聚隆、永达分号、震昌源、洪裕大、蕙馨号、干顺裕、公泰和、程永馨、永茂公、方殿记、洪利记、王同泰、詹宝和、隆盛号、永昌福、春馨祥、詹萃茂、林茂昌、瑞昌记、方萃昌、广生号、泰和祥、永茂昌、许恒大、余来宜、同盛益、义和征、鼎丰和、祥泰号、益馨昌、福记号、正大元、德馨泰、吴心记、集成益、同春恒、孙怡达、公和永、怡生和、源馨祥、馨馨盛、翔椿永、孙永春、馨馨号、余裕馨、瑞芳号、李祥记、永达号、余自香、孙怡达、祥泰号、春馨祥、永茂昌、蕙馨号、同兴源、汪益芳、珍达号、日日新、程永馨、义和昌、余式记、源馨祥、胜和成、集成益记、同春恒、恒隆号、益珍和、永隆祥、汪福茂、余萃香、春馨祥、方永馨、同复源、詹远馨、詹恒豫、怡馨祥、德馨永、孙生达、泰和祥、永馨号、义馨昌	洋:387 元 钱:472 452 文

续表

行业	商号	堆金总数
木业	同日升木寓、同利兴木寓、裕大木寓、汪炯记木寓、同裕源木寓、益茂木寓、同颐兴木寓、钮德大木寓、怡同懋木寓、吴同大木寓、汪裕兴木寓、程锦茂客、黄三余客	洋:206.017 元
茶行	豫隆茶行、干泰昌行、源润茶行、信成茶行、大茂茶行	洋:119 元 钱:3 075 文
典业	善裕典:8 人 保善典:16 人 泰和典:16 人 成裕典:18 人 鼎和典:15 人 裕通典:10 人 广仁典:11 人 保大典:6 人 协济典:11 人 善兴典:5 人 善庆典:11 人 通济典:16 人 全庆典:8 人 广兴典:6 人 恭和典:13 人 同吉典:13 人 裕兴典:9 人 聚和典:6 人 永济典:16 人 三墩保泰典:15 人 平窑保昌典:12 人 临平广兴典:9 人 良驹协泰典:5 人 留下保丰典:8 人 共 263 人	洋:3 元 钱:69 660 文
茶漆业	吴恒盛、吴恒有、吴源茂、洪本发、永春号、吴日新、吴裕大、吴恒春、江恒懋、吴永隆、吴鉴周、吴福连、张保生、吴鼎兴、潘远源、吴隆新、吴源隆、郑根妹、朱文彬、吴彦林、潘聚源、徐戴华、方兴大、周大有、方福泰、吴砚丞、章辅堂、吴福泰、吴文椌	钱:69 660 文
皮梁业	黄义丰、黄万丰、胡根宝、胡同丰、凌怡昌	洋:4 元 钱:5 940 文
腌鲜肉业	泰记号、程灶明、同升和、聚兴号、姜天云、胡义顺、荣记号、晋和号、春　号、邵子湘、程子明、胡炳顺、义和号、程高祥、程社祥	洋:5 元 钱:20 400 文

续表

行业	商号	堆金总数
面业	章三源、许悦兴、章上源、公和馆、浙一馆、悦来馆、仙和馆、昌源馆、邵长和、章同源、老六聚、四聚馆、胡庆和、万云馆、一和馆、干元馆、三和馆、浙盛馆、正源馆、邵三源、太和馆、许大兴、老三三、合记馆、天兴馆	钱:31 650 文
茶食业	同泰号、益泰号、鼎和号、源泰昌、元泰号、万泰昌、张铭德、祥泰号、章运飒	钱:14 700 文
南货业	张康佰、洪梯云、和昌号	钱:3 730 文
�货业	金森记、邱佐臣、益泰号、汪玉润、胡春霖、叶焕春、程松茂、叶厚芝、万学年、徐学谦、潘诚兴、潘仁泰、金应祥、吴钰琳、叶祥麟、汪同源、益号梅/记、益号声/记	钱:23 980 文
杂业	磁器业:洪兴号　　条笼业:汪义兴 香粉业:汪仲华　　米　业:程楚怀 柴　业:胡天兴	洋:4 元 钱:5 940 文
瓶窑各业	瑞隆号、爱日堂、其顺堂、还金堂、高正烈、汪文忠、何省三、戴冠卿	钱:10 140 文

光绪十四年

行业	商号	堆金总数
盐业	(未载)	洋:251 元 钱:14 642 文
箱茶业	萃茂昌、祥记号、洪裕生、张正源、王集成、元慎昌、兰芬号、怡隆号、春馨祥、恒馨号、瑞隆号、江同盛、裕隆号、馨芽号、裕馨号、源昌号、隆泰号、恒春号、詹宝和、吴胜大、林茂昌、祥泰号、胜大号、和茂昌、亿中祥、胡聚隆、干顺号、裕昌号、馨馨号、源源福、瑞芳号、公泰和、吴大昌、益大号、永和昌、公和永、怡生和、恒大隆、蓁蓁盛、茂达号、祥茂仁、孙怡达、洪友达、方殿记、义祥隆、怡盛号、恒达号、永昌椿、德茂号、广生号、翠香号、宏茂号、义馨昌、裕盛号、孙永春、益芳号、干顺利、吴恒义、兰馨号、黄泰来、天泰号、生生号、同源昌、义达号、裕和春、恒豫能、福生和、鼎丰和、复元吉、福元祥、源茂昌、和馨号、祥记号、瑞隆号、恒达号、恒馨号、正美号、怡盛号、来宜号、祥泰号、永和昌、吴永馨	洋:297 元 钱:403 308 文
木业	裕大木寓、吴同大木寓、同利兴木寓、同茂兴木寓、王颐兴木寓、同裕源木寓、和裕森木寓、怡同懋木寓、同日升木寓、汪裕兴木寓、程锦茂客、程新客	洋:272.24 元
茶行	豫隆茶行、干泰昌行、源润茶行、信成茶行、大茂茶行	洋:87 元 钱:1 876 文

续表

行业	商号	堆金总数
典业	善裕典:4 人 保善典:16 人 泰和典:16 人 成裕典:18 人 鼎和典:15 人 裕通典:10 人 广仁典:11 人 保大典:6 人 协济典:11 人 善兴典:5 人 善庆典:11 人 通济典:16 人 全庆典:8 人 广兴典:6 人 恭和典:13 人 同吉典:13 人 裕兴典:9 人 聚和典:6 人 永济典:16 人 三墩保泰典:15 人 平窑保昌典:12 人 临平广兴典:9 人 良驹协泰典:5 人 留下保丰典:8 人 共 259 人	洋:3 元 钱:229 950 文
茶漆业	吴恒盛、吴恒有、吴源茂、永春号、吴日新、方福泰、吴裕大、吴恒春、江恒懋、吴鼎兴、吴鉴周、吴福连、潘远源、吴彦林、吴源隆、吴永隆、吴福泰、郑根妹、徐戴华、潘聚源、方兴大、周大有、朱文彬、吴砚丞、章辅堂	钱:61920 文
皮梁业	黄义丰、黄万丰、黄源丰、胡根宝、胡同丰、凌怡昌	洋:3 元 钱:3 600 文
腌鲜肉业	泰记号、程灶明、同升和、聚兴号、荣记号、晋和号、胡义顺、邵子湘、义和号、程义和、程高祥、程社祥、程子明、邵双庆	洋:7 元 钱:14 400 文
面业	章三源、许悦兴、章同源、老六聚、章上源、公和馆、昌源馆、邵长和、浙一馆、邵三源、许大兴、合记馆、悦来馆、仙和馆、四聚馆、胡庆和、万云馆、正升馆、老三三、天兴馆、一和馆、干元馆、三和馆、浙盛馆、正源馆、奎源馆	钱:30 420 文
茶食业	同泰号、益泰号、源泰昌、元泰号、万泰昌、祥泰号、章运飒、泰昌西	洋:2 元 钱:9 120 文
南货业	张康佰、洪梯云、和昌号、同源昌、奚丽生	钱:5 520 文

续表

行业	商号	堆金总数
稞货业	金森记、叶厚芝、万学年、益泰号、汪玉润、胡春森、叶焕春、徐学谦、潘诚兴、潘元林、叶祥麟、苏聚兴、程松茂、同源号、潘仁泰、益号梅/记、益号声/记	钱:21 160 文
杂业	磁器业:洪兴号　条笼业:汪义兴 香粉业:汪仲华　米　业:程楚怀 柴　业:胡天兴	洋:4 元 钱:5 760 文
瓶窑各业	瑞隆号、其顺堂、还金堂、高正烈、汪文忠、何省三、戴冠卿	钱:5 760 文

光绪十五年

行业	商号	堆金总数
盐业	(未载)	洋:333 元 钱:17 919 文
箱茶业	凌祥记、吴大昌、瑞芳号、正源号、干顺利、德裕号、吴胜大、亿中祥、元慎昌、公和永、恒隆号、裕昌馨、萃昌号、正美号、集成号、信成号、萃茂昌、隆泰号、瑞隆号、江同盛、广生号、信记号、元记号、馨馨号、怡馨祥、聚隆号、源源福、益大号、洪裕生、洪永达、怡大号、怡达号、亮记号、永茂昌、冠芳号、公泰和、方殿记、义祥隆、永昌椿、生和祥、裕隆号、信芳号、隆馨号、隆泰号、詹宝和、鼎丰和、孙永春、馥馨祥、天泰号、震昌源、裕昌馨、兴记号、彩盛号、德发号、恒达号、集成号、瑞泰号、德裕号、同福祥、裕馨号、林茂昌、永隆祥、永达号、瑞隆仁、怡达福、益芳号、祥记号、桂馨号、吴大昌、永兴号、永丰祥、怡生和、朱新记、洪利记、来宜号、林茂昌、李祥记、得利号、瑞芳号、仁和号、恒大隆、孙怡大、恒春永、利顺仁、仪隆号、永达宝、吴祥记、大有祥、聚丰和、吴永馨、祥和永、恒馨远、恒升号、馨芽号、怡达福、馨记号、方亮记、义顺隆、同福祥、远馨号、萃香号、恒大隆、裕馨号	洋:359.3 元 钱:434 400 文
木业	裕大木寓、吴同大木寓、同利兴木寓、同茂兴木寓、王颐兴木寓、同裕源木寓、同仁兴木寓、程锦茂客、汪大兴客	洋:201.38 元
茶行	豫隆茶行、干泰昌行、源润茶行、信成茶行、大茂茶行	洋:75 元 钱:1 623 文
典业	善裕典:10 人 保善典:13 人 泰和典:16 人 成裕典:16 人 鼎和典:14 人 裕通典:12 人 广仁典:9 人 保大典:6 人 协济典:10 人	洋:3 元 钱:219 510 文

续表

行业	商号	堆金总数
典业	善兴典:4 人 善庆典:10 人 通济典:16 人 全庆典:7 人 广兴典:5 人 恭和典:13 人 同吉典:12 人 裕兴典:10 人 聚和典:15 人 永济典:14 人 三墩保泰典:13 人 平窑保昌典:8 人 临平广兴典:8 人 良驹协泰典:3 人 留下保丰典:8 人 临平复春典:7 人 共 259 人	
茶漆业	吴恒盛、吴恒有、吴源茂、永春号、吴日新、吴裕大、吴恒春、江恒懋、吴永隆、章辅堂、吴福连、吴鼎兴、潘远源、吴彦林、徐戴华、吴源隆、吴福泰、吴源泰、郑根妹、潘聚源、方兴大、周大有、方福泰、朱文彬、吴砚丞、隆泰润、吴文桂	钱:62 280 文
皮梁业	黄万丰、黄源丰、胡根宝、胡同丰	洋:2 元 钱:2 400 文
腌鲜肉业	泰记号、同升和、聚兴号、荣记号、晋和号、胡义顺、邵子湘、程义和、姜天云、程子明、程高祥、程灶祥	洋:7 元 钱:13 680 文
面业	章三源、许悦兴、章同源、老六聚、章上源、公和馆、昌源馆、老三三、许大兴、天兴馆、邵三源、邵长和、浙一馆、悦来馆、仙和馆、胡庆和、正升馆、奎源馆、合记馆、万云馆、一和馆、三和馆、浙盛馆、正源馆、正兴馆	钱:30 240 文
茶食业	同泰号、源泰昌、元泰号、万泰昌、祥泰号、章运飒、泰昌西	钱:10 080 文
南货业	张康佰、洪梯云、和昌号、同源昌、奚丽生	钱:5 520 文
穙货业	金森记、叶厚芝、万学年、益泰号、汪玉润、胡春森、叶焕春、潘诚兴、潘元林、程松茂、苏聚兴、同源号、汪干益、益号梅/记、益号声/记	钱:20 520 文
杂业	磁器业:洪兴号　　条笼业:汪义兴 香粉业:汪仲华　　米　业:程楚怀 旧货业:吴永志	洋:1 元 钱:6 480 文
瓶窑各业	瑞隆号、其顺堂、还金堂、高正烈、汪文忠、戴冠卿	钱:5 400 文

光绪十六年

行业	商号	堆金总数
盐业	(未载)	洋:274 元 钱:15 940 文
箱茶业	萃茂昌、正美号、凌永兴、仁和号、正源号、裕昌馨、广生号、信记号、信芳号、公茂祥、和生祥、萃昌号、春甡荣、成大号、恒隆号、瑞芳号、瑞隆号、吴怡盛、德裕号、公泰和、同盛新、亿中祥、恒春源、义祥隆、源源福、怡达号、德茂号、德发号、怡馨祥、怡大号、永昌椿、永达号、干顺义、益大号、裕昌馨、洪裕大、祥泰号、大有号、森元号、冠芳号、怡盛华、馨馨号、馨芽号、来宜号、永茂昌、馥馨祥、天馨号、裕隆号、怡生和、泰和永、胜和成、殿记号、祥兴泰、天泰号、裕生泰、裕馨号、裕昌馨、萃茂昌、聚馨号、裕兴隆、源记号、公茂祥、桂馨号、恒大隆、益芳号、瑞芳号、福昌隆、永和昌、仪隆号、干顺义、福隆号、萃香号、吉祥和、江生记、公泰和、孙怡大、李祥记、远馨号、新盛号、永昌椿、生茂号、永隆祥、鼎盛昌、永春号、正大元、方永兴、源泰祥、益昌甡、殿记号、福生和、同春元、詹宝和、隆泰号、和记号、聚兴号、永和昌、恒盛祥、协和祥、洪利记、恒隆号、桂馨号、义祥隆、瑞芬号、和馨永、林茂昌、泰和永、和馨永、恒春源、鼎茂昌、义熙恒、亿珍祥、詹裕成、公泰和、永春号	洋:350.97 元 钱:423 570 文
木业	裕大木寓、洽兴源木寓、吴同大木寓、钮德大木寓、同仁兴木寓、同日升木寓、程锦茂客、公裕印客、万利印客	洋:240.78 元
茶行	豫隆茶行、干泰昌行、源润茶行、信成茶行	洋:84 元 钱:636 文
典业	协济典:13 人 聚和典:15 人 成裕典:14 人 恭怡和典:15 人 保善典:14 人 泰和典:16 人 广兴典:21 人 善裕典:10 人 保大典:23 人 鼎和典:15 人 广仁典:13 人 裕兴典:9 人 裕通典:12 人 善庆典:10 人 同吉典:12 人 三墩保泰典:14 人 平窑保昌典:8 人	洋:3 元 钱:242 910 文

续表

行业	商号	堆金总数
典业	临平广兴典:6人 良驹协泰典:3人 留下保丰典:8人 临平复春典:7人 共258人	
茶漆业	吴恒盛、吴恒有、潘远源、吴彦林、徐戴华、永春号、吴鼎兴、方兴大、周大有、吴裕大、吴恒春、潘聚源、吴源隆、吴福泰、吴日新、吴福连、方福泰、吴源隆、吴源泰、隆泰润、江恒懋、吴永隆	钱:57 750文
皮梁业	黄万丰、黄源丰、胡根宝、胡同丰	洋:1元 钱:3 700文
腌鲜肉业	泰记号、同升和、聚兴号、荣记号、晋和号、胡义顺、邵子湘、程义和、程子明、程社祥	洋:6元 钱:13 870文
面业	章上源、公和馆、一和馆、三和馆、昌源馆、邵长和、悦来馆、浙盛馆、许悦兴、章同源、老六聚、老三三、奎源馆、仙和馆、正升馆、正兴馆、正源馆、浙一馆、胡庆和、万云馆、章三源、大源馆、鼎聚兴、天兴馆、合记馆、邵三源	钱:31 210文
茶食业	同泰号、元泰号、万泰昌、祥泰号、泰昌西	钱:7 730文
南货业	张康佰、洪梯云、和昌号、同源昌、奚丽生	钱:5 730文
稞货业	金森记、叶厚芝、万学年、胡春森、叶焕春、潘诚兴、潘元林、程松茂、苏聚兴、同源号、汪干益、益号梅/记、益号声/记	钱:17 940文
杂业	磁器业:洪兴号　条笼业:汪义兴 丝　业:万筱云　米　业:程楚怀 旧货业:吴永志	洋:1元 钱:6 390文
瓶窑各业	瑞隆号、其顺堂、还金堂、汪文忠、戴冠卿	钱:5 460文

光绪十八年

行业	商号	堆金总数
盐业	(未载)	洋:187元 钱:10 688文
箱茶业	仁和号、瑞芳号、裕昌馨、瑞隆号、馨馨号、萃茂昌、大有号、永达号、林茂昌、和茂祥、正源号、源源福、恒隆号、义隆号、公泰和、春甡荣、永茂昌、馨记号、方殿记、永福春、益大号、裕生号、致中和、馨芽号、裕盛号、瑞泰隆、公大昌、厚记春、朱新记、天泰号、德发号、福生和、森盛号、洪裕生、亿中祥、广生号、义隆祥、怡达号、宝和号、萃昌号、裕隆号、恒大隆、隆泰昌、鼎兴号、同日新、益珍和、益芳号、李祥记、来宜号、怡大号、裕馨号、生记号、永昌福、义昌号、永隆祥、萃美昌、冠芳号、福诚号、永春号、德茂号、孙怡大、怡昌祥、瑞隆号、	洋:361.230元 钱:433 476文

续表

行业	商号	堆金总数
箱茶业	永茂号、怡和号、同泰号、鼎源泰、宋广盛、馥馨祥、震茂号、永和祥、广生宝、仪隆号、谦吉祥、馨馨祥、正记号、远馨号、洪利号、益馨昌、裕大号、萃香号、吴永馨	
木业	同茂兴木行(经收:春茂、和利、源茂、三怡、鼎和、利恒、春盛、茂春、德盛、仁字、大有、谦有、仁记、恒有、利生、炽昌、怡茂) 同利兴行(经收:红积金、裕茂、恒茂、黑积金、汪同昌、合兴、德盛、源兴、万元、恒字、裕茂、大昌、大道、茂盛、永盛、泰盛、信成、胡裕昌、张恒茂、三益、震祥、合记、和记、振如、亨发、恒吉、吉生、裕和、钰杂) 洽兴源木行(经收:永昌、升字、正大、立记、玉记、昌字、怡茂、恒字、春泰、玉和、正昌) 同仁兴木行(经收:怡茂、春盛、春茂、余德、茂春、益昌) 钮德大木行(经收:同茂记、义生、同发兴、大生、江裕兴) 吴同大木行(经收:源盛、孝记、宁寿、春茂、春盛、志新记、玉理记、同昌、荣字、汪福记、吴斯美、大昌、胡利记、江恒生) 程裕大木行(经收:茂兴、聚兴、恒兴、利生、兴泰、茂泰、森茂、成大、生大、正隆、森盛、茂春、正大、聚盛、和泰、大成、广茂、同昌、孚兴、裕利、双茂、益昌、信大、立生、康记、永成、茂盛、春茂、信兴、永隆、德利、永泰、泰盛、春盛、永生、全泰、怡兴、怡茂、松茂、聚和、冬茂) 怡泰兴木行(经收:如松、贵和、利人、大昌、泰昌、敬亭、合生财、洪福、竹记、义盛、允升祥、公利、谦吉祥、有三、恒丰、大兴、同发祥、仲兴、广盛、合兴、有兴) 王颐兴木行(经收:永兴、义茂、和茂、松字、得成、起东、金城、三怡、有兴、桂发、同昌、正兴、生大、信生、正生、吉川、如松)	洋:268.62 元 钱:2 588 文
茶行	裕隆茶行、干泰昌行、源润茶行	洋:78 元 钱:1 570 文
典业	协济典:10 人 聚和典:12 人 成裕典:12 人 怡和典:12 人 保善典:13 人 泰和典:15 人 广兴典:6 人 同济典:12 人 善裕典:11 人 永济典:15 人 鼎和典:15 人 广仁典:11 人 裕兴典:9 人 裕通典:11 人	钱:126 660 文

续表

行业	商号	堆金总数
典业	善庆典:10 人 同吉典:11 人 善兴典:4 人 保大典:2 人 良驹协泰典:4 人 留下保丰典:8 人 临平广兴典:7 人 临平复春典:7 人 共 217 人	
茶漆业	吴恒盛、吴恒有、潘聚源、吴源隆、吴福泰、徐戴华、吴彦林、潘远源、吴日新、周大有、吴裕大、吴鼎兴、吴恒春、吴福连、方福泰、吴源泰、永春号、江恒懋、吴源隆、方兴大、李隆泰、吴永隆	钱:38 490 文
腌鲜肉业	晋和号、聚兴号、同升和、邵子湘、泰记号、荣记号、胡义顺、程子明	洋:1 元 钱:10 900 文
面业	章上源、一和馆、三和馆、昌源馆、邵长和、正源馆、浙盛馆、章三源、合记馆、章益源、仙和馆、邵三源、老六聚、老三三、公和馆、奎源馆、正升馆、浙一馆、胡庆和、正兴馆、悦来馆、鼎聚馆、天兴馆、万源馆	钱:22 410 文
茶食业	元泰号、万泰昌、祥泰号、泰昌西	洋:1 元 钱:3 240 文
南货业	洪梯云、同源昌、奚丽生	钱:2 990 文
杂货业	金森记、叶焕春、苏聚兴、潘诚兴、同源号、程松茂、汪干益、叶厚芝、叶春和、益号梅/记、益号声/记	钱:12 000 文
杂业	磁器业:洪兴号　　条笼业:汪义兴 米　业:程楚怀　　旧货业:吴永志、恒隆裕	洋:4 元 钱:6 150 文

光绪十九年

行业	商号	堆金总数
盐业	(未载)	洋:355 元 钱:22 359 文
箱茶业	裕生号、裕大号、裕昌馨、义泰隆、萃美昌、仁和号、瑞隆号、源源福、致中和、馨记号、恒茂昌、公泰和、正源号、大有号、林茂昌、春甡荣、怡和号、瑞芳号、永达号、馨馨号、馨芽号、萃茂昌、馥香祥、方殿记、永福春、亿中祥、益大号、查德茂、查德发、裕隆号、永隆祥、宝和号、福生和、永祥号、源昌春、永茂昌、恒大隆、震达号、来宜号、裕馨号、春泰恒、和茂祥、森元号、义源永、恒茂号、公大昌、隆泰昌、怡馨祥、义祥隆、天泰号、永昌福、余春茂、詹春茂、彩盛号、怡大号、萃昌号、益芳号、协泰昌、福茂号、馥馨祥、源记号、恒隆号、远馨号、	洋:356.875 元 钱:428 250 文

续表

行业	商号	堆金总数
箱茶业	宏茂号、怡昌祥、广生号、义隆兴、义昌号、同日新、裕大和、萃香号、朱新记、荣记号、启记号、益珍和、李祥记、永茂号、益馨昌、广盛号、同泰号、聚兴隆、鼎兴昌	
木业	同茂兴木行(经收:王成泰、詹春茂、吴源茂、单三怡、詹茂春、仁记、项恒有、江怡茂、詹冬茂) 怡泰兴木行(经收:黄有三、同干益、宋其祥、宋恭和、詹义盛、宋泰昌) 洪大兴木行:缺经收抄单 吴同大木行(经收:江恒生、同干益、义生、胡亨发、万邦、吴吉生、王正记、元字、永字、余肇泰、吴和泰、吴祥泰、双全、汪培记、江同和、王理记、安字、黄有三、万利) 王颐兴木行(经收:和信生、得成、利成、义懋、生大、春林、福茂、永盛、桂发、正昌、正茂、盛正大、正大、同昌、同懋、文记、松字、再兴、正生、吉川、永兴、吉生、起东、利兴、三怡、亦盛、震祥、森盛) 怡同懋木行(经收:臧祥泰) 程裕大木行(经收:程茂泰、程聚和、程怡泰、程森茂、同森茂、汪正有、程荣茂、程茂泰、程美泰、汪大生、吴全兴、朱如盛、詹冬茂、利盛、朱茂兴、方立成、益隆、卢万聚、江同兴、詹怡茂、和茂源、祥顺、潘恒兴、詹茂春、正隆、同德利、詹春茂、杨和生、程荣立、和信兴、凌亦盛、永泰、利泰、汪立生、詹春林、王文兴、大成、周森盛、洪怡兴、同福生、方益昌、振记、姚达之、永盛、裕丰、汪康记、信大、詹广茂、福大、春和、李永生、同和、宋有财、性字) 同利兴行(经收:积金、松茂、同森茂、永春、詹春林、汪德盛、郎桂发、吉川、利泰、义兴、震祥、起东、詹永盛、周茂春、恒盛、和茂、信成、霖记、协隆、万茂、大元、德茂、泰盛、亨发、朱永盛、同正兴、合永成、福昌、盛字、连字、和茂源、张恒茂、利元、柯恒利、理记、有道、鼎和、合兴、恒春和、广源、孙永成、恒昌、茂盛、世昌) 钮德大木行:缺经收抄单	洋:320.97 元 钱:2 888 文
茶行	信成茶行	洋:15.96 元
典业	聚和典:10 人 怡和典:11 人 成裕典:11 人 广兴典:5 人 同济典:11 人 善裕典:11 人 保大典:2 人 善兴典:4 人 永济典:15 人	

续表

行业	商号	堆金总数
典业	鼎和典:13人 广仁典:12人 裕兴典:9人 善庆典:11人 同吉典:3人 三墩保太典:13人 良渚协泰典:3人 留下保丰典:8人 临平广兴典:6人 临平复春典:6人 共164人	钱:136 440文
茶漆业	吴恒盛、吴恒有、吴彦林、潘远源、徐戴华、潘聚源、吴福泰、吴源茂、吴日新、吴福连、永春号、吴鼎兴、方兴大、周大有、方福泰、吴源泰、吴源隆、李隆泰、吴裕大、江恒懋、吴永隆、吴恒春、永源	钱:52 620文
腌鲜肉业	聚兴号、邵子湘、胡义顺、晋和号、程子明、泰记号	钱:10 055文
面业	正兴馆、悦来馆、胡庆和、天兴馆、万源馆、章上源、邵长和、正源馆、浙盛馆、章三源、合记馆、一和馆、仙和馆、邵三源、郭益源、老三三、鼎聚馆、万云馆、三和馆、公和馆、浙一馆、昌源馆、老六聚、奎源馆、正升馆	钱:28 680文
茶食业	元泰号、万泰昌、祥泰号、泰昌西	洋:1元 钱:4 320文
南货业	洪梯云、同源昌、奚丽生	钱:3 080文
杂货业	金森记、潘诚兴、汪干益、程松茂、同源号、 叶焕春、叶春和、谢灶镛、益号梅/记、益号声/记	钱:13 500文
杂业	条笼业:洪兴瓷号、汪义兴号　　米业:程楚怀 旧货业:吴永志、恒隆裕绸庄	洋:4元 钱:6 120文

光绪二十年

行业	商号	堆金总数
盐业	(未载)	洋:212元 钱:13 367文
箱茶业	天泰号、裕隆号、裕大和、同泰号、德茂号、信芳号、裕生号、萃香号、宏茂号、谦吉祥、裕馨号、聚兴号、永和号、自香号、来宜号、德发号、永芬号、启记号、聚兴祥、彩盛号、远馨号、怡昌祥、益芳号、永茂号、同日升、正隆号、益珍和、广盛号、大有号、正源号、裕大号、永和春、萃茂昌、馨芽号、义昌号、瑞荣号、和记号、义泰隆、裕盛号、恒隆号、恒大隆、有成号、益茂昌、恒茂昌、裕泰隆、益大号、春茂号、裕丰号、益馨昌、亦盛号、桂香号、永升号、永馨号、仁和号、瑞芳号、怡和号、怡昌号、裕香号、永达号	洋:195.012元 钱:204 762文

续表

行业	商号	堆金总数
木业	同茂兴木行(经收:正发、永乔、利生、正元、春茂、振如、冬茂、永生、升字、怡茂、恒有、广和、裕泰、三怡、春茂、冬茂、茂春) 怡泰兴木行(经收:洪大兴、汪新茂、其一心、永同泰、宋恭如、谦吉祥、宋广盛、汪本生、宋泰昌、宋利昌、洪合兴、洪有兴、王和泰、新茂、万和、干益、宋仲兴、叶林盛、程益源、宋有财、洪吉祥) 王颐兴木行(经收:正昌、正大、生大、森盛、万邦、永兴、如松、得成、松字、金成、震祥、正生、立生、亦盛、聚昌、同昌、聚丰、和利、吉川、信生、吉生、益麟、吉泰、桂其、长兴、仁利、春茂、恒昌) 钮德大木行(经收:同义茂、同长兴、恒和祥、同益、恒生) 程裕大木行(经收:朱茂兴、詹正盛、詹冬茂、詹茂春、永泰、利泰、大生、茂泰、怡盛、泰和、康记、同德利、福利、美泰、聚泰、祥泰、程荣立、信大、恒昌、詹茂盛、宋有财、荣泰、汪正有、詹春盛、詹春茂、达之、汇隆、荣成、义成、春林、同森茂、隆盛、姚永记、怡兴、立成、同福生、吴道生、奕大) 吴同大木行(经收:永进、孝记、永茂兴、和利、干益、永德成、荣字、恒字、理记、亨发、生字、季元、安字、恒发祥、府记、永同泰、德亨、正有、裕茂、正记、钰记、同长兴) 同利兴行(经收:周春茂、大元、恒昌、起东、合兴、万利、成福、德昌、福昌、亨发、广信、吉川、鼎和、春茂、春盛、同森茂、利元、琢利、福茂、恒盛、德茂、理记、大昌、兆兴、源和、桂发、复顺、怡茂、林洲、詹春茂、裕和) 吴中魁客 黄绂卿客	洋:276.92 元 钱:3 525 文
茶行	信成茶行、源润茶行、裕隆茶行、干泰昌行	洋:190 元 钱:3 480 文
典业	聚和典:10 人 怡和典:10 人 成裕典:10 人 广兴典:8 人 同济典:10 人 善裕典:10 人 保大典:2 人 善兴典:4 人 永济典:14 人 鼎和典:14 人 广仁典:12 人 裕兴典:8 人 善庆典:10 人 同吉典:3 人	洋:10 元 钱:105 820 文

续表

行业	商号	堆金总数
典业	三墩保泰典:11 人 留下保丰典:5 人 共 141 人	
茶漆业	吴恒盛、吴恒有、吴彦林、潘远源、徐戴华、潘聚源、吴福泰、吴源茂、吴日新、吴福连、永春号、吴鼎兴、方兴大、周大有、方福泰、吴源泰、吴源隆、李隆泰、吴裕大、江恒懋、吴永隆	钱:51 480 文
腌鲜肉业	聚兴号、邵子湘、胡义顺、耿洪洲、晋和号、程子明	洋:1 元 钱:9 300 文
面业	章上源、一和馆、三和馆、昌源馆、邵长和、仙和馆、正升馆、正兴馆、长来馆、邵三源、悦来馆、浙盛馆、郭益源、老六聚、胡庆和、章三源、老三三、鼎聚馆、万云馆、公和馆、万源馆、浙一馆、奎源馆	钱:29 400 文
茶食业	元泰号、万泰昌、祥泰号、泰昌西	洋:1 元 钱:4 320 文
南货业	洪梯云、同源昌、奚丽生	钱:3 080 文
杂货业	金森记、潘诚兴、汪干益、程松茂、同源号、 叶焕春、叶春和、谢灶镛、益号梅/记、益号声/记	钱:13 500 文
杂业	条笼业:汪义兴号　　米　业:程楚怀 旧货业:吴永志、恒隆裕绸庄	洋:4 元 钱:2 520 文

光绪二十一年

行业	商号	堆金总数
盐业	(未载)	洋:436 元 钱:26 945 文
箱茶业	义源永、源源福、萃茂昌、大有号、馨馨号、春甡荣、协泰和、聚隆号、林茂昌、瑞芳号、雨春号、怡茂祥、裕昌馨、仁和号、馨记号、永隆祥、永茂祥、正源号、亿中祥、殿记号、裕大号、义泰隆、致中和、聚兴祥、春和永、森元泰、宝泰隆、生记号、馨芽号、和茂祥、益大号、协泰昌、恒大隆、震生号、怡昌祥、福生和、广生号、馥馨祥、森盛号、永昌兴、永昌记、义祥隆、春茂号、永华丰、宝和号、朱新记、冠芳号、厚记春、瑞泰隆、永达号、萃和号、萃茂号、永福兴、协太和、同日新、永益号、裕生号、春泰祥、成泰号、萃昌号、天泰号、广成号、隆泰昌、源昌号、永芳号、远馨号、彩盛号、益馨昌、益芳号、荣昌椿、公大昌、正隆号、永福昌、聚兴号、裕馨号、同馨号、同裕昌、谦吉祥、永昌福、永昌隆、义昌号、永和号、同复亨、萃懋昌、森元号、永春号、永和春、永安祥、祥记号、怡兴隆、永昌椿、永茂号、玉如春、正记号、一春祥、裕隆号、恒裕昌、森泰号、	洋:902 元 钱:894 198 文

续表

行业	商号	堆金总数
箱茶业	朱生记、义恒和、永茂祥、永芳号、春记号、汪萃茂、瑞盛号、宏茂号、自香号、广盛号、益珍和、恒茂号、洪馨号、德发号、奇香号、义隆兴、方殿记、和记号、信芳号、裕盛号、永和祥、源生号、正大元、远利号、萃香号、吴永馨、广昌隆、胜和盛、德茂号、裕昌号、长兴祥、聚兴祥、鼎源号、瑞荣号、万象春、永春和、得春祥、隆春号、瑞馨恒、祥泰福、公同馨、怡记号、永元祥、同春号、震达号、江春舫客	
木业	同茂兴木行(经收:升字、发兴、端恒裕、冬茂、利昌、振如、生茂、恒有、永乔、春盛、公记、裕泰、三怡) 同利兴行(经收:周恒泰、合记、利昌、春盛、积金、世昌、利大、义盛、和利、利兴、景记、茂春、詹茂春、周茂春、恒泰、姚永昌、朱永盛、德风、有余、府记、吉福昌、怡茂、日茂、吉川、汪正有、大元、恒有、亨发、茂盛、美盛、恒盛、本仁、江复记、宋有才、江正昌、生字、奕大、王同泰、春茂、广信、如字、双利、季元、万利、同发祥、裕生、同三一) 裕大木行(经收:吴道生、信大、詹东茂、森和记、同亨利、程景芳、王松茂、詹茂盛、程利昌、程信兴、吴双茂、詹德盛、约翰逊盛、森盛、汪茂兴、詹德茂、朱茂兴、黄义昌、胡本、方立成、吴大有、茂盛、詹义盛、詹春茂、宋义成、宋立成、程怡太、洪怡兴、程茂泰、同福生、王利昌、同福、允和、仝德利、江定兴、臧永泰、詹启泰、胡信和) 王颐兴木行(经收:震祥、亦盛、信生、永兴、郑记、正生、森盛、正大、荣立、立生、大茂、生大、大茂、吉川、如松、万邦、恒兴、正昌、恒昌、广茂、利成、兴泰、同昌、福聚、亦兴、大茂、启盛、春利、隆盛、荣茂、万炎、松字、如松、积金、起冬、福茂、同和昌、同茂) 吴同大木行(经收:同合兴、多益、张敬亭、胡亨发、同三一、吴裕茂、许源来、大有、方祥利、同干益、王理记、安和利、永茂兴、同发祥、周万利、江同顺、金发、吴合生) 钮德大木行(经收:永德成、同三一、生字、恒字、恒发祥、吉福昌、江裕兴) 怡泰兴木行(经收:宋有财、汪新茂、叶林盛、其一心、宋广盛、永同泰、和记) 洪大兴行 怡同懋行 吴中魁客	洋:286 元 钱:3 657 文
茶行	信成茶行、源润茶行、裕隆茶行、干泰昌行	洋:119 元 钱:920 文

续表

行业	商号	堆金总数
典业	聚和典:10人 怡和典:10人 成裕典:10人 协济典:11人 广兴典:5人 同济典:10人 善裕典:9人 永济典:14人 鼎和典:14人 广仁典:13人 裕兴典:8人 善庆典:9人 善兴典:3人 同吉典:2人 保大典:1人 三墩保泰典:9人 缾窑保昌典:14人 留下保丰典:7人 临平广兴典:5人 临平复春典:10人 本城泰和典:15人 共:189人	洋:35元 钱:140 532文
茶漆业	吴恒盛、吴恒有、吴彦林、潘远源、徐戴华、潘聚源、吴福泰、吴源茂、吴日新、吴福连、方兴大、周大有、方福泰、吴源泰、吴源隆、李隆泰、吴裕大、江恒懋、吴永隆	钱:55 770文
腌鲜肉业	聚兴号、邵子湘、胡义顺、耿洪洲、晋和号、程子明	洋:1元 钱:9 450文
面业	章上源、一和馆、三和馆、昌源馆、邵长和、仙和馆、正升馆、正兴馆、邵三源、悦来馆、浙盛馆、郭益源、老六聚、胡庆和、章三源、长来馆、老三三、鼎聚馆、万云馆、公和馆、奎源馆、万源馆	钱:30 480文
茶食业	元泰号、万泰昌、祥泰号、泰昌西	洋:1元 钱:4 680文
南货业	平窑方瑞隆号、平窑汪文忠、张朗卿、同源昌、奚丽生	钱:7 460文
杂货业	潘诚兴、程松茂、同源号、叶春和、叶焕春、谢灶镛	钱:7 020文
杂业	条笼业:汪义兴号　　米　业:程楚怀 旧货业:吴永志、恒隆裕绸庄	洋:4元 钱:2 730文

光绪二十二年

行业	商号	堆金总数
盐业	(未载)	洋:364元 钱:23 130文
箱茶业	萃茂昌、义泰隆、怡昌祥、萃和祥、复茂昌、裕昌馨、大有号、聚兴祥、福春和、馥馨祥、正源号、义隆兴、萃美昌、广生号、益大号、远馨号、胡鼎源、致中和、源源福、洪裕大、和丰永、瑞泰隆、怡茂号、吴永馨、永隆祥、聚隆号、怡大隆、聚兴号、义源永、森元号、森泰号、胜和成、福生和、和茂祥、永达号、朱新记、裕盛号、吴心记、公大昌、永茂祥、宝和号、同裕昌、林茂昌、永和祥、颐昌祥、和记号、万聚成、天泰号、森盛号、谦吉东、春甡荣、玠隆号、同馨号、裕隆号、馨芽号、德隆号、义祥隆、永茂号、奇香号、钟聚号、宏茂号、裕大号、益芳和、裕馨号、同春号、瑞盛号、殿记号、馨馨号、自香号、萃香号、广盛号、源生号、永芬号、信芳号、震生号、宏芳号、裕生号、永昌福、永昌和、正隆号、义昌号、益馨昌、李祥记、德发号、德茂号、谦吉祥、彩盛号、春茂号、恒记号、永和号、协泰昌、泰隆号、仁和号、益芳号、天福祥、义芬号、正大号、森元泰、裕昌号、萃春号、益春号、益玠和、源春号、怡大祥、聚大昌、义成祥、顺大昌、永春号、怡大号、永义元、恒大隆、恒泰祥、同福号、鼎源泰、同茂号、永馨号、春馨祥、源茂号	洋:599元 钱:580 974文
木业	同茂兴木行(经收:春茂、丰记、厚记、裕泰、三怡、广和、生茂、炽昌、又三、有三、恒生、大生、瑞兴、同泰、香字、本字、立字) 同利兴行(经收:利大、积金、宋有财、正大、利昌、和生、茂春、如松、合字、裕生、张利大、复茂、本仁、合记、永发、大元、合字、亨发、福昌、德风、同发祥、大昌、源来、锦茂、锦和、永基、恭和、大兴、恒有、文记、理记、有三、德昌、义兴、万利、旦记、恒昌、达字、永泰、吉生、安字、季元、宏盛、保和、利昌、兆兴、义字、正有、昌记、茂祝、达之、怡兴、利大) 裕大木行(经收:詹冬茂、程茂泰、汪复兴、宋有福、程同昌、陈吉昌、吴双茂、仝德利、汪茂兴、宋义成、吴道生、朱茂生、广孚、周利盛、臧祥泰、约翰逊盛、吴福泰、朱茂兴、江福裕、日新、同永裕、王大成、宋义成、茂泰、詹春茂、臧永泰、汪春利、同茂昌、仁和昌、方和记、王松茂、吴广茂、汪康记、江同大、周万利、信大、仁和、詹兴隆、江定兴、程兆兴、江英茂、和如春、詹永隆、王复兴、项世耀、詹茂盛、江德茂、同昌、詹启盛、朱永隆、生大、王利昌) 王颐兴木行(经收:森盛、大昌、永兴、同昌、利大、成大、同茂、立生、志和、亦兴、震祥、全茂、顺立、协兴、万利、有兴、万邦、起东、隆盛、太盛、金城、利大、生大、信生、永盛、正生、永兴、恒兴、复记)	洋:403.998元 钱:534文

续表

行业	商号	堆金总数
木业	吴同大木行(经收:同发祥、其美、人和、永同泰、源兴、吴裕茂、干益、锦茂、有兴、义丰、合生、合字号、同合兴、日森、大亨、亨发、永德成、合兴、大有、恒发祥、敬亭、江同顺、盛大昌、大生、恒字、和利、同三一、理记) 钮德大木行(经收:同三一、黄有三、生同和、江裕字) 怡泰兴木行(经收:程荣茂、永同泰、亨记、王万盛) 同义兴木行(经收:恒文、茂生、允大、大生、康记、吉川、万邦、同干益、立生、谦吉祥、益利川、泰昌、荣成美、炯南、瑞和、德顺、道兴、万和、怡兴、新伯、益昌、春盛、福聚、林源、信昌、万利、新兴、全大昌、玉山、茂兴、利兴、荣立、荣茂、立成、春发、益盛、源顺)	
茶行	信成茶行、源润茶行、裕隆茶行、干泰昌行	洋:106.54 元 钱:853 文
典业	聚和典:9 人 怡和典:10 人 成裕典:9 人 协济典:13 人 广兴典:4 人 同济典:10 人 善裕典:10 人 永济典:14 人 泰和典:15 人 永济典:14 人 鼎和典:15 人 广仁典:12 人 裕兴典:9 人 同吉典:2 人 善庆典:9 人 善兴典:3 人 保大典:1 人 缾窑保昌典:9 人 留下保丰典:6 人 临平复春典:10 人 临平广兴典:5 人 三墩保泰典:9 人 良渚协泰典:3 人 共:201 人	洋:14 元 钱:141 640 文
茶漆业	吴恒盛、吴恒有、吴彦林、潘远源、吴福连、永春号、方兴大、吴鼎兴、周大有、方福泰、吴源泰、吴源隆、李隆泰、吴裕大、江恒懋、徐戴华、吴永隆	钱:51 240 文

续表

行业	商号	堆金总数
腌鲜肉业	聚兴号、邵子湘、胡义顺、耿洪洲、晋和号、程子明	洋:1元 钱:9 000文
面业	章上源、一和馆、三和馆、昌源馆、邵长和、仙和馆、正升馆、正兴馆、悦来馆、浙盛馆、郭益源、老六聚、胡庆和、章三源、万云馆、老三三、奎源馆、合记馆、公和馆、邵三源、万源馆、鼎聚馆	钱:27 180文
茶食业	元泰号、万泰昌、祥泰号、泰昌西	洋:1元 钱:4 320文
南货业	平窑方瑞隆号、平窑汪文忠、同源昌、奚丽生	钱:5 960文
杂货业	潘诚兴、程松茂、同源号、叶焕春、谢灶镛	钱:6 120文
杂业	条笼业:汪义兴号　　米　业:程楚怀 旧货业:吴永志、恒隆裕绸庄	洋:4元 钱:2 520文

光绪二十三年

行业	商号	堆金总数
盐业	(未载)	洋:321元 钱:18 905文
箱茶业	萃茂昌、裕昌馨、永福春、致中和、吴永馨、义隆兴、馥馨祥、正源祥、怡和号、林茂昌、北园春、源源福、义源永、朱新记、聚馨祥、益大号、永茂祥、广生号、和茂祥、和生祥、森泰号、大原恒、洪裕大、和丰永、泰隆号、大有号、胜和成、吴心记、怡昌祥、雨春号、殿记源、森元号、恒泰祥、晋昌祥、隆泰昌、永隆祥、义祥隆、顺大昌、詹宝和、万馨祥、怡大号、万和祥、义泰隆、同馨号、宏泰昌、同裕昌、晋大昌、福生和、永祥号、福华春、珍隆号、永达号、萃美昌、晋泰昌、森盛号、恒大隆、协泰昌、同吉祥、萃茂春、亿长隆、萃和祥、永昌和、震生号、李祥记、宝和号、永昌椿、春甡荣、益芳和、同森茂、永昌福、益馨昌、永泰昌、瑞太隆、萃兴号、永春号、恒记号、复茂昌、永昌春、怡元号、永茂祥、怡盛昌、张正源、鼎源泰、益兴祥、萃茂义、聚大昌	洋:571.39元 钱:571 326文
木业	同茂兴木行(经收:楚记、同泰、生茂、怡茂、立记、日升、厚记、裕大春、炽昌、合生字、正大、永乔、永进、源兴、舒怡盛、周益昌、采字、三怡) 同日升行(经收:怡盛、永茂兴、有三、有源、永盛、益昌、荣印) 怡泰兴木行(经收:春永盛、利永贞、叶林盛) 洪大兴行 隆记木行(经收:元记、永兴、源兴、广孚、金城、荣昌、以成、同发祥、立生、永同泰、永茂兴、祥和、仰记、和生、余宗、恒昌、德昌、李恒盛、长生、同大亨、锦茂、利和、永茂)	洋:461.42元

续表

行业	商号	堆金总数
木业	王颐兴木行(经收:同昌、利成、吕和生、詹同昌、锦记、大昌、胡同泰、永兴、正生、仁记、森盛、得成、亦兴、生大、礼源、震祥、如松、永元、信和、顺立、荣立、王成大、汪生大、松字、和立生、大茂、金城、全茂、正昌、起东、春利、怡顺、万邦、同泰和、隆盛) 钮德大木行(经收:同三一、黄本沅、大有、厚记) 裕大木行(经收:同福生、詹德茂、陈生大、詹茂盛、朱有福、吴广茂、同永大、谢祯祥、汪竟成、江源顺、王利昌、吴道生、詹广茂、程同昌、程茂泰、江同太、江日新、江正余、臧祥泰、万源泰、项世耀、朱茂兴、同怡昌、陈吉昌、同德利、柯恒茂、洪怡兴、洪茂兴、戴源泰、臧永泰、福记、詹春盛、盛信大、詹春茂、方聚盛、宋义成、程森记、王万盛) 吴同大木行(经收:方顺昌、源盛、余道记、吴裕茂、汪本生、孝记、源兴、余天泰、同发祥、永茂、张大昌、许源永、同干益、振兴、方秀记、恒发祥、信昌、大记、正记、王理记、同字、余仁和、人和、和昌、胡亨发、祥洪春) 同义兴木行(经收:同永大、詹春茂、同福利、汪利川、同永昌、汪林源、汪新茂、汪广茂、裕大春、詹义三、臧永泰、同福生、汪万和、汪松茂、方同兴、宋立昌、汪锦记、江德茂、汪怡泰、永大昌、汪吉川、黄有三、程益麟、宋春发、查永和、公永亨、同和昌、詹正隆、同干益、程友生、王正利、汪松字、宋仲兴、臧祥泰、周万利、周泰盛、十全美、汪元盛、方利成、周万利、同和昌、万源祥、臧永泰、臧祥泰、宋大昌、程森茂、余道记、詹茂盛) 同利兴木行(经收:恒益、永利、兴泰、有财、昌记、升字、春茂、万利、广源、恒有、信成、新兴、利大、同泰和、蒋字、源来、森盛、复茂、积金、公记、和合、祥字、仲兴、同茂、吴字、仲兴、同茂、吴字、恒发祥、广信、亨发、裕德昌、和德昌、利昌、万通、永泰、吕和生、绎巽、仁和、永祯、汇隆、立全、锦茂、本仁、合记、利乃来、日茂、益隆、本生、同字、茂盛、如松、锦茂、德新、大昌、德风、德昌、茂春、大兴、同发祥、保和、裕和同字、余三、本源、安字)	
茶行	裕隆茶行、干泰昌行	洋:23.77 元 钱:26 968 文
经收衣庄	广仁典、同济典、善裕典、聚和典、永济典、善兴典、保大典、保善典、泰和典、成裕典、裕隆典、协济典、善庆典、鼎和典、同吉典、裕通典、裕兴典、怡和典	洋:144.9 元 钱:3 459 文
典业	聚和典:10 人 怡和典:10 人 成裕典:8 人	洋:1 元 钱:169 920 文

续表

行业	商号	堆金总数
典业	协济典:12 人 同济典:12 人 裕隆典:6 人 善裕典:9 人 泰和典:15 人 永济典:17 人 鼎和典:14 人 广仁典:12 人 裕兴典:8 人 同吉典:7 人 善兴典:3 人 保大典:2 人 善庆典:9 人 保善典:16 人 裕通典:11 人 日新典:3 人 留下保丰典:5 人 临平广兴典:5 人 临平复春典:9 人 三墩保泰典:9 人 共:212 人	
茶漆业	吴恒盛、吴恒有、吴彦林、潘远源、潘聚源、吴福泰、吴源茂、吴日新、吴福连、永春号、方兴大、吴鼎兴、周大有、方福泰、吴源泰、吴源隆、李隆泰、吴裕大、江恒懋、吴永隆	钱:51 120 文
腌鲜肉业	聚兴号、邵子湘、耿洪洲	钱:3 600 文
面业	章上源、一和馆、三和馆、昌源馆、邵长和、仙和馆、正升馆、正兴馆、邵三源、悦来馆、浙盛馆、郭益源、老六聚、胡庆和、章三源、万云馆、老三三、奎源馆、天兴馆、合记馆、公和馆、万源馆	钱:27 000 文
茶食业	元泰号、万泰昌、祥泰号、泰昌西	洋:1 元 钱:4 320 文
绸业信局	大有祥、程桊、查郁文、舒蔼庭、余鉴堂、何香洲、恒隆裕、范裕清、胡辅芝、敦本堂、金成培	洋:23 元
杂货业	潘诚兴、程松茂、同源号、叶焕春、谢灶镛	钱:6 120 文
开运各柩贴费	胡忠廷柩、邵顺富柩、许四顺柩、吴榴成柩、吴许氏柩、程正海柩	洋:15 元
安葬各柩贴费	汪文星柩、汪梁氏柩、章宝源柩、吴邱氏柩、章曹氏柩、洪侍女柩	洋:16.7 元
杂业	条笼业:汪义兴号　旧货业:吴永志　南货业:奚丽生	钱:3 520 文

光绪二十四年

行业	商号	堆金总数
盐业	（未载）	洋:394 元 钱:22 612 文
箱茶业	屯溪茶总局（经收:姚源泰、萃和祥、义泰隆、恒春祥、永达号、张日源、汪萃茂昌、大有号、洪裕大、洪怡春、恒大隆、春甡荣、谦吉东、生新记、姚泰隆、大原永、同裕昌、汪大茂、孙怡泰、永茂祥、裕春祥、吴心记、震和祥、恒裕祥、姚益大、姚源泰、张正源、复昌号、聚馨祥、怡达源、永隆祥、怡和福、森泰号、怡和号、森元号、大原昌、晋大昌、义源永、晋昌祥、义祥隆、宝华祥、德馨祥、萃茂昌、谢裕大、永丰祥、和生祥、万泰祥、顺大昌、益芳和、裕昌馨、怡祥隆、福祥泰、李祥记、源源福、洪裕大、鼎源泰、宝和号、泰和号、万泰和、恒泰昌、祥泰号、吴永馨、永昌福、复馨祥、同森盛、益长隆、玉泰丰、骏记号、怡馨祥、同森茂、隆泰昌、福生和、永昌椿、源昌和、大茂号、永兴祥、萃和祥、朱新记、和丰永、和茂祥、震生号、怡昌祥、殿记号、胜和成、珍隆号、玉丰泰、鼎源号、和丰号、玉馨号、怡达号、益馨昌、永茂祥、森盛号、恒泰祥、泰隆号、永昌椿、永春号、公大益、张正源、怡昌隆、永昌和、永福昌、恒裕昌、丰记号、复茂昌、恒泰隆） 婺邑茶分局（经收:余馨号、王元利、宏兴号、许露芽、发隆号、万隆玉、福隆号、余萃香、致祥和、郎泰丰、永隆号、齐瑞祥、信芳号、汪香芽、信和号、源昌号、同盛祥、同顺昌、源兴号、郎永兴、余瑞兴、谦泰号、万盛号、董元亨、董三益、永盛号、洪如松、同茂号、大吉祥、查信芳、齐正馨、查永芬、春馨号、泰昌春、同昌号、余馨芽、戴信成、和盛祥、吕真芽、森隆号、怡记号、诚信号、干泰号、益泰号、汪怡亨、董干生、春生隆、裕泰恒、益春号、同盛号、查德茂、余裕馨、隆春号、查德隆、泰茂香、查瑞盛、宏顺号、益珍和、戴志成、隆馨号、新义号、祥春和、习生号、珍昌和、六同春、仁泰号、德馨号、洪同盛、宏馨号、戴友记、隆泰生、永泰和、金信隆、发记号、董生大、董长发、鑫泰号、夏仙芽、吴益兴、余天泰、查裕盛、永丰和、合馨号、许益生、桂发号、春芽号、振兴号、胡德隆、和春号、方正兴、戴泰隆、同日新、宏昌号、彩盛号、信记号、夏香芽、董大顺、董新义、义芳号、程同茂、许森芽、詹天源、源芳号、同丰祥、詹永茂、永和春、瑞芽号、俞镃源、祥春号、永顺祥、汪益芳、汪义昌、聚春和、詹裕生、源馨号、正春号、震兴隆、益丰号、戴天香、祥泰号、潘芝瑞、同春源、洪鼎泰、勤丰号、甡春号、怡春和、骏茂号、戴和馨、潘诚泰、潘源记、潘祥泰、方茂珍、詹兴茂、詹宏茂、潘成均、詹远馨、振昌隆、潘仙芽、吉泰号、王益丰、戴和记、万泰号、义芬号、詹有春、六谦成、怡春号、翔椿裕、源源来、馨芽号、芝瑞号、恒泰丰、潘兰芽、宋广盛、潘畅记、春馨祥、振馨号、峻记号、永和祥、郎桂馨、	洋:1 020.418 元 钱:551 292 文

续表

行业	商号	堆金总数
箱茶业	王祥泰、潘春芳、一支春、鼎兴昌、胡合馨、吴泰昌、董利顺、谦吉祥、詹正隆、兰芽号、董利丰、詹益盛、董信和、余来宜、戴发隆、潘同泰、聚兴隆、同春号、益芬号、允记号、云芳号、天裕号、潘冠芳、荣茂祥、永和号、维馨号、查裕隆、兰馨号、吴洪茂、李裕泰、蕊香号、珍茂号、洪万隆、夏复昌、同芳祥、郎大昌、郎吉昌、万隆裕、金信芳、福记号、詹源生、戴和记、六谦号、董信亨、宏茂号、泰丰和、芳记号、顺丰号、裕春号、戴圆美、俞益芳、永丰和、翔记号、潘成泰、荣茂德、同馨号、汪新义、潘诚春、万泰号、笙记号、王永盛、俞瑞馨、义芳永、干泰号、蓁蓁号、永茂号、董益英、生大亨、万沅号、朱兰馨、桂发莲、怡馨号、方正馨、怡泰昌、俞锦春、茂珍号、天泰号、詹裕源、新义号、李仙芽、聚玉和、裕隆号、鼎兴号、裕记号、永盛号、夏春芽、桂香号、隆泰号)	
木业	同茂兴木行(经收:利兴、益昌、永大、永利、楚记、安字、季元、厚记、三怡、玉字、季元、炽昌、生茂、立记) 怡泰兴行 洪大兴行 隆记木行(经收:永茂、允兴隆、仁和、正裕、万茂、文记、同春、森大、永进、怡和、裕源源字、道兴源字、祥字、和兴、源兴、金城、恒盛、祯祥、克昌、双喜、锦茂、顺立、长生、和字、和立生、查荣昌、同发祥、黑发祥、红发祥、同元茂、怡兴、永生、源兴、复记、广孚、祥和、道源字、兴源字、利大、和字、锦茂、有原、和兴、道兴、永昌、亦兴、余荣昌、天泰、元记、同福生) 颐兴木行(经收:汪生大、胡同泰、汪广茂、程全茂、詹世昌、公裕、周森盛、冬有、隆盛、裕生、同茂、信和、荣立、仁记、汪立生、吴广茂、亦兴、程恒源、金城、春利、詹茂盛、王礼源、益隆、永元、程起东、万邦、胡道生、万利、三怡、正生、同福生、詹同昌) 裕大木行(经收:朱茂兴、陈吉昌、森记、詹茂春、宋永富、詹光泰、宋义成、王松茂、王金茂、吴道生、詹德茂、洪茂兴、朱茂生、詹茂盛、詹春盛、张启祥、詹义盛、洪信昌、周春盛、如馨、同福生、詹茂春、詹广茂、仁和昌、俞永吉、江复兴、冬茂、广茂、吴广茂、汪生大、汪仁利、程同昌、其美、宋有福、同三一、詹余德、詹广茂、戴源泰) 吴同大木行(经收:吴中魁客、振兴、顺昌、恒发祥、利人、正大、胡亨发、方立全、同大昌、裕茂、王理记、信昌、信发、三怡、余仁和、同发祥、世忍、方顺昌、同兴、裕茂、干益、有三)	洋:372.886元

续表

行业	商号	堆金总数
木业	同义兴木行(经收:裕大春、义盛、大有、和昌、绎巽、立成、新茂、和太、隆兴、吉川、义三、大昌、春茂、同福利、松茂、道记、利川、同双喜、福兴、春盛、永泰、祥泰、同永大、恒文、新伯、公允亨、松字、仲兴、万邦、春永盛、利昌、瑞记、同字、永泰、春利、瑞和) 同利兴木行(经收:亨发、有财、信成、盛祥字、本仁、复茂、旦记、元盛、三怡、恒发祥、茂春、亨发、利记、合字、永泰、全大昌、福叙、永吉祥、树春、云记、和字、有三、恒有、春茂、晋记、森盛、文吉、长生、同字、生利、本源、程祥、吕和生、江同和、志仁、同兴、全泰、成福、义盛、大昌、源来、永同泰、德新、森泰、恭和、福昌、德风、源兴、松字、恒昌、程和字、同发祥)	
茶行	源润茶行、信成茶行、裕隆茶行、干泰昌行	洋:62.5元 钱:42 410文
经收衣庄	广仁典、永济典、保善典、日新典、同济典、善庆典、同吉典、善兴典、保大典、泰和典、裕通典、裕兴典、协济典、成裕典、裕隆典、怡和典、善裕典、聚和典、鼎和典、	洋:210.7元 钱:5319文
典业	聚和典:9人 怡和典:8人 成裕典:8人 协济典:11人 同济典:12人 裕隆典:5人 善裕典:9人 泰和典:16人 鼎和典:13人 永济典:17人 广仁典:12人 裕兴典:8人 同吉典:7人 善庆典:9人 保善典:17人 裕通典:11人 善兴典:3人 日新典:3人 保大典:1人 瓶窑保昌典:12人 留下保丰典:7人 三墩保泰典:13人 共:211人	钱:206 430文

续表

行业	商号	堆金总数
茶漆业	吴恒盛、吴恒有、吴彦林、潘远源、潘聚源、吴源茂、吴日新、永春号、方兴大、吴鼎兴、周大有、方福泰、吴源泰、吴源隆、李隆泰、吴裕大、吴福泰、吴福连、江恒懋	钱:54 870 文
腌鲜肉业	聚兴号、邵子湘、耿洪洲	钱:3 900 文
面业	章上源、一和馆、三和馆、昌源馆、邵长和、邵三源、悦来馆、浙盛馆、郭益源、老六聚、胡庆和、万云馆、公和馆、仙和馆、正升馆、正兴馆、万源馆、合记馆	钱:25 950 文
茶食业	元泰号、万泰昌、祥泰号、泰昌西	钱:5 680 文
绸业信局	大有祥、程桀、何香洲、敦本堂、查郁文、恒隆裕、金成培、舒蔼庭、范裕清	洋:18 元
杂货业	潘诚兴、程松茂、同源号、叶焕春	钱:4 230 文
开运各柩贴费	方道生柩、章钟煊柩、胡玉富柩、吴永庭柩、黄昌琦柩、程振大柩、胡范氏柩、潘明轩柩、詹仁斋柩、叶声和柩、章钟金柩	洋:13 元
安葬各柩贴费	方素贞柩	洋:5 元 钱:350 文
杂业	条笼业:汪义兴号　旧货业:吴永志　南货业:奚丽生 南货业:方瑞隆　南货业:汪文忠	钱:11 830 文

光绪二十五年

行业	商号	堆金总数
盐业	(未载)	洋:181.446 元 钱:3 950 文
箱茶业	屯溪茶总局(经收:萃茂昌、义馨祥、合兴祥、广馨祥、馥馨祥、久大号、源源福、同裕昌、振华号、义源永、瑞茂公、和祥号、永福春、致中和、永达号、吴心记、怡祥隆、兰馨祥、萃和祥、怡和号、裕昌馨、汪大茂、张正源、洪裕大、殿记号、怡大号、恒源永、顺大恒、益大号、隆茂昌、聚馨祥、怡馨祥、永祥号、晋昌祥、宝和号、恒大隆、裕春祥、森盛号、和茂祥、森泰号、益昌祥、朱心记、福生祥、春甡荣、永昌福、怡昌祥、泰隆号、永昌椿、永茂祥、桂馨号、鼎源裕、亿中祥、李祥记、永春号、胜和成、晋和昌、益兴祥、礼记祥、谦吉东、广生号、益泰祥、森元号、朱新记、协生祥、福生和、万馨和、祥记号、益芳和、义泰隆、亿昌隆、义祥隆、怡大分、怡大号、春源永、裕大号、恒泰祥、林茂昌、隆茂昌、永茂昌、吴永馨、怡隆祥、益馨昌、江恒升、钰芳号、恒泰昌、吉泰祥)	洋:1 100.65 元 钱:552 588 文

续表

行业	商号	堆金总数
箱茶业	婺邑茶分局(经收:顺丰号、骏茂号、珍茂号、益春和、珍春号、 许森芽、义兴号、董信和、益春号、益兴号、萃春隆、万泰号、 同茂号、汪怡亨、吉泰号、董利丰、祥泰号、汪香芽、业广号、 许露芽、齐瑞馨、震兴隆、王永盛、齐瑞兰、振泰号、春生隆、 同盛号、永丰和、珍泰号、益泰号、董益英、董三益、董干生、 查隆春、老隆春、习生号、诚春号、志成号、裕泰号、恒泰号、 天香号、升泰号、德丰号、夏仙芽、夏香芽、吕真芽、俞瑞馨、 源馨号、谦泰号、干泰号、正馨号、余天泰、致祥号、源茂号、 泰隆号、洪盛号、利顺号、齐英芽、云芳号、春馨号、瑞泰隆、 隆馨号、祥记号、王香芽、王元利、万盛号、永泰隆、查德隆、 詹远馨、董元亨、万春号、昌记号、同和茂、六谦成、余同泰、 同泰祥、永和春、董新义、诚信号、齐益隆、胡德隆、万隆玉、 程同茂、永泰和、永隆号、金信芳、余同顺、余萃香、和馨号、 许益生、兰芽号、詹宏茂、永和号、鼎盛号、森隆号、发记号、 洪益茂、六同春、露芽号、祥春和、鑫泰号、郎桂馨、信芳枝、 俞源馨、戴圆美、同昌号、鼎泰号、詹源生、董永亨、怡春号、 江恒懋、隆泰生、仁记号、宏昌号、允记号、洪万隆、查德茂、 查信芳、信记号、金茂号、大吉昌、洪如松、更茂号、洪昌号、 潘畅记、恒泰丰、益珎和、义芳号、余自香、潘仙芽、义芬号、 义昌号、益芳号、洪德达、詹永茂、王祥泰、詹彩盛、兰馨号、 泰茂香、查永芬、发隆号、瑞芽号、丰泰号、查启记、裕泰恒、 和盛祥、聚春和、詹裕生、查裕隆、郎桂发、芝瑞号、同丰祥、 翔椿裕、戴信成、同日新、郎泰丰、裕盛怡、同顺泰、聚兴隆、 锦春号、美和祥、诚泰号、义兴号、泰昌春、宋广盛、维馨号、 甡春号、和记号、同泰号、詹有春、芝瑞舜、芝瑞源、詹正隆、 峻记号、鸿亨生、同和春、吉春和、恒兴祥、戴恒泰、戴泰隆、 德茂号、吴洪盛、戴志成、益芬号、查恒隆、源昌号、益丰号、 汪香芳、潘同泰、董信亨、萃香号、春馨号、芝瑞迪、余协记、 祥泰公、祥泰记、隆昌和、永福和、阜昌号、朱兰馨、王升泰、 俞聚源、道生号、戴天香、蓁蓁号、振馨和、潘兰芽、金茂号、 祥春和、许义兴、裕记号、华馨号、同顺昌、瑞泰号、致祥和、 自香号、芝瑞翔、生大亨、汪益芳、朱和馨、俞镃源、怡成隆、 新春号、吉春芳、源馨祥、潘同春、戴和馨、汪义昌、恒懋号、 裕泰恒、义芳永、泰茂香、戴裕泰、奇芬号、永盛生、吕怡春、 芝瑞蓁、潘诚泰、翔记号、潘维馨、旭记号、六谦号)	
木业	同日升行 同茂兴木行(经收:恒利、得元、升字、恒字、恒有、玉字、采字、恒益) 隆记木行(经收:余荣昌、程全茂、祥字、吴和兴、吴茂森、 查金益、同发祥、同福生、周同盛、吴信成、永成、汪其美、	

续表

行业	商号	堆金总数
木业	汪义泰、詹金城、程森茂、程祥字、张永茂、王永昌、吉祥、查天泰、程茂字、和同一、程广孚、德昌、胡永进、徐元记、程起东、祥记、詹亦兴、同福生、振泰隆、阜生文、荣昌、达之、王同泰、发字、正隆、厚记、达利、忍和、香字、府记、程茂泰、江怡记、永字、庄兴文、江德春、万利、隆泰、大生、永生、詹正隆、利成、本字、万兴、正发、源兴、恒益、舒怡盛、源聚、王荣昌、怡记、程福隆） 裕大木行（经收：周森盛、洪茂兴、方兴泰、吴广茂、宋有福、王松茂、和合利、光泰、广茂、詹春盛、振如、吴大有、天源、义成、同福生、春茂、和泰、詹春茂、潘恒兴、宋义成、张字、朱如盛、利字、永茂号、詹德茂、郑记、祥顺、江怡记、冬茂、茂春、江同大、生字、吉记、三怡、叶正生、大成、源泰、詹天成、振泰、坤大、胡德盛、吴道生、立成、广信、振泰隆、春盛、义源、永同泰、仁利、利人、长生、戴源泰、詹广茂、程永兴） 吴同大木行（经收：振兴、裕茂、恒发祥、世忍、和泰、同记、永同泰、理记、德兴、同和、和字） 同义兴木行（经收：世忍、万邦、继亨、吉川、日新隆、万德、和馨、协兴、同永利、福兴、顺利、林源、克昌、同大成、茂盛、道生、利兴、茂兴、怡泰、益隆、春茂、聚和、松字、正成、树春、茂泰、吉记、森盛、有盛、利昌、同永大、仲兴、益昌、兴茂、永同太、同有道、大生、怡兴、新茂、立元、万茂、德利、振昌、祥发、永春、森茂） 颐兴木行（经收：森盛、森大、隆盛、春茂、进盛、振隆、荣立、震祥、周茂盛、天成、大有、秦盛、汪大生、世昌、利成、全茂、记周、怡泰、大生、同茂、振泰隆、恒源、福隆、立生、三怡、裕盛、合春和、利昌、王柏、汪大茂、永裕、茂盛、如松、世茂、信生） 同利兴木行（经收：吉祥、怡泰、恒发祥、锦记、世昌、森盛、黄本源、李文记、许源来、立成、复记、同顺、江克昌、安记、万泰、春茂、吴旦记、吴吉生、常字、建利、利乃来、大生、同发祥、仁字、同益、詹永泰、源兴、周茂春、同兴、同德利、保和、德茂、文记、和合、王春茂、利大、林利、元记、谢德风、有财、和同益、云记、德来、福茂、立记、裕兴、积金、同大、立昌、王理记）	洋:484.206 元 钱:50 文
茶行	源润茶行、裕隆茶行、干泰昌行	洋:93.6 元 钱:124 文
经收衣庄	协济典、善庆典、善裕典、善兴典、同吉典、裕通典、同济典、怡和典、鼎和典、保大典、广仁典、永济典、泰和典、保善典、成裕典、聚和典、裕隆典、日新典、裕兴典、	洋:221.1 元 钱:4 302 文

续表

行业	商号	堆金总数
典业	聚和典:9 人 怡和典:9 人 成裕典:6 人 协济典:8 人 同济典:11 人 裕隆典:3 人 善裕典:9 人 泰和典:15 人 永济典:19 人 鼎和典:13 人 广仁典:12 人 裕兴典:8 人 同吉典:7 人 裕通典:10 人 善庆典:8 人 保善典:15 人 善兴典:3 人 日新典:3 人 保大典:1 人 留下保丰典:7 人 三墩保泰典:13 人 临平广兴典 临平复春典 共:189 人	洋:20.3 元 钱:146 228 文
茶漆业	吴恒盛、吴恒有、吴彦林、潘远源、潘聚源、吴源茂、吴日新、永春号、方兴大、吴鼎兴、周大有、方福泰、吴源泰、吴源隆、李隆泰、吴裕大、吴永隆、江恒懋	钱:50 040 文
面业	章上源、一和馆、三和馆、昌源馆、邵长和、邵三源、浙盛馆、郭益源、老六聚、胡庆和、万云馆、老三三、悦来馆、公和馆、天兴馆、万云馆	钱:19 360 文
杂业	茶食业:元泰号、万泰昌、泰昌西 杂货业:叶焕春、程松茂 腌鲜肉业:聚兴号、耿洪洲　条笼业:汪义兴号 旧货业:吴永志　南货业:奚丽生、谢士卿	钱:13 780 文
绸业	大有祥、程榮、敦本堂、恒隆裕、查郁文、金成培、舒蔼庭	洋:16 元
开运各柩贴费	胡门女柩、洪静如柩、汪永福柩、程炳奎柩、王裕隆柩、黄汉文柩、汪胡氏柩、张千沛柩、吴福海柩、戴伟人柩	洋:29 元
安葬各柩贴费	程王氏柩、朱氏花女柩	洋:4 元

光绪二十六年

行业	商号	堆金总数
盐业	（未载）	洋:300.4元 钱:10 222文
箱茶业	屯溪茶总局(经收:怡和号、永隆祥、永茂祥、恒裕昌、汪大茂、萃和祥、裕昌馨、义馨永、合兴祥、谦顺昌、聚声祥、广芬祥、张正源、怡大号、瑞记号、殿记源、晋昌祥、益泰祥、同裕昌、久大号、致中和、协生祥、森盛号、姚源泰、源源福、义泰隆、萃茂昌、和茂祥、广馨祥、瑞茂昌、春甡荣、永福春、万声和、义万祥、益芳和、裕春祥、鑫泰号、亿中祥、林茂昌、馥馨祥、洪裕大、兰馨祥、吴心记、江恒懋、益大号、永达号、福隆号、余天泰、元馨和、森元号、朱新记、森圣号、祥生和、怡祥隆、益馨昌、詹太来、怡馨祥、正源号、胡鼎源、福春祥、裕昌号、俞珍茂、谢裕大、鼎馨恒、林源裕、大有号、义源永、巨馨祥、广生号、余永新、同森茂、李祥记、太隆号、美大号、晋馨永、义美祥、桂馨号、亿昌隆、祥记号、同森圣、裕圣号、谦吉东、永昌福、隆茂昌、胜和茂、吴新记、永春祥、春源永、吴永馨、怡和福、万馨祥、益兴祥、德昌祥、怡昌祥) 婺邑茶分局(经收:和记号、永兴隆、瑞记号、怡春号、太茂号、隆记号、鑫泰号、汪香芽、王永盛、益珍和、许森芽、谦太号、香芽号、瑞芽号、萃春泰、六同春、震兴隆、义馨永、林记号、吉大号、锦春号、德隆仁、德隆记、顺泰号、致祥和、六谦成、诚和春、干太号、振泰祥、程同茂、同盛号、振馨昌、露芽号、祥春号、俞裕盛、仁记号、潘兰芽、信记号、同和茂、泰隆号、真芽号、祥泰号、永丰号、献记号、鸿亨号、信和号、翔春裕、珍茂号、生大亨、董三益、汪怡亨、查裕隆、椿记号、义兴号、江恒懋、笙春和、俞同益、畅记号、升泰号、发记号、源馨号、年记号、同泰号、福记号、天泰号、春和号、董义新、鼎盛号、春生号、董信昌、董干生、万春号、余永升、紫霞春、潘仙芽、戴和馨、同顺泰、祥春和、金茂号、洪万泰、吴益兴、汪同春、隆春号、瑞兴隆、潘芝瑞、胡德隆、詹永茂、王元春、查德隆、余萃香、裕盛信、董益兴、齐益隆、查德茂、吴洪盛、戴友记、如松恒、如松记、春芳和、许露芽、詹永和、洪利号、齐英芽、徐瑞芽、永隆号、老隆春、戴信芳、程信记、詹正隆、王香芽、查启记、余自香、郎桂发、永泰和、夏仙芽、齐瑞馨、成记号、戴天香、戴志成、戴圆美、查永芬、益丰号、和春祥、詹泰来、祥兴恒、德泰号、隆泰生、骏茂号、洪同圣、董顺利、董信亨、金信芳、诚春号、益泰号、馥生祥、夏香芽、义昌号、益春和、芝瑞号、余天泰、同丰号、仙芽号、詹宏茂、同茂号、正兴隆、正馨号、萃春号、祥记号、瑞芝号、朱兰馨、吉泰号、兴茂祥、同仁和、戴长春、义馨永、俊记号、余义泰、程日新、源昌号、德丰号、协芳号、董信和、春记号、公记号、王永圣、泰茂香、詹有春、裕圣祥、致馨号、余弥茂、恒泰丰、丰泰号、宏昌号、	洋:1 272元 钱:547 512文

续表

行业	商号	堆金总数
箱茶业	裕圣号、同益号、詹永和、森隆公、森隆记、恒春号、德隆号、谦记号、俞锦春、春生隆、益隆号、春和号、查信芳、源兴隆、泰昌春、兰芽号、启记号、泰丰号、同昌号、奇芬号、聚兴隆、詹远馨、詹裕生、永茂号、永泰昌、吉泰昌、鼎圣号、益芳号、义芬号、永祥春、翔春号、程永隆、祥泰公、董泰昌、信成号、珍和号、振泰号、生泰号、董隆芳、潘同泰、余同馨、洪昌号、胡源馨、潘源记、同圣号、和馨号、春成号、朱荣馨、德茂号、益美号、志隆春、洪如松、和春祥、王益芳、源昌春、永泰生、王恒圣、鉴记号、义兴永、彝记号、隆昌和、俞源馨、萃香号、利生祥、春馨号、汪香芽、宏馨号、天香号、徐云芳、信芳号、萃春号、森隆号、董益三、查隆春、同和昌、宏记号、董大生、宝记号、吕真芽、瑞芬号、裕圣信、义泰号、同丰春、太昌春、峻记号、吴宏圣、春芳号、荣大祥、允记号、戴和记、聚春和、张万泰、董吉泰、隆泰号、联芳号、吕怡春、江源茂、怡兴和、戴济丰、潘诚春、裕泰号、永春昌、振馨号、自香号、郎泰丰、永升号、恒春和、汪益丰、同春福、益芬号、同兴号、同和永、德馨号、恒春昌、恒春记、瑞记号、瑞芳号、祥泰号)	
木业	同茂兴木行(经收:广和、升字、晋益) 钮德大木行(经收:恒和祥、同德利、同大、恒发祥) 同福兴木行(经收:震祥、立生、荣立、荣立黑、汪广茂、汪立生、大茂、汪字、隆盛、起东、周森盛、怡茂、戴源泰、厚记、程全茂、汪春茂、隆泰、裕茂、泰盛、天成、汪立生、森盛、汪义生、同永大、詹玉山、同大成、汪吉川、春和、利人、振泰隆、李怡茂、同万茂、立仁、生大、汪震祥、柯恒茂、詹义顺、全茂、胡福聚、吴广茂、如松、汪吉记、立生、合生才、詹天成、吴和泰、荣立红、进盛、程恒源、詹裕盛、福隆、松字、茂生、大兴、同福生、永兴、大兴、余怡隆、利昌、春林、大兴新记、合春和、记周、吴永兴、同永裕、怡泰) 吴同大木行(经收:同记、振兴、裕茂、森茂、同干益、公茂、广信、吉茂、同德兴、大成、世忍、仝印、义生、理记、长生、元昌、瑞恒裕、胡利记、桂芳) 裕大信木行(经收:茂盛、春盛、源泰、干益、复昌、大成、灿英、怡盛、茂春、同和、恒丰祥、有福、同顺、春茂、广茂、永泰、吉川、利东、永茂、森茂、同源、道生、世忍、复记、恒兴、生字、裕泰) 同利兴木行(经收:发祥印、合字、旦记、开泰、义兴、顺记、三怡、道记、道生、仁和、恒昌、安记、同大、亨发、成福、同顺、吉祥、巽和、祥记、乃来、和字、源记、正茂、理记、茂春、利泰、同兴、春盛、万顺、积金、森茂、永生、裕兴、有才、克昌、德生、炳林、利大、源来、兴利、同和、立昌、	洋:619.928元

续表

行业	商号	堆金总数
木业	长春、春茂、德风、公和、文记、茂盛、本源、锦茂、祥和、吉川、立记、常字、大同、德茂、利成、道源、和祥、美利、德利、锦记、德昌、信发） 隆记木行（经收：汪万利、汪多益、同发祥、利盛、生大、同大成、詹德茂、胡奂宇、利成、程协兴、王亦泰、徐元记、厚记、源聚、吴顶亨、吴和兴、王永昌、詹万茂、詹茂春、叶大生、春和祥、信成、亦兴、胡永进、余利大、吴广茂、约翰逊盛、振泰隆、王同泰、张永茂、王双喜、阜生、王安字、胡有、复兴、蒋集泰、余天泰、江怡兴、查金益、宋德新、余怡隆、查天泰、茂森、程起东、余荣昌、叶正生、程隆泰、张干元、同泰和、毕发字、舒怡盛、同吉祥、詹金城、吴怡兴、同福生、程茂泰、汪府记、吴道兴、曹元兴、程锦茂） 同义兴木行（经收：吉川、怡泰、和泰、永大、大成、茂盛、林源、新茂、和昌、永泰、正泰、茂春、森茂、怡兴、松茂、正立、道生、和馨、同茂、松字、大生、万德、兴泰、正隆、允成、大有、同亨、信昌、克昌、其美、东升、盛兴、永裕、泰昌、立元、道兴、干益、同泰、茂昌、隆兴、有道、长兴、顺利、怡盛、森益、隆茂、益隆、顺昌、益记、德成、新兴、立成、同兴、万邦、仁记、兴隆、成美、吉记、志和、茂泰、万茂、来兴、源茂、于春、聚昌、永昌、义兴） 同颐兴木行（经收：臧永泰、万利、利昌、同永大、怡泰、仁同亨、同幅升、振泰隆、天泰、利兴、益昌、晋益、同福利、同洪兴、立成、和馨、松茂、吉祥）	
茶行	源润茶行、裕隆茶行	洋：46.2 元
经收衣庄	协济典、日新典、裕通典、裕兴典、广仁典、鼎和典、裕隆典、泰和典、保善典、善裕典、善庆典、永济典、同吉典、聚和典、同济典、保大典、善兴典、怡和典、成裕典	洋：180.5 元 钱：3 578 文
典业	聚和典：9 人 怡和典：8 人 成裕典：6 人 协济典：8 人 同济典：12 人 裕隆典：3 人 善裕典：5 人 泰和典：15 人 永济典：17 人 鼎和典：11 人 广仁典：14 人 裕通典：10 人 裕兴典：9 人	钱：183 600 文

续表

行业	商号	堆金总数
典业	同吉典:7人 善庆典:8人 保善典:15人 善兴典:3人 日新典:2人 留下保丰典:7人 三墩保泰典:13人 瓶窑保昌典 临平慎康典 临平广兴典 共:182人	
茶漆业	吴恒盛、吴恒有、吴彦林、潘远源、潘聚源、吴源茂、吴日新、永春号、方兴大、吴鼎兴、周大有、方福泰、吴源泰、吴源隆、李隆泰、吴裕大、吴永隆、江恒懋	洋:100.8元 钱:42 800文
面业	章上源、一和馆、三和馆、万云馆、邵三源、浙盛馆、郭益源、老六聚、胡庆和、老三三、公和馆、天兴馆、合记馆、邵长和	钱:18 670文
杂业	茶食业:元泰号、泰昌西 杂货业:叶焕春、程松茂 腌鲜肉业:聚兴号、耿洪洲 条笼业:汪义兴号 旧货业:吴永志 南货业:奚丽生、平窑方瑞隆号、平窑汪文忠	洋:1.3元 钱:6 670文
绸业	大有祥、程桊、敦本堂、恒隆裕、查郁文、舒蔼庭	洋:15.5元
开运各柩贴费	周汉卿柩、汪社明柩、胡裕泮柩、方蒋氏柩、章云寿柩、胡汝乔柩、洪惟林柩、黄程氏柩、方兆钦柩、汪信安柩、汪观祥柩、许月英柩	洋:38元
安葬各柩贴费	孙瑞姑柩、汪小凤柩	洋:1元 钱:350文

光绪二十七年

行业	商号	堆金总数
盐业	(未载)	洋:416.677元 钱:4 019文
箱茶业	屯溪茶总局(经收:怡和号、广馨祥、义泰隆、汪大茂、益馨昌、洪隆号、晋昌祥、泰隆号、约翰逊茂、广昌号、萃和祥、朱新记、森元号、恒裕昌、萃茂祥、张正元、张合祥、张兴祥、宝盛祥、广芬号、源源福、永隆祥、裕昌号、广生号、林茂昌、致中和、公盛号、洪裕大、永达号、益芳和、森盛源、森盛号、怡大号、亿中祥、萃茂昌、泰昌号、万馨和、怡泰号、洪公盛、合兴祥、裕昌馨、霖记号、谦吉东、义昌号、大有号、同裕昌、久大号、	洋:1 243.193元 钱:477 798文

续表

行业	商号	堆金总数
箱茶业	永福春、慎和祥、殿记源、益泰祥、益大号、永茂祥、广馨祥、义茂祥、瑞茂昌、元馨和、朱新记、永昌福、瑞馨号、广芬祥、谦顺昌、李祥记、公和永、怡祥隆、余兰馨、裕大号、恒馨祥、殿记号、裕兴祥、仪隆号、森泰号、奇峰祥、亿昌隆、益馨号、鼎馨恒、宏通号、和盛祥、同茂祥、怡昌祥、益泰号、吴永馨、胜和成、益昌隆、福盛祥、益昌祥、恒聚号、吴心记、桂馨号、惟吉祥、福庄和、恒昌祥、源兴生、怡馨祥、春源永、隆茂昌、谢裕大、兴茂号、桃利生、占春号、詹正隆、万昌号、肇昌号、江广兴、同森茂、鼎源裕、怡隆祥、恒大成、福茂祥） 婺邑茶分局（经收：西珍利、福隆年记、震兴隆、查裕盛、查启记、益茂号、王永盛、源兴号、益珍和、聚兴和、景记号、义兴号、詹洪利、顺兴隆、同茂祥、宏康号、余同馨、查德隆、王天太、汪香芽、芸春号、广成春、詹永茂、义馨永、江恒茂、霖记号、余萃香、林记号、仁义号、瑞记号、腾顺记、同兴祥、森芽号、查德茂、和太昌、余天太、同顺太、隆记号、谦太号、兰馨号、德馨和、振声号、裕隆号、怡亨号、永太号、干生号、三益号、信芳枝、益兴号、洪圣号、恒太号、新义号、和记号、春生隆、万泰号、发记号、信记号、成记号、源馨号、干太号、余同太、鑫泰号、诚和春、董利顺、永芬号、诚春号、德隆号、广太号、裕生号、日新号、瑞馨号、囚记号、恒懋号、戴太隆、紫霞春、慎记号、裕太号、春馨号、兴记号、齐美芽、如松号、群芳号、汪同春、吕真芽、同昌号、吉和祥、益太号、瑞芽号、詹永和、桂发号、董利源、祥太号、裕芳号、恒盛号、露芽和、永和春、和春祥、圆美号、余锦春、仙芽逊记、珍记号、志成号、致馨号、正丰隆、春芽号、永隆号、隆春号、潘兰芽、太茂号、香芽号、生大亨、祥春号、源兴生、洪同盛、元亨号、露牙俊、聚春和、同茂号、潘成春、振太号、俊记号、仙芽公记、宏芳号、源和号、洪兴号、夏香芽、宋广盛、宏昌号、森隆号、义昌号、云芳号、福隆号、詹裕生、诚太号、怡丰号、太丰号、太昌号、聚馨号、义芬号、源昌春、怡丰号、同丰祥、祥兴恒、恒太丰、俞怡和、瑞芳号、王永圣、恒春和、福圣祥、俞源馨、益珍号、益康号、源昌号、恒生号、潘同太、畅记号、聚成号、吉太号、同盛号、潘仙芽、益芳号、丰太号、同日新、怡恒隆、利生祥、余兰馨、俞益香、汪诚信、查隆春、仙芽号、同春号、查源兴、洪盛号、查信芳、春记号、同馨号、查裕隆、正隆号、洪如松、胡德隆、六谦号、英芽号、公记号、董三益、春芳号、永昌号、郎桂发、顺记号、同泰号、潘畅记、峻记号、益丰号、朱兰馨、洪馨号、大顺号、查德芳、查永芬、信芳号、太茂香、义昌祥、董兰馨、詹洪馨、鼎太号、逊记号、恒盛号、董干生、俞镒源、戴和记、祥兴号、福盛祥、自香号、太昌春、潘丰太、允记号、怡春号、诚信号、复兴和）	

续表

行业	商号	堆金总数
木业	老隆记木行(经收:周春盛、詹万茂、詹春盛、程荣立、周吉祥、程锦茂、吴和兴、余怡隆、江怡和、张永益、王荣昌、邵祥和、徐元记、庄兴文、曹阜生、余裕元) 吴同大木行(经收:同振兴、永茂、永盛、同记、永盛、大成、裕隆、裕字、永茂、敬亭、吉茂、吴裕茂、培记、理记、恒发祥、公昌、世忍、松字、再兴、同裕茂、同干益、广信、同福生、恒丰祥) 钮德大木行(经收:同德利、江竺裕、有三、江春裕、江如春) 同懋生记木行(经收:合兴、勤茂、桂馨、查指南、木春和、同益、胜兴) 同颐兴木行(经收:广茂、福茂、如盛、永裕、广茂、兆生、同道兴、同洪兴、万成、万盛、同大成、震春、仁记、吉祥、大昌、洪永生、洪盛兴、汪益昌、益隆、合春和、同大生、裕元、永昌、利兴、汪万和、詹德顺、詹福兴、吴广茂、同大茂、同永裕、同福生、义源、汪大生、永茂、盛兴、同庆、王万邦、詹金城、王利兴、礼元、晋益、立生、同和昌、同大兴、同洪兴、江克昌、詹利兴、王利兴、六谦、震祥、詹亨记、吴亦源) 新隆记木行(经收:宋德新、洪于春、查德生、宋新成、胡鸿记、王永茂、余裕源、森记、同信昌、干元、方永利、姚达之、江竺裕、王松茂、程锦茂、永盛厚、余和祥、江怡和、春和祥、张义生、余仁兴、吴信成、吴鼎亨、余怡隆、钱利昌、源记、同吉春、祥和春、同吉祥、江德利、余万利、姚日隆、永生、弘源、张同顺、礼兴、王万利、顺字) 裕大信记木行(经收:春茂、冬茂、春盛、利成、同大成、广茂、道生、聚盛、永和、和馨、正生、松茂、义成、茂兴、同永成、广生、如盛、林源、源泰、同干益、茂春、森茂、信昌、春裕、义和、长兴、瑞芬、天泰、义三、森益、福隆、同大茂、吉顺、裕大、万茂、益顺、怡盛、正利、进财、和记、英隆) 同茂兴木行(经收:升字、亭茂、厚记、振如、怡盛、本字、厚记、益昌、玉字、万源祥、广和、王三) 同福兴木行(经收:同万茂、和生财、詹同茂、李怡茂、振泰隆、程金茂、王万利、汪大昌、汪震春、同信昌、同福生、余怡隆、詹春茂、周大兴、胡永进、吴和茂、汪盛兴、春和祥、汪春记、詹夏茂、约翰逊茂、查彩记、隆太昌、胡仁利、胡顺记、正隆、方秀记、汪洪裕、胡恒生、如松、恒元、程福隆、汪心记、汪记周、邱永生、李永盛、程协兴、生发、汪生大、永生、恒字、詹益兴、全茂、森盛)	洋:713.04元 钱:282文

续表

行业	商号	堆金总数
木业	同利兴木行(经收:正茂、吉生、复泰、吉祥、长春、双利、德凤、恒盛、利大、利乃来、茂盛、利兴、许源来、春生、亨发、信记、理记、冬茂、江竺裕、锦茂、裕兴、周锦祝、洪兴、森茂、德顺、振太隆、保和、裕昌、元盛、源兴、广才、同顺、德茂、许源、本源、余祝三、汪德生、旦记、震和祥、余立昌、周永裕、汪克昌、盛字、正大) 同义兴木行(经收:天成、春茂、森盛、道生、有福、森茂、永昌、立生、隆盛、利昌、来兴、恒利、义生、立元、永太、冬茂、新茂、吉生、生大、日茂、茂兴、森益、林源、宏源、茂字、道兴、瑞和、泰隆、松字、兴隆、永大、信昌、怡太昌、怡太、天泰、大茂、金茂、正利、启盛、伯记、洪裕、信生、万茂、利川、大成、万邦、春和祥、鼎盛、干盛、继亨、永孚祥、信大、巽记祥、松茂、其美、吉记、春盛、义三、怡兴、大昌、允昌、和茂、共一心、克昌、永同泰、永大昌、碧记) 生记木行(经收:余裕元、张干元、詹冬茂、程起冬、汪玉和、吴如春、曹阜生、汪多益、隆太昌、吴松茂、程锦茂、江竺裕、余荣昌、将如春、徐永利、詹春茂、汪怡和、王志和、玉和、王双喜、和合利、胡德盛、汪松字、吴和兴、吴和吉、余怡三、吴大有、吴源兴、张永隆、查金益、余仁兴、芳记、李恒益、永达号、曹源聚、徐元记、张瑞记、王恒利、吴利字、同春和、庄兴文、吴和茂、荣成美、玉字、春泰、姚日昌、王恒大、姚源记、胡香字、徐祥和、张荣记、吴松盛、张正记、程森记、胡永昌、周信昌)	
茶行	源润茶行、裕隆茶行、干泰昌行	洋:151.1 元 钱:48 文
经收衣庄	广仁、怡和、裕隆典、泰和典、保大典、广仁典、同济典、善庆典、同吉典、同庆典	洋:176.8 元 钱:7 134 文
典业	聚和典:9 人 怡和典:7 人 成裕典:6 人 协济典:8 人 同济典:12 人 裕隆典:3 人 同庆典:4 人 泰和典:15 人 永济典:19 人 鼎和典:13 人 广仁典:14 人	钱:173 640 文

续表

行业	商号	堆金总数
典业	善兴典:3人 日新典:1人 留下保丰典:6人 瓶窑保昌典:12人 临平慎康典:8人 临平广兴典:3人 三墩保泰典:12人 共:155人	
茶漆业	吴恒盛、吴恒有、吴彦林、潘远源、潘聚源、吴日新、永春号、方兴大、吴鼎兴、吴源茂、周大有、方福泰、吴源泰、吴源隆、李隆泰、吴裕大、吴永隆、江恒懋	洋:36元 钱:43 020文
面业	章上源、一和馆、三和馆、万云馆、邵三源、浙盛馆、郭益源、老六聚、公和馆、胡庆和、老三三、天兴馆、合记馆	钱:16080文
杂业	茶食业:万泰昌、元泰号、泰昌西 腌鲜肉业:聚兴号 南货业:平窑方瑞隆号、平窑汪文忠 条笼业:汪义兴号 旧货业:吴永志 杂货业:程松茂、叶焕春 腌鲜肉业:耿洪洲	钱:19 950文
绸业	大有祥、程棨、敦本堂、查郁文、恒隆裕、舒蔼庭	洋:16元
各柩贴费	方宏耀柩、汪伯瑜柩、汪先泰柩、王锦和柩、黄观祥柩、江世昌柩、程宗元柩、詹文烛柩、王吴氏柩	洋:24.3元

附录三 杭州茶叶相关组图

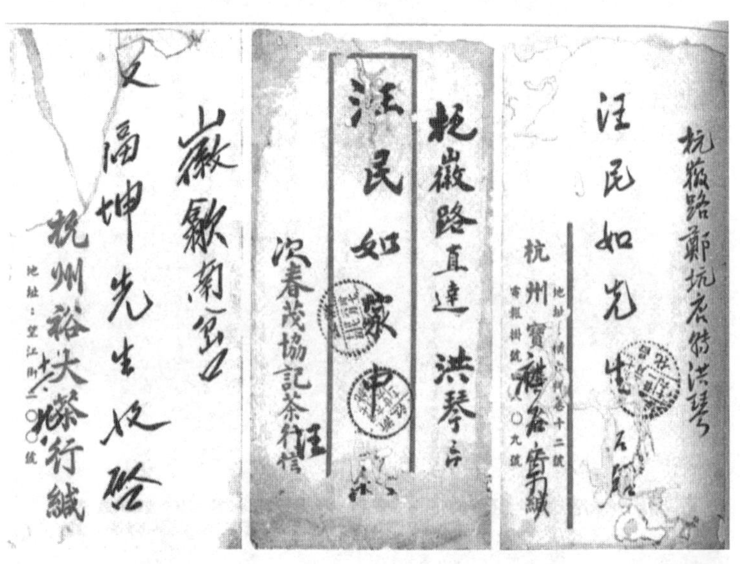

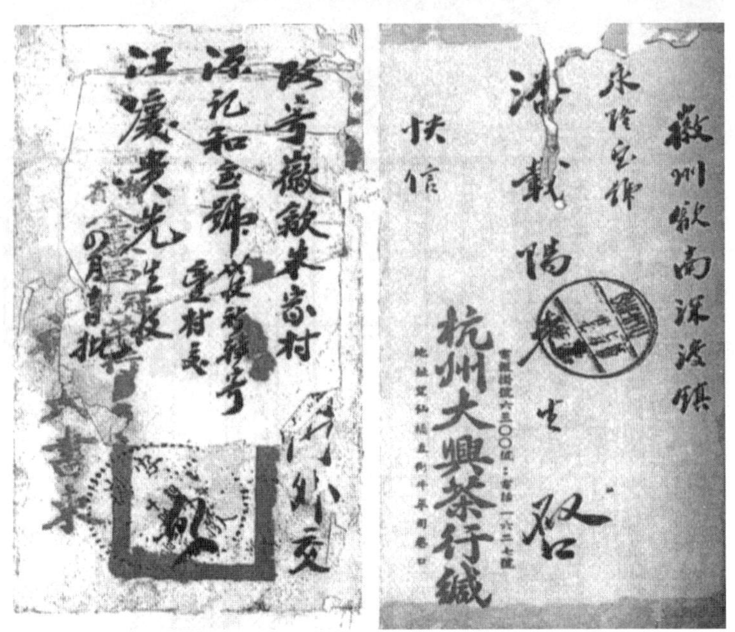

图 上左 裕大茶行信封 上中 春茂协记茶行信封 上右 宝华茶行信封

图 下左 全泰昌冠记茶行信封 下右 大兴茶行信封

资料来源:赵大川:《杭州老字号系列丛书·茶业篇》,杭州:浙江大学出版社,2008 年,第 142 页。

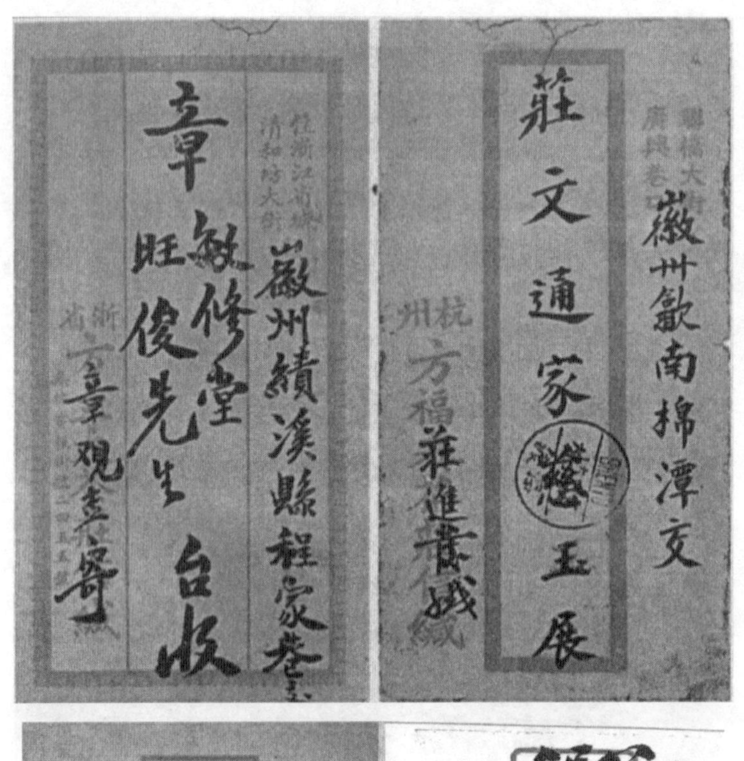

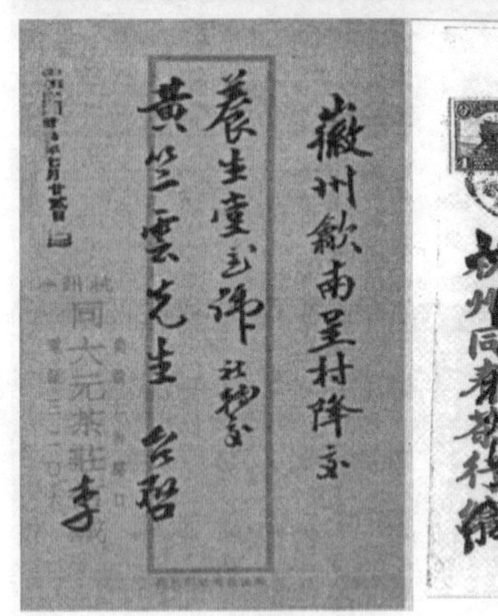

图　上左　方立大茶庄信封　　　　　　上右　方福泰茶庄信封
图　下左　同元大茶庄信封　　　　　　下右　同春茶行信封

资料来源:赵大川:《杭州老字号系列丛书·茶业篇》,杭州:浙江大学出版社,2008 年,第 86、143 页。

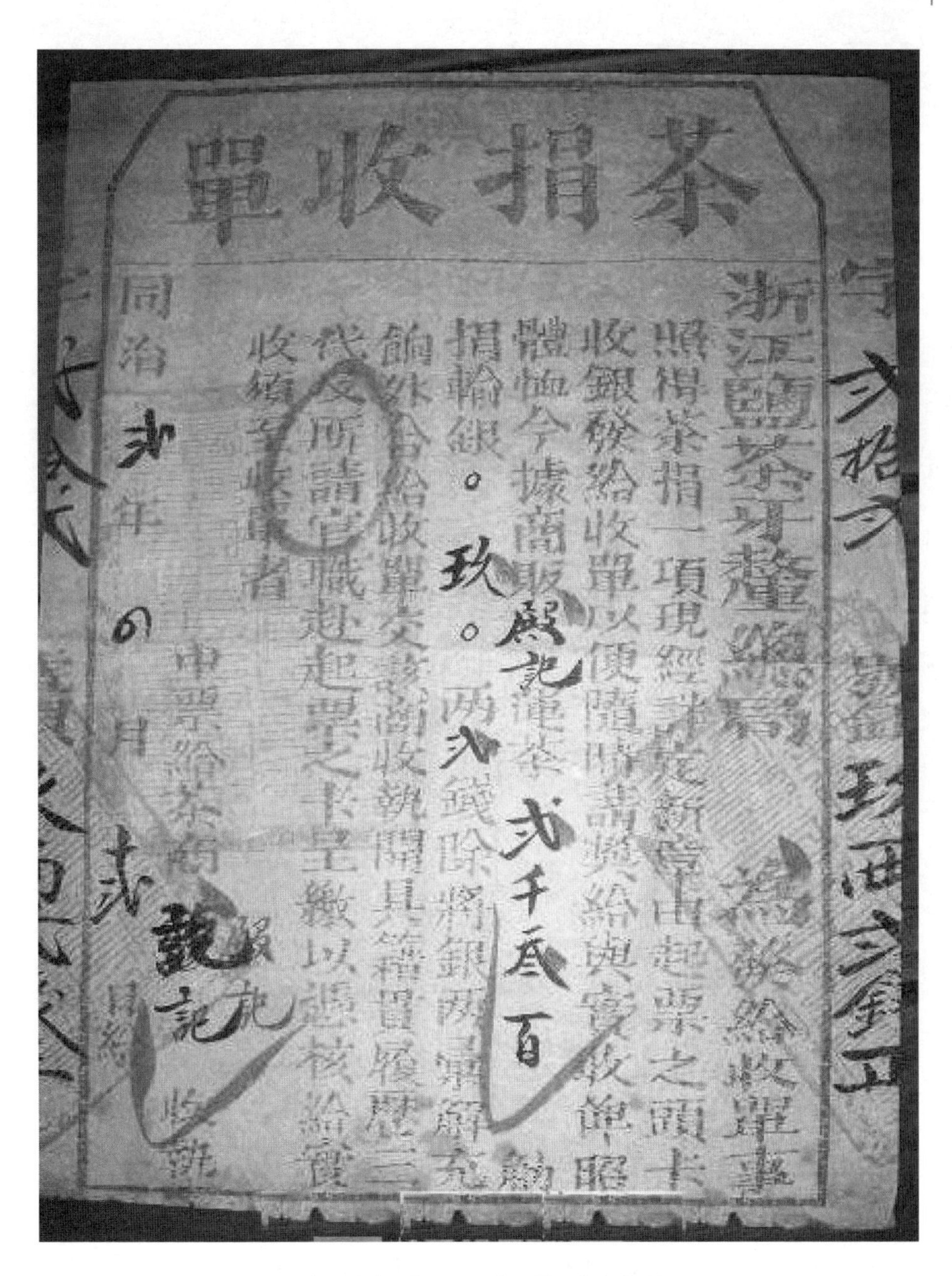

茶捐收單

浙江[illegible]茶牙釐總局　為發給收單事

照得茶捐一項現經詳定新章由起票之頭卡

收銀發給收單以便隨時請獎給與實收執照

體恤今據商販殿記運茶弍千叁百[illegible]

捐輸銀玖兩弍錢除將銀兩彙解充[illegible]

餉外合給收單交該商收執開具籍貫履歷三

代及所請官職赴起票之卡呈繳以憑核給實

收須至收單者

同治弍年四月[illegible]

圖　同治二年(1863年)殿記茶捐收單

资料来源：故纸徽州 http://www.guzhihz.com

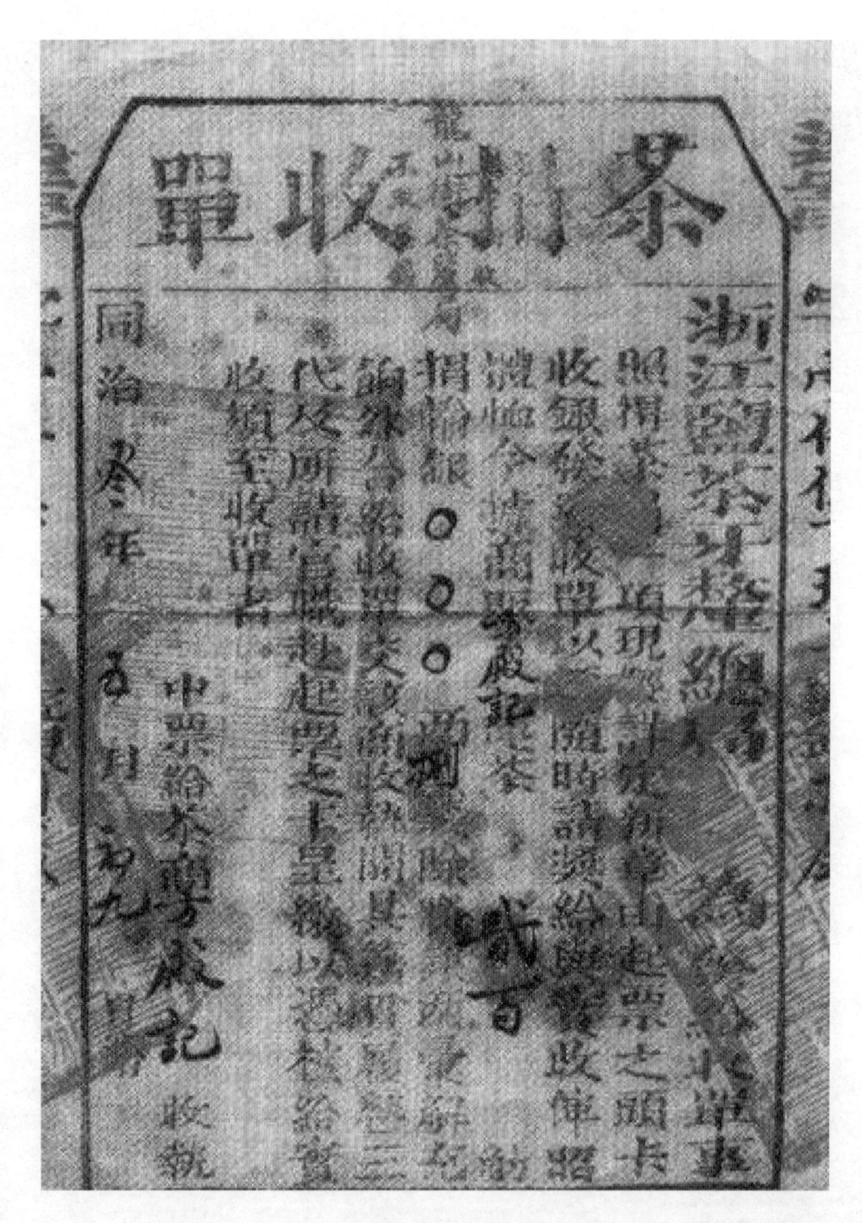

茶捐收單

同治叁年

图　清同治三年(1864 年)浙江盐茶牙厘总局发给殿记茶商的茶捐收单

资料来源:阮浩耕主编:《浙江省茶叶志》,杭州:浙江人民出版社,2005 年。

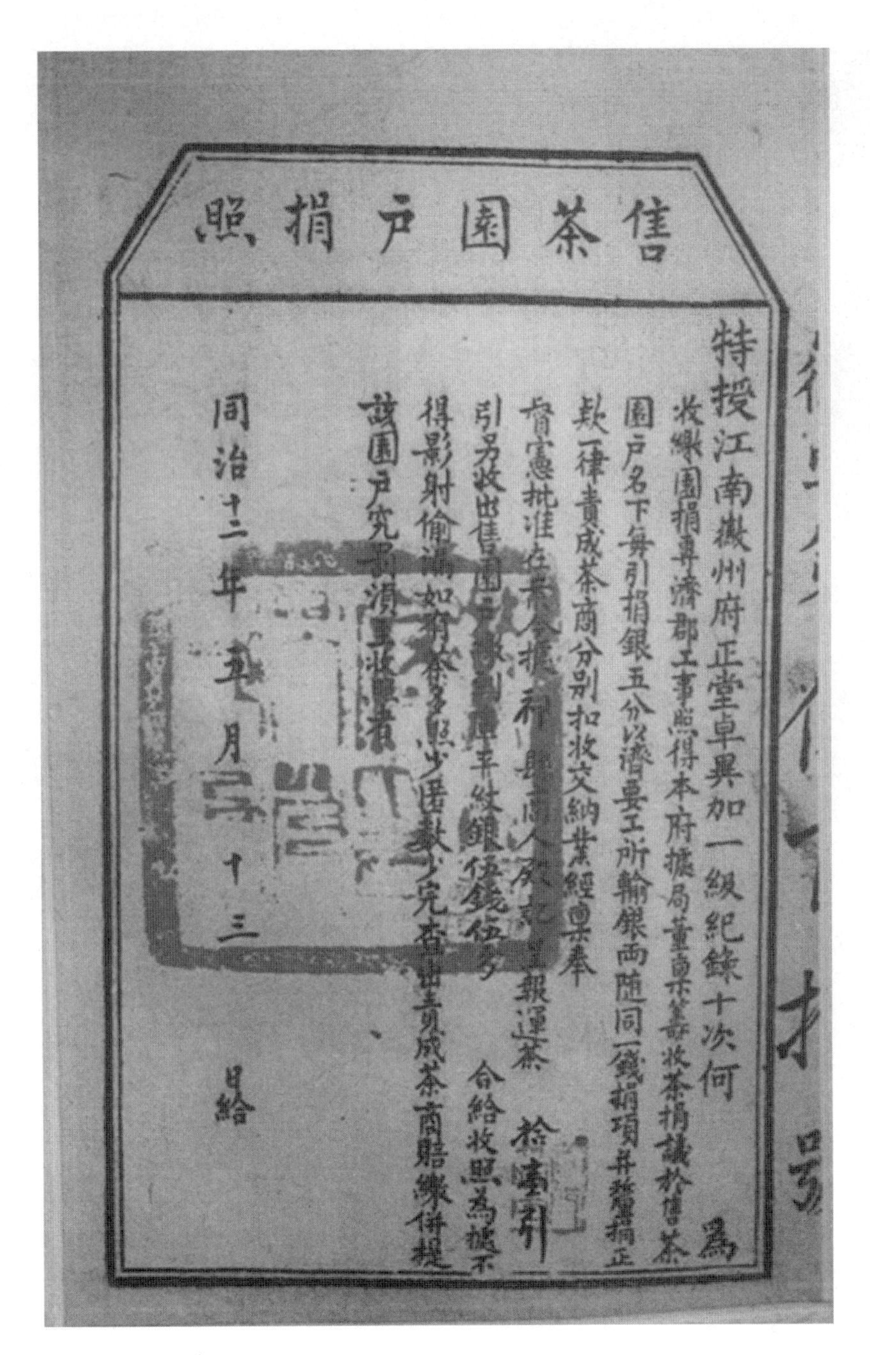

售茶園戶捐照

特授江南徽州府正堂卓異加一級紀錄十次何 為

收繳園捐專濟郡工事照得本府據局董稟[illegible]收茶捐議於售茶

園戶名下每引捐銀五分以濟要工所輸銀兩隨同一錢捐項并[illegible]捐正

款一律責成茶商分別扣收交納業經稟奉

督憲批准在[illegible]據祁[illegible]縣商人[illegible]報運茶 [illegible]引

引另收出售園[illegible]紋銀伍錢伍分 合給收照為據不

得影射偷漏如[illegible]照少匿數少完查出責成茶商賠繳併提

該園戶究[illegible]須[illegible]收照者

同治十二年[illegible]月十三日給

图　清同治十二年(1873年)售茶园户捐照(祁(门)县殿记)　倪龙江捐

资料来源：中国茶业博物馆 http://www.teamuseum.cn

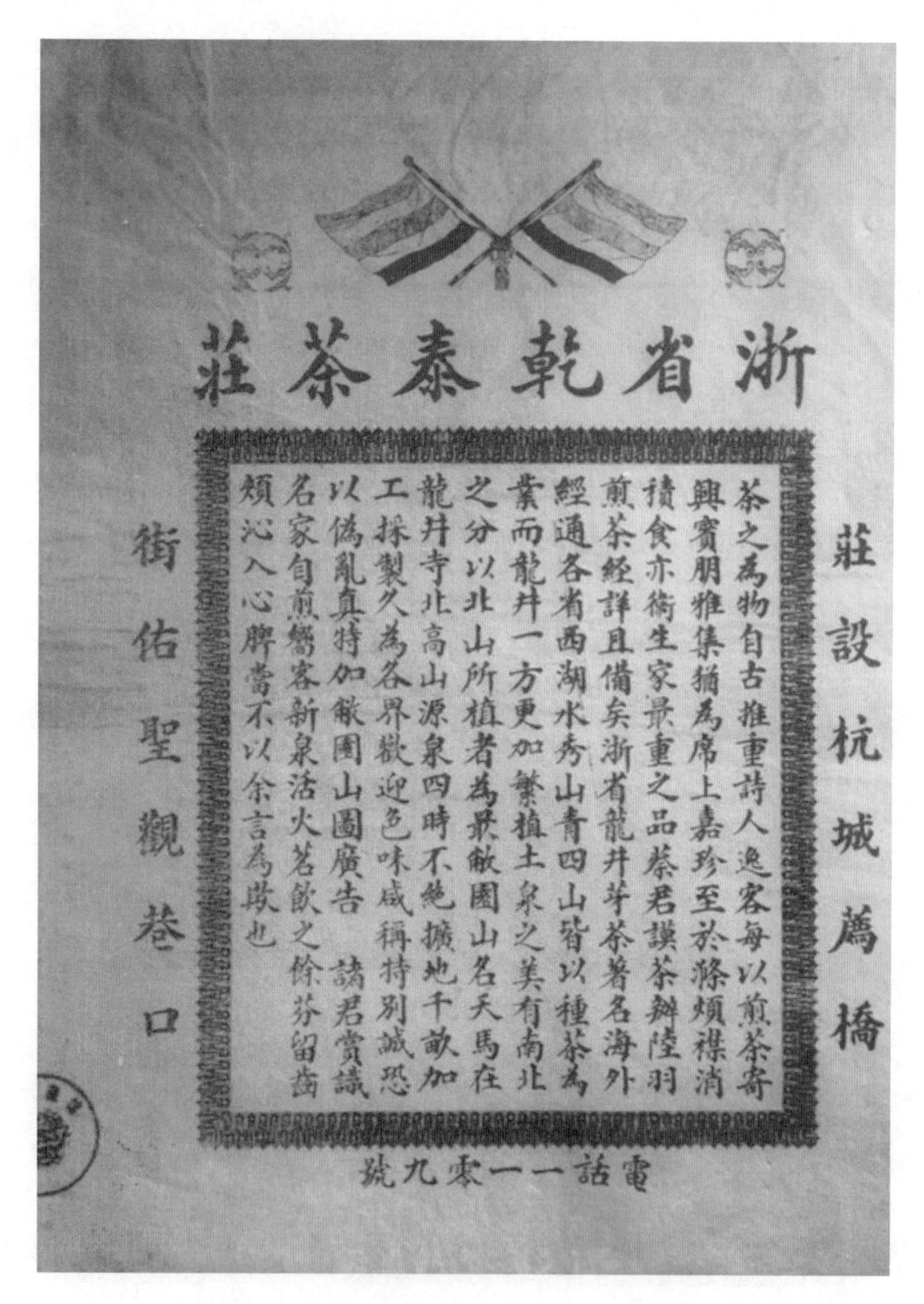

图 浙省干泰茶庄广告单(民国) 倪龙江捐赠

资料来源:中国茶业博物馆 http://www.teamuseum.cn

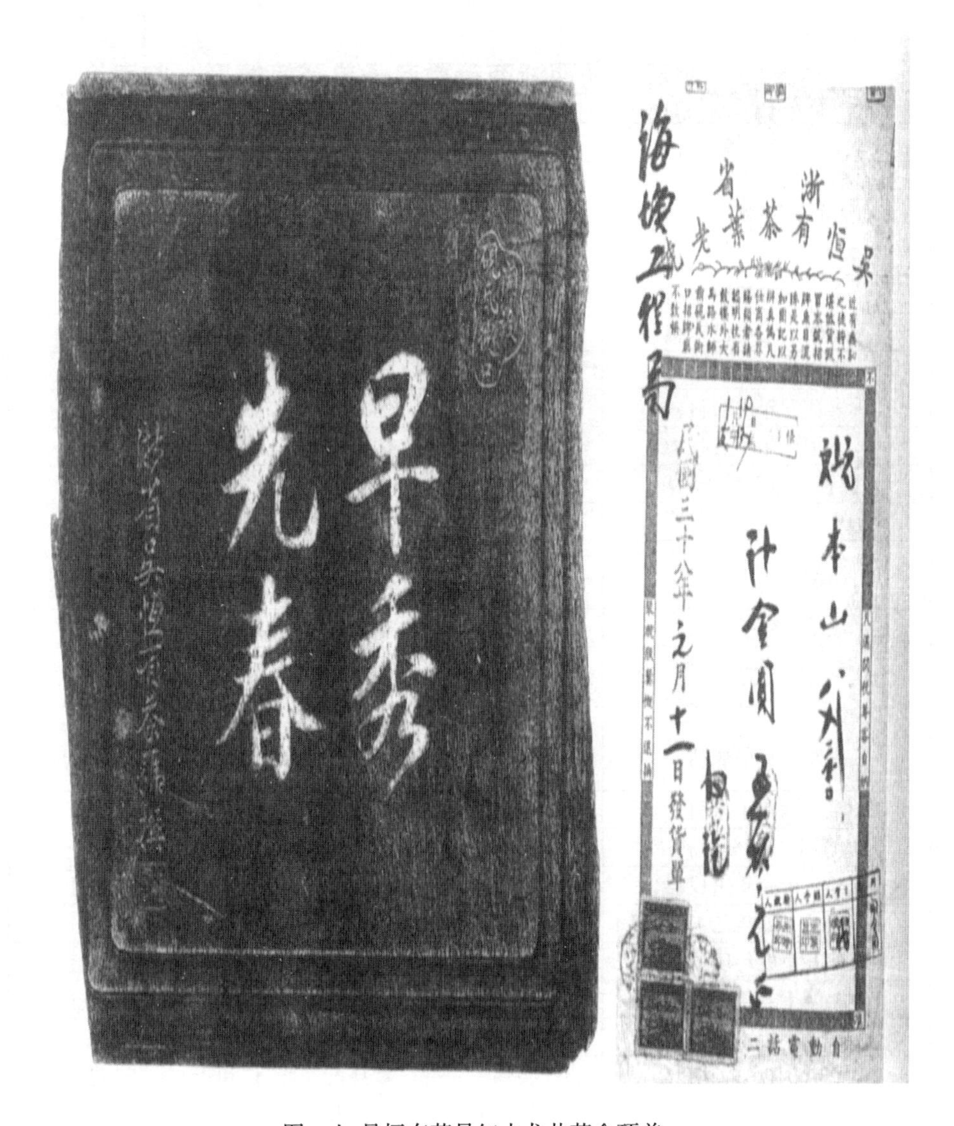

图　上 吴恒有茶号红木龙井茶盒顶盖

资料来源：赵大川：《杭州老字号系列丛书·茶业篇》，杭州：浙江大学出版社，2008 年，第 136 页。

附录四　明清时期两浙商籍徽商子弟登第情形一览表

科考年份	姓名	原籍地	商籍地	科第
隆庆二年戊辰科	黄金色	休宁人	仁和籍	进士
隆庆五年辛未科	汪彦冲	歙县人	仁和籍	进士
万历十一年癸未科	程朝京	休宁人	钱塘籍	进士
万历三十二年甲辰科	汪有功	歙县人	钱塘籍	进士
万历四十七年己未科	汪渐盘	休宁人	钱塘籍	进士
天启五年乙丑科	吴彦芳	歙县人	钱塘籍	进士
崇祯元年戊辰科	程近信	休宁人	钱塘籍	进士
崇祯十年丁丑科	黄澍	休宁人	钱塘籍	进士
崇祯十六年癸未科	吴闻礼	休宁人	钱塘籍	进士
顺治六年己丑科	汪继昌	歙县人		进士
顺治九年壬辰科	吴元石（改名雯清）	歙县人	仁和籍	进士
顺治九年壬辰科	胡文学	歙县人	浙江籍	进士
顺治十二年乙未科	徐旭龄	休宁人	钱塘籍	进士
顺治十六年己亥科	吴涵	歙县人	钱塘籍	进士
康熙三年甲辰科	汪肇衍（本名兆连）	黟县人	钱塘籍	进士
康熙六年丁未科	汪溥勋	歙县人		进士
康熙十二年癸丑科	汪鹤孙	歙县人	钱塘籍	进士
康熙二十一年壬戌科	汪兆堪	休宁人	钱塘籍	进士
康熙二十四年乙丑科	汪煜	钱塘人	黄岩籍	进士
康熙三十九年庚辰科	鲍夔	歙县人	钱塘籍	进士
康熙四十八年己丑科	吴筠	歙县人	仁和籍	进士
雍正二年甲辰科	汪由敦	休宁人	钱塘籍	进士
雍正八年庚戌科	吴炜	歙县人	仁和籍	进士
	吴华孙	歙县人		进士
乾隆元年丙辰科	金德瑛	休宁人	仁和籍	进士
乾隆十年乙丑科	吴毅	歙县人	仁和籍	进士
乾隆十三年戊辰科	吴绶诏	歙县人		进士
乾隆十九年甲戌科	汪永锡	歙县人	钱塘籍	进士
	金忠济	休宁人	仁和籍	进士
乾隆二十六年辛巳科	黄腾达	休宁人	仁和籍	进士
乾隆三十一年丙戌科	金洁	休宁人	仁和籍	进士

续表

科考年份	姓名	原籍地	商籍地	科第
乾隆三十四年己丑科	潘奕隽	歙县人	钱塘籍	进士
乾隆三十六年辛卯科	黄轩	休宁人		进士
	吴覃诏	歙县人		进士
乾隆三十七年壬辰科	王照	歙县人	仁和籍	进士
乾隆四十六年辛丑科	程嘉谟	歙县人		进士
乾隆四十九年甲辰科	潘奕藻	歙县人		进士
乾隆五十二年丁未科	朱承宠	歙县人		进士
乾隆五十五年庚戌科	朱文翰	歙县人		进士
乾隆五十八年癸丑科	潘世恩	歙县人		进士
乾隆六十年乙卯科	潘世璜	歙县人		进士
嘉庆四年己未科	王嘉景	歙县人	钱塘籍	进士
	鲍桂星	歙县人		进士
隆庆元年丁卯科	黄金色	休宁人	仁和籍	举人
	凌云鹏	休宁人	杭州籍	举人
隆庆四年庚午科	汪彦冲	歙县人	仁和籍	举人
万历元年癸酉科	程朝京	休宁人	钱塘籍	举人
万历四年丙子科	程元瑜	歙县人		举人
万历七年己卯科	李万春	休宁人	浙江籍	举人
万历十六年戊子科	黄日升	歙县人	钱塘籍	举人
万历二十二年甲午科	汪有功	歙县人	钱塘籍	举人
万历二十五年丁酉科	黄公敏	歙县人	昌化籍	举人
万历三十四年丙午科	吴逵（一名彦芳）	歙县人	钱塘籍	举人
万历三十七年己酉科	吴中良	休宁人	浙江籍	举人
万历四十年壬子科	程近信	休宁人	钱塘籍	举人
万历四十六年戊午科	汪渐盘	休宁人	钱塘籍	举人
天启元年辛酉科	潘文灿	歙县人	钱塘籍	举人
天启四年甲子科	孙调元	休宁人	钱塘籍	举人
天启七年丁卯科	毕崇道	歙县人	杭州籍	举人
崇祯三年庚午科	吴汝宁	休宁人		举人
崇祯九年丙子科	黄澍	休宁人	钱塘籍	举人
	刘廷献	歙县人	仁和籍	举人
崇祯十二年己卯科	吴山涛	歙县人	杭州籍	举人
	吴闻礼	休宁人	钱塘籍	举人
崇祯十五年壬午科	王维蕃	歙县人	浙江籍	举人
	程章	休宁人	仁和籍	举人

续表

科考年份	姓名	原籍地	商籍地	科第
顺治三年丙戌科	黄光寿	休宁人	仁和籍	举人
顺治五年戊子科	吴涵	歙县人	钱塘籍	举人
	汪继昌	歙县人		举人
顺治八年辛卯科	吴元石	歙县人	仁和籍	举人
	赵吉士	休宁人	仁和籍	举人
	程光禋	休宁人	钱塘籍	举人
	朱士绶	休宁人	钱塘籍	举人
	徐旭龄	休宁人	钱塘籍	举人
	鲍经纶	歙县人	钱塘籍	举人
	汪逢年	休宁人	钱塘籍	举人
	胡文学	歙县人	浙江籍	举人
顺治十一年甲辰科	程暹	休宁人	仁和籍	举人
顺治十四年丁酉科	汪兆连	黟县人	钱塘籍	举人
	汪溥勋	歙县人		举人
顺治十七年庚子科	郑吉士	歙县人	仁和籍	举人
	程霖	休宁人	钱塘籍	举人
康熙五年丙午科	黄士埙	休宁人		举人
康熙八年己酉科	张玲	歙县人	仁和籍	举人
	汪鹤孙	歙县人	钱塘籍	举人
康熙十一年壬子科	汪以澄	休宁人	仁和籍	举人
康熙十四年乙卯科	程斯敏	休宁人	仁和籍	举人
康熙十六年丁巳科	鲍夔	歙县人	钱塘籍	举人
	陈培	休宁人		举人
	汪士秀	黟县人	钱塘籍	举人
康熙十七年戊午科	汪麟孙	歙县人	钱塘籍	举人
	汪兆瑾	休宁人	钱塘籍	举人
	汪煜	钱塘人	黄岩籍	举人
康熙二十三年甲子科	程镳	休宁人	仁和籍	举人
	赵景行	休宁人	仁和籍	举人
康熙二十九年庚午科	吴筠	歙县人	仁和籍	举人
康熙三十五年丙子科	戴晋	休宁人		举人
康熙四十四年已酉科	程希畏	歙县人	仁和籍	举人
康熙四十七年戊子科	汪楷	休宁人	钱塘籍	举人
康熙五十九年庚子科	吴炜	歙县人	仁和籍	举人
雍正元年癸卯科	汪由敦	休宁人	钱塘籍	举人

续表

科考年份	姓名	原籍地	商籍地	科第
雍正四年丙午科	吴华孙	歙县人		举人
	金德瑛	休宁人	仁和籍	举人
乾隆元年丙辰科	吴玮	歙县人	仁和籍	举人
乾隆三年戊午科	吴国锷	歙县人	钱塘籍	举人
	黄士台	休宁人	钱塘籍	举人
乾隆六年辛酉科	吴绶诏	歙县人		举人
乾隆十二年丁卯科	金洁	休宁人	仁和籍	举人
乾隆十五年庚午科	汪大荣	歙县人		举人
	汪永锡	歙县人	钱塘籍	举人
	金忠济	休宁人	仁和籍	举人
乾隆十七年壬申科	吴恩诏	歙县人		举人
乾隆十八年癸酉科	汪士通	黟县人		举人
乾隆二十一年丙子科	汪又全	歙县人	仁和籍	举人
	朱芫星	歙县人		举人
	朱芫会	歙县人		举人
乾隆二十五年庚辰科	黄腾达	休宁人	仁和籍	举人
乾隆二十七年壬午科	潘奕隽	歙县人	钱塘籍	举人
	吴覃诏	歙县人		举人
乾隆三十年乙丑科	潘奕藻	歙县人		举人
	汪日章	黟县人	钱塘籍	举人
乾隆三十六年辛卯科	汪本铭	休宁人	仁和籍	举人
乾隆三十九年甲午科	许焕	歙县人	钱塘籍	举人
乾隆四十二年丁酉科	金檠	休宁人		举人
乾隆四十四年己亥科	汪日葵	黟县人	杭州籍	举人
乾隆四十五年庚子科	汪日永	黟县人	钱塘籍	举人
乾隆四十九年甲辰科	朱承宠	歙县人		举人
乾隆五十一年丙午科	朱绳	歙县人		举人
乾隆五十三年戊申科	吴蕊甲	歙县人	杭州籍	举人
乾隆五十四年己酉科	金孝柟	休宁人	仁和籍	举人
	黄光烺	休宁人	仁和籍	举人
	潘世璜	歙县人		举人
	金宜	休宁人		举人
乾隆五十七年壬子科	潘世恩	歙县人		举人
	鲍桂星	歙县人		举人
乾隆五十九年甲寅科	汪效伯	歙县人	仁和籍	举人

续表

科考年份	姓名	原籍地	商籍地	科第
嘉庆三年戊子科	鲍曾槫	钱塘人		举人
嘉庆五年庚申科	金孝仪	休宁人	仁和籍	举人
	汪世铨	休宁人	钱塘籍	举人
	金玉	歙县人	仁和籍	举人

资料来源:(清)李卫纂修:《敕修两浙盐法志》,台北:台湾学生书局,1966年,卷十五《商籍》《人物》。(清)延丰等纂修:《钦定重修两浙盐法志》,收入《续修四库全书》史部·政书类第840—841册,上海:上海古籍出版社,2002年,卷二十四《商籍一》。注:仅撷取杭州商籍。

参考文献

一、正史与政书

[1]（唐）杜佑、王文锦等点校. 通典. 北京：中华书局，1988.

[2]（唐）魏征等撰，杨家骆主编. 新校本隋书附索引. 台北：鼎文书局，1980.

[3]（宋）司马光编著，（元）胡三省音注. 资治通鉴. 北京：北京古籍出版社，1956.

[4]（宋）李心传. 建炎以来系年要录. 见：景印文渊阁《四库全书》史部第325册. 台北：台湾商务印书馆，1983—1986年.

[5]（元）脱脱等撰，杨家骆主编. 宋史. 台北：鼎文书局，1980.

[6]（明）宋濂等撰，杨家骆主编. 元史. 台北：鼎文书局，1981.

[7]（明）李东阳等撰，申明行等重修. 大明会典. 台北：东南书报社，1963.

[8]（清）允禄等奉敕编. 世宗宪皇帝上谕内阁. 见：《景印文渊阁四库全书》史部第414—415册. 台北：台湾商务印书馆，1983—1986年.

[9]（清）高宗敕撰. 清朝文献通考. 台北：台湾商务印书馆，1987.

[10]（清）张廷玉等撰. 明史. 台北：台湾商务印书馆，2008.

[11]（清）乾隆十二年敕撰. 钦定大清会典则例. 见：《景印文渊阁四库全书》史部第 620～625. 台北：台湾商务印书馆，1983－1986 年.

[12] 中国第一历史档案馆编. 雍正朝汉文朱批奏折汇编. 南京：江苏古籍出版社，1989.

[13] 中国第一历史档案馆编. 清代杭城御批奏折. 杭州：西泠印社，2003.

[14] 庄吉发译注. 孙文成奏折. 台北：文史哲出版社，1978.

[15] 台湾“故宫博物院故宫文献编辑委员会”编. 宫中档雍正朝奏折. 台北：台湾“故宫博物院”，1979.

[16] 黄彰健编. 明代律例汇编. 台北：“中央研究院”历史语言研究所，1979.

二、文集与丛书

[1]（宋）周密撰. 李小龙、赵锐萍注. 武林旧事（插图本）. 北京：中华书局，2007.

[2]（宋）吴曾. 能改斋漫录. 见：辞书集成（第 36 册）. 北京：团结出版社，1993.

[3]（宋）章如愚辑. 群书考索. 扬州：广陵书社，2008.

[4]（宋）陆游. 老学庵笔记. 见：宋元笔记小说大观（第 4 册）. 上海：上海古籍出版社，2007.

[5]（明）丁元荐. 西山日记. 见：历代日记丛钞（第 4 册）. 北京：学苑出版社，2006.

[6]（明）王士性. 广志绎. 北京：中华书局，1981.

[7]（明）王世贞. 弇州山人四部稿. 台北：伟文图书出版社，1976.

[8]（明）顾起元. 客座赘语. 北京：中华书局，1997.

[9]（明）汪珂玉. 西子湖拾翠余谈. 见：丛书集成续编（第 225 册）. 台北：新文丰出版社，1989.

[10]（明）郎瑛. 七修类稿. 北京：中华书局，1959.

[11] (明)周清原. 西湖二集. 上海:上海古籍出版社,1990.

[12] (明)唐顺之. 荆川先生文集. 台北:台湾商务印书馆,1979.

[13] (明)徐光启. 农政全书. 见:《景印文渊阁四库全书》子部第731册. 台北:台湾商务印书馆,1983—1986.

[14] (明)张瀚. 松窗梦语. 北京:中华书局,1985.

[15] (明)陆楫. 蒹葭堂稿. 台北:“国家图书馆”藏,明嘉靖四十五年(1536年)陆氏家刊本.

[16] (明)刘基. 诚意伯文集. 上海:上海古籍出版社,1991.

[17] (明)谢肇淛. 五杂俎. 上海:上海书店出版社,2009.

[18] (明)归有光. 震川先生集. 上海:上海古籍出版社,1981.

[19] (清)廖腾煃. 海阳纪略. 见:四库未收书辑刊(第七辑第28册). 北京:北京出版社,2000.

[20] (清)丁丙. 北隅续录. 见:杭州运河文献集成(第2册). 杭州:杭州出版社,2009.

[21] (清)丁丙. 北郭诗帐. 见:杭州运河文献集成(第2册). 杭州:杭州出版社,2009.

[22] (清)丁立诚. 武林杂事诗. 见:丛书集成续编(第234册). 台北:新文丰出版社,1989.

[23] (清)于敏中. 浙程备览. 见:丛书集成续编(第232册). 台北:新文丰出版社,1989.

[24] (清)毛奇龄. 杭州治火议. 见:丛书集成续编(第58册). 台北:新文丰出版社,1989.

[25] (清)俞正燮. 癸巳存稿. 见:续修四库全书(子部杂家类). 上海:上海古籍出版社,2002.

[26] (清)范祖述. 杭俗遗风. 据清同治三年(1864年)手钞本影印. 台北:成文出版社,1983.

[27] (清)陆以湉. 冷庐杂识. 北京:中华书局,1984.

[28] (清)程庭. 春帆纪程. 见:小方壶斋舆地丛钞(第5帙). 台北:广文书

局,1962.

[29](清)杨文杰.东城记余.见:杭州运河文献集成(第2册).杭州:杭州出版社,2009.

三、地方志

[1](宋)范成大.吴郡志.南京:江苏古籍出版社,1999.

[2](宋)罗愿.新安志.据清光绪十四年(1888年)黟邑李氏重刊宋淳熙二年纂修本影印.台北:成文出版社,1974.

[3](明)田汝成.西湖游览志.据明嘉靖二十六年(1547年)刊本影印.台北:成文出版社,1983.

[4](明)汪尚宁纂修.徽州府志.据明嘉靖四十五年(1566年)刻本影印.台北:成文出版社,1985.

[5](明)沈朝宣.仁和县志.据明嘉靖二十八年(1549年)修清光绪十九年校刊本影印.台北:成文出版社,1975.

[6](明)俞思冲等纂.西湖志类钞.据明刊本影印.台北:成文出版社,1983.

[7](明)陈善等修.杭州府志.据明万历七年(1579年)刊本影印.台北:成文出版社,1983年.

[8](明)杨正泰.明代驿站考(增订本).上海:上海古籍出版社,2006.

[9](明)薛应旗.浙江通志.据明嘉靖四十年(1561年)刊本影印.台北:成文出版社,1983.

[10](明)聂心汤.钱塘县志.据清光绪十九年(1893年)武林丁氏刻本影印.台北:成文出版社,1975.

[11](清)王让等纂修.祁门县志.据清道光七年(1827年)刊本影印.台北:成文出版社,1985.

[12](清)方崇鼎,何应松等纂修.休宁县志.据清嘉庆二十年(1815年)刊本影印.台北:成文出版社,1985.

[13](清)汪正元,吴鹗等纂修.婺源县志.据清光绪八年(1882年)刊本